U0630037

权威·前沿·原创

皮书系列为
"十二五""十三五""十四五"时期国家重点出版物出版专项规划项目

BLUE BOOK

智 库 成 果 出 版 与 传 播 平 台

国际传播蓝皮书

BLUE BOOK OF INTERNATIONAL
COMMUNICATION

中国国际传播发展报告
（2024）

ANNUAL REPORT ON THE DEVELOPMENT OF CHINA'S
INTERNATIONAL COMMUNICATION (2024)

主　　编／胡正荣　方　勇
执行主编／曾庆香

社会科学文献出版社
SOCIAL SCIENCES ACADEMIC PRESS（CHINA）

图书在版编目（CIP）数据

中国国际传播发展报告 . 2024 ／ 胡正荣，方勇主编；曾庆香执行主编 . --北京：社会科学文献出版社，2025.2. --（国际传播蓝皮书）. --ISBN 978-7-5228-4400-8

Ⅰ . G219. 26

中国国家版本馆 CIP 数据核字第 2024SE6215 号

国际传播蓝皮书

中国国际传播发展报告（2024）

主　　编／胡正荣　方　勇
执行主编／曾庆香

出 版 人／冀祥德
组稿编辑／陈　雪
责任编辑／连凌云
责任印制／岳　阳

出　　　版／社会科学文献出版社 · 皮书分社（010）59367127
　　　　　　地址：北京市北三环中路甲 29 号院华龙大厦　邮编：100029
　　　　　　网址：www.ssap.com.cn
发　　　行／社会科学文献出版社（010）59367028
印　　　装／三河市东方印刷有限公司

规　　　格／开　本：787mm×1092mm　1/16
　　　　　　印　张：27　字　数：403 千字
版　　　次／2025 年 2 月第 1 版　2025 年 2 月第 1 次印刷
书　　　号／ISBN 978-7-5228-4400-8
定　　　价／168.00 元

读者服务电话：4008918866

本书系中国社会科学院 2024 年度重大经济社会调查项目"中国网络民意和舆情指数调查（2024—2026）"（项目编号：2024ZDDC006）子项目"国际传播效能调查"阶段性成果

主要编撰者简介

胡正荣 博士，教授、博士生导师，现任中国社会科学院新闻与传播研究所所长，兼任中国社会科学院大学新闻传播学院院长。兼任中华全国新闻工作者协会常务理事、中国新闻文化促进会副会长、中国传播学会会长、《中国社会科学》杂志编委、《新闻与传播研究》杂志主编等。历任第六届、第七届国务院学位委员会新闻传播学学科评议组召集人、2013~2017年教育部高等学校新闻传播学类教学指导委员会主任委员、中国传媒大学校长、中国教育电视台总编辑、中国电视艺术家协会第六届理事会副主席、中国人民外交学会第八届理事会理事、中国国际交流协会第十一届理事会理事等。主要研究领域为新媒介与媒体融合、国际传播、文化产业等。主要著作有"现代传播体系创新研究丛书"（主编，2022年）、《中国大百科全书（第三版）·传播学》（主编）、《中国国际传播发展报告（2017）》、《全球传媒产业发展报告（2017）》、《新媒体前沿（2017）》、《中国文化发展（1978~2018）》、《世界主要媒体的国际传播战略》等。2001年获国务院政府特殊津贴。2006年获人社部"新世纪百千万人才工程"国家级人选。为中宣部、中组部2017年文化名家暨"四个一批"人才国际传播人选。2023年所负责团队获评教育部"全国高校黄大年式教师团队"。

方 勇 中国社会科学院新闻与传播研究所党委书记、教授，主要研究领域为文化产业、民族学。组织编写专著5部，在相关刊物发表社科论文20多篇、科学论文50多篇。主编《中国式现代化的县域探索》《中国民族地区经济社会调查报告（文化卷）》《丝绸之路经济带宁夏发展战略研究》等书。论文主要有《习近平新时代文化建设理论体系形成过程探析》《加强文化建设，推动民族文化产业快速发展》《在和谐中体现文化活力，在富裕中彰显文化魅力》《多措并举，努力打造基础教育引领区》《海外华人在"一带一路"中的作用》《充分发挥宁夏人文优势，推进中阿务实合作》《支持"丝绸之路经济带"发展外向型产业的建议》。

曾庆香 中国社会科学院新闻与传播研究所研究员，国际新闻与传播研究室主任，中国社会科学院大学博士生导师。美国印第安纳大学传播与文化系访问学者。主要研究领域为国际传播、传播符号、新闻话语、新闻叙事、跨文化传播、舆论学研究。发表学术论文近百篇，其中在顶刊发表论文十余篇、权威期刊发表论文近十篇。出版《新闻叙事学》《群体性事件：信息传播与政府应对》《大众传播符号研究》《新媒体语境下的新闻叙事：话语嬗变与模糊边界》4 部专著；出版《作为话语的新闻》译著 1 部；出版《传播符号和新闻叙事》论文自选集 1 部。主持并完成国家社科基金项目 3 项，参与国家社科基金重大项目多项。曾获教育部高等学校科学研究优秀成果奖（人文社会科学），获中国社会科学院优秀对策信息奖多次。

摘　要

《中国国际传播发展报告（2024）》是由中国社会科学院新闻与传播研究所主持编撰的关于国际传播发展的最新年度报告，分为总报告、人工智能篇、传播主体篇、传播内容篇、媒体和平台篇、比较与借鉴篇六个部分，全面分析中国国际传播的发展状况，解读国际传播发展趋势，总结国际传播发展规律，有助于新形势下构建更有效能的国际传播体系。

本书从宏观和微观双重视角，全面审视当前中国国际传播领域的最新动态，通过数据分析、案例研究等方法，展示了运用人工智能前沿技术和中国不同国际传播主体"讲好中国故事，传播好中国声音，展示真实、立体、全面的中国"的创新实践、成效及面临的挑战与机遇，为构建更加高效、多元、和谐的国际传播体系提供理论支撑与实践指导。

随着人工智能等新兴技术的广泛应用，国际传播格局正经历着深刻重构。本书聚焦国际传播这一前沿议题，开辟专题探讨 AI 大模型、深度伪造技术等人工智能在国际传播中的各种应用、影响与挑战，助力中华文明的国际传播。在传播主体层面，本报告呈现了中国各类政府国际传播中心、国有企业、高校智库等多元主体在国际传播上发挥所长、形成合力，国际传播协奏交响曲已然谱响。本报告也深入分析了各类国际传播主体所存在的问题与挑战，并提出了对策建议。在传播内容层面，本书聚焦电视剧的国际传播阶段、国际传播路径，聚焦微短剧的成功出海原因，同时也深入分析了二者进一步提升国际效能所遭遇的困境及努力的方向。在媒体与平台篇，本书阐述了中国日报、中新社、边境地区主流媒体、自媒体的国际传播实践与创新，

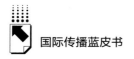

也分析了中国商业平台、电商的国际传播发展态势。在比较与借鉴篇，本书对比了中国建筑与美国 AECOM 的国际传播特性及其效能，分析了国际非政府组织的话语传播特性与实践路径。

总之，本书从传播的 5W 模式对中国的国际传播状况进行了调研和梳理，丰富了国际传播的理论体系和实践经验，有助于构建多主体、多渠道、立体式对外传播格局，全面提升国际传播效能。

关键词： 人工智能　国际传播体系　传播战略　多元主体　创新实践

目 录

I 总报告

II 人工智能篇

III 传播主体篇

Ⅳ 传播内容篇

Ⅴ 媒体和平台篇

VI　比较与借鉴篇

皮书数据库阅读**使用指南**

总 报 告

B.1

重构、重塑、重组：智能时代的
中国国际传播新态势

胡正荣　闫佳琦*

摘　要： 人工智能作为国际传播的关键变量，驱动智能时代的中国国际传播呈现突出的新特点。以理念创新为引领，构建人类命运共同体、文明交流互鉴、中国式现代化、新质生产力坚定了国际传播的战略主动性。以多元主体为动力，协同化、区域化、全球化的角色表达，谱写了复调传播的协奏交响曲。以话语体系为锚点，叙事转向、实践逻辑的模式迭代，提升了中国话语的价值引领力。以内容出海为突破，文娱、电商、复合元素的文化业态，深化了数智华流的融合式发展。以平台渠道为路径，媒体矩阵、技术手段、关系网络的联动创新，增强了中华文明传播力影响力。把握智能时代的中国国际传播新态势，有助于新形势下构建更有效力的国际传播体系。

---

* 胡正荣，中国社会科学院新闻与传播研究所所长，教授，研究方向为国际传播、媒体融合等；闫佳琦，中国社会科学院新闻与传播研究所助理研究员，研究方向为智能传播等。

关键词： 人工智能 多元主体 话语体系 内容出海 平台渠道

中国全功能接入国际互联网 30 年，深刻地变革着中国与世界的连接模式，愈益凸显着中国国际传播的战略意义。人工智能推动中国国际传播颠覆式创新，"智能变量"正在转化为国际传播高质量发展的"传播增量"，为智能时代的国际传播工作注入强劲动能，也迸发出国际传播发展态势的新鲜活力。在奋进新时代、开启新征程之际，重构国际传播格局、重塑国际传播流程、重组国际传播业务，是构建新时代中国国际传播体系的题中应有之义①。

党的十八大以来，以习近平同志为核心的党中央高度重视宣传思想文化工作和国际传播工作，开创性地回答了国际传播能力建设一系列重大理论和实践问题。2021 年 5 月 31 日，习近平在十九届中央政治局第三十次集体学习时发表重要讲话，全面总结了党的十八大以来我国国际传播能力建设的实践经验，强调讲好中国故事，传播好中国声音，展示真实、立体、全面的中国，是加强我国国际传播能力建设的重要任务。讲话指出必须加强顶层设计和研究布局，构建具有鲜明中国特色的战略传播体系，着力提高国际传播影响力、中华文化感召力、中国形象亲和力、中国话语说服力、国际舆论引导力。党的二十大报告就增强中华文明传播力影响力作出专门部署，要求加快构建中国话语和中国叙事体系，讲好中国故事、传播好中国声音，展现可信、可爱、可敬的中国形象。加强国际传播能力建设，全面提升国际传播效能，形成同我国综合国力和国际地位相匹配的国际话语权。习近平将我们党在新形势下开展国际传播工作的规律性认识提升到新高度，为做好国际传播工作指明了前进方向、提供了根本遵循。

与此同时，世界大变局加速演进，世界之变、时代之变、历史之变正以前所未有的方式展开，世界进入新的动荡变革期。中国国际传播所面临的外

---

① 胡正荣：《新时代中国国际传播亟待系统性迭代升级》，《传媒观察》2023 年第 9 期。

部生态，从"乌卡时代"（VUCA）向"巴尼时代"（BANI）场域迁移，面临更多复杂难测的不确定性风险。前者包括波动性（Volatility）、不确定性（Uncertainty）、复杂性（Complexity）和模糊性（Ambiguity）等特征；后者又增脆弱性（Brittleness）、焦虑性（Anxiety）、非线性（Non-linearity）和不可理解性（Incomprehensibility）等要素①。同时，随着生成式人工智能（Generative Artificial Intelligence，Gen AI）成为嵌入国际传播实践中的结构性变量，国际传播格局经历着广泛而深刻的转型机遇。人工智能地缘政治作为传统地缘战略思想在数字空间中的映射，目的是争夺数字空间的主导权，进而强化和延伸在物理空间的控制权②。国际传播由表及里的纵深化变革，超越了内容之争、渠道之争、数据之争、技术之争的物质传播和非物质传播浅表阶段，迭代升级至由价值观驱动的本质竞争阶段③。鉴于当前日益复杂的全球传播生态，本报告提炼近年来中国国际传播的特点与趋势，旨在为新形势下的国际传播工作提供有益参考。

一 以理念创新为引领，把握国际传播的战略主动性

（一）目标："构建人类命运共同体"的中国方案

党的十八大明确提出"要倡导人类命运共同体意识，在追求本国利益时兼顾他国合理关切"。2013 年 3 月 23 日，习近平主席在俄罗斯莫斯科国际关系学院发表演讲，首次在国际场合阐发了"人类命运共同体"理念。2013 年秋，习近平主席西行哈萨克斯坦、南下印度尼西亚，提出共建"一带一路"倡议，成为推动构建人类命运共同体的重要实践平台。2015 年 9

---

① 周敏、郅慧、滕文强：《从"乌卡时代"到"巴尼时代"：国际传播韧性机制构建的三重进路》，《新闻与写作》2024 年第 6 期。

② 鲁传颖：《全球数字地缘政治的战略态势及其影响》，《当代世界》2023 年第 5 期。

③ 景嘉伊、胡正荣：《价值观板块化形塑国际传播议程——基于"一带一路"的叙事性政策分析》，《国际新闻界》2024 年第 5 期。

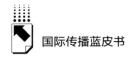

月 28 日，习近平主席出席第七十届联合国大会讲话指出，"和平、发展、公平、正义、民主、自由，是全人类的共同价值，也是联合国的崇高目标"。2017 年 1 月 18 日，习近平主席在联合国日内瓦总部发表《共同构建人类命运共同体》的重要演讲。2017 年 3 月 23 日，联合国人权理事会第 34 次会议上，"构建人类命运共同体"理念被首次载入联合国人权理事会决议，标志着这一理念成为国际人权话语体系的重要组成部分。2024 年 6 月 28 日，和平共处五项原则七十周年大会上，习近平指出，要在新形势下弘扬和平共处五项原则，携手构建人类命运共同体，为人类文明进步提供强劲动力。

"构建人类命运共同体"为着眼于全人类利益的新型国际关系建设提供了"中国方案"，是当代中国的世界观和国际权力观的凝练，也是国际传播需要表达的核心内容和核心目标之一①。普遍性与共通性是中国国际传播需要强化的意义建构指向，中国不仅是"中国的中国"，而且是"世界的中国"；因此国际传播需要从讲"我的故事"到讲"我们的故事"转变②。同时，"全人类共同价值"作为构建人类命运共同体的理论基石，在尊重个性、特殊性、差异性基础上，也承认共性、普遍性和相似性③，是对西方中心论下所谓"普世价值"的超越。

（二）框架："文明交流互鉴"推动中华文化更好走向世界

2014 年 3 月 27 日，习近平主席在联合国教科文组织总部的演讲中首次提出"文明交流互鉴"理念，指出"文明因交流而多彩，文明因互鉴而丰富。文明交流互鉴，是推动人类文明进步和世界和平发展的重要动力"。2019 年 5 月 15 日，习近平主席在亚洲文明对话大会上提出加强文明交流互

---

① 胡正荣：《智能化背景下国际传播能力提升与人类命运共同体构建》，《国际传播》2019 年第 6 期。
② 胡正荣：《构建基于全球传播生态的中国国际传播体系》，《中国社会科学报》2022 年 8 月 29 日。
③ 冯俊：《全人类共同价值与构建人类命运共同体》，《中国党政干部论坛》2021 年第 9 期。

鉴的四点主张：坚持相互尊重、平等相待，坚持美人之美、美美与共，坚持开放包容、互学互鉴，坚持与时俱进、创新发展。党的二十大报告作出"推进文化自信自强，铸就社会主义文化新辉煌"重大部署，提出"增强中华文明传播力影响力"的要求，彰显出中华文明在未来国际传播中的重要性和关键性。2023 年 3 月 15 日，中国共产党与世界政党高层对话会上习近平提出"全球文明倡议"，倡导尊重世界文明多样性、弘扬全人类共同价值、重视文明传承和创新、加强国际人文交流合作，为世界提供了又一重要国际公共产品。2023 年 6 月 2 日，在文化传承发展座谈会上，习近平总书记提出新时代新征程更需担负起新的文化使命，努力建设中华民族现代文明。2023 年 7 月 1 日起，"推进国际传播能力建设，推动世界更好了解和认识中国，促进人类文明交流互鉴"被写进《中华人民共和国对外关系法》，这是关于国际传播能力建设议题首次被写入我国国家法律。2023 年 10 月 7~8 日，全国宣传思想文化工作会议召开，"着力加强国际传播能力建设、促进文明交流互鉴"等论述，为增强中华文明传播力影响力提供了方向引领。2024 年 6 月 7 日，联合国大会协商一致通过中国提出的设立文明对话国际日决议，并决定将 6 月 10 日设立为文明对话国际日。决议倡导尊重文明多样性，倡导不同文明间的平等对话和相互尊重，充分体现了习近平提出的全球文明倡议的核心要义。

人类命运共同体与文明交流互鉴是一体两面的关系，前者是核心目标，后者是机制框架，两相结合指引着智能时代新的全球化方向①。文明多样性是人类社会的基本特征，我国秉承并弘扬着平等、互鉴、对话、包容的文明观，以文明交流超越文明隔阂，以文明互鉴超越文明冲突，以文明共存超越文明优越，推动构建人类命运共同体。具体而言，根据习近平总书记对文明交流互鉴方法的全面论述，文明交流互鉴的方法论得以形成，包括人文交流活动、体制机制创新、发挥高层次专家作用及利用重要国际会议论坛、外国

---

① 胡正荣：《人类命运共同体与文明交流互鉴——基于数字时代传播体系建设的思考》，《人民论坛·学术前沿》2019 年第 9 期。

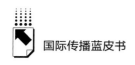
主流媒体等平台和渠道发声等①，以此为文明交流互鉴增进认同、拓展内容、创新形式②。

（三）内涵："中国式现代化"，世界读懂中国的关键

党的十八大以来，以习近平同志为核心的党中央立足中华民族伟大复兴战略全局和世界百年未有之大变局，走出了越走越宽广的中国式现代化新道路。在庆祝中国共产党成立 100 周年大会上，习近平总书记提出"中国式现代化"的重要论断。党的二十大报告指出，中国式现代化，是中国共产党领导的社会主义现代化，既有各国现代化的共同特征，更有基于自己国情的中国特色。中国式现代化是人口规模巨大的现代化、全体人民共同富裕的现代化、物质文明和精神文明相协调的现代化、人与自然和谐共生的现代化、走和平发展道路的现代化。

中国式现代化创造了人类文明新形态，具有深刻的国际传播意蕴。中国国际传播是中国式现代化的有机组成部分，中国式现代化框架下的国际传播战略体系建构是顶层设计之下的整体性、协同性传播③。习近平总书记指出，讲故事是国际传播的最佳方式④。中国式现代化是最动人、最具说服力的中国故事⑤。中国式现代化的理论及实践是加强国际传播能力建设和向世界讲好中国故事的资源库⑥。习近平主席在致 2023 年"读懂中国"国际会议（广州）的贺信中强调，"读懂中国，关键要读懂中国式现代化"。中国式现代化的独特性就在于植根中国传统文化血脉、立足中国社会实际、坚持马克思主义基本原理，这是中国人民在中国共产党领导下作出的正确选择，是全面推进中华民族伟大复兴的必由之路；因此，"塑形象"是中国式现代

---

① 胡正荣、叶俊：《论习近平文化思想的形成背景、核心要义与实践路径》，《山东师范大学学报（社会科学版）》2023 年第 6 期。

② 胡正荣：《推进中外文明交流互鉴》，《人民日报》2022 年 9 月 7 日。

③ 程曼丽：《中国式现代化背景下的国际传播战略构想》，《电视研究》2023 年第 3 期。

④ 新华通讯社课题组：《习近平新闻舆论思想要论》，新华出版社，2017，第 190 页。

⑤ 卫庶、兰洋：《生动讲好中国式现代化故事》，《北京日报》2023 年 3 月 6 日。

⑥ 胡暄林、周丽：《"中国式现代化"的国际话语建构探究》，《传媒》2024 年第 12 期。

化国际传播的时代使命，"讲故事"是中国式现代化国际传播的实践路径，"传价值"是中国式现代化国际传播的内在逻辑①。在传播实践过程中，还需要注意立足于中国式现代化，做好中国故事的创造性转化与创新性发展，桥接中国与世界，服务现在与未来。

（四）支撑："新质生产力"推动国际传播高质量发展

2023年9月，习近平总书记在黑龙江考察调研期间首次提出"新质生产力"。2024年1月31日，习近平总书记在二十届中共中央政治局第十一次集体学习时强调，加快发展新质生产力，扎实推进高质量发展，指出发展新质生产力是推动高质量发展的内在要求和重要着力点，强调其特点是创新，关键在质优，本质是先进生产力。2024年3月5日，习近平总书记在参加十四届全国人大二次会议江苏代表团审议时强调，要牢牢把握高质量发展这个首要任务，因地制宜发展新质生产力。"先立后破、因地制宜、分类指导"的方法论推动新质生产力不断走向体系化、学理化。同时，"加快发展新质生产力"被列入《政府工作报告》首要工作任务，为各行各业的高质量发展提供了理论指引与实践遵循。

新质生产力为智能时代的国际传播提供创新支撑，是推动我国打开国际传播战略升维新格局、迭代国际传播实践新优势的关键着力点。随着生成式人工智能深度嵌入国际话语场，以及大数据、云计算、虚拟现实等技术力量的协同组合，智能技术成为重塑国际传播与国际关系的重要变量，人机共生的国际传播生态更需新质生产力的全方位赋能。其中，大语言模型（Large Language Model，LLM）作为生成式人工智能的"大脑"、未来国际传播的数字人文基础设施，使得数字空间技术权力的强弱愈渐关乎现实世界利益分配的多寡，因此尽快抓住其融入国际传播实践的窗口期尤为必要。同时，在这一过程中需要平衡智能化国际传播的创新与安全，"给算法以文明"② 保

---

① 孙明：《中国式现代化的国际传播意蕴》，《当代世界》2023年第8期。
② 胡正荣、孟丁炜：《给算法以文明：算法治理赋能国际传播效能测定》，《对外传播》2023年第10期。

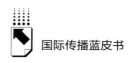
证将人类文明的价值观、道德伦理以及社会规范融入技术设计、开发和应用之中的前提下，将"中国式"传播理念贯穿于生成式人工智能技术赋能国际传播的全流程，以文化涵养技术、以技术赋能文化，通过智能驱动的媒体新质生产力加快构建中国话语体系与中国叙事体系。

二 以多元主体为动力，谱写复调传播的协奏交响曲

（一）协同化：联动政府、媒体、企业、智库、高校

人工智能为多元主体的协同表达提供了新的可能性，以此优化了国际传播的角色分配格局。以往的国际传播主体的构成以政府中的外宣机构、媒体中的中央媒体为主，随着智能技术赋能政府、媒体、企业、智库、高校等多元主体发挥所长、形成合力，百花齐放的国际传播协奏交响曲已然谱响，我国国际传播的复调传播格局得以形成并强化。

政府作为把握国际传播角色定位的"定盘星"，承担着不可或缺的核心重任。2024 年全球外交指数显示①，中国具备全球最大的外交网络，在外交指数中蝉联榜首，274 个驻外使领馆等机构为我国政府层面开展国际传播提供了有力前提。当前，智能技术赋能政府密切追踪全球发展的态势动向，了解国际社会对重大事件的响应态度，提速制定并调整本国的国际传播策略，还辅助生成多语言版本的政策声明和公开发布，提升信息传递的时效性和精准度，巩固政府在国际传播中的权威地位。主权人工智能（Sovereign AI）时代的全球角力下，人工智能正在成为主权国家的新型基础设施，政府抢占智能发展与智能治理的战略高点更显迫切，智能技术与国际传播的联动协同更具有时代性意义。

媒体作为加强国际传播能力建设的"主力军"，依托智能技术释放传播

---

① 《澳智库报告：中国蝉联外交指数榜首，美国紧随其后》，环球时报网，2024 年 2 月 27 日，https：//world. huanqiu. com/article/4GkfZ4Xvhu7。

潜力。生成式人工智能提升新闻策、采、编、发等环节的技术能力与组织效率，使媒体能够快速制作高质量的融媒体作品。聚合式新闻、自动化新闻、浸入式新闻、可视化新闻等内容形式逐渐涌现，新闻、政务、商务、服务相结合的服务模式持续创新①。整体而言，在生成智能驱动的国际传播场域中，我国的媒体机构逐渐从防御性跟随策略，转向主动性创新策略，积极依托既往的数据基础、技术基础、组织基础等优势，更好服务于文化主体性建设与文明交流互鉴。

企业作为桥接世界和展现形象的"排头兵"，以社会责任推动我国国际传播。当前，我国企业的高质量出海之路愈加成熟，其中央企出海态势更显强劲，从"走出去"到"走上去"的跃升，得益于国家"一带一路"倡议的提出和实施。数据显示②，2023 年中国跨国公司百强当中有 38 家为央企，平均跨国指数为 13.2%，同比上升 0.66 个百分点；2023 年央企中有 85%向海外经营相关方提供技术咨询及人员交流，66%对海外经营方进行技术援助，27%在海外当地设立了研发中心；截至 2023 年央企在近 140 个共建"一带一路"国家参与投资合作项目近 5000 个。互惠共赢的发展理念使得我国企业不仅赢得了国际市场的信任和认可，也成为展现我国大国形象的重要桥梁。

智库作为高水平对外开放的"智囊团"，有助于挖掘"二轨外交"巨大潜力。相对于政府间的"第一轨外交"，以智库为代表的非官方"二轨外交"主体更多元、方式更灵活、触达更广泛，有助于深入交流、深化理解。就传播内容而言，广阔的国际视野、深刻的本土思考、中国特色的话语体系都必不可少。中国特色新型智库作为跨文化转译与传播中国智慧的"思想使者"，为精准化国际传播提供"脑"动力。就传播平台而言，以"国际青年领袖对话"等全球对话机制为例，其不仅为中外交流搭建了多样化平台，

---

① 漆亚林：《新质生产力全域赋能：智能媒体高质量发展新路向》，《编辑之友》2024 年第 6 期。

② 《央企"出海"，从"走出去"到"走上去"》，南方周末，2024 年 6 月 17 日，https：//www.infzm.com/contents/273512。

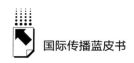
也为提升国际传播的覆盖面和影响力注入了更多创新内核。就传播渠道与形式而言,适应国际受众的媒介使用习惯,才能真正提升思想成果的"落地率"。以全球化智库(CCG)的英文新闻信(CCG Newsletter)矩阵为例①,其考虑到西方公众通常通过邮件订阅来接受信息的习惯,推出多种类型的电子邮件订阅式新闻信息产品,为世界了解中国提供重要窗口。

高校作为创新思想和创新人才的"孵化器",兼具资源富矿与交流重镇优势。一方面,高校中拥有大量国际传播的好素材、好故事,每所大学均有独特的校园文化和优势潜能,蕴藏着国际传播素材的"富矿"②;另一方面,智能化在线教育平台使高校能够突破地域限制,向全球展示高质量的教育资源。智能驱动的科研管理平台、学术交流平台等国际化海外联络平台,使高校能够与全球科研机构进行积极互动,促进学术合作和创新。《2023中国大学海外网络传播力建设报告》发现,前沿科研成果、校园特色文化、知名校友互动、顶尖人才访问等,构成高校国际传播的突出亮点③。通过这些手段,高校不仅传播了中国的思想理念,缩短了世界理解中国的心理距离,也增强了国际青年群体、学术群体对中国的认知与认可,为精准化国际传播提供重要支点。

(二)区域化:统筹打通地方、城市、边境国际传播

多渠道、立体式对外传播格局,既需要"整体"层面的运筹帷幄,又离不开地方国际传播、城市国际传播、边境国际传播等"局部"维度汇聚合声、形成合力,成为我国国际传播纵深发展的重要依托。随着地方化传播主体在国际传播实践中由自发走向自觉,一片片地方故事的拼图,共同融汇出中国故事这一波澜壮阔的全景面貌。

---

① 王亚莘、刘彦成、张诗奕:《中国特色新型智库对外数字传播:发展现状与实践策略》,《传媒》2024年第6期。
② 张小锋、童德毅:《增强国际传播能力,高校大有可为》,《光明日报》2023年12月12日。
③ 《〈2023中国大学海外网络传播力建设报告〉发布》,中国日报网,2024年1月14日,http://cn.chinadaily.com.cn/a/202401/14/WS65a3af47a310af3247ffbe68.html。

第一，地方国际传播。地方不只是行政区划体制生成的结果，还承载着极为丰富的自然与文化资源①，如巴蜀、江南、东北、闽南等地各具特色的文化都可以成为中国故事的鲜活样本。据不完全统计，截至2023年，全国已有84家地方国际传播中心，其特征在于依托省级或区域级组织机构联合多座城市，呈现鲜明的战略规划特征，将我国制度优势、组织优势、人才优势有效转换为传播优势②。

第二，城市国际传播。2023年中国城市海外网络传播力综合指数显示③，上海、北京、杭州、深圳、重庆、武汉、成都、广州、韶关、天津位于全国城市排名前十。近年来，城市对外传播的突出特点在于，国际盛事成为城市多方位展示独特魅力的重要途径，如北京举办的冬奥会、杭州举办的亚运会、成都举办的大运会等，都帮助当地进一步提高了城市名片的曝光度。

第三，边境国际传播。随着"一带一路"倡议走向深入，基于我国辽宁、吉林、黑龙江、内蒙古、甘肃、新疆、西藏、云南、广西等省份沿线的陆疆、海疆开展周边传播的重要性日益凸显。边境国际传播具有宣传对象集中（接壤国或相近国家区域）、宣传资源丰富（文化、旅游、经贸等各领域）、交流层次多样（一般性、常态化、深层次）、国家安全属性显著等特征④。

"国际议题、中国亮点、地方经验"构成了我国地方化国际传播的话语框架与传播逻辑。首先，国际议题作为国际传播的议题框架，有助于避免国际传播陷入自说自话的尴尬局面，以此唤起国际受众对相关议题的关注。其

---

① 姬德强、黄彬：《"地方"国际传播：概念勘定与实践走向》，《全媒体探索》2023年第6期。
② 刘滢、陈昭彤：《"本土全球化"：地方国际传播中心建设的现状、特征与提升路径》，《中国记者》2024年第6期。
③ 《〈2023中国城市海外网络传播力建设报告〉发布》，中国日报网，2024年1月14日，http://cn.chinadaily.com.cn/a/202401/14/WS65a3af1aa310af3247ffbe66.html。
④ 熊道宏：《国家能力视角下的边境外宣：特征、问题与对策》，《对外传播》2018年第11期。

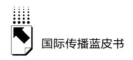

次，中国亮点能够展现我国在脱贫攻坚、科技创新、公共卫生等领域的积极作为与突出成就，加强我国对于自身形象的"自塑"能力，提升在国际上的影响力。最后，国际化的"大"视野，还需落在地方化的"小"实践，以地方化的特色经验向世界展示推介先进的发展模式与实践经验。三个方面有机整合并统筹推进，由此形成的策略核心在于，挖掘地方化故事的同时，寻找与全球话题的接口，将地方实践融入全球视野中，从而增添地方文化的厚度、增进国际社会的共鸣、增益意义共通的空间。

智能技术融入地方多层级的对外传播格局，有助于赋能地方化国际传播的实践能力与传播效力，为更多地区提供了在全球舞台上展示自身优势特色和发展成就的机会。一是信息收集环节，为国际传播积累形象资源。以上海城市形象资源共享平台 IP SHANGHAI 为例，其依托先进的智能化技术打造 UGC 平台，积聚图片、视频、设计各类资源，容纳全球用户通过网站及社交账号进行投稿，成为上海城市形象国际传播的重要资源品牌。二是信息加工环节，为国际传播指明优化方向。以大湾区国际传播实践为例，其依托海外舆情大数据库及信息监测方面的优势，从多个指标维度分析大湾区广东城市群国际传播工作的现状和发展趋势[①]，进一步精细化传播策略。三是信息呈现环节，为国际传播赋予丰富多彩的形式。如通过虚拟现实、虚拟数字人等视觉化技术，让各地特色文化"活"起来，为国际受众提供跨越时空的文化之旅，使其真切感受中华文化的魅力。

（三）全球化：善用"外嘴""外笔""外脑"以提升说服力

随着我国对外开放水平与国际显示度的提升，更多来自世界各地的目光向中国聚集，由此涌现出的"外嘴""外笔""外脑"成为共讲中国故事的鲜活力量。通过国际友人、意见领袖、媒体平台、智库机构等海外主体，我国国际传播"话筒"的多元声音，进一步扩大了中国故事的影响力、中国

---

① 《湾区故事怎样讲，中外专家有话说》，参考消息，2023 年 12 月 4 日，https：//www.cankaoxiaoxi. com/#/detailsPage/% 20/23ef171ab4224484b4df65ae74a0fcb4/1/2023 − 12 − 04% 2021：19？ childrenAlias＝undefined。

话语的说服力。

通过"外嘴"生动讲述中国魅力，展现中国形象并提升中国故事的影响力。外交部发言指出，随着我国入境政策的不断放宽，更多外国友人得以更为便利地来华观光旅游。2024 年前 5 个月，入境外国人超 1200 万人次，其中免签入境超 700 万人次；端午节假期期间，外国人出入境人次同比增长57%。随之而来的是，"China Travel"（中国旅行）主题视频在海外视频网站掀起热潮，YouTube 设置了关键词"Shanghai impression"（上海印象），大量外国游客成为对外宣传中国形象的"互联网嘴替"。其中，海外游客消除对中国偏见的"反差感"成为视频反转的流量密码，different（不同）和new（新的）成为此类视频中的高频关键词[①]。"借嘴"传播的直观性与冲击性，有助于澄清国际社会对于中国的误读，使更真实具体的中国迈向国际舞台中心。

通过"外笔"细致描摹中国实践，分享中国思路并增强中国文化的感召力。"外笔"主要借助在海外具备公信力的媒体平台，在传播形式上更具专业性、在传播内容上更具深度性。通过与这些平台的合作，使中国形象的刻画进一步走深走实。跨文化传播中的文化接近性，说明受众更倾向于接受与自身身份、文化、语言相近的信息。因此，加强中外媒体合作，发挥外媒潜能，拉近与国际受众的文化距离，方能更充分释放对外报道的传播效能。中国国际电视总公司、中国中央电视台发起面向全媒体的国际影视媒体联盟"丝绸之路电视共同体"，为共建"一带一路"搭建起媒体高端对话与合作平台；由人民日报社发起的"一带一路"媒体合作论坛至今已成功举办七届；这些举措有助于凝聚中外媒体合作的广泛共识，借由外媒充当中国形象在当地的"代言人"，架起丝路国家合作的"连心桥"，助力丝路"好故事"跨越山海[②]。

通过"外脑"印证中国发展经验，推介中国智慧并增强中国方案的说

---

① 《这些"外国人游上海"的视频，为什么在海外网站火了》，上观新闻，2024 年 6 月 10 日，https：//export. shobserver. com/baijiahao/html/753055. html。

② 《为高质量共建"一带一路"贡献更多媒体力量》，《人民日报》2023 年 10 月 25 日。

服力。国际智库机构及其拓展出的全球舆论场中意见领袖网络，为借"外脑"传播尤其需要关注的对象，是对接海外高知群体开展精准化传播的重要一环。新华社研究院联合多家中外智库共同发起的"一带一路"国际智库合作委员会，是响应习近平总书记"要发挥智库作用，建设好智库联盟和合作网络"建议的重要举措，也是对中外专家关于搭建合作平台的积极示范。此外，针对边疆地区的中外智库交流模式亦值得推广，如广西社会科学院探索"数字丝绸之路（中国—东盟）智库联盟"运行新机制，巩固与越、老、柬、泰、缅等国研究机构友谊，为双边合作提供新思路。习近平总书记指出"历史发展、文明繁盛、人类进步离不开先进思想的引领"，智库作为先进思想的源头活水，对世界范围内深化互信、凝聚共识意义重大。

三　以话语体系为锚点：提升中国话语的价值引领力

（一）叙事转向：元话语、再框架、转文化

党的十八大以来，习近平总书记就构建中国话语和中国叙事体系作出了一系列重要论断。当前，我国国际传播的叙事转向在话语建构、框架创新、理论反思层面，呈现出元话语构建、再框架过程以及转文化传播的显著特点。这不仅标志着对传统国际传播模式的超越，也是增强我国国际传播效果、效能、效力的必由之路。

一是叙事的话语建构。元话语不仅是语言、表达和叙事，更是为各种类型的交流实践提供规则的结构性思维和文化泛型[1]。在国际传播语境下，元话语能够帮助受众按特定叙事框架理解与国际话题相关的信息、意见、情感或行为，是讲述国家故事的"开场白"[2]。当前，我国国际传播的元话语体

---

[1]　常江、狄丰琳：《"和合"文化观与中国国际传播元话语的构建》，《对外传播》2023 年第 9 期。

[2]　许向东、丁兆钰：《中国式现代化元话语的建构及其国际传播》，《对外传播》2023 年第 9 期。

系建构，以习近平新时代中国特色社会主义思想为出发点，为讲好中国故事建立信息结构和修辞框架①。元话语体系的建构，有助于推动中国故事由"他叙"转向"自叙"、中国形象由"他塑"转向"自塑"的国际传播主动权建设。

二是叙事的框架创新。当前，我国国际传播的叙事特点在于，反思国际传播中现有的"主导性叙事"，探索超越以西方为中心的"替代性叙事"，采纳不同于美英主流媒体的新叙事"模板"，以此实现创新话语表达的"再框架化"②。再框架的过程需要直面西方固有话语体系挑战并予以批判性反思，加快形成对新知识的生产和新媒介生态的重塑。尤其是就全球发展、科技、环境等全人类共同关心的话题，结合我国发展实际进行内容形式的多维创新，并积极适应和利用新兴传播技术与传播平台，更有效地向世界传达中国的视角和声音。

三是叙事的理论反思。"跨文化传播"向"转文化传播"的理论再造与概念变迁成为趋势。跨文化传播带有鲜明的"欧美中心主义"烙印，多种异质性文化的交流和对话，推动形成了文化杂糅、文化转型、文化变异相互交织的转文化传播趋势③。转文化传播的核心在于"人类命运共同体"，关键点在于"平台世界主义"与"多元赋权"，旨在倡导文化的平等对话、包容和谐和相互尊重的"整体全球化"，是人类命运共同体理念在传播领域的具体化④。同时，"全球南方"是中国国际传播叙事转向的另一个重要维度，其不仅关注于提升中国自身的国际话语权，也致力于推动构建更加公正合理的国际传播新秩序。

---

① 陈先红：《中华文化的格局与气度——讲好中国故事的元话语体系建构》，《人民论坛》2021 年第 31 期。

② 史安斌、朱泓宇：《国际传播叙事的"南方转向"——基于"一带一路"沿线国家媒体的扎根研究》，《传媒观察》2023 年第 9 期。

③ 史安斌、盛阳：《从"跨"到"转"：新全球化时代传播研究的理论再造与路径重构》，《当代传播》2020 年第 1 期。

④ 马龙、李虹：《论共情在"转文化传播"中的作用机制》，《现代传播（中国传媒大学学报）》2022 年第 2 期。

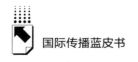

（二）实践逻辑：精准化、视觉化、情感化

在智能化背景下提升中国话语的价值引领力，关键在于加强精准化、视觉化、情感化的国际传播。精准化旨在提升传播的准确性和有效性，视觉化旨在强化传播的直观性和吸引力，情感化旨在深化传播的感染力和共鸣度。这三个抓手作为国际传播实践逻辑的核心，也是提升话语价值引领力的有效途径。

精准化是提升中国话语价值引领力的"定位器"。国际传播的精准化必须注重两个层面，一方面是传播主体与传播内容的精准化，另一方面是传播对象与传播目标的精准化[1]。前者注重传者的"语言再造"和"概念转化"，即对外传播不能不加区分地"熬大锅菜"，对外翻译的语言也不能"硬邦邦"缺少温度[2]。后者强调抓住受者的差异化特性，以国际青年群体为例，其作为与世界数字化进程共同成长的"Z世代"，已成为全球发展不可忽视的先锋队和主力军，"国际青年领袖对话"等针对性交流平台有助于释放出文明交流互鉴的青年力量[3]。两个层面的双向补充，还需智能传播的生产、分发、互动等环节流程予以黏合。

视觉化是提升中国话语价值引领力的"聚光灯"。一方面，视觉化更易于吸引受众的注意力，增强信息的记忆点和传播性，促使信息短时间内大范围迅速扩散。如席卷全球的"科目三"，简单动感的手舞足蹈成为世界范围内的流量密码与传播模因。另一方面，信息的视觉化处理具备抽象信息具象化、复杂信息结构化的优势，增强信息的可视性和可理解性。当前，AI生成脚本、AI生成图片、AI生成视频，辅以虚拟现实、虚拟数字人等技术实现综合性视觉应用，如云南省南亚东南亚区域国际传播中心推出缅语3D超

---

① 胡正荣：《国际传播的三个关键：全媒体·一国一策·精准化》，《对外传播》2017年第8期。

② 于绍良：《加强国际传播能力建设 全面提升国际传播效能——以构建全过程人民民主的中国话语和中国叙事体系为例》，《思想政治工作研究》2024年第2期。

③ 于运全：《新动向、新经验、新路径：面向国际青年精准传播的启新与赓续》，《中国网信》2024年第6期。

写实 AI 数字人泰伦哥和首个老挝语 3D 超写实 AI 数字人坎普，并制作"缅语 AI 主播读两会""老语 AI 主播读两会"等视频内容，推动国际传播迈上一个多模态、高维度的媒介场域。

情感化是提升中国话语价值引领力的"共振器"。情感是一种可传播、可解读、可共享、具有感染性的信息，是建立在理性信息基础之上的一种对外价值观导向。① 国际传播的共情传播指通过情感表达手段，引入情感元素，使信息更有温度，拉近传播者与受众之间的心理距离，建立跨越交流障碍的情感共鸣和共情体验，进而提升价值表达的全球影响力和引领力。北京冬奥会、冬残奥会的开闭幕式上，一个都不能少的"迷路和平鸽"、来时"迎客松"、别时"赠折柳"等元素让全球动容，配合 5G+8K 转播技术带来的极致视觉盛宴，创下历届冬奥会的收视新高。同时，通过情感计算和情感识别技术，智能化传播还可以实现实时感知和回应受众的情感需求，从人性化的"软视角"嵌入价值表达的"硬议题"。

四　以内容出海为突破，深化数智华流的融合式发展

（一）内容带动模式：网剧、网文、网游的文娱桥接

网剧、网文、网游在全球刮起"中国风"，被称为文化出海"新三样"。其整合并创新了文化表达模式的业态载体，以数量、质量双轮驱动旺盛的文化生命力，更大程度贴合国际青年文化视角，率先实现了从"出海"跃向"出彩"，在国际舞台上掀起了一股"数字华流"。随着生成式人工智能等技术的赋能加持，"数字华流"也向"数智华流"升级迭代。

继短视频之后，网络短剧正在成为吸引广大海外受众的数字生活流行方式与数字文娱发展趋势。其凭借着剧情紧凑、叙事简洁、"爽点"密接等特

① 姬德强、李喆：《国际新闻的情感逻辑：价值、平台与实践》，《中国出版》2023 年第 12 期。

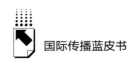

征，抢占用户注意力资源。《2024 年短剧出海市场洞察》报告显示，截至 2024 年 2 月底，我国已有超过 40 款短剧应用试水海外市场，累计下载量近 5500 万次。① 其中，中文在线旗下枫叶互动的出海短剧应用 ReelShort，以黑马之姿跻身多个国家地区的应用商店前列，贡献了短剧出海赛道 52% 的下载量和 48% 的收入。就短剧出海的传播受众特征而言，美国是短剧出海的首选地区，占头部短剧应用总份额的 60%~70%；英、加、澳等英语地区为第二选择；东南亚范围内，泰国是投放最密集的地区；中东亦被视为另一大潜力市场。根据海外不同受众特征，还需注意因地制宜将中国文化贴合于当地本土化的文化元素与精神内核。

网文出海作为国际传播文娱桥接中的重要一环，共识得以强化、效率得以提升、影响得以扩大。研究显示：2023 年网络文学海外市场规模超 40 亿元，海外活跃用户总数近 2 亿人，其中"Z 世代"占 80%。② AIGC 使困扰网文出海的翻译问题得到缓解，国内外"同步更新"与"全球追更"迎来可能。同时，海外原创生态形成，中国网文运营模式、叙事手法被广泛借鉴。截至 2023 年末，各海外平台培养海外作者近百万人，创作海外原创作品 150 余万部。中国网络文学运营模式、IP 转化和产业生态开发，在国际化网文平台中成为示范典型。尤其是网络文学向爆款微短剧的转化，成为中国网文出海的新路径与新形态。

网游出海在国际内容市场中面临更为激烈的竞争环境。面对美、日、韩等游戏产业的老牌玩家，中国游戏"原神""王者荣耀""崩坏：星穹铁道"以其高品质的游戏体验在国际市场异军突起。报告显示：2023 年，美、日、韩是我国移动游戏主要海外市场，占比分别为 32.51%、18.87%、8.18%。③ 我国自主研发游戏海外市场实销收入 163.66 亿美元，出海收入前

① 《短剧热潮席卷全球，后进者如何把握机遇破圈出海？》，大众网，2024 年 4 月 20 日，http://ent.china.com.cn/xwtt/detail2_2024_04/19/4382578.html。
② 中国作家协会网络文学中心：《2023 中国网络文学蓝皮书》，《文艺报》2024 年 5 月 27 日。
③ 《〈2023 年中国游戏产业报告〉正式发布》，新华网，2023 年 12 月 15 日，http://www.xinhuanet.com/ent/20231215/f670a4330eac41d6859e9f11d9226d5b/c.html。

100 位自研移动游戏中，策略类占比 40.31%，近三年一直是海外营收主力，角色扮演类、射击和休闲类次之，这体现出我国在游戏细分领域的优势所在。虽然中国游戏出海竞争趋于激烈、经营成本逐步提高，但中国已当之无愧成为全球游戏行业的重要一极，网游也成为中国文化走向世界的重要力量。

为内容插上智能的翅膀，网剧、网文、网游依托文化和科技两翼发力。如阅文启用大语言模型，不仅为网络写手提供灵感和素材，还有效激活了中国网文的破壁传播，2023 年阅文旗下的海外网文平台补充上线了葡萄牙语、德语、法语等类别，进一步推动中国故事冲破语言壁、文化壁；又如米哈游专注于卡通渲染技术、云计算技术、人工智能技术等领域的创新研发，在《原神》中使用的"全域高度图体积雾"技术带给用户烟雾缭绕的体验，感受中华文化的诗意与唯美①。需要注意，文化接合问题仍是内容出海的重要关隘。中国文化属于高语境文化，面向低语境文化，如何在内容中植入符合当地文化元素的同时，又将中国的传统文化、现代生活方式以及价值观念润物细无声地传递到世界，是促进海外观众真正感受、理解、亲近中华文明的深层挑战。

（二）产业辐射文化：商品、品牌、平台的电商突围

在全球化的今天，跨境电商已经成为国际传播中的一股新势力。商品出口、品牌建设、商业平台成为产业辐射文化的三大支柱。商品出口作为产品和文化交流的初级阶段，为中国品牌的国际认知打下基础；随后，通过持续的品牌建设和管理，提升中国品牌的全球市场竞争力；最终，商业平台的创新应用和国际化战略，进一步推动中国文化和价值观念在全球范围内传播和推广。

商品出口是产业辐射文化的"敲门砖"，是构建我国国际传播影响力的重要基石。国务院新闻办发布的 2023 年全年进出口情况显示：我国跨境电商进出口 2.38 万亿元，增长 15.6%。其中，出口 1.83 万亿元，增长

---

① 《网文网剧网游，正成为文化出海"新三样"》，《新华每日电讯》2024 年 3 月 18 日。

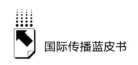

19.6%。参与跨境电商进口的消费者人数逐年增加，2023 年达到 1.63 亿人。① 这一显著增长不仅显现了我国跨境电商在全球市场中的竞争力，更代表了我国产业文化在全球范围内的广泛接受度。制造业是凝结着我国经济文化制度特色的实体产物，具体产品则是我国制造业成就的外在展现。我国的产品通达世界的同时，也是将我国的制造业特性辐射到全球各地的过程，因此跨境商品出口不仅促进了商业层面的全球流通，也成为我国文化和信息交流的重要渠道。

品牌建设是产业辐射文化的"桥头堡"，是深化我国国际传播影响力的关键力量。商品带来产业文化的感知，而品牌则是产业文化的扎根。2023 年，我国自主品牌产品出口增长了 9.3%，占出口总值的比重提升了 1.7 个百分点，自主品牌产品已经出口至全球 200 多个国家和地区；其中，民营企业品牌发展态势迅猛强劲，66.4% 的自主品牌产品是由民营企业完成的。② 广泛的地理覆盖不仅扩大了"中国品牌"的国际影响，也反映了中国企业在品牌建设、管理和市场推广方面日趋成熟，"中国制造"在全球赢得更高知名度和美誉度。

商业平台是产业辐射文化的"大本营"，是稳固我国国际传播影响力的战略高地。当前，我国一大批商业平台企业正在形成出海"雁阵"，成为连接中国与世界的重要桥梁。数据显示，世界营收排名前五的电商公司分别是亚马逊（美国）、京东（中国）、阿里巴巴（中国）、拼多多（中国）和 Coupang（韩国）。③ 过去 5 年，中国三大电商平台京东、阿里巴巴、拼多多（Temu）的年均营收增长率高达 41.0%，如此高速增长使中国企业占据了全球电商营收前五名中的三席。优质平台带动先进模式，我国的互联网发展从初创阶段移植复刻"硅谷模式"的 C2C（Copy to China）路径，进阶到具有

① 《国务院新闻办就 2023 年全年进出口情况举行发布会》，国务院新闻办网站，2024 年 1 月 12 日，https：//www.gov.cn/zhengce/202401/content_6925703.htm。
② 《国务院新闻办就 2023 年全年进出口情况举行发布会》，国务院新闻办网站，2024 年 1 月 12 日，https：//www.gov.cn/zhengce/202401/content_6925703.htm。
③ 《全球五大电商公司公布：中国独占三席》，快科技，2024 年 6 月 19 日，https：//finance.sina.cn/tech/2024-06-19/detail-inazhewh2905864.d.html。

原创性和引领性的 CFC（Copy from China）"高阶"模式[1]，为全球范围内的文化交流和科技合作开辟了新的空间，使中国在国际传播中得以更好展示自身的科技实力和创新能力。

（三）文化濡润精神：传统、现代、未来的复合元素

世界渴望了解中国，中国需要拥抱世界。丰富的中国文化元素，融汇成兼具传统、现代、未来的多维破圈复合文化生态。传统文化元素，代表了中华文明的深厚历史底蕴和思维智慧。现代文化元素反映了中国在全球化浪潮中，基于传统文化的迭代发展与创新精神。未来的文化元素则蕴含了中国在科技、环境和社会领域的展望和探索，展现出对人类命运共同体的理想愿景与美好追求。

传统文化元素作为文化"压舱石"，维系着中国悠久历史文化的根脉与精髓。中国传统文化符号展现了中华文明的深厚底蕴，蕴含着中华民族的智慧、审美、品格、气度，也为世界提供了了解中国文化的窗口。当代中国与世界研究院开展的"2022 年中国国家形象全球民意调查"显示，海外民众对中国文化形象评价达 7.3 分（满分 10 分），文化成为海外民众最希望通过中国媒体了解中国的领域之一，有 57% 的海外民众希望了解博大精深的中华传统文化，中华传统文化的感召力仍然高于现当代文化[2]。《2023 年度中华文化符号国际传播指数（CSIC）报告》显示，中国春节、中国茶、中国国画、元宵节、中国功夫、汉服、中医、陶瓷、京剧、刺绣为具有代表性的文化传承十大符号[3]。

现代文化元素作为文化"动力源"，推动新时代下的文化创新与蓬勃发展。传统文化的现代化演绎，为中华文化注入新鲜血液，体现了中华文化的

① 刘滢、朱泓宇：《"数智华流"新趋势下的"模式出海"与国际传播生态重构》，《对外传播》2023 年第 11 期。
② 王丹：《推动中华文化更好走向世界》，《中国社会科学报》2023 年 5 月 9 日。
③ 《中华文化符号国际传播指数报告在互联网大会专题论坛上正式发布》，中国网，2023 年 11 月 10 日，https：//baijiahao.baidu.com/s？id=1782131180589174304&wfr=spider&for=pc。

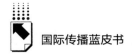
包容精神。《寰球民意指数（2023）》显示，长城、熊猫以及农历新年是当前认知度最广的中国文化符号①。传统文化元素焕发出新生机，离不开现代化技术的赋能。如八达岭文旅集团推出"妫河夜画"夜长城体验，采用"行进式观演"模式，融入灯光、置景、全息投影等多媒体特效，带领游客感受穿越古今的文化意境。2023年底，中国传统民俗节日春节（农历新年）成为联合国假日，随着"中国年"升级为"世界年"，全球约有1/5的人口以不同形式庆祝农历新年，"年味"民俗活动走进约200个国家和地区，成为全球文化盛宴②。中国传统文化的"金招牌"正逐步升级为现代文化的"活招牌"。

未来文化元素作为文化"指南针"，引领着中国的未来发展方向与前沿探索。人工智能、航空航天等未来文化元素，不仅展现了中国在全球科技领域的竞争力，也为全球科技文化的未来发展提供了新的思路与启示。中国高铁网络作为世界上规模最大、技术最先进的高速铁路网络之一，已成为"中国速度"的代名词。中国航天领域取得的显著成就，也让世界对于中国的科技高度有了更多想象。从成功发射"天问一号"火星探测器、"天和"核心舱成功发射并组建空间站，再到"嫦娥六号"首次实现月球背面样本采集，书写了世界探月工程的新的里程碑，"世界首次""历史性的""伟大壮举"等成为外媒报道的关键词。依托我国世界领先的科创力量，未来更多中国文化元素将使世界看到一个不断进步、勇于探索的中国，进一步增强国际社会对中国未来发展的信心与期待。

五　以平台渠道为路径，增强中华文明传播力影响力

（一）媒体矩阵：主流旗舰优势与社交平台特色相结合

我国形成了主流旗舰媒体与社交平台相结合的国际传播格局，以人民日

---

① 《寰球民意指数（2023）：长城、熊猫和农历新年是认知度最广的中国文化符号》，中国新闻网，2023年4月9日，https：//www. chinanews. com. cn/gn/2023/04-09/9986728. shtml。

② 《传统与现代交织：2023年中国文化增亮世界》，新华网，2024年1月1日，http：//www. xinhuanet. com/politics/20240101/3d917c7d25464fecbf6095482e0d8f59/c. html。

报社、新华社、中央广播电视总台（包括 CGTN 等）、中国日报社和中国新闻社等主流媒体为核心，建立了初具规模的国际传播矩阵①。此外，海外社交平台上的国际传播建设也愈显意义重大，成为国际传播的主要战场。

当前，主流媒体的智能化转型进程走向纵深，散点式的技术创新正在转向全局性的媒体生态优化，基于我国 30 家媒体机构"中国媒体智能化"案例分析发现，人工智能重构新闻生产流程、数字人技术带来传播新模式、智能中台成为数据资产新基建、虚拟技术拓展媒体业务边界、全链条媒体生态赋能社会治理现代化②。截至 2023 年底，国内主要媒体机构在 Facebook、X（Twitter）、YouTube 海外三大平台布局 923 个账号，订阅量百万级以上头肩部账号共计 168 个（比 2022 年底增加 24 个），中央广播电视总台、新华社、《人民日报》海外传播力位列前三③。其中，针对社交媒体中个性化、圈层化、私域化的传播特点，总台 CGTN 的 100 个多语种网红工作室，全球粉丝数已经超过了 6000 万④，通过话语融通和叙事创新更好地适应了海外文化和多样平台的差异化特点。

细分领域的垂类账号配合综合类媒体账号，在国际传播实践中也颇具亮点。垂类账号的特点在于，基于特定焦点的精准定位、深度挖掘本土文化特色、借助视频直播等多种生动形式、受众参与互动感相对较强。以四川国际传播中心的特色媒体矩阵为例⑤，Sanxingdui Culture（三星堆文化）、Discover Buddha Grottoes（探秘佛像石窟）、Panda Daily Show（熊猫每日秀）等账号，依托当地文化资源开展丰富的视觉化对外传播，直观展现多元融合的城市形象；同时"China Walk TV"等频道用镜头游历春熙路、锦里古街

① 胡正荣、王天瑞：《绿树成荫在于根深、枝繁、叶茂：新时代国际传播理念的三重升维》，《青年记者》2024 年第 7 期。

② 冯雯璐：《主流媒体的数智化转型实践——基于"中国媒体智能化"征集案例的分析》，《新闻战线》2024 年第 8 期。

③ CTR 媒体融合研究院：《姜涛：2023 年主流媒体网络传播力榜单及解读 ｜ 德外独家》，2024 年 1 月 17 日，https://new.qq.com/rain/a/20240117A04XHF00。

④ 《麻静：立足当下、面向未来 找到和吸引海外"Z 世代"》，新华网，2023 年 7 月 13 日，http://www.xinhuanet.com/fortune/2023-07/13/c_1129746716.htm。

⑤ 《四川国际传播中心正式揭牌》，《四川日报》2022 年 3 月 21 日。

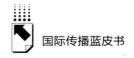

等街景名胜，让世界真切地感受这座城市的历史底蕴与现代面貌。高画质影像提升观赏价值的同时，也跨越了世界看中国的语言障碍，触及了人类共通的审美取向与情感需求，即对美丽自然的欣赏与对美好生活的向往，从而在全球范围内建立了更丰厚的情感共通性基础、更广阔的文化共通性空间。

（二）技术手段：生成式人工智能驱动多模态内容生产

随着人工智能生成内容（Artificial Intelligence Generated Content，AIGC）在应用层面飞速发展落地，以文生文、文生图、文生视频等为主的多模态的内容生产能力，对内容行业的劳动资料进行了颠覆性革新。2023年5月，世界报业和新闻出版协会（WAN-IFRA）评估生成式人工智能对于新闻组织的影响，发现全球约49%的新闻组织采用了AIGC工具，70%的受访者认为AIGC对新闻行业有所助益；其中主要的应用场景包括不同形式的文本生成（54%）、简化研究或搜索（44%）、文本纠错核对（43%）、优化工作流程（43%）等；其内容准确性是媒体人最关注的焦点问题（85%）[1]。

生成式人工智能对于国际传播的"破"，体现在对于时空壁、语言壁、资源壁、心理壁等的突破。一是时空破壁，AIGC通过自动生成内容并迅速分发，能够使信息以最快时间播向世界各地，最大限度突破时间和空间的限制，其即时性和广泛性显著增强了国际传播的覆盖面和影响力。二是语言破壁，不同语言范式往往造成有效传播的阻碍与隔阂，而AIGC通过翻译和适应不同文化背景下的表达方式，使新闻内容更加易于被非母语国家的读者接受。三是资源破壁，相较于传统国际传播所需大量人力、物力和财力支持，AIGC快速生成文字、音频、视频等传播素材，大大降低了对素材资源的依赖，赋能更多主体参与国际传播进程，壮大国际传播队伍。四是心理破壁，AIGC通过分析受众的行为和心理特点，以个性化和情感化的内容辅助传达复杂的概念或事件，有助于弥合不同文化之间的差异，打破受众的心理屏

---

① CTR媒体融合研究院：《最新报告：近半数新闻媒体使用类ChatGPT产品》，2023年6月13日，https://36kr.com/p/2299818604473089。

障，促进不同文化背景的人们对中国文化的理解和接受。

生成式人工智能对于国际传播的"立"，体现在新机制、新场域、新规范的创新上。一是生产机制之新，依托 AIGC 在细分领域的开发，智能技术融入媒体生产的全链条、全环节已经成为当下的新常态，推动着新闻传播行业的结构性机制创新。如人民网发布 AI Agent "社交智能助理"为自媒体运营提供"一站式"解决方案；新华社发布"新语 News Copilot"助力实现内容的可靠性和溯源性。二是话语场域之新，AIGC 加速了全球范围的社会认知和价值观塑造，促进了信息与认知的深度竞争，激发了关于思维模式和价值准则的内在争夺，同时延伸出虚假信息、智能鸿沟、技术宰制等国际传播问题。三是传播规范之新，面对 AIGC 的潜在风险，亟待明确其使用规范。2024 年 3 月，《中央广播电视总台人工智能使用规范（试行）》开启了我国首部媒体人工智能使用规范化标准，其对人工智能应用实行包容审慎和分类分级监管，通过对各个内容制作领域、环节的规范要求，促进 AIGC 新质生产力赋能媒体行业高质量发展。

（三）关系网络：多维立体式交流合作扩容国际朋友圈

国际传播不只包括信息的传递，更需多维度、立体化国际交流网络的构建。扩容国际朋友圈，需要"硬传播"与"软传播"并举，前者为后者提供物质基础和技术支持，后者为前者注入人文关怀和社会认同。通过这种软硬结合、相互支持的协同方式，有望更好实现各国资源共享、优势互补，推动国际合作的发展与国际关系的深化。

"硬传播"作为国际传播的坚实桥梁，指基于物质和技术手段进行的国际合作，如基建项目、科创合作等。得益于"一带一路"倡议的提出和实施，中国基建"出海"表现尤为突出，截至 2023 年 10 月，中央企业累计在 140 多个共建国家投资合作项目超过 5000 个，涉及金额超过 1 万亿美元[①]。我国基

---

① 国务院国资委党委：《在共建"一带一路"高质量发展新阶段展现中央企业新担当》，《求是》2023 年第 23 期。

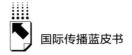

建"出海"一方面包括实体工程基建，我国9家企业进入"2023年全球承包商250强"榜单前10强，中国建筑连续八年位列榜首，体现了我国在全球基建行业的领军地位①；另一方面包括数字化基建，截至2023年底，"数字丝绸之路"构建超190套跨境陆缆系统，"数字化中欧班列"等重点项目全面推进，"数字丝路地球大数据平台"实现多语言数据共享②。同时，我国已累计拥有340家独角兽企业，2023年排名全球第二；从行业属性来看，我国独角兽企业主要来自人工智能、半导体、新能源行业，呈现明显的"硬科技"属性③。华为、阿里云、科大讯飞等智能企业也在近期陆续公布自研大模型的"出海"新进展，带领着我国更高端的技术和服务走向世界。

"软传播"作为国际传播的柔性纽带，指通过教育文化领域的传播、交流、沟通来促进国际理解，如国际会议、留学访问等学术交流，电影节、电视周等艺术互鉴，孔子学院、功夫武馆等文明碰撞等。近年来，我国在教育领域的国际合作不断深化，如与东盟职业院校共同创办了8个职业教育论坛，组成了19个职业教育联盟，并在东盟建立6个鲁班工坊、42个国际产业学院④。未来，教育文化依然是"软传播"的重要着力点。2024年6月，习近平主席在和平共处五项原则发表70周年纪念大会上指出，中方将设立"全球南方"研究中心，未来5年向"全球南方"国家提供1000个"和平共处五项原则卓越奖学金"名额、提供10万个研修培训名额，并启动"全球南方"青年领军者计划⑤。在此过程中，智能技术通过辅助翻译打破语言障碍，通过深度分析学员画像贴近当地文化特性与需求，提升传播的精准

① 财经新媒体：《中国建筑行业营收增速放缓 加速出海掘金》，2024年6月28日，https：//m.sohu.com/a/789218260_730804/。
② 《促进数字贸易改革创新发展》，《经济日报》2024年7月6日。
③ 《我国独角兽企业数量全球排名第二"硬科技"属性日益鲜明》，《证券日报》2024年6月5日。
④ 《中国与东盟加强职业教育合作》，《人民日报（海外版）》2024年4月13日。
⑤ 《习近平在和平共处五项原则发表70周年纪念大会上的讲话（全文）》，中国政府网，2024年6月28日，https：//www.gov.cn/yaowen/liebiao/202406/content_6959889.htm。

性、平等性和多元性，优化教育交流的内容和形式，促进国际合作的深度和广度，扩大国际人文交流合作。

结　语

智能化浪潮之于国际传播，重构了国际传播的生态格局，贯穿于新理念、新主体、新话语、新内容、新平台的系统性优化。智能化范式之于国际传播，重塑了国际传播的基本逻辑，人工智能与国际传播的关系并非简单叠加，而是革新了信息技术迅猛发展趋势下国际传播效果、效能、效力提升的现实语境与基本框架。智能化技术之于国际传播，重组了国际传播的业务实践，涉及全要素、全链条、全流程、全方位的结构性改造。未来，随着生成式人工智能的技术政治化进程，在地缘化、网缘化、智缘化交织杂糅的国际传播趋势下，从讲述好中国故事到传播好中国价值的迭代升级，是构建更有效力的国际传播体系的进程中，需要重点突围与持续发力的重要命题。

人工智能篇

B.2

基于生成对抗网络（GANs）的深度
伪造技术在国际传播中的应用与挑战

张　萌　高根茂*

摘　要： 生成对抗网络（GANs）作为深度学习的重要算法，推动了深度伪造技术（Deepfake）的发展。Deepfake技术能够合成逼真的音视频，使虚假内容看似真实，最初被用于娱乐和影视制作，但迅速在新闻媒体、社交网络和政治宣传中展现出潜力。由此带来了虚假新闻、误导性宣传和隐私侵犯等风险，挑战信息真实性和公众信任。深度伪造技术能够生成极具迷惑性的内容，影响国际信息传播效能，破坏公共话语的信任基础，导致新闻可信度下降。其在社交媒体时代的应用揭示了信息战的新形态，虚假信息的传播能力显著提升，对全球信息生态和国际关系构成挑战。各国政府和国际组织需加强技术监管和法律法规制定，同时提高媒体和公众的信息素养和鉴别能

* 张萌，中国社会科学院新闻与传播研究所副研究员、传媒发展研究中心副主任，研究方向为新媒体研究；高根茂，复旦大学新闻学院博士研究生。

力，以应对深度伪造技术带来的复杂问题。

关键词： GANS　深度伪造技术　国际传播　新闻可信度

在当今信息化时代，随着人工智能技术的飞速发展，生成对抗网络
（Generative Adversarial Networks，GANs）作为一种重要的深度学习算法，已
成为推动科技进步的前沿力量。深度伪造技术（Deepfake）是基于 GANs 的
一个典型应用，它通过合成逼真的音视频，使虚假的内容看起来像真实的情
境。Deepfake 技术能够精确模拟人类面部表情和声音，这使得伪造视频和音
频的制作变得越来越简单且难以分辨。这种技术最初被用于娱乐和影视制
作，但很快在新闻媒体、社交网络和政治宣传等领域展现出巨大潜力。然
而，伴随而来的是深度伪造技术在信息传播中的滥用风险，包括虚假新闻、
误导性宣传和隐私侵犯等问题，这些都对信息的真实性和公众信任构成了严
峻挑战。本报告主要讨论了基于 GANs 的深度伪造技术在国际信息传播中的
应用与挑战，通过分析这一技术的具体应用场景和其对全球信息生态的影
响，揭示其带来的机遇与风险，并提出应对策略，以期为相关领域的研究和
实践提供参考。

一　生成对抗网络（GANs）与深度伪造技术（Deepfake）

（一）生成对抗网络（GANs）

1. 何为"生成对抗网络"？

生成对抗网络（Generative Adversarial Networks，GANs）作为一种新兴
的深度学习技术，通过两个神经网络——生成器和判别器之间的对抗训练，
实现了从噪声中生成逼真的数据。生成器负责创建看似真实的伪造数据，而

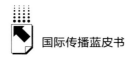

判别器则负责区分这些伪造数据与真实数据。通过不断地相互博弈，GANs能够生成越来越逼真的图像、视频和音频，这种技术被广泛应用于图像生成、图像修复、风格迁移等多个领域。GANs的独特之处在于其生成和判别两个神经网络之间的对抗机制，这种机制不仅提升了数据生成的质量，也使得人工智能在图像、视频和音频生成等领域取得了显著成果。

自2014年至今，生成对抗网络的发展主要经历了四个阶段：初期发展阶段（2014~2015年）主要展示了其生成逼真图像的潜力，但也面临训练不稳定和模式崩溃等问题；第二阶段为改进与优化阶段（2016~2017年），通过深度卷积生成对抗网络（DCGAN）、Wasserstein GAN（WGAN）等方法提高了训练稳定性和生成质量；第三阶段为应用扩展阶段（2018~2019年），GANs被广泛应用于图像超分辨率、图像修复、图像到图像翻译等领域；第四进展阶段（2020年至今），BigGAN和StyleGAN等模型在图像生成质量上达到了新的高度，并在医学成像、虚拟现实等领域展开了深入研究。

当前，生成对抗网络（GANs）的研究热点主要集中在提高训练稳定性与效率、多模态生成、应用领域扩展、解释性与控制性以及对抗性攻击与防御五个方面。第一是提高训练稳定性与效率，通过开发稳定的训练方法，如谱归一化和梯度惩罚，减少模式崩溃现象并提升生成质量。第二是多模态生成能力，探索如何生成多种模态的数据，实现跨模态生成和转换，例如文本生成图像等任务。第三是GANs在各个应用领域的扩展研究不断深入，除了传统的图像生成，GANs在医学成像、游戏开发、虚拟现实（VR）和增强现实（AR）等领域的应用研究也取得了显著进展，并在数据隐私和安全领域通过生成合成数据来保护隐私。第四是提高GANs生成结果的可解释性与控制性，将模型（如StyleGAN）引入风格空间概念，使用户可以更灵活地控制生成图像的特征。第五是GANs在生成对抗样本和提升模型鲁棒性方面的研究也在增加，人们关注如何利用GANs进行对抗性攻击和防御，以增强模型的安全性和稳定性。总体而言，GANs技术在这些研究热点中的发展展示了其在多模态生成、应用扩展、解释性与控制性以及对抗性攻击与防御等方面的巨大潜力。

2. 应用场景

（1）GANs 在合成广告（Manipulated Advertising）中的应用

GANs 可以将一种图像风格转移到另一种图像上，同时保留关键属性，包括生成不存在的服装，以及逼真的动漫人物、肖像和专辑封面等。同时，GANs 能够自动生成符合广告目标的合成模特，无须雇用真人模特或其他专业人士。这种完全自动化、无监督的过程使得广告创作更加高效和灵活。GANs 为合成广告的生成提供了强大的技术支持，使得广告创作者能够以更低的成本生产高质量的合成广告内容。例如，初创公司 Rosebud AI 开发了利用人工智能技术合成广告内容的能力。他们的技术可以即时改变模特的种族、年龄、表情或性别，使消费者能够看到与自己相似的模特形象。此外，生成对抗网络（GANs）等人工智能算法还可以自动生成全新的合成模特，完全无须人工干预。这种基于人工智能的合成广告技术，不仅能够提高广告创作的效率和灵活性，还可以让消费者看到与自己更相似的广告内容。这种技术的发展正在颠覆传统的广告创作模式，给广告行业带来新的机遇。①

（2）GANs 在车联网（IoV）场景中的应用

基于生成对抗网络（GANs）在车联网（IoV）环境中的信息传播安全研究提出了一种新型的信息传播安全模型。相较于传统方法存在远程节点存储操作不合作及低服务评估数据块处理不充分的问题，导致带宽压力增加，新型的信息传播安全模型利用 GANs 对数据进行增强，并基于增强后的数据提取实用特征，有效分析传输数据。有人通过实验表明，该方法可以提高系统安全性、信息传输安全性和网络性能。此外，这一研究还分析了 CACC 车辆的通信概率，考虑车辆占用率和信号可靠性等因素，提高通信成功概率，同时提出了基于双向 GAN（BiGAN）的感知哈希图像内容取证算法，以提

---

① Campbell, C., Plangger, K., Sands, S., & Kietzmann, J. (2022). Preparing for an era of deepfakes and AI-generated ads: A framework for understanding responses to manipulated advertising. *Journal of Advertising*, 51 (1), 22-38.

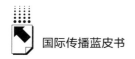
高生成图像的质量和特征表示。① 总之，基于 GANs 的车联网信息传播安全模型，通过数据增强、通信概率分析以及图像取证等方式，有效提高了信息传播的安全性，对车联网安全传输具有重要意义。

此外，生成对抗网络还应用于图像生成和编辑、文本生成、音频和视频生成、医疗影像分析等场景。

（二）深度伪造技术

1. 何为"深度伪造技术"？

"深度伪造"一词源自英文"Deepfake"（"deep learning"和"fake"的组合），最初源于一个名为"deepfakes"的 Reddit 社交网站用户，该用户于2017 年 12 月在 Reddit 社交网站上发布了将斯嘉丽·约翰逊等女演员的面孔映射至色情表演者身上的伪造视频。随着技术的不断进步，深度伪造技术已经扩展到包括视频伪造、声音伪造、文本伪造和微表情合成等多种形式的多模态视频欺骗技术。

目前，Deepfake 在国际上并没有公认的统一定义，美国在其发布的《2018 年恶意伪造禁令法案》（Malicious Deep Fake Prohibition Act of 2018）中将"deep fake"定义为"以某种方式使合理的观察者错误地将其视为个人真实言语或行为的真实记录的方式创建或更改的视听记录"②。我国在2019 年发布的《网络音视频信息服务管理规定》中将基于新技术的深度伪造定义为"利用基于深度学习、虚拟现实等新技术新应用制作、发布、传播非真实音频信息"③，突出了新技术的重要工具属性。

---

① Zhang, J. (2024). Research on information dissemination security based on generative adversarial network in internet of vehicle environment. *International Journal of Network Security*, 26 (2), 305-311.

② S. 3805-115th Congress (2017-2018): Malicious Deep Fake Prohibition Act of 2018. https://www.congress.gov/bill/115th-congress/senate-bill/3805.

③ 国家互联网信息办公室：《关于印发〈网络音视频信息服务管理规定〉的通知》. (2019-11-18) [2022-03-31]. http://www.cac.gov.cn/2019-11/29/c_1576561820967678.htm.

2. 深度伪造技术类型

深度伪造技术作为人工智能和深度学习领域的重要应用，已经在多个方面展现了其强大的影响力。无论是图像、视频、音频，还是文本内容，深度伪造都可以通过高效的算法生成极具迷惑性的伪造信息。以下是深度伪造技术的主要类型。

（1）图像和视频伪造。这是最常见的深度伪造形式，通过深度学习模型如生成对抗网络（GANs）来创建或修改图像和视频，使其看起来像是真实人物的行为或表情。这类伪造技术的发展已经到了难以用肉眼区分真假的地步。[1] 在娱乐领域，深度伪造技术（deepfake）展现了许多创新和实际的应用。它可以用来生成逼真的虚拟角色，这些角色在电影、电视节目和视频游戏中出现，使得虚拟角色的动作和表情更加自然和逼真，增强了观众的沉浸感。[2] 在电影特效制作中也具有重要作用，可以用于演员替身表演，精确地模仿演员的面部表情和动作，使特效场景更真实，同时在电影中重现历史事件中的重要人物，精确再现他们的讲话和表情。[3]

（2）音频伪造。除了视觉内容外，深度伪造技术也被用于音频领域，常见的音频伪造类型包括语音克隆、文本到语音转换（TTS）、语音转换、对话生成和音频篡改。语音克隆通过学习某人的声音特征生成新语音，而TTS系统则利用深度学习生成自然流畅的语音。语音转换技术可以将一种语音转换为另一种，保持内容不变但改变音色和语调。对话生成使用自然语言处理（NLP）技术创建虚构的对话场景，而音频篡改则通过剪辑和修改现有音频片段制造虚假的音频记录。在音乐视频中，深度伪造技术可以合成歌手的声音和形象，创造全新的音乐体验，不仅用于现有歌手的虚拟演出，还可

① Mirsky, Y., & Lee, W.（2021）. The creation and detection of deepfakes: A survey. *ACM Computing Surveys（CSUR）*, 54（1）, 1-41.

② Singh, H., Kaur, K., Nahak, F., Singh, S., & Kumar, S.（2023）. Deepfake as an Artificial Intelligence tool for VFX Films. *2023 7th International Conference on Computation System and Information Technology for Sustainable Solutions（CSITSS）*, 1-5.

③ Rana, M., Nobi, M., Murali, B., & Sung, A.（2022）. Deepfake detection: A systematic literature review. *IEEE Access*, 10, 25494-25513.

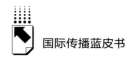
以创造全新的虚拟偶像。通过深度伪造，可以重现已故艺术家的声音和形象，使他们"复活"在新的作品中，为怀旧作品提供新的可能性，并将经典作品以全新的形式呈现给观众。[1]

（3）文本伪造。随着自然语言处理（NLP）和大型语言模型的进步，文本内容的深度伪造也成为可能。这包括修改现有文本或生成全新的、看似真实的文本内容，以影响在线讨论和传播错误信息。最常见的则是伪造新闻（Fake News Generation），它能够模仿真实新闻媒体的风格和格式生成虚假的新闻报道，达到以假乱真的效果。[2]

二　基于 GANS 的深度伪造技术在国际传播中的应用

作为人工智能时代的新型媒体合成技术，深度伪造技术近年来在网络媒体中的应用越来越广泛，出现的频率也越来越高。随着计算机视觉、自然语言处理、机器学习和深度学习技术的进步，生成对抗网络（GANs）等模型的出现使得创建高度逼真的虚假图像、音频和视频成为可能。这些技术的进步不仅提高了内容的真实性，也降低了制作深度伪造内容的技术门槛，使得更多元主题能够利用这些技术进行创作。[3] 因此，基于生成对抗网络的深度伪造技术的发展和应用使得生成内容变得更加容易和普遍，未经核查的信息更易于传播，并对当今国际舆论产生了深远的影响。在社交媒体时代，计算宣传成为国际假新闻传播的一个新特征，其背后隐藏着国际关系中的霸权结构和国家间的权力关系。当前，深度伪造技术作为一种新的信息生

① Neethirajan, S.（2021）. Is seeing still believing? leveraging deepfake technology for livestock farming. *Frontiers in Veterinary Science*, 8.

② Mubarak, R., Alsboui, T., Alshaikh, O., Inuwa-Dute, I., Khan, S., & Parkinson, S.（2023）. A survey on the detection and impacts of deepfakes in visual, audio, and textual formats. *IEEE Access*.

③ Patel, Y., Tanwar, S., Gupta, R., Bhattacharya, P., Davidson, I. E., Nyameko, R., ...& Vimal, V.（2023）. Deepfake generation and detection: Case study and challenges. *IEEE Access*.

产工具，可以用来制造和传播虚假信息，其在国际传播中的应用是信息战的新形态。

（一）虚假信息传播

深度伪造技术的迅速发展极大地提升了虚假信息传播的能力。这些由生成对抗网络（GANs）创建的高度逼真的音频、视频和图像可以轻易地误导公众，从而破坏公共话语的信任基础。这种技术的应用可能导致人们对新闻的信任度下降，进一步加剧民主社会中在线公民文化面临的挑战。2024 年 7 月 26 日，埃隆·马斯克在社交网络 X 上发布了一段由人工智能生成的假视频，观看次数超过 1 亿次。视频中，虚假的卡玛拉·哈里斯宣称自己是民主党总统候选人，并批评乔·拜登的衰老和唐纳德·特朗普的性别歧视和种族主义。该视频由 YouTuber 里根发布，旨在模仿，但引发了大众对深度伪造技术的普遍担忧。卡玛拉·哈里斯的竞选发言人谴责了该视频，强调真实自由的重要性。尽管一些州已立法规范 AI 在选举中的使用，但美国尚无全国性法律。该事件引发了关于深度伪造技术在政治和公共舆论中的风险和挑战的广泛讨论。尽管视频被证实为伪造，但其在短时间内所造成的影响不容忽视。此类案例表明，深度伪造技术不仅可以制造高度逼真的虚假内容，还能够迅速在全球范围内扩散，极大地挑战了信息验证和新闻真实性的传统体系。

（二）新闻可信度降低

随着深度伪造技术的普及，新闻媒体的可信度正面临前所未有的危机。深度伪造内容的泛滥使得公众对视频和音频证据的信任度显著降低。2020 年，一段伪造的意大利总理朱塞佩·孔特的视频在社交媒体上广泛传播。视频中，孔特被虚假地表现为发表声明称意大利已在应对新冠疫情中"投降"，所有救济措施均已耗尽。这段视频迅速引发了公众的广泛关注和讨论，造成了信息误导和舆论混乱。这段视频是深度伪造技术的产物，篡改了孔特的讲话内容，而孔特并没有发表这样的声明。虽然事后真相被揭示，但

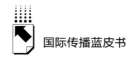

公众对媒体报道的信任度却大打折扣。新闻机构面对深度伪造带来的挑战，需要投入更多资源进行内容验证和技术鉴别，这无疑增加了运营成本和难度。同时，深度伪造还助长了"后真相"时代的到来，公众在面对纷繁复杂的信息时，更容易陷入怀疑和不信任的漩涡。

（三）政治领袖形象的操作

深度伪造技术为操纵政治领袖形象提供了新的工具。通过伪造领袖的言行举止，深度伪造可以塑造和扭曲公众对其的认知。2019年，一段伪造的巴西总统雅伊尔·博索纳罗的视频在社交媒体上广泛传播。该视频使用深度伪造技术，篡改了博索纳罗的讲话内容，使其看起来像是在发表与其真实立场完全相反的言论，特别是关于同性恋的负面评论。这种虚假视频迅速引起了公众的广泛关注和讨论，导致信息误导和舆论混乱。这种视频尽管很快被揭穿为虚假，但仍然助长了巴西社会对LGBTQ+群体的仇恨和暴力气氛。这不仅对其个人形象造成了严重损害，也引发了公众的混乱和不安。深度伪造技术的应用使得政治领袖的公众形象更易受到操控和攻击，进而影响选民的决策和民主进程的公正性。这种技术的滥用不仅威胁到政治稳定，也对国际政治关系造成了不可忽视的负面影响。

（四）政治战争新形式

深度伪造技术正成为政治战争中的新武器，通过制造虚假内容攻击对手、扰乱舆论。深度伪造技术被用作一种高级操纵技巧，用于传播宣传材料，作为信息战和混合战争的一部分。这种技术的应用不仅限于个人层面的欺诈和误导，还扩展到了国家层面的政治沟通和国际关系中。2022年，在俄乌冲突期间，一段伪造的乌克兰总统沃洛德米尔·泽连斯基宣布投降的视频在社交媒体上广泛传播。视频中，伪造的泽连斯基呼吁乌克兰士兵放下武器，并宣布乌克兰投降。视频发布后，许多乌克兰民众一度相信了这一虚假信息，导致短暂的公众恐慌。一些士兵和民众对于未来感到迷茫和不安，士气一度受到影响。乌克兰政府和泽连斯基本人迅速采取行动，通过官方渠道发布声明，澄清这段视频为彻头彻尾的伪造。泽连斯基在声明中重申乌克兰绝不会投降，并呼吁民众和军队保持冷静和坚定。这一事件凸显了深度伪造技术在现代信息战中的巨大威胁。深度伪造技术可以制造极具迷惑性的视频，快速传播并对公众舆论和社会稳定造成重大影响。深度伪造技术的出现使得信息战变得更加复杂和危险，通过传播虚假信息，敌对方可以在不进行直接军事对抗的情况下实现战略目标。这种新形式的政治战争对全球安全体系构成了新的威胁。

（五）国际信任体系

国家之间的信任关系在很大程度上依赖于信息的透明和真实，而深度伪造技术的出现挑战了这一基础，使得信任变得更加脆弱，并有可能改变冲突进程，对国际信任体系造成长期消极影响。2019 年，一段伪造的视频在社交媒体上广泛传播，引发了美国和伊朗之间的紧张局势。视频中，伊朗官员被篡改为讨论攻击美国及其盟友的计划，意图制造恐慌并影响国际舆论。视频首先在社交媒体平台上发布，并迅速扩散全球。由于视频内容的敏感性和真实感，许多人一度相信其真实性。不久之后，美国和伊朗的官方机构开始调查视频的真实性。经过分析，专家确认这是一段深度伪造的视频，旨在制造虚假信息引发恐慌。双方政府随后发布声明，澄清视频内容为伪造，并呼吁公众保持冷静。虽然事后证实该视频为伪造，但在短时间内已经对两国之间的紧张关系火上浇油，几乎导致了严重的外交危机。这种通过深度伪造制造虚假信息并引发国家之间误解的行为，严重破坏了国际社会的信任基础，增加了外交和军事冲突的风险。

深度伪造技术的迅速发展及其在国际传播中的广泛应用，对全球信息生态系统和国际关系构成了前所未有的挑战。从虚假信息的高效传播到新闻可信度的急剧下降，从政治领袖形象的操控到政治战争的新形式，再到国际信任体系的动摇，深度伪造技术正深刻影响着现代社会的各个方面。这不仅要求各国政府和国际组织加强技术监管和法律法规的制定，也需要媒体和公众提升信息素养和鉴别能力，以应对深度伪造技术带来的复杂挑战。

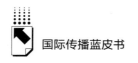

三　深度伪造技术的潜在挑战

（一）国际新闻可信度受到挑战

利用深度伪造技术传播虚假信息会破坏信任、操纵公众舆论、动摇民主体制，从而给国际交流带来巨大挑战。由于区分虚假信息和真实信息的复杂性，在社交网络中检测虚假信息的深度学习方法面临着巨大障碍。社交媒体平台为虚假内容的快速传播提供了便利，从而加剧了这一问题，使减灾工作变得更加复杂。虚假信息的跨国传播加大了各国政府和国际组织应对信息安全的难度，传统的监管和治理手段显得力不从心。假新闻的兴起加剧了这些挑战，因为它制造了高度可信的虚假叙事，破坏了读者对新闻和信息来源的信任。深度伪造技术对各国间的信任和合作造成严重影响，低成本制造逼真的虚假视频、音频和图像，这些内容在社交媒体和其他传播渠道上迅速扩散，误导公众和决策者，导致外交关系和合作项目面临危机。各国需要加强国际合作，共同制定应对策略，分享技术和信息，以提高识别和应对虚假信息的能力。同时，新闻机构需加强事实核查机制，确保报道内容的真实性和准确性。面对这一复杂问题，各国政府、社交媒体平台、新闻机构和国际组织需共同努力，通过技术手段和政策措施遏制虚假信息传播，维护国际交流的健康与稳定。

（二）法律与监管挑战

各国在应对深度伪造技术时面临着复杂的法律和监管障碍。尽管一些国家和地区已经出台了相关法律法规，例如中国的《民法典》第 1019 条、欧盟的《数字服务法》修正案和美国的《深度伪造报告法案》（见表 1），但这些法律的实施和执行仍然存在难度。法律的制定和更新往往滞后于技术的发展，导致现行法律难以有效规制新出现的深度伪造技术。同时，跨国界的深度伪造案件增加了法律执行的复杂性，不同国家和地区的法律差异也使得国际合作变得更加困难。深度伪造技术给国际传播领域带来了前所未有的挑战和机遇，尤其是国际传播的多样性和复杂性增加了监管的难度，言论自由和隐私保护的法律和文化差异使得在全球范围内统一规制深度伪造技术变得更加复杂。因此，国际社会需要加强合作，共同制定和实施统一的法律框架和监管措施，并通过共享信息和最佳实践、推进跨国执法合作、加强公众教育和提高媒体素养来减少深度伪造技术在国际传播中的负面影响。

（三）技术挑战

当前深度伪造技术在精确生成和高效检测方面也面临着诸多技术难题。在生成方面，虽然深度伪造技术已经能够生成高逼真的图像、视频和音频，但在处理复杂场景和动态变化时仍然存在不足。例如，在视频中生成逼真的表情和动作需要大量的计算资源和数据支持，且生成效果不稳定。[1] 在检测方面，现有的检测技术难以完全识别出经过高度伪造的内容，特别是当伪造技术和检测技术同时进步时，检测的难度将进一步增加。[2] 随着伪造技术和检测技术的同步发展，现有的检测技术在识别高度伪造的内容时面临更大挑战。这不仅是技术上的困难，也引发了关于隐私和道德的讨论，尤其是在如何合法地监控和处理私人信息方面。在跨国界的信息流动背景下，这种挑战更加复杂，涉及多个国家的法律和规制框架。此外，生成复杂深度伪造内容所需的巨大计算资源和高昂成本，使得某些国家或组织可能难以承受，从而加剧了技术发展的不均衡，限制了一些国家有效应对深度伪造挑战的能力。

---

[1] Bansal, N., Aljrees, T., Yadav, D., Singh, K., Kumar, A., Verma, G., & Singh, T. (2023). Real-time advanced computational intelligence for deep fake video detection. *Applied Sciences*.

[2] Stroebel, L., Llewellyn, M., Hartley, T., Ip, T. S., & Ahmed, M. (2023). A systematic literature review on the effectiveness of deepfake detection techniques. *Journal of Cyber Security Technology*, 7, 83-113.

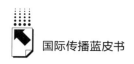

表 1   一些国家和地区与深度伪造技术相关的法律法规

国家或地区	法律/条例名称	内容概要	实施日期
中国	《民法典》第 1019 条	禁止利用信息技术手段伪造等方式侵害他人的肖像权	2021 年 1 月 1 日
中国	《网络音视频信息服务管理规定》	详细规范了深度伪造技术的应用,包括标识义务、技术保障义务、停止传输义务及辟谣机制等	2019 年 11 月 18 日
中国	《互联网信息服务深度合成管理规定》	对深度伪造技术的应用进行了详细规范,包括标识义务、技术保障义务、停止传输义务及辟谣机制等	2022 年 12 月 12 日
欧盟	《数字服务法》修正案	引入了关于深度伪造品传播的新条款,要求大型在线平台标记生成或操纵的图像、音频或视频内容,并提高广告平台的透明度	2022 年
欧盟	《通用数据保护条例(GDPR)》	将 AI 换脸等深度伪造技术纳入不实信息和人工智能的规制框架,并在其中进行统一规制	2018 年 5 月 25 日
美国	《深度伪造报告法案》(Deepfake Report Act of 2019)	防止深度伪造内容干扰选举和制造虚假新闻	2019 年
美国	《恶意禁令法案》(Malicious Deep Fake Prohibition Act of 2018)	防止深度伪造内容干扰选举和制造虚假新闻	2018 年
美国	加州 AB 730 号法案	禁止利用 AI 换脸制作虚假视频以破坏选举	2019 年 10 月 3 日
美国	得克萨斯州法律	将利用深度伪造技术合成色情视频的行为犯罪化	2019 年
英国	《数字服务法》修正案	涉及深度伪造内容的管理	2022 年

资料来源:作者整理。

四   深度伪造技术的未来展望

深度伪造技术的未来发展充满了挑战与机遇。在生成技术方面,随着深度学习和人工智能的不断进步，深度伪造技术将朝着更加逼真和高效的方向发展，能够在更短的时间内生成更加复杂和多变的场景。这将使其在影视制作、虚拟现实和增强现实等领域获得广泛应用，给娱乐和教育、跨国信息交流等带来革新性的变化。然而，与此同时，技术的进步也意味着滥用风险的增加，特别是在不法分子手中，深度伪造技术可能被用来制造更具迷惑性和破坏性的信息。为应对这一挑战，检测技术必须同步获得发展，以确保能够有效识别并阻止虚假内容的传播。这需要国际社会在技术研发、法规制定和伦理教育上投入更多资源，形成一套完整的应对策略。首先，各国需要加强国际合作，共同制定应对策略，分享技术和信息，以提高识别和应对虚假信息的能力。在国际新闻报道方面，各国新闻机构需加强事实核查机制，确保报道内容的真实性和准确性。其次，各国通过协商共同制定和实施统一的法律框架和监管措施，通过共享信息和最佳实践、推进跨国执法合作等举措来减少深度伪造技术在国际传播中的负面影响，维护国际信息传播的真实性和公正性。最后，还应通过加强公众教育，提升信息素养，更好地应对深度伪造技术带来的复杂问题。

此外，随着技术的普及，如何在保障个人隐私和数据安全的同时，充分发挥深度伪造技术的潜力，成为各国政府和企业亟须解决的问题。因此，未来的深度伪造技术将不仅关乎技术本身的进步，而且关乎如何平衡创新与安全、自由与规范，要让它发展成为积极正面的社会力量。

B.3
新一代人工智能技术助力
中华文明国际传播[*]

刘嘉琪　蒋雯宇[**]

摘　要： 亿万年间，技术伴随人类成长，从野蛮逐渐走向文明。步入数智时代，生成式人工智能技术快速迭代，引发包含国际传播在内的多个领域的颠覆性变革。本报告对中华文明在国际传播过程中面临的困境与机遇展开分析，厘清当前我国中华文明国际传播存在文化内涵浅表化、中国印象刻板化、文明交流单向化的主要问题。在此基础上，报告进一步梳理了新一代人工智能在赋能中华文明国际传播方面所呈现出的应用优势，发现新一代人工智能拥有的智慧涌现、上下文关联、多模态创作、跨情景投放、情感计算等技术能力，极大地丰富了中华文明国际传播的内容与形式，发挥出认知破界、语境拓界、古今无界、布局划界、情感跨界的优势与潜力，打破了全球语言与文化壁垒。最后，基于人工智能的技术特性，本报告从国际传播效能预测与评估、海外受众分类与连接、文明资源传承与共享等路径进行展望，多维度分析了人工智能技术助力中国国际传播的前景趋势。

关键词： 中华文明　国际传播　人工智能

---

[*] 本报告系中国社会科学院 2024 年度重大经济社会调查项目"中国网络民意和舆情指数调查（2024—2026）"（项目编号：2024ZDDC006）前期成果。

[**] 刘嘉琪，中国社会科学院新闻与传播研究所副研究员、大数据舆情研究室副主任，主要研究方向为智能技术与计算国际传播；蒋雯宇，中国社会科学院大学新闻传播学院 2023 级硕士研究生。

一 中华文明国际传播效能延伸的困境与转机

2023 年 6 月 2 日，习近平总书记在文化传承发展座谈会上指出，中华文明是世界上唯一绵延不断且以国家形态发展至今的伟大文明。① 党的二十大报告明确提出"加强国际传播能力建设，全面提升国际传播效能，形成同我国综合国力和国际地位相匹配的国际话语权"的重要要求。2024 年 7 月，党的二十届三中全会审议通过的《中共中央关于进一步全面深化改革、推进中国式现代化的决定》进一步强调要"构建更有效力的国际传播体系。推进国际传播格局重构，深化主流媒体国际传播机制改革创新，加快构建多渠道、立体式对外传播格局。加快构建中国话语和中国叙事体系，全面提升国际传播效能"。足见，推动中华优秀传统文化创造性转化、创新性发展，增强中华文明在国际上的影响力，构建更有效力的国际传播体系，正是时代赋予华夏儿女新的文化使命。

放眼全球，以人工智能为引领的新一轮科技革命加速推进，国际政治经济格局剧烈震荡，二者相互耦合叠加导致我国开展中华文明国际传播工作时面临诸多不确定性风险。一方面，ChatGPT、Sora 等大语言模型的横空出世，不仅奠定了美国在人工智能竞争领域的领先地位，也赋予其在人机共存的信息环境中的优势话语权。大语言模型突破了传统机器学习对大量结构化数据的依赖，实现了主动捕捉、上下文理解以及复杂推断的自监督学习能力。这意味着，人工智能正迫近技术"可控"与"失控"的边界，涉及伦理、道德、文化的裁决将由机器自主完成，而机器运行所依赖的底层算法和数据语料源则由技术领先者设计。如若我国无法恰切地将优秀传统文化中具有当代价值、世界意义的文化精髓元素提炼并注入全球化智能生成系统，那么中国理念、中国作为将无法有效呈现于国际舆论场，中华文明的璀璨光辉也将暗淡于世界舞台。

---

① 习近平：《在文化传承发展座谈会上的讲话》（2023 年 6 月 2 日），人民出版社，2023，第 2 页。

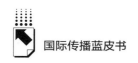
　　另一方面，由于价值观念、意识形态和话语体系等方面的差异，以及美西方在国际舆论场中的主导地位，我国遭到某些西方媒体污名化。尽管，中国政府一贯主张平等、相互尊重、合作共赢的国际秩序，积极参与全球治理体系的改革和建设，推动构建人类命运共同体，为全球稳定与繁荣作出积极贡献，但难免陷入敌对势力故意为之的"误读"与"他塑"困境。在北京奥运赛事、俄乌冲突等国际重大事件的舆论战中，敌对势力就曾多次运用生成式人工智能、社交机器人等智能手段伪造虚假信息，炮制信息迷雾，致使我国在信息博弈中利益受损。

　　然而，挑战与机遇并存，新一代人工智能在一定程度上也使得中华文明国际传播事业迸发出新的转机。第一，在全球科技革命的推动下，我国加速超车，在生成式人工智能领域不断取得突破，展现出令人瞩目的巨大潜力。2024年7月，全球最大的私营软件公司SAS发布的《生成式人工智能深度应用调查报告》指出，中国在生成式人工智能的应用方面已经处于世界领先地位，民众使用率高达83%，这一比例远高于欧美国家。中国信息通信研究院发布的《全球数字经济白皮书》也提到，当前全球人工智能大模型有1328个，其中中国占比36%。种种迹象预示着我国对于人工智能的开发和应用能力逐步增强，有望以技术优势掌握更多国际传播话语权。第二，人工智能技术推动全球传播高地扁平化态势凸显，逐渐打破了传统媒体时代以政治、经济、文化为依托的传播中心生态。[1] 在资源配置方面，凭借人工智能计算超算优势，智能传播技术能够降低资源配置集中化的限制，将公众注意力转移到人口更占优势的发展中地区。这也为我国鼓励广大群众从民间视角向海外受众讲述每个人心中的中国故事提供了基础条件。

　　在此背景下，顺应局势，把握新技术新机遇，以新一代人工智能赋能国际传播，无疑是做好新形势下中华文明传播工作的必由之路[2]。因此，有必要基于当前的中华文明传播实践，理解现阶段我国国际传播面临的真实痛

---

[1]　张洪忠、任吴炯、斗维红：《人工智能技术视角下的国际传播新特征分析》，《江西师范大学学报（哲学社会科学版）》2022年第2期。

[2]　孙美娟：《新技术赋能国际传播新气象》，《中国社会科学报》2022年9月16日。

点，厘清人工智能助力中华文明传播效能提升的关键策略，从而更精准地为未来人工智能发展指明方向。

二　中华文明国际传播的隐忧审视

数千年间，中华文明在与世界各文明的交流互鉴中不断繁茂，孕育出与中国式现代化相协调的中华文明现代形态，这也是符合人类文明发展方向、兼具世界文明精华的现代文明形态①。然而，在当前"去中心化"的互联网环境下，中华文明故事在传入国际传播场域，让全世界听到看到的过程中，仍面临着诸多传播隐忧和痛点。

一是文化内涵浅表化。中华文明源远流长、博大精深，是中华民族独特的精神标识，是当代中国文化的根基，是维系全世界华人的精神纽带，也是中国文化创新的宝藏。然而，在国际传播中，囿于文化背景、思维方式的差异，往往需要用鲜明、典型的符号来区分中国文化与其他文化，如中国龙、舞狮、武术、剪纸、京剧脸谱等。但遗憾的是，部分外国人对中国文化的了解也多局限于此。许多惯常性民俗仪式、特征符号看似热闹，实则遮蔽了中华文明的深厚内涵和丰富性，使众多国际传播往往停留在"新奇""有趣"的表面。以舞狮为例，一些象征含义如"驱邪纳瑞""财运亨通"广为人知，但关于它本身的地方性特色和深刻的民俗意义如"尚武精神""迎难而上的斗志"则没有得到有效诠释。借助人工智能的多模态呈现形式和高精度的传播能力，挖掘符号化内容背后的内涵，全面立体地呈现中华文明是未来国际传播工作需要跟进的。

二是中国印象刻板化。长期以来，强调中国的历史悠久、古老文明、博大精深始终是我国开展对外宣传工作的重点。然而，这也使得中国经常被外国媒体贴上"神秘""古老""守旧"的标签，久而久之，会让国际受众形成中国属于"另一个世界"的刻板印象。比如，在西方媒体的报道话语中，

① 张凤莲：《深入推进中华民族现代文明建设》，《光明日报》2023 年 10 月 27 日。

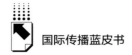
一些非遗活动常被呈现为超越日常经验的神秘传统习俗。如"Lion dance antidote to evil spirits"（舞狮是驱除恶灵的解药）等抢眼标题被用来激起受众的猎奇心理。这些误解性、刻板化表达对海外受众心中的中国形象建构产生了不容忽视的消极影响。毋庸置疑，凸显传统与宏大的中国形象在一定程度上推动了中华文明在海外的传播和发展，但国家形象不是一个固化的概念，在风云变幻之间，文明古国早已不再是中国唯一重要的标签。中华民族现代文明具有熔铸古今、汇通世界的包容性，在中国走向世界的过程中，如何从中国式现代化视域彰显中华文明的辉煌灿烂、呈现新时代中国发展新风貌、彰显民族生命力和中华文明创造力，成为当前国际传播工作的关键问题之一。

三是文明交流单向化。中华文明在海外面临的不只是与受众在物理空间上的遥远，更是心灵上的陌生。当前中华文明国际传播工作的痛点之一就是难以将中华文明转译成感染力强的国际传播产品。究其根本，由文化系统的遗传密码驱使，海内外受众具有不同的理解思维和审美取向，导致很多海外受众对于中华文明的魅力无法感同身受。要让中华文明走向世界，就不能满足于自我"宣传"的单向需求，而是要以西方思维能理解的视角和方法达成双向沟通、实现有效互动，"要讲清楚中国是什么样的文明和什么样的国家，讲清楚中国人的宇宙观、天下观、社会观、道德观，展现中华文明的悠久历史和人文底蕴"[1]，让中华文明故事更具共情性和感染力，向世界展现可信、可爱、可敬的中国形象。

因此，运用人工智能技术来提升国际传播效能是大势所趋。如何在国际格局的剧烈演化中屹立不倒，同时以自身技术发展带动中华文明国际传播效能提升至关重要。在大力推动智能技术入局应用的同时，亦应以中国实践和国际局势为观照，以中华文明的价值观引领技术手段，借智能技术之力，不断提升中华文明在全球的影响力和传播力。

---

[1] 《习近平在中共中央政治局第三十九次集体学习时强调 把中国文明历史研究引向深入 推动增强历史自觉坚定文化自信》，《人民日报》2022 年 5 月 29 日。

三 新一代人工智能助力中华文明国际传播的破局之道

新一代人工智能高效嵌入传播实践的各个环节中，其强大的技术能力在中华文明国际传播中呈现出五大应用优势。

1. 认知破界：以智慧涌现能力释放中华文明传播"渗透力"

如今，以大语言模型为代表的新一代人工智能成熟落地，其参数量以数以千亿计的速度急剧扩大。当训练规模与深度达到一定程度后，模型基于已习得的丰富知识和经验会"涌现"出以往小模型所不具备的创造能力和智能行为，如主动捕捉更多的深层次特征与关系、实现自主逻辑推理、常识推断等。[①] 这种强大的理解力和创造力，能够帮助内容生成模式从僵硬死板的基于指令的"浅层复制"升级为流畅自然的基于训练的"深度创作"，使得厚植中国价值观、中华文明内涵的中国故事有机会以灵活轻盈的姿态渗透进国际舆论场，于潜移默化中突破海外受众的认知局限。

当前，我国主流媒体积极发挥技术优势，通过人工智能大模型完成中华文明国际传播的"媒体基建"。中央广播电视总台致力于将旗下"央视听媒体大模型"打造为数字化、智能化中华文明内容生成的技术基点。2024 年 4 月，该大模型以国家统编语文教材 200 多首古诗词及国画为训练素材，生成中国首部文生视频 AI 系列动画片《千秋诗颂》，不仅向国际社会呈现出独具中国特色的审美想象，还以具象情境展示出中华经典诗词中流淌的家国情怀和道德风尚。[②] 人民网、人民日报社传播内容认知全国重点实验室联合上海库帕思科技有限公司，在 2024 世界人工智能大会的首场"语料筑基，智生时代"论坛正式发布了人工智能价值对齐的"五有"框架，并提出"希望人工智能在伦理价值上有德、情绪价值上有趣、文化价值上有品、社会价

---

① 赵鑫、周昆、李军毅等：《大语言模型综述》，中国人民大学高瓴人工智能学院，2023 年 6 月 5 日，http://ai.ruc.edu.cn/research/science/20230605100.html。

② 刘桂芳：《国内首部文生视频 AI 动画片〈千秋诗颂〉央视开播》，新华网，2024 年 2 月 27 日，http://www.xinhuanet.com/ent/20240227/7a7018f30cd240668d3bb6fdc4b2ba3c/c.html。

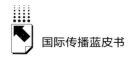

值上有序、技术价值上有用"的倡议。① 这种基于多维度语料库的人工智能价值对齐是一个长期目标，有助于全方位将涵盖中国元素、传统文化的内容输入国际舆论场，提升中国话语浓度，维护中国立场，推广中华文明形成的精神财富和智慧积累。

2. 语境拓界：以上下文关联能力提升中华文明传播"沟通力"

新一代人工智能技术具有更先进的数据追踪搜集手段与更高阶的数据分析能力，能够细粒度地关联历史人机交互信息和上下文内容，更为灵敏地感知对话场景的国别与文化背景以及对话者的特定偏好和语言习惯，从而实现对沟通情境和沟通对象的增强理解。同时，人工智能还能根据人机交互的实时反馈机制，不断改进人工智能的表现能力，令其更生动地使用词汇和语法结构，在沟通中增强连贯性和准确性。生成内容的叙事风格也从过去的"千篇一律"转变为"因地制宜"的细粒度表达，在中华文明国际传播中显现出个性化的沟通能力。

在国际传播实践中，基于上下文关联能力的智能翻译技术能将中华文明语料资源进行翻译、解读和注释，并根据国别和语境生成差异化翻译内容，令更多海外受众能够正确、顺畅地理解和欣赏中华文明的文化魅力。如在北京冬奥会期间，基于5G冬奥赛事和中国文化多语种全球传播服务平台，主办方以20多种语言向世界介绍冬奥赛况，汇聚了超千万条的冬奥资讯，覆盖全球140多个国家和地区，这为助力冬奥精准传播、传播奥林匹克精神、讲好中国故事作出了很大贡献。② 中国外文出版社聚焦人工智能翻译领域，已将《习近平谈治国理政》一至四卷出版37个语种，发行覆盖170多个国家和地区，先后在32个国家举办了首发式、读者会、研讨会等国际推介活动，进入130多个国家和地区的主要图书馆，成为国际社会了解中国领袖风

---

① 唐小丽：《AI价值对齐"五有"框架在世界人工智能大会发布》，人民网，2024年7月7日，http://sh.people.com.cn/BIG5/n2/2024/0707/c134768-40904111.html。

② 徐瑞哲、高璐：《"冬奥故事"打造门户网，数据采集覆盖140多个国家和地区，日均增量百万条》，上观新闻，2022年1月23日，https://web.shobserver.com/news/detail?id=444628。

范的重要窗口。① 2024 年 3 月，首部 AI 译制英文版系列微纪录片《来龙去脉》在央视频首播。该片英文版共 7 集，每集约 5 分钟，以幽默诙谐的解说、妙趣横生的画面，回望中华民族悠久历史，历数一连串盛世"龙颜"，向海外观众细说中国龙的"来龙去脉"。②

3. 古今无界：以多模态创作能力激活中华文明传播"生命力"

新一代人工智能在处理文字、图像、音频、视频等多模态内容方面具有优异表现，能将跨模态数据映射到同一表示空间中，使得不同模态之间可以有效对齐和关联。并且，根据不同模态信息所指向的重要性，提高模型对数据的检索、提取和处理效率，从而更精准地将原本"单一形态"的传播内容类型跃升为"复合形态"。这一能力极大地丰富了中华文明资源的想象空间和展演形式，突破传统文化与大众之间的单向互动模式，实现了"单一线下"向"在线在场"的跨时空临境式传播。2024 年 5 月，中国"文旅视听"沉浸展在香港开展，展览搭建巨型 4K 影厅，运用尖端裸眼 3D 视觉技术，让观众可身临其境欣赏云冈石窟、长白山、峨眉山、壶口瀑布等壮美景观。③ 并且将生成式人工智能技术与中华优秀文旅资源有机结合，使科技、文化、旅游等多维度融合，增强受众置身于中华文明时的时空穿梭感和沉浸感。

基于人工智能多模态创作能力的高精度复刻功能，也有利于推动文化资源转化为"永生"的数字形态，从而赋予中华文明以新生命和新生趣，实现文化的活态化传承和数字化共享，这对延续中华文明国际传播的生命力具有重要意义。2024 年，我国一组经生成式人工智能技术复原的"敦煌遗书"惊艳亮相于世界人工智能大会。④ "敦煌遗书"是 1900 年在敦煌莫高窟藏经

---

① 吴佳潼：《让世界读懂新时代中国①习近平著作：了解中国的"金钥匙"》，中国网，2022 年 11 月 29 日，https://baijiahao.baidu.com/s?id=1750792280246349040&wfr=spider&for=pc。

② 《总台推出首部 AI 译制英文版系列微纪录片〈来龙去脉〉》，央视网，2024 年 3 月 12 日，https://news.cctv.cn/2024/03/12/ARTIF25JhG8D16AUmGDdknYN240312.shtml。

③ 黄茜恬：《中国"文旅视听"沉浸展亮相香港》，人民网，2024 年 5 月 17 日，http://hm.people.com.cn/n1/2024/0517/c42272-40237833.html。

④ 周琳、孙青：《AI 助力守护中华文脉——探营世界人工智能大会》，新华网，2024 年 7 月 4 日，http://sh.news.cn/20240704/d2aff340153140b4bd28ffec934921ee/c.html。

洞中发现的文献，这些文献分藏于多国的数十家收藏机构中，存在材料老化、环境侵蚀、内容缺失等问题。而我国人工智能古籍修复大模型具备优秀的图像处理能力，良好地解决了模糊、阴暗等图像质量问题，并基于对不同古籍文字风格、纸张背景的智能学习，进一步高度还原了损坏区域的字体内容、风格，确保了文字风格和背景与原古籍的一致性，真正做到修旧如旧、原汁原味地再现历史。同年5月，中央广播电视总台数字文化艺术博物馆、阿里云科技有限公司、中国美术学院创新设计学院计算艺术研究所团队的混合现实作品《何以文明——中华文明探源工程成果数字艺术大展》也正式上线。[①] 大展首次利用数字化技术溯"中华文明"之源，利用移动化、全沉浸、交互式时空框架完成"崇龙尚玉"红山遗址、"文明圣地"良渚遗址等10个中华文明探源工程重点考古遗址复原的线上展出，令海内外受众有机会"亲自"探访文明成果、体验祖先生活，具身感受"中华何以五千年"的恢宏历史。

4. 布局划界：以跨情景投放能力增强中华文明传播"谋划力"

新一代人工智能跨情景投放能力有助于培育外宣机构的"谋划力"，博弈策略从过去的"零散化行动"进阶为"战略化布局"。一方面，生成式人工智能具备时序逻辑梳理和策略规划能力，通过分析海量多源异构数据，能够综合评估目标传播对象"是否容易被影响""是否适宜相应投放方式"等一系列属性，有利于辅助宣传机构完成投放对象、内容编排、内容搭配、投放顺序、推送强度等战略性布局决策，极大地增强了外宣工作的实际效能。2024年3月，四川国际传播中心发布"纵目云"国际传播赋能计划，以人工智能为技术牵引，助力国际传播多元主体破解出海痛点。"纵目云"是一个以智能算法为核心的国际传播技术平台，由四川国际传播中心依托四川日报报业集团全媒体技术与传播认知实验室，联合知名高校、新型科研机构研发打造。该平台目前已经拥有智能内容生产平台、社媒聚合管理平台和海外

---

① 《何以文明——中华文明探源工程成果数字艺术大展》，央视网，2024年5月27日，https://yangbo.cctv.com/hywm/index.shtml。

舆情分析平台三大功能板块，并将上线国际传播智能媒资库，推出智能编辑平台，实现海外主流社媒平台多账号内容一键分发、一站管理，利用大数据处理与计算模型实现海外热点监测，从生产、传播、数据三方面赋能国际传播能力建设。①

另一方面，现如今生成式人工智能以更快的计算速度，更强大的自然语言处理、图像识别和视频分析能力，针对不同的传播国家、地区、语境等，为中华文明传播开辟出了远距离、高精度的纵横传播路径，进一步释放了中华文明传播谋划力。在实践中，中央广播电视总台国际频道利用智能技术进行整体区块布局，面向"一带一路"友华、助华国家以及敌对国家等不同类别对象进行"千国千面"的内容投放，并在受众触达方面取得了新突破。其中，CGTN 英语频道在美国 5 城（华盛顿、纽约、洛杉矶、旧金山、芝加哥）收视率环比提升近 6 倍，在坦桑尼亚收视率提升 138%；在马来西亚各项收视数据环比增幅近五成。此外，中央广播电视总台已定向推出《国家宝藏》《朗读者》《经典咏流传》《中国诗词大会》《国家记忆》《世界听我说》《谢谢了我的家》等精品节目集群，为广大海外观众提供了丰富的中华文明精神食粮，向世界展示了真实、立体、全面的中国。②

5. 情感跨界：以情感计算能力激发中华文明传播"感染力"

情感在人类心理状态中的普遍性机制使得不同文化背景的受众对情感表达具有相似的解码能力，由此赋予情感沟通在国际传播中的独特优势。新一代人工智能技术在情感计算方面具有强势的算法优越性，通过对语义、语气、面部表情、肢体动作的智能动态分析能察觉个体细微的情绪状态变化，帮助传播者更准确地识别目标对象的真实情感诉求。基于真情实感的"柔互动"为传受双方提供一种天然的亲近性，海外受众更易于在情感唤醒的

---

① 黄志凌：《四川发布"纵目云"国际传播赋能计划》，中国日报网，2024 年 3 月 31 日，http://ex. chinadaily. com. cn/exchange/partners/82/rss/channel/cn/columns/j3u3t6/stories/WS6608ae53a3109f7860dd7a42. html。

② 广电时评：《加强实效、推进融合、注重创新，中央广播电视总台探索国际传播"新坐标"》，央广网，2019 年 2 月 16 日，http：//news. cnr. cn/native/gd/20190216/t20190216_524512785. shtml。

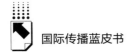

状态中展开对中华文明的递进式移情。2023 年 1 月，"物以载道"中国非遗数字展成功走入摩洛哥、科威特、沙特阿拉伯的数字平台。① 此次数字展特别设计了漫画 IP 形象，以憨态可掬、身着中式华服的橘猫"花果山大橘"和灵动活泼、穿戴阿拉伯白袍头巾的"沙特单峰驼"作为展览的"推广大使"，带领观众"云"游展厅，为设置情感框架、传递人文关怀提供了契机，让两国民众走近彼此的日常生活，实现跨越大洲的文明对话。

人工智能除了赋予传播内容更多情感色彩外，还可以通过深度学习知晓人们的情感偏好，厘清哪类媒介话语会产生"共情"效应、何种传播模式能引导人们的想法、哪种场景能激发人们的行动，以此来影响国际传播中的信息交流与情感交流。② 如新华网未来融媒体研究院曾推出能够记录和分析观众注意力的特定腕带和芯片，观众在观看视频时仅需佩戴设备即可被记录其注意力变化情况，为传播过程中结合用户心理和实际情况进行精准传播创造了基础条件。根据用户真实的情感需求，生成式人工智能更能够生产出符合要求的内容形态，将特定的情感线索置于传播内容中，进一步推动情感话语与受众的信息接受行为深度融合，甚至可能造成规模化的情感极化现象。俄乌冲突作为人类进入智能传播时代的第一场战争，初步显露了新一代人工智能的情感煽动潜能，这种影响在不同国家或地区的推文中呈现出不同甚至相反的结果。例如，乌方在社交机器人中植入大量情感动员程序，目的在于塑造自身良好形象及俄方的负面印象，由此迅速在国际舆论场中形成对俄的认知包围局势。在俄乌冲突爆发当天，一则标题为"一名乌克兰父亲在与俄军作战前，与女儿挥泪诀别"的假新闻视频曾在推特及 YouTube 上大肆传播，迅速引发西方舆论对乌方的同情及对俄方的谴责。足见，情感计算能力作为一把双刃剑能够定向操控和左右"人心"，我国如何消除其负外部效应，善用该策略最大化为中华文明国际传播赋能，是未来亟待考量的关键点之一。

---

① 佛山市南海区文化广电旅游体育局：《中国与沙特非遗数字展就在南海！向世界展示岭南文化！》，南海发布，2023 年 1 月 22 日，https://mp.weixin.qq.com/s/RgrylpPN3xvWSa3lhqonUA。
② 栾轶玫：《人工智能对国际舆论的影响》，《对外传播》2018 年第 10 期。

四　未来趋势展望

纵观整个文明史，从石器文明、印刷文明到数字文明、数智文明，文明的更迭始终适应着新技术，而新技术的出现也不断驱使文明向前发展。一路走来，中华文明始终兼容并包，随时而变，逐渐演化为集传统性、现代性、全球性特质于一体的中华民族现代文明。如今，新一代人工智能技术的入局正式开启了中华文明国际传播的数智化转向。只有积极布局，大胆谋划，才能充分获取其赋能我国国际传播效能提升的价值。未来具备广阔发展空间的三条进路如下。

1.评估与预测：洞察国际传播规律，深化国际传播效能

数字化生活意味着人们将用新的方式测量自己与社会，我们的身体、我们的社会关系以及政治和经济，一切都将以比以前更加精细、精确、透彻的方式被获取、分析和评价。[①] 当前，信息量爆炸式增长，现实与虚拟界限消弭，数字孪生与万物皆媒的智能时代已经来临，我国应紧跟发展形势，在顶层设计与战略布局层面系统联动政府、主流媒体、平台企业、科研机构等主体，基于新一代人工智能技术，加快建立起一套能够全面覆盖多元传播场域、传播渠道、传播主体的中华文明国际传播效能评价体系，以实时洞悉国际传播规律、精细把控中华文明国际传播效能。

中华文明国际传播效能评价大模型，一方面可通过接收和学习先前的评价报告、海外用户行为和传播评价等大数据中的特征和规律，实现对跨文化传播中看似无序的文化交流互鉴机制进行解析，进而不断精进自身理解与预测能力。决策者依据预测结果能够重新对现有国际传播资源进行更为合理、充分的分配，实施方案将落地到具体的传播主体、话语、叙事、平台、研究与技术等。另一方面，在国际传播中的舆情应对领域，为反击国际舆论场中

---

① 〔德〕克里斯多夫·库克里克：《微粒社会：数字化时代的社会模式》，黄昆、夏柯译，上海人民出版社，2008，第287页。

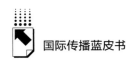
的不实谣言和污蔑，也可利用该模型提取偏差言论来源、文本特征、传播链等要素，打造负向国际传播效能评估与预测模块。同时可动态监测国际社交媒体平台上海外受众对中华文明议题的态度和情感倾向，不断扩充完善中华文明国际传播效能评估范围，提前对潜在的舆情风险进行预警和干预，主动掌握国际话语权。

2. 分类与连接：感知国际受众类型，主导用户圈层聚合

鉴于每一个卷入网络和大数据的行为都可以被数据化和标签化，人工智能技术能够探测到拥有共同血缘、地缘、兴趣、目标、情感、价值的群体，并且能够建立与维护各个共同体的连接。在未来的国际传播中，我国应加强主动出击，利用新一代人工智能技术追踪分析海外受众长期—短期、线上—线下、常态化—非常态化的行为模式、兴趣偏好、消费习惯、交友关系等特征，将符合个人智识和圈层关系的特定内容源源不断地投放给相应用户，以期从心智层面干预其认知、态度与行动，甚至主导新圈层的聚合与分化。

随着对内容与用户类型的感知不断细化，话题与标签越来越多，各个圈层之间的关系也将变得繁复错杂，我国下一步将借助人工智能技术主动设置与规划不同圈层的场域、准入与核心原则。在人工智能技术的支持下，中华文明国际传播能够在尊重或者融合地域与文化语境差异的基础上，可利用网络关键节点分析、跨国社会网络分析等手段，深度研判圈层发展态势，结合当地传播场域的具体情况与受众所在圈层的特点因地制宜、因人而异，进行个性化、差异化信息推送和信息干预，实现中华文明国际传播的高质量攻关。

3. 传承与共享：赓续中华文明数字形态，搭建全球传播平台

当下国际传播生态已不再囿于传统媒体机构与跨国社交平台，在渠道增量的意义上嵌合、接入人工智能技术的文化探索方兴未艾。中华文明元素与新一代数字技术相融合，赋予了文明传承发展更多的想象空间和可能性。中央广播电视总台曾于2023年与网易元宇宙活动平台"网易瑶台"联手打造首个网络春晚元宇宙会场。在耗时30天搭建的3000万平方米"赛博国风"元宇宙会场中，上万网民沉浸式过小年，活动总触达人数10亿人次+，媒

体累计曝光量超 6000 万。这不仅成功引发了国际社会对我国过大年的传统民俗节庆和新潮玩法的热切关注与好奇，也为我国创新中华文明国际传播工作提供了生动样板。

在未来，我国应进一步加强利用人工智能搭建智能国际传播平台设施，切实推动中华文明活态化传承、数字化共享的大规模应用。一方面，可全方位叠加利用云计算、虚拟现实、增强现实、区块链、人工智能等技术手段，搭建中华文明的基因库、数据库与资源库等全球化数字平台，为中华文明代代相传不断注入新的时代元素，让传统文化的"永生之花"愈加娇艳；另一方面，应利用新一代人工智能技术简化中华文明全球化数字平台的参与机制，在模型算法实时、自动化判断并保障平台安全、数据安全和用户安全的前提下，降低海内外受众的登录限制与准入门槛，方便其以安全方式、在安全地点随时接入平台，自由地进行欣赏、学习和研究，以便于提高中华文明数字资源在全球范围内的可见性。

B.4
2023~2024年度AI大模型
发展对国际传播的影响

夏以柠　任吴炯　张洪忠*

摘　要：　基于人工智能的传播技术正在深刻改变国际传播生态，大模型技术的推出与应用进一步丰富了国际传播形式。大模型通过充当内容生成的传播主体，直接参与到国际传播过程中，或以接入社交机器人和智能伪造两种智能传播技术形态，间接参与到国际传播过程中。本文首先分析了2023~2024年大模型技术在多模态性能、人机协作模式等方面给国际传播带来的新变化，进而梳理了大模型在新闻领域、视听领域、营销领域的应用以及社交机器人和深度伪造两项代表性技术在大模型技术接入后的应用状态，以及基于大模型的社交机器人、深度伪造技术给国际传播带来的新现象与新特征。最后反思了大模型技术在国际传播中可能引起的社会信任危机问题、偏见和歧视问题以及加剧全球数字不平等问题。

关键词：　大模型　社交机器人　深度伪造　国际传播　人工智能

互联网空间建立在传播技术发展基础之上，新的传播技术迭代必然影响信息传播模式与网络空间生态。在国际传播中，基于人工智能的传播技术正在深刻改变国际传播生态。社交机器人、深度伪造、机器写作、AI虚拟偶像、算法推荐等，都以主体身份介入信息生产与传播全过程，影响国际传播

---

* 夏以柠、任吴炯，北京师范大学新闻传播学院博士生；张洪忠，北京师范大学新闻传播学院教授、北京师范大学新媒体传播研究中心主任。

格局走向①，人工智能对国际传播的影响程度也进一步提升。

2022 年底 ChatGPT 的推出，将大语言模型（以下简称"大模型"）推向社会大众视野，也标志着人工智能走向一个新的高度。相较于以往的人工智能技术，大模型支持开放域的自然语言多轮对话，采用"字词接龙"式的生成式技术生成内容。也就是说，大模型突破了"图灵测试"的限制，使得机器主体能够像真人一样交流、具备"人"的语言交流特性②。随着 ChatGPT 的推出，更多的基础大模型及大模型应用先后涌现，比如 OpenAI 公司的 GPT-4、GPT-4o、Sora 视频大模型，谷歌的 Gemini，以及国内的文心一言、智谱清言等大模型。

大模型技术的社会化应用同步推进，并已经参与信息生产与传播过程：一方面，大模型本身具备自然语言对话与内容生成能力，能够参与到传播内容的创作环节等；另一方面，大模型接入社交机器人、深度伪造等智能传播技术中，刷新这些技术对信息传播的影响态势。鉴于此，本文从大模型技术应用的角度出发，探讨人工智能给国际传播带来的新变化与新影响。

一　全球视野下的大模型发展

大模型在短时间内聚集起大规模用户群。以 ChatGPT 为例，截至 2023 年 6 月，ChatGPT 已经拥有超过 1 亿用户，仅当月的访问量即超过 16 亿次，成为历史上用户增长最快的消费应用③。ChatGPT 的"出圈"，使大众关注到其背后的大模型技术。大模型的机器主体超越了"图灵测试"的人工智能标准，使机器开始像"人"一样与用户交流，并外显出一定"人"的语

①　张洪忠、任吴炯、斗维红：《人工智能技术视角下的国际传播新特征分析》，《江西师范大学学报（哲学社会科学版）》2022 年第 2 期，第 111~118 页。
②　张洪忠、任吴炯：《大模型对互联网生态影响及其发展趋势》，《中国网信》2023 年第 6 期，第 37~41 页。
③　Fabio Duarte. Number of ChatGPT Users（2023）［EB/OL］.（2023-07-13）［2023-08-16］. https://explodingtopics.com/blog/chatgpt-users.

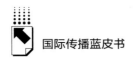
言行为特征，实现人机对话水平由"猿猴"向"人"的质变①。具体来看，大模型主要有以下三个技术特征。

（一）提升模型的多模态能力

以 OpenAI 为首的国外公司相继提升大模型的多模态能力。OpenAI 于 2023 年 3 月发布 GPT-4，它首次将 GPT 系列模型的输入由单一文本模态扩展到了图文双模态，GPT-4 在解决复杂任务方面的能力显著强于 GPT-3.5，同年 5 月，OpenAI 的春季发布会又发布了新版模型 GPT-4o，其能将文本、音频和视频任意组合作为输入和输出的内容，并提供更快的响应时间、更好的推理能力以及在非英语语言中的更佳表现。② Anthropic 推出的 Claude 3 系列模型具有与其他模型相比更强的视觉功能，它可以处理各种视觉内容，包括照片、图表、图形和技术图表。③ 谷歌在多模态大模型方面，发布视频生成模型 Veo 和文生图模型 Imagen3，Veo 能够根据文字、图片和视频的提示生成时长超过一分钟分辨率最高 1080p 的视频④；Imagen3 文生图模型是 Imagen 系列的升级版，从细节拟真度来看对标 Midjourney6。

国内大模型发展迈入爆发期，逐步提升模型质量。2024 年 1 月推出新一代基座大模型 GLM-4 整体性能相比上一代大幅提升，具有更强的多模态能力，其能结合上下文进行 AI 绘画创作，同时能遵循用户指令不断修改生成图片的结果。⑤ 7 月 5 日，商汤科技发布国内首个具备流式多模态交互能

① 张洪忠、任吴炯：《大模型对互联网生态影响及其发展趋势》，《中国网信》2023 年第 6 期，第 37~41 页。
② OpenAI. The New York Times uses GPT-3 for news summaries［EB/OL］.（2023-12-06）［2024-05-13］. https：//openai. com/index/hello-gpt-4o/.
③ Will Knight. The New York Times uses GPT-3 for news summaries［EB/OL］.（2023-12-06）［2024-03-04］. https：//www. anthropic. com/news/claude-3-family.
④ Will Knight. Our most capable generative video mode［EB/OL］.（2024-05-14）［2024-09-03］. https：//deepmind. google/technologies/veo/.
⑤ 《智谱 AI. 国内首个！对标 GPT-4o，商汤流式多模态交互大模型「日日新 5.5」发布》，［EB/OL］.（2024-01-16）［2024-09-03］. https：//zhipuai. cn/devday.

力大模型日日新 5.5，其数学推理、英文能力和指令跟随能力的提升有利于多模态能力的提升。①

（二）推出大模型智能体

国外企业推出 AI 智能体创建平台，利用智能体提高工作效率。OpenAI 推出的 GPTs Builder，任何人都可以自定义 GPTs 的功能，提供其学习的特定数据，并发布以供其他人使用，增强智能体的专业性。② 海外智能体的应用，以亚马逊 Amazon Bedrock Agents 为例，其为开发人员创建和管理提供便利，简化工作流程并自动执行重复任务，自主处理用户请求，提高工作效率并降低成本。③

国内在构建大模型智能体时主要关注用户的体验感。字节跳动发布豆包智能助手，用户通过个性化选择定制具有对话功能的智能体，通过豆包的自然语言处理技术，提供信息获取、写作支持和语言学习等多方面的服务。④ 2024 年 5 月 30 日，腾讯宣布旗下混元大模型全面升级，推出基于混元大模型的腾讯元宝 App，其在提升 AI 搜索、AI 总结、AI 写作的同时，也支持用户根据个性化需求，快速创建个人专属的智能体，赋予角色设定，或结合当下流行的影视角色创建特色智能体。⑤

二　大模型在国际传播中的应用

大模型通过接入新闻媒体平台、参与影视艺术创作、生成个性化广告文

---

① 《智谱 AI 推出新一代基座模型 GLM‐4》，https：//www. sensetime. com/cn/news‐detail/ 51168272？categoryId＝72。

② OpenAI. Introducing GPTs ［EB/OL］.（2023‐11‐06）［2024‐09‐03］. https：//openai. com/index/introducing-gpts/.

③ aws. Amazon Bedrock 代理 ［EB/OL］.（2024‐05‐06）［2024‐09‐06］. https：//aws. amazon. com/cn/bedrock/agents/.

④ 《字节跳动发布豆包大模型，日均处理千亿级 Tokens》，新华网，2024 年 5 月 15 日，http：//www. xinhuanet. com/tech/20240515/0cbd896c16e14a398c26f4195a360410/c. html。

⑤ 《腾讯推出大模型 App "腾讯元宝"》，科技日报网，https：//www. stdaily. com/index/ kejixinwen/202405/a7181e58179a410ca29c0a66e66290d9. shtml。

案、接入办公软件、内嵌搜索引擎等多种方式，渗透到用户的社会生活中，人与大模型的对话正成为新的信息生产与传播模式①。在国际传播活动中，大模型技术也已经将传播主体、内容生成、信息渠道等环节投入应用，对国际传播的影响比重也不断上升。基于大模型的人工智能表现出的突破性语言理解能力、内容生成能力与模型迭代进化能力，使之具有变革现有跨文化传播方式、创新人机协作模式、改变国际信息传播态势的潜力。具体来看，在国际传播领域中，大模型技术主要呈现出以下三个潜在应用方向。

（一）大模型在新闻领域的广泛应用

大模型服务于文字、图像、音频、视频等多模态内容生产过程。2023年9月，在路透社研究所报道《人工智能和新闻业：下一步是什么？》中，专家 David Caswell 提出，大模型的"自然语言理解"（NLU）能力不仅在阅读时候帮助解释、评估、分析、综合和总结，还可以在新闻生成中，将信息内容从一种信息介质转换为另一种信息介质。②

1. 助力新闻机构的热点和新闻线索追踪

大模型技术助力新闻机构追踪热点，发现新闻线索。大模型的技术突破不只是内容生成，其占优势的推理与计算能力也开始赋能新闻生产的多个环节。在当前国际互联网信息海量泛滥的时代，如何找寻新闻热点成为专业记者的新挑战。在这一方面，《华盛顿邮报》开始推动基于大模型的跨职能智能团队，利用大模型人工智能实现预测订阅倾向和流失、执行情绪分析、根据搜索判断新闻热点等环节任务，辅助记者抓取热点话题、创作选题。③EXPRESS. de 新闻编辑室运用大模型技术，可以快速有效地在广泛内容中总结大量信息。该功能极大地提高了 EXPRESS. de 内容创建的速度和扩大了

---

① 何苑：《2022~2023 大模型传播应用报告》，《现代视听》2023 年第 8 期，第 16~19 页。

② David Caswell. AI and journalism：What's next？［EB/OL］.（2023-09-19）［2024-06-09］. https：//reutersinstitute. politics. ox. ac. uk/news/ai-and-journalism-whats-next.

③ Yoo H. The Washington Post Is Experimenting With Generative AI, But Setting Clear Boundaries［EB/OL］.（2023-07-18）［2024-06-09］. https：//www. adexchanger. com/publishers/the-washington-post-is-experimenting-with-generative-ai-but-setting-clear-boundaries/.

EXPRESS.de 内容创建的范围，特别是涉及撰写体育报道时。①

2. 提高人机协作的内容生成效率

大模型改变传统新闻制作模式，提高新闻生产效率。在新闻报道领域，自 2011 年开始，就已经出现服务于新闻报道撰写的机器写作应用，如洛杉矶时报 Quakebot、美联社 Wordsmith、腾讯 Dreamwriter 智能写作系统等。但早期的机器写作采用拼接式或填空式内容生成，无法处理较为复杂的新闻稿件撰写②。大模型采用生成式技术，不仅能够快速生成高质量的文本内容，而且能够与新闻媒体工作人员人机协作，提升新闻媒体内容生成的效率。在 BILD（德国的《图片报》）上推出服务 Hey_，用户输入完整个性化需求后，会获得该主题的定制内容，BILD 编辑团队利用该应用扩大其新闻工作范围。③《纽约时报》也积极使用大模型技术，例如用 ChatGPT 自动生成新闻摘要，并辅助内容创作，帮助记者在内容创作上节省时间，加快了新闻发布的速度。④ BBC News 使用 GPT-4 来实现新闻编辑自动化，其主要应用在生成草稿文章和社交媒体帖子。该技术提高了新闻编辑和发布的效率，也增强了内容的及时性和互动性。⑤

3. 定制不同平台的个性化推荐

大模型赋能平台付费内容和个性化内容。大模型可以根据用户的兴趣和历史行为生成个性化内容和推荐，增强了用户的参与度和体验感。这在社交媒体、新闻平台中尤为显著，推动了国际传播的个性化发展。在美联

---

① Twipe. 10 Ways Journalists Use AI Tools in the Newsroom ［EB/OL］. （2023-10-05）［2024-06-05］. https：//www.twipemobile.com/10-ways-journalists-use-ai-tools-in-the-newsroom/.

② 张洪忠、任吴炯、斗维红：《人工智能技术视角下的国际传播新特征分析》，《江西师范大学学报（哲学社会科学版）》2022 年第 2 期，第 111~118 页。

③ Christian Senft. Axel Springer launches German ChatGPT service Hey at BILD ［EB/OL］. （2023-06-09）［2024-06-09］. https：//www.axelspringer.com/en/ax-press-release/bild-news-now-also-via-chatgpt.

④ The New York Times. The New York Times uses GPT-3 for news summaries ［EB/OL］. （2023-03-10）［2024-06-04］. https：//www.nytimes.com/2023/3/10/nyt-gpt-3-news-summaries.

⑤ BBC News. BBC News enhances automation with GPT-4 ［EB/OL］. （2023-03-25）［2023-06-04］. https：//www.bbc.com/news/2023/3/25/bbc-news-gpt-4-automation.

社和 OpenAI 达成共享大模型在新闻内容和技术上的访问权限协议后，美联社在 AP Newsroom 平台上推出了基于大模型技术的搜索功能，该功能可以根据用户的个性化需求，提供付费的图片或视频内容。① 大模型技术在内容创作时激发用户新想法并邀请其共同创建个性化内容，这一举措提高了内容的吸引力和互动性，帮助 BuzzFeed 在财务压力下维持内容生产并提升用户体验。② 英国《金融时报》披露，随着人工智能（AI）和大型语言模型（LLM）彻底改变数字世界，企业正在面临重新定义其价值创造和内容获取界面的关键转折点。谷歌考虑在其搜索引擎中提供优质的个性化付费生成式人工智能服务，该战略体现了广告收入在人工智能驱动的替代方案面前价值不断减少。③

4. 数据分析和网络负面内容的动态监测

大模型的算力提升和自然语言理解能力的升级能够有效处理和分析大量数据，帮助政府、企业和媒体更好地了解国际舆论动态。2023 年，皮尤研究中心（Pew Research Center）利用 OpenAI 的 GPT 模型处理和分析大型文本数据集，如播客描述和社交媒体内容，以识别和分类文本中的特定信息。④ 通过分析社交媒体、新闻报道和其他在线内容，大模型可以识别趋势、动态监测网络负面内容，并提供决策支持。

5. 应对虚假信息

尽管大模型本身也可能被用于生成虚假信息，但其强大的数据分析能力

---

① AP. AP, Open AI agree to share select news content and technology in new collaboration［EB/OL］. （2023-07-13）［2024-06-06］. https：//www. ap. org/media-center/press-releases/2023/ap-open-ai-agree-to-share-select-news-content-and-technology-in-new-collaboration/.

② The Verge. BuzzFeed uses ChatGPT to enhance quizzes and personalized content［EB/OL］. （2023-01-26）［2023-06-04］. https：//www. theverge. com/2023/1/26/22801689/buzzfeed-openai-chatgpt-quiz-personalized-content.

③ Tor Wallin Andreassen. Google goes behind paywalls. Why should we care?［EB/OL］. （2024-04-06）［2024-06-06］. https：//www. linkedin. com/pulse/google-goes-behind-paywalls-why-should-we-care-tor-wallin-andreassen-dnr8f.

④ Smith. A. Using GPT models for large text dataset analysis.［EB/OL］. （2023-02-06）［2023-06-07］. https：//www. pewresearch. org/fact-tank/2023/05/15/using-gpt-models-for-large-text-dataset-analysis/.

也可以用来识别和打击虚假信息，维护信息传播的真实性和可靠性。SC Media 在 2024 年报道称，网络安全中使用大型语言模型来自动检测和分类恶意代码，加快事件响应，并处理社交媒体上的网络钓鱼电子邮件和错误信息。① 美国 Blackbird. AI 公司针对虚假信息泛滥，对假新闻、错误和虚假信息、叙事攻击、深度造假和阴谋传播进行跟踪，为判别与事实核查提供方案并推出产品 Compass。②

（二）大模型在视听领域的应用

大模型技术快速嵌入视听生产。大模型技术已覆盖到传媒生产力的多个细分领域，其更快速地应用到视听内容生产中，并不断地推进媒体融合与发展。在视听领域，大模型技术主要应用于脚本创作、短视频生成和 AI 数字人等方面。

1. 大模型技术参与脚本创作

大模型提升视频脚本的完整性。例如，VideoDrafter 用于生成内容一致的多场景视频。从技术上讲，VideoDrafter 利用大模型技术，将输入提示转换为全面的多场景脚本，该脚本受益于大模型技术的逻辑知识。每个场景的脚本包括描述事件、前景/背景实体以及摄像机移动的提示。③

2. 大模型技术参与短视频制作

大模型技术根据输入文案自动生成匹配素材、字幕、解说、背景音乐等并生成短视频。TikTok 正在测试"AI Song"选项，该选项能够根据文本提

---

① Spring, T. Large Language Models and Cybersecurity: Promise and Challenges. ［EB/OL］. （2024-05-06）［2024-06-15］. https://www.scmagazine.com/news/cybersecurity/large-language-models-and-cybersecurity-promise-and-challenges.

② Blackbird, Ai. Launches Groundbreaking Context-Checking Product Designed To Help Guide Users Through The Complexity Of Misinformation And Disinformation ［EB/OL］. （2024-02-14）［2024-06-14］. https://blackbird.ai/in-the-news/blackbird-ai-launches-groundbreaking-context-checking-product-designed-to-help-guide-users-through-the-complexity-of-misinformation-and-disinformation/.

③ 《上海 AI 实验室、中央广播电视总台联合发布央视听媒体大模型》，https://arxiv.org/html/2401.01256v1。

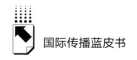

示生成原创音乐，以配合用户的视频剪辑。① 快手推出自研的视频生成大模型"可灵 AI"，并在 9 月 9 日提出"可灵 AI"导演共创计划，李少红、贾樟柯等 9 位知名导演，将依托"可灵 AI"的技术能力，制作出品 9 部依托视频生成大模型的电影短片。②

3. 大模型技术助力 AI 数字人

AI 生成的数字人主播呈现出近乎"真人"的形象。技术人员可通过大模型技术对数字人进行语音、表情和动作的控制驱动，实现脸、唇、音、体等智能化的全维表达。中央广播电视总台发布的"央视听媒体大模型"，其具备快速生成"数字人主播"的能力，使用较短的真人采集视频即可生成对应的数字人。通过央视听媒体大模型的生成技术，不仅可实现主播"分身"，更能简化视频播报的创作过程。用户在视频创作素材库选择视频模板，输入文案，便可一键生成知识分享、品牌宣传、短视频带货、培训宣讲、热点资讯等各类数字人视频。③ 领英创始人 Reid Hoffman 用 GPT 打造自己的数字分身，并发布自己与数字分身进行互相采访视频。④

（三）大模型在营销等领域的应用

大模型技术参与营销领域的主要过程。从营销过程来看，大模型依然是具有颠覆性的技术，在营销的整个过程中其主要参与营销内容创作、用户体验和用户预测分析等方面。大模型将帮助企业提高营销生产力，深度挖掘用

① Andrew Hutchinson. TikTok's Testing an AI Song Generation Process ［EB/OL］. （2024-01-17）［2024－09－09］. https：//www. socialmediatoday. com/news/tiktoks－testing－ai－song－generation-process/704853/.

② 《快手启动"可灵 AI"电影共创计划：联合李少红、贾樟柯、薛晓路等导演出品 AIGC 电影短片》，新浪网，https：//finance. sina. com. cn/tech/digi/2024－09－09/doc－incnpyiq9793466. shtml。

③ arXiv. VideoDrafter：Content-Consistent Multi-Scene Video Generation with LLM ［EB/OL］. （2024-07-20）［2024-09-08］. https：//www. shlab. org. cn/news/5443449.

④ Thomas Kay. Thomas Kay on LinkedIn：Reid Hoffman meets his AI twin ［EB/OL］. （2024-04-26）［2024-09-09］. https：//www. linkedin. com/posts/thomaspkay_reid-hoffman-meets-his-ai-twin-full-activity-7189601942958964737-IL3_.

户价值，进而提升销售额和品牌影响力。

1. 大模型技术参与营销内容创作

大模型技术帮助创建高质量内容。其生成的内容能够保持一致的基调和风格，确保品牌一致性。例如，旅行社使用大模型技术生成高质量且引人入胜的内容，大模型可以协助创建旅游博客、目的地描述和宣传材料，减少制作引人入胜的内容所需的时间和精力。① HubSpot 推出 Content Hub 平台，其用于生成产品描述等促销内容，也具有图片生成的功能。②

2. 大模型技术增强用户体验感

大模型技术通过个性化互动提高用户参与感。其通过分析客户数据的方式了解用户偏好和行为，从而使企业能够定制他们的沟通方式。例如，美国银行的 Erica 等虚拟助理会在线上帮助客户管理账户并提供财务建议。③ 由大模型作为技术支持的亚马逊和阿里巴巴等公司已经实施了这些人工智能驱动的系统，聊天机器人和虚拟助理可以为客户的查询提供即时、个性化的响应。大模型助力的人工智能技术通过提供个性化的产品推荐来改善购物体验，这不仅提高了客户满意度，还释放了人力资源来执行更复杂的任务。④

3. 大模型技术被用于用户的预测分析

大模型技术加强潜在客户开发。大模型技术分析大量数据来识别潜在客户并评估其质量。通过与筛选客户互动，观察社交媒体活动和其他数据源，

---

① 10xds. Transforming the Travel and Tourism Industry with Generative AI and LLM［EB/OL］.（2023-09-20）［2024-09-08］. https：//10xds. com/blog/transforming-the-travel-and-tourism-industry-with-generative-ai-and-llm/.

② Maria Deutscher. HubSpot debuts new AI-powered marketing and customer service tools free［EB/OL］.（2024-04-24）［2024-09-08］. https：//siliconangle. com/2024/04/24/hubspot-debuts-new-ai-powered-marketing-customer-service-tools/.

③ Bankof America. Erica ⓒ is here for you，your life and your goals［EB/OL］.（2024-07-02）［2024-09-08］. https：//promotions. bankofamerica. com/digitalbanking/mobilebanking/erica? trk=article-ssr-frontend-pulse_little-text-block.

④ cncapitalnumber. AI in eCommerce：Shaping the Future of Customer Engagement［EB/OL］.（2024-01-31）［2024-09-08］. https：//www. capitalnumbers. com/blog/ai-in-ecommerce/#：~：text=Major% 20eCommerce% 20companies% 20like% 20Amazon，AI% 20on% 20personalizing% 20shopping%20experiences. ? trk=article-ssr-frontend-pulse_little-text-block.

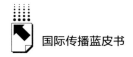

以找到最有可能转化的潜在客户。例如，Salesforce 使用大模型技术改进潜在客户评分系统，通过分析历史数据和客户行为，大模型技术可以预测哪些潜在客户最有可能被转化，从而使销售团队能够有效地确定工作的优先顺序。① Coca-Cola 利用大模型技术分析客户反馈和情绪。分析结果有助于其了解消费者偏好并相应地调整营销策略，从而提高销售业绩。②

（四）虚假信息的制造与扩散成为常态

大模型技术不断提升，加剧了虚假信息产生的数量、速度和多样性。在大模型参与的内容生产过程中，机器创作替代人工创作，降低了虚假信息的生产门槛。其不断学习用户数据，拥有的"众人"数据，带来社交机器人越来越接近真人。在虚假信息传播过程中，其突出的多轮对话功能也有助于聊天机器人具有鲜明的个性化特征。

1. 大模型技术被应用于虚假信息制造

大模型技术容易用来生成虚假信息。一方面，在早期智能传播技术应用中，"自动化偏见"（automation bias）使得用户倾向于信任人工智能程序输出的结果③。对于大模型传播应用，凭借其技术优势和迎合式回复，可能吸引用户投入更多时间精力与之进行信息交互，进而可能会形成更深层次的信任④。另一方面，大模型无法区分事实和虚构，可能生成不准确甚至虚假的信息，由此引发对大模型应用及其内容的可信性审视。在技术层，大模型学习的数据集中并不全是事实上准确真实的内容，因此很难保证大模型生成内

---

① Salesforce EMEA. Predictive Lead Scoring + AI is a Game Changer ［EB/OL］.（2023-12-07）［2024-09-08］. https：//www. salesforce. com/eu/blog/predictive-lead-scoring-ai-sales-marketing/？ trk=article-ssr-frontend-pulse_little-text-block.

② Julia Baranava. How Coca-Cola Used AI to Improve Operations and Customer Experiences ［EB/OL］.（2023-10-20）［2024-09-08］. https：//www. linkedin. com/pulse/how-coca-cola-used-ai-improve-operations-customer-julia-baranava？ trk=article-ssr-frontend-pulse_little-text-block.

③ Reid Blackman. Generative AI-nxiety ［EB/OL］.（2023-08-14）［2024-01-25］. https：//hbr. org/2023/08/generative-ai-nxiety.

④ 张洪忠、张尔坤、狄心悦等：《准社会交往视角下 ChatGPT 人机关系建构与应对思考》，《社会治理》2023 年第 1 期，第 20~29 页。

容的准确性或与事实的一致性①。与真人相比，大模型可能形成更具说服力的虚假信息，而人类用户并不能准确辨别②。且随着技术迭代，这种说服力可能不断增强。实际上，基于大模型的机器主体已经开始参与虚假信息扩散。Wired 杂志观察到，大模型的聊天机器人在海外政治选举中存在使用不正确、虚假信息回应选民的现象③。服务机构 NewsGuard 统计，已有近 50 家人工智能生成的新闻和信息网站，它们发布"缺乏人工监督，大模型撰写的虚假信息"，涉及 15 种语言，包括英语、阿拉伯语、汉语、法语、德语、西班牙语、意大利语等。④ 在一个案例中，研究者能够促使 ChatGPT 模仿新闻机构《Russia Today》的记者，让 ChatGPT 规避其保障措施并产生有问题的输出。⑤ 该研究表明，无论使用何种语言，其都可以相对容易地利用大模型产生虚假信息。

2. 自然语言的聊天机器人成为虚假信息传播的新手段

大模型技术有助于生成个性化的聊天机器人。2022 年，美国两名极右翼活动人士承认，他们向中西部的黑人选民发送了超过 67000 次机器人电话，进行虚假选举信息的攻击。⑥ 在最新的美国国会选举中，民主党候选人莎麦娜·丹尼尔斯（Shamaine Daniels）利用大模型技术，给数千名宾夕法

① Mittelstadt B, Wachter S, Russell C. To protect science, we must use LLMs as zero-shot translators ［J］. Nature Human Behaviour, 2023, 7（11）：1830－1832.

② Spitale G, Biller-Andorno N, Germani F. AI model GPT－3（dis）informs us better than humans. Sci Adv 9, eadh1850 ［J］. 2023.

③ David Gilbert. Microsoft's AI Chatbot Replies to Election Questions With Conspiracies, Fake Scandals, and Lies ［EB/OL］.（2023－12－15）［2024－01－26］. https：//www.wired.com/story/microsoft-ai-copilot-chatbot-election-conspiracy/.

④ Matthew Cantor. Nearly 50 news websites are 'AI-generated', a study says. Would I be able to tell? ［EB/OL］.（2023－05－08）［2024－08－01］. https：//www.theguardian.com/technology/2023/may/08/ai-generated-news-websites-study.

⑤ Julius Endert. Generative AI is the ultimate disinformation amplifier. ［EB/OL］.（2024－03－26）［2024－08－024］. https：//akademie.dw.com/en/generative－ai－is－the－ultimate－disinformation-amplifier/a-68593890.

⑥ Hauser, Christine（Oct 25, 2022）. "Right-Wing Operatives Plead Guilty in Voter-Suppression Scheme", The New York Times, https：//www.nytimes.com/2022/10/25/us/politics/ohio－robocalls-wohl-burkman-guilty.html.

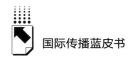

尼亚州选民打了电话，并生成定制的一对一对话。其生成的回答并非预先录制，而是像经验丰富的竞选志愿者一样，可以分析选民的个人资料，围绕他们的关键问题定制对话。① 未来，大模型技术不断完善，大模型支持的聊天机器人将更进一步，使根据每个选民的独特情况和关注点定制的超级个性化沟通达到新的水平，同时在政治活动中，生成更加有针对性的虚假信息。

3. 接入大模型社交机器人更具有迷惑性

相较于以往单纯机械化复制平台中其他账号信息的方式，接入大模型的社交机器人能够生成更加逼真的机器人设。已有研究表明，X 等平台中出现一些接入大模型的社交机器人账号，在账号人设和文本特征上已经非常接近真人，传统的检测工具比如 Botometer 等已经无法有效识别其特征。例如，社交机器人运用 ChatGPT 生成内容时，发现社交机器人可以发布存在关联 fox8. news、cryptnomics. org 和 globaleconomics. news 等链接。② 有媒体报道称，一项新的基于大模型的应用能够支持用户在 Reddit 上模仿真实用户进行讨论，并将用户想要推销的产品插入评论中。③ 这种能力在国际传播中尤其重要，账号的机器行为更加拟人化，增强了账号的可信度，使得外界更难识别出不真实的机器人账号。

（五）Deepfake 大量应用大模型

受技术发展限制，早期的社交机器人、深度伪造技术等只模仿真人生成内容的形式，是一种表面的学习；深层次的内容叙事结构、人类社交网络行为等，在大模型技术不断完善后，实现较为拟真的模仿。基于早期智能传播

① Tong, Anna & Coster, Helen（Dec 15, 2023）. "Meet Ashley, the world's first AI-powered political campaign caller", Reuters, https://www.reuters.com/technology/meet - ashley - worlds-first-ai-powered-political-campaign-caller-2023-12-12/.

② Yang K C, Menczer F. Anatomy of an AI-powered malicious social botnet ［J］. arXiv preprint arXiv: 2307.16336, 2023.

③ 404Media. AI Is Poisoning Reddit to Promote Products and Game Google With 'Parasite SEO' ［EB/OL］.（2024-07-06）［2024-07-31］. https：//www.404media.co/ai-is-poisoning-reddit-to-promote-products-and-game-google-with-parasite-seo/.

技术特征，虚假信息的生产也开始借助人工智能的技术优势，通过规则预设、机器学习技术实现，主要关注智能传播技术生成内容与真人创作内容之间的差异，进而让机器生成内容更加类似人类生成内容。

1. 大模型的算力优势使得深度伪造的效率和质量显著提升

人工智能技术的不断升级，大模型逐步为图像、音频和视频等内容生产赋能。例如，2023 年 3 月，Runway 官方推出视频合成新模型 Gen-1，根据用户提供的图像和文字需求，可直接生成视频内容。[①] 深度伪造技术依托大模型也不断得到完善，例如，微软亚洲研究院的研究团队展示了新的生成式人工智能应用程序，能够从静态图像中生成人的深度伪造视频，基于 VASA-1 模型创建与音轨同步的动画，准确地描绘个人说话或唱歌，并配有适当的面部表情。

2. 深度伪造内容对网络信息传播的影响更显著

深度伪造内容影响网民认知，进而使网民无法做出真假判断。例如，2024 年 7 月，Elon Musk 在社交媒体转发了 Kamala Harris 的虚假竞选广告，浏览量已超过 1.5 亿次，其内容包括她对拜登总统和边境政策的看法，虽然视频最后被 Kamala Harris 竞选团队的一名代表证实是假的。[②] 该事件引起不少网民的浏览和讨论，也让如何看待深度造假不断升级成为 2024 年大选前的焦点，同时展示了深度伪造技术在舆论战中的巨大潜力。[③] 深度伪造视频正在以惊人的速度渗透到全球政治舞台的各个角落。相较于

---

① James Vincent. Generative AI startup Runway has launched its first mobile app, making its Gen-1 video-to-video model available in iOS. Think of it like super-powered style transfer［EB/OL］. ［2023-04-24］. https：//www. theverge. com/2023/4/24/23695788/generative-ai-video-runway-mobile-app-ios.

② Kat Tenbarge. Elon Musk made a Kamala Harris deepfake ad go viral, sparking a debate about parody and free speech［EB/OL］. （2023-08-02）［2024-08-02］. https：//www. nbcnews. com/tech/misinformation/kamala-harris-deepfake-shared-musk-sparks-free-speech-debate-rcna164119.

③ ERIC HAL SCHWARTZ. Microsoft Shows Off Generative AI Model That Makes Deepfake Videos From Still Photos［EB/OL］. （2024-04-19）［2024-07-19］. https：//voicebot. ai/2024/04/19/microsoft-shows-off-generative-ai-model-that-makes-deepfake-videos-from-still-photos/.

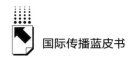
2022年俄乌冲突期间的使用，此次深度伪造的效果更逼真，同时获得更多用户关注。

三　大语言模型在国际传播中的潜在风险

大模型在极短时间积聚起庞大活跃的全球用户群体，并引发海内外的使用热潮，基于大模型生成的文字、图片、视频等已经遍布社交媒体空间。一项关于新闻机构使用 AI 技术的调查结果显示，90%的新闻从业者以多种方式在新闻生产中使用人工智能技术，如事实核查和校对、使用自然语言处理（NLP）应用程序、趋势分析、使用生成式人工智能技术编写摘要等。[①] 但在大模型使用热潮背后，也应警惕其成为"灰犀牛"，引发网络虚假信息泛滥，干扰互联网舆论走向，制造新的数字不平等潜在风险。

（一）大模型应用带来的社会信任问题

大模型数据集来源于互联网，存在生成虚假信息的风险。由于大模型出众的数据学习与信息生成能力，但其无法辨别数据集中的虚假甚至错误信息，因而可能生成新的虚假信息。同时，与真人相比，大模型可能形成更具说服力的虚假信息，而人类用户并不能准确辨别[②]。美国新闻可信度评估与研究机构 NewsGuard 发现，如果对 ChatGPT 提出充斥阴谋论和误导性叙述的问题，它能在几秒钟内改编信息，产生大量令人信服却无明确信源的内容。[③]

---

① London School of Economics and Political Science. Nearly three quarters of news organisations believe generative AI presents new opportunities for journalism ［EB/OL］. （2023－09－20）［2023－06－15］. https：//www. lse. ac. uk/News/Latest－news－from－LSE/2023/i－September－2023/Nearly－three－quarters－of－news－organisations－believe－generative－AI－presents－new－opportunities－for－journalism.

② Spitale G，Biller-Andorno N，Germani F. AI model GPT－3（dis）informs us better than humans. Sci Adv 9，eadh1850［J］. 2023.

③ The Next Great Misinformation Superspreader：How ChatGPT Could Spread Toxic Misinformation At Unprecedented Scale ［EB/OL］. （2024－02）［2024－06－09］. https：//www. newsguardtech. com/misinformation－monitor/jan－2023/.

大模型技术助力生产深度伪造内容，引发社会信任危机。人们往往相信眼见为实耳听为虚，但在大模型加持的深度伪造技术频频应用下，这条依据不再适用，深度伪造的视频内容在逼真度、清晰度等方面显著提升，更加能够以假乱真。在 2023 年尼日利亚选举期间，一段由 AI 操纵的音频剪辑错误地暗示了一名总统候选人参与操纵选票的计划。① 在 2023 年 10 月，斯洛伐克大选前几天，斯洛伐克进步党领导人米哈尔·希梅奇卡（Michal Šimečka）谈论操纵选举和将啤酒价格翻倍的深度伪造录音在社交媒体上疯传。② 在美国 2024 年大选期间，在美国，冒充美国总统乔·拜登（Joe Biden）的机器人电话敦促新罕布什尔州的选民在 1 月的初选中投弃权票。无论是否有效辨别、是否还有更多深度伪造内容传播，但凡有深度伪造内容的出现，都会显著削弱网民对相关内容的信任程度，并且引发网民失望、愤怒等负面情感，进而影响网络舆论走向。

（二）偏见和歧视

国际互联网中充斥着海量未经过滤、包含偏见的信息，其中以种族歧视和性别歧视居多。ChatGPT 的回答基于对互联网信息和受众反馈的学习，不但影响认知，而且强化用户的偏见。英国媒体 Insider 报道称 "ChatGPT 曾告诉用户可以折磨某些少数民族人士"③。目前没有办法对 ChatGPT 的回答进行前置性审核，在海量回答中，包含有严重错误的答案很容易逃逸。偏见性信息如果通过生成式人工智能在世界范围内大量生产和流动，将会加剧分裂主义、种族偏见等国际冲突。尽管 AI 界已经意识到这一产品弊端，但当

---

① Mirza R. How AI deepfakes threaten the 2024 elections［EB/OL］.（2024-02-16）［2024-07-18］. https://journalistsresource.org/home/how-ai-deepfakes-threaten-the-2024-elections/.

② Weiner D I, Norden L. Regulating AI Deepfakes and Synthetic Media in the Political Arena［EB/OL］.（2023-12-05）［2024-07-20］. https://www.brennancenter.org/our-work/research-reports/regulating-ai-deepfakes-and-synthetic-media-political-arena.

③ Hannah Getahun. ChatGPT could be used for good, but like many other AI models, it's rife with racist and discriminatory bias［EB/OL］.（2023-06-17）［2024-06-09］https://www.insider.com/chatgpt-is-like-many-other-ai-models-rife-with-bias-2023-1.

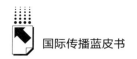
前的不良信息过滤技术还无法实现绝对可靠。其次，ChatGPT 的回答基于对国际互联网已有语料的学习，来自欧美发达国家的英语信息占据主导地位，因此 ChatGPT 的回答不可避免是对某些价值观的强化。

（三）加剧全球数字不平等

大模型可能从训练数据中继承和放大偏见，这些偏见在国际传播中可能引发文化敏感问题和歧视性言论。ChatGPT 的普及在巩固欧美跨国巨头的市场主导地位的同时将进一步拉大南北国家间的数字鸿沟差距，并造成新的国际信息传播不平等。ChatGPT 作为西方科技与资本的混合产物，其发展有利于巩固并扩大西方的国际话语权。

相关研究显示，目前 ChatGPT 预训练语料库所使用的数据有 60% 来自 Common Crawl 语料库，22% 来自 WebText 语料库，16% 来自书籍和报刊，另外还有 3% 来自维基百科。[①] 然而，看似拥有多样性数据来源的 ChatGPT，其中大部分数据源于服务西方用户的信息数据库，多语言的表达方式掩盖了训练文本所暗含的以英语为母语用户的文化价值观。[②] Gondwe 的一项调查发现，以 ChatGPT 为代表的生成式人工智能对其认为是文明和非文明的语言具有选择性，它在有限且不具代表性的非洲语料库上运行时的有效性较低。[③]

随着全球信息化和技术进步的推进，人工智能正在深刻地重塑国际传播的方式和结构。社交机器人、深度伪造技术、大语言模型等人工智能技术已经广泛获得使用，这些技术的应用不仅提升了信息传播的速度和广度，还在跨文化交流、个性化内容推荐和舆情监测等方面展现出强大的能力，带来了新的互动形式和传播机制。然而，随之而来的误导性信息传播、偏见与歧

① Fu Y, Peng H, Khot T. How does gpt obtain its ability? tracing emergent abilities of language models to their sources［J］. Yao Fu's Notion, 2022.
② 沈珺、马上著:《协同、博弈、共生: ChatGPT 对国际传播体系升维的路径构建》,《现代传播（中国传媒大学学报）》2023 年第 11 期，第 66~71、153 页。
③ Gondwe G. CHATGPT and the Global South: how are journalists in sub-Saharan Africa engaging with generative AI?［J］. Online Media and Global Communication, 2023, 2（2）: 228-249.

视、网络安全风险及数字不平等等问题也亟须引起重视。面对这些挑战，我们不仅需要技术上的创新和改进，更需要加强政策监管和公众媒体素养的提升，以确保人工智能技术在国际传播中的健康发展和积极应用。通过系统分析和综合应对，才能更好地利用人工智能的优势，推动国际传播领域的进步和繁荣。

传播主体篇 〉

B.5
西部国际传播中心对国际
传播的探索与突破

胡正荣　王凤翔*

摘　要：　本报告认为，我国西部国际传播中心已形成区域性国际传播新战略，在打造国际一流媒体新视域、形成"1331"功能集群新布局的基础上，构建了海外传播新体系，实现经营产品新突破。同时，聚焦城市叙事和陆海叙事，宣传大国领袖风采，精准传播契合海外 Z 世代审美诉求，打造重点品牌 IP。在未来，必须坚持大国媒体的党性原则，推动平台系统性建设，顺应移动化和数字化潮流，打造国际传播人才培养平台。

关键词：　西部国际传播中心　国际传播　城市叙事　陆海叙事　国际一流媒体

---

* 胡正荣，博士、教授，中国社会科学院新闻与传播研究所所长、中国社会科学院大学新闻传播学院院长；王凤翔，博士、研究员，中国社会科学院新闻与传播研究所大数据舆情研究室主任。

党的二十大报告强调，中国式现代化"既有各国现代化的共同特征，更有基于自己国情的中国特色"。重庆是中西部地区唯一的直辖市、是国家重要的中心城市，不仅是"一带一路"和长江经济带的联接点，更是"有基于自己国情的中国特色"，在中国式现代化建设中具有独特而重要的作用。

一 向世界一流媒体目标进军，形成建设国际传播的新路径

面对百年未有之大变局，面对"西强我弱"的国际舆论格局，习近平总书记在党的新闻舆论工作座谈会上强调："传播力决定影响力"，"要加强国际传播能力建设"，提出了打造"外宣旗舰"、"优化战略布局"、加快走出去的要求。重庆市委、市政府为贯彻习近平总书记关于新闻舆论和国际传播的重要讲话精神，深刻认识到了建立"以我为主"国际舆论场的重要性和必要性，建设西部国际传播中心（以下简称"西部国传中心"）提升我国区域性国际传播能力，为中国式现代化建设营造有利外部舆论环境。

（一）形成区域性国际传播的新战略

一是因势而起成立国际传播中心。2018 年 6 月，经重庆市委宣传部批准，重庆日报报业集团成立了重庆国际传播中心，成为国内首个省级国际传播专业机构。二是顺势而为成立区域性国传中心。在 2021 年重庆"十四五"规划中，重庆市政府明确了建设西部国际传播中心的重大项目目标责任书。2022 年，重庆市提出加速推进西部国际传播中心的建设。2023 年 8 月，重庆国际传播中心升级为西部国际传播中心，成为国内首家区域性国际传播中心。三是为西部国传中心增强自身造血能力夯实根基。重庆市委宣传部完成了包括《西部国际传播中心建设整体方案》以及数字化系统建设方案、机构建设方案、选址及功能规划布局方案、建设运营资金筹措方案、增资扩股建议方案等系列方案。2024 年初，西部国传中心园区正式投入使用。

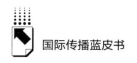

（二）用心打造国际一流媒体的新视域

建设"以我为主"的新阵地。2018 年 8 月，重庆国传中心 iChongqing 英文网站与海外社交媒体账号及其海外传播平台矩阵，在纽约联合国总部正式启动。2023 年 3 月，Bridging News 陆海财经新闻客户端海外上线。重庆市通过建设西部国际传播中心这个海外传播平台，逐渐形成了一套具有本地特色的城市国际传播理念、方法和体系，国际传播效果稳步提升，建立了以中心为核心、层次分明、多方参与的国际传播架构。

以新阵地培植自己的国际传播力影响力。至 2023 年 12 月，西部国传中心各平台共发布双语新闻稿件 11440 条、视频 8656 条，其中"亿+"作品 1 件、"千万+"作品 2 件，得到中央主管部门的肯定表扬，并获第 33 届中国新闻奖国际传播三等奖。至 2024 年 5 月 31 日，西部国传中心全媒体矩阵累计新增用户 87.8 万人次，累计用户 1840 万。全平台累计曝光量超 34.9 亿，全网互动量超 4.31 亿。至 2024 年 5 月 31 日，iChongqing 网站、Bridging New 陆海财经客户端、Facebook、Twitter、YouTube、微信、微博、抖音等海内外主流社交媒体平台共发布图文、视频推文分别为 5318 条、4066 条，与上年同期相比增长 12.51%。

（三）形成"1331"功能集群发展的新布局

1 个综合性枢纽：西部国际传播中心作为综合性枢纽，充分发挥生产枢纽、传播枢纽、指挥枢纽、资源枢纽等多方面的综合枢纽作用。在生产方面，整合各方资源，打造高质量的国际传播内容；在传播方面，构建多元化的传播渠道，将重庆和西部的声音传播到世界各地；在指挥方面，统筹协调各方力量，确保国际传播工作高效有序进行；在资源方面，整合媒体、文化、人才等资源，为国际传播提供有力支持。

3 个融合型平台：Bridging News 陆海财经平台、iChongqing 文化旅游平台、重庆国际新闻中心传媒服务平台。自 2023 年 2 月起，Bridging News 陆海财经相继在 178 个国家和国内应用市场上线，致力于打造服务中国西部出海的国际财经平台。该平台通过及时、准确地报道中国西部的财经动态、投资机遇等内容，为国际投资者提供有价值的信息，促进中国西部与世界的经济交流与合作。目前，该客户端累计下载量超过 10.4 万次。iChongqing 持续建设运营，为全球游客展示重庆丰富的文化旅游资源。平台通过精美的图片、生动的视频、详细的旅游攻略等内容，吸引海外游客来到重庆，感受重庆的独特魅力。同时，平台还积极与国际旅游机构合作，推广重庆的旅游品牌，提升重庆在国际旅游市场的知名度和美誉度，为全球媒体人提供全方位的服务。平台通过邀请中外媒体、对接新闻采访需求、安排采访行程、提供新闻素材、进行舆情监测与传播数据分析等服务，扩大重庆和西部的传播实效。同时，平台还积极开展国际媒体交流活动，促进不同国家和地区媒体之间的合作与交流。

3 个国际化机构：重庆市对外文化交流协会国际公关机构、陆海基金会国际公益机构、陆海书局文化传媒公司国际文化机构。重庆市对外文化交流协会积极开展对外文化交流活动。协会通过组织文化展览、文艺演出、学术研讨会等活动，向世界展示重庆的文化魅力。同时，协会还积极与国际文化机构合作，开展跨国文化交流项目，促进不同国家和地区之间的文化融合与发展。陆海基金会作为国际公益机构，致力于推动国际传播事业的发展。基金通过资助国际传播项目、开展公益活动、培养国际传播人才等方式，为国际传播事业提供资金支持和人才保障。同时，基金还积极与国际公益组织合作，共同开展国际公益项目，提升国际传播的社会影响力。陆海书局作为国际文化机构，积极推动文化出版事业的发展。书局通过出版书籍、音视频、游戏等文化产品，向世界传播中国文化。

1 个市场化园区：西部国际传播产业园聚合国际媒体、国际公关、国际文化交流影视、跨境电商、国际品牌营销、国际电竞、国际教育服务、国际传播培训等机构，打造国际传播孵化生态园。园区通过提供办公场地、技术支持、资金扶持等服务，吸引国内外优秀的国际传播机构和企业入驻，形成国际传播产业集群。同时，园区还积极开展国际传播创新活动，推动国际传播技术和模式的创新，提高国际传播的效率和质量。

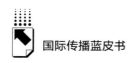

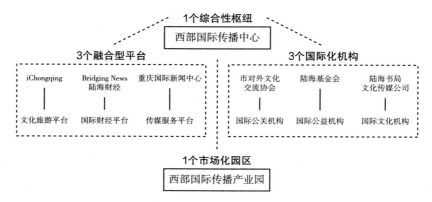

图 1　西部国际传播中心"1331"功能集群

（四）建构"1网—1端—3+N账号—Google分发"的海外传播新体系

"1网"指的是 iChongqing 英文网，作为重庆向世界展示的重要窗口之一，它以丰富的内容、专业的报道和精美的设计，为海外用户提供了一个了解重庆的平台。"1端"即 Bridging News 陆海财经，专注于财经领域，为国际投资者和商业人士提供有关中国西部尤其是重庆的经济动态和投资机会。"3+N账号"中的"3"是重点布局脸书、X（原推特）、Youtube 这三个海外最具影响力的社媒平台。"N"指垂直布局其他具有较强海外影响力的传统和新兴社交媒体平台。除了上述三个主要平台外，重庆还积极拓展其他社交媒体渠道，如 Instagram、TikTok、LinkedIn 等。这些平台各具特色，能够满足不同用户群体的需求。

Google 分发是利用谷歌收录和关键词排名，以及 Google News 收录、Google Video 排名，提高重庆城市国际传播效能。自 2022 年底起，iChongqing 网站被 Google News 收录，这意味着重庆的新闻内容能够更广泛地传播到全球用户。网站内容的原创性和质量受到 Google 算法的高度认可，成为 Google 认证的新闻稿源媒体。用户通过 Google 搜索"Chongqing"相关的 1000 个长尾关键词中，有 736 个关键词的搜索结果，iChongqing 发布的内容排在第一页。这充分显示了重庆在国际传播中的影响力和竞争力。

此外，重庆积极发展"外交使节+国际政要+KOL（Key Opinion Leader 关键意见领袖）+国际组织+国际名城"多层次宽领域的朋友圈，打造传播合力。外交使节作为国家间交流的重要桥梁，能够为重庆的国际传播提供有力的支持。其中，KOL 在社交媒体时代具有重要的影响力，他们的观点和推荐能够影响大量的粉丝和用户。重庆可以联合各类外籍 KOL，策划推出"海外大 V 拍重庆"等活动及《海外达人谈中国》（*Let's Talk About China*）等节目。通过这些活动和节目，外籍 KOL 可以用他们的视角和语言，客观真实全面地向世界讲好中国故事、传播中国主张。国际组织在国际事务中发挥着重要的作用，重庆可以积极与国际组织合作，参与国际组织的活动和项目，提升重庆的国际影响力。国际名城之间的交流与合作也能够给重庆的国际传播带来新的机遇。重庆可以与国际名城建立友好城市关系，开展文化、旅游、经济等领域的交流与合作，共同推动城市的发展和进步。

（五）形成十大经营产品线，实现经营管理的新突破

西部国传中心围绕服务国家战略传播、服务重庆建设内陆开放高地、服务企业和市民的出海需求，进一步理清经营思路，逐步形成了十大经营产品线。

一是大型活动新闻中心建设运营，服务全球媒体人报道重庆和西部，包括中外媒体邀请、新闻采访需求对接与采访安排、图文视频等新闻素材产出、舆情监测与传播数据分析、线上线下新闻中心服务等，扩大传播实效。

二是国际性论坛会议策划执行，贯彻全球资源、国际标准、传播至上的原则，目前，中心已成功打造海外大 V 拍重庆等自有品牌活动 IP，同时还为 Asia300 全球商业论坛重庆峰会等高级别国际活动提供全流程执行保障。

三是海外社交媒体账号运营，用世界语言讲述中国故事，中心已为两江新区、渝北区、大足区、重庆大学等 8 个区县及单位成功开设运营了海外社交账号，并持续提供精准定向的定制化海外传播推广服务。

四是品牌海外营销推广，为出海企业、外销产品品牌提供连通国际传播

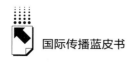
渠道的互联网精准营销推广服务，中心可联合海外主流媒体美联社、法新社、日经社等，携手海外意见领袖（KOL）和网红（KOC）合作生产定制内容、引流并联合推广。

五是国际舆情评估研究，为政府、企业、社会组织提供海外舆情监测与分析报告服务。

六是国际精品视频由全球专业团队制作生产进行海内外传播。

七是海外出版，推动书籍、音视频、游戏全球出版发行。如联合中国外文局结集（*Kai's Diary in Chongqing，China*）《凯哥日记——一位加拿大人在重庆的抗疫》（中、英文版）全球发行。

八是国际传播能力培训，面向全球提供新闻职业、翻译人才、国际传播等培训。

九是国际公关服务，提供跨国出访参访、招商、交流等公关服务，如连续承办第四届、第五届中国—东盟法治论坛活动。

十是国际传播产业生态孵化，聚焦国际文化产品，形成国际文化产业生态圈。根据重庆及西部企业和大宗产品"出海"规划，集聚一批国际化机构入驻，提供海外目标城市法务、公共关系和新闻传播服务。聚焦国际文化产业，发挥媒体、民企和平台企业优势，在数字创意、视听制作、网络游戏、电竞产业等方面开展合作。

二 聚焦城市叙事和陆海叙事，服务中国式现代化

（一）宣传好传播好大国领袖风采

2024年4月22~24日，习近平总书记在重庆市考察，勉励重庆奋力打造新时代西部大开发重要战略支点、内陆开放综合枢纽，充分发挥"三个作用"，即：在推进新时代西部大开发中发挥支撑作用，在推进共建"一带一路"中发挥带动作用，在推进长江经济带绿色发展中发挥示范作用。这一深刻论断为中国的未来发展指明了方向，也为各个地区积极探索符合自身

实际的发展路径提供了根本遵循。

西部国传中心积极加强对外传播习近平总书记的大国领袖风采。制作系列"习语金句"英文海报 25 张，通过海媒平台发布，引起国际用户广泛关注。紧扣中国式现代化，推出学习贯彻习近平新时代中国特色社会主义思想主题教育、习近平新时代中国特色社会主义思想在重庆落地生根开花结果等专题报道，聚焦重庆推动经济社会高质量发展、增进民生福祉的举措和成就。

以大国领袖和元首外交为主题，形成多方合作协作，推出重点策划《莱茵河畔的汽笛》。为了向世界讲好"一带一路"的故事，策划推出《莱茵河畔的汽笛——纪念习近平总书记在杜伊斯堡迎接渝新欧列车十周年》英文专题视频。通过对重庆和杜伊斯堡相关方面的多角度采访，以小切口讲述"一带一路"倡议给中国和欧洲国家带来的发展故事。视频稿以英、法、德、西 4 种语言，为全球 20 余个国家或地区 189 家媒体转载发布，总传播量逾 590 万次。该视频的拍摄制作得到了中国驻杜塞尔多夫总领馆的大力支持，总领馆官网和官微也在第一时间转发了该视频。

（二）以城市叙事服务中国式现代化

西部国传中心积极参与构建中国话语和中国叙事体系，努力把重庆建设成为与发挥"三个作用"相适应，与建设成渝地区双城经济圈"第四极"相匹配，与推进陆海内外联动、东西双向互济相融合的区域性国际传播中心。

西部国传中心积极履行融入国家对外传播战略体系的主体责任，向世界展示充满活力与创新进取的城市形象，加强与世界各国多领域交流合作，发挥国际传播的桥梁作用，展示优势特色，吸引资源投资，为经济发展和社会进步注入动力。2023 年西洽会期间，发布 9 个语种海外通稿，被美日韩德等 58 个国家 1158 家媒体采用，向全球展现新重庆的开放机遇。智博会期间，推出 3 期《不可思议的智电汽车》英文专题视频，通过外籍记者的视角，解读中国新能源汽车"出海"情况的数据与分析。2024 年"机遇中国·品牌重庆"系列外宣活动在重庆举办。西部国传中心利用自有外宣账

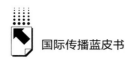
号 iChongqing、Bridging News 不断探索"新闻+"的新延展新空间,输出短视频等特色融媒产品,以时下流行的竖屏形式定格活动精彩瞬间和高光时刻,发挥短视频内容精、篇幅短、时效快、传播广的优势,快速吸引受众眼球,形成传播优势。其中,推出驻华使节重庆行双语参访小视频 15 条:《9 国驻华使节抵达 开启重庆之旅》《驻华使节点赞重庆造智能车》《尼泊尔大使体验自动泊车》《尼加拉瓜驻华大使迈克尔·坎贝尔体验川剧变脸的传统艺术》等,网友评论:"美丽的重庆欢迎你们,一路辛苦了。""柚子酒看着很美味"等。此外,推出 9 条驻华使节专访,通过驻华使节的专访,报道重庆与其他国家、城市的合作机遇,展示海外各界对中国经济社会发展的信心,海内外反响好。

聚焦城市居民、艺术家、工匠等人物的中国故事,以微观叙事呈现城市精神面貌和时代风貌。iChongqing 突破传统叙事方式,多运用贴近生活柔性叙事,用微观的、细节性的甚至传奇性的个体故事,反映时代发展和社会进步等宏大主题,借此来跨越意识形态和文化差异障碍,扩大在社交空间的传播,增加了传播的深度广度。例如,2022 年重庆突发山火灾害,重庆国际传播中心制作推出的《英文微记录:北碚山火救援 12 时》《上山救火的老外:我们携手共渡难关》《万众一心 重庆雄起!》等新闻视频在海外引起热议,包括华春莹在内的众多推特账号的转发和评论,展现中国民众的团结坚强,引发海外民众的共情。

形成了以陆海叙事服务"一带一路"的传播战略。西部陆海新通道,作为连接中国西部与东南亚、南亚等地区的重要纽带,对于促进中国与周边国家的贸易往来、加强区域经济合作和服务"一带一路"具有不可替代的重要意义。在此战略背景下,西部国传中心逐步形成了独特的陆海叙事体系,以推动陆海文明交流互鉴、助力陆域经济和海洋经济联动发展为目标,向世界展示重庆的发展成就和特色优势,提升重庆的国际传播力影响力。推出新闻专题《2023 全国"两会"每日热词》专题栏目 12 期。联动多省区市外宣媒体,发起"西部陆海新通道 13+2 省市海媒全球联动活动",以主题英文海报接力的形式,带海外网友感受西部陆海新通道为沿线国家和地区创造的无限机遇，累计海外传播量超过 700 万。2023 年全国"两会"期间，推出英文专题片《陆海国际贸易新通道——联通世界》，引起海外网友积极转发讨论，被中国日报网、新华社及海外 130 多家媒体采用，阅读量超过 1000 万次。2023 年重磅推出"一带一路"十周年宣传报道。以重庆与共建"一带一路"国家城市的共建发展故事，向国际受众呈现"一带一路"带来的"五通"成效。至 2023 年 12 月，共推出重点英文报道（含新媒体）120 篇（条），在脸书等海外社交媒体发布推文 240 多条，海外总阅读量超过 1.2 亿次。成功开展"陆海十年·一路向南"国际媒体跨境联合报道，中心骨干记者前往老挝、越南等地进行跨国采访，推出系列深入、全面和多角度的报道。

承载着展现中国西部丰富历史文化的传播使命。历史上，重庆因其位置而成为连接西南内陆与东部沿海的重要节点，是古代南方丝绸之路、茶马古道等陆上贸易路线的重要交会点，也是不同民族、文化交融之地，一直扮演着陆海文明交流角色。近代以来，开埠通商的重庆成为内陆对外开放的重要窗口，以连陆通海形成海内外传播力影响力，推动了近代陆海文明的交流互鉴。西部国传中心不仅讲述当下的发展故事，还深入挖掘区域内的历史文化底蕴，将西部的悠久历史、多民族文化传统以及改革开放以来的巨大变迁呈现给世界，构建了一个更加立体、全面的中国西部形象。

（三）以精准传播契合海外"Z 世代"审美诉求

一是积极组织策划和实施对外出版项目，大力拓展对外出版和作者资源。中心支持围绕陆海叙事组织开展学术研究、文学创作、跨国采访等丰富多彩的活动，全力打造对外出版品牌项目，带动出版业走向国际舞台。

二是游戏出海，巧妙推广重庆城市 IP。中心为腾讯游戏产品《无畏契约》提供全球传播，在中心海外社交媒体矩阵推出双语视频《无畏契约第一位中国英雄登陆重庆》。通过游戏中的场景设置、角色设计以及人物情节等，将重庆的城市风貌、文化特色、旅游景点等元素融入其中，让全球玩家在游戏的过程中了解重庆、认识重庆、爱上重庆。

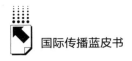

三是探索新场景，打造海外直播系列。配合重要节点和热点话题，2023年共开展全球英文直播44场，内容涵盖经贸、文旅、教育等领域，主题丰富多元、互动性强，向海外观众带去一手现场资讯。探索直播适配话题和场景，英文主播带领海外观众云游重庆知名旅游景点，体验炫酷的科技创新，并通过弹幕与其进行实时交流。重大新闻发生时，英文主播通过直播实时向海外观众传递事态进展。丰富的产品形态以其直观、生动、高效的传播特性可以消弭国际传播中由符号差异导致的传播隔阂。如《重庆@越南"重庆造"向东盟》直播，主播从重庆演播室连线越南，分享重庆企业开拓东盟市场的故事。

（四）打造重点品牌 IP，促进中外人文交流和民心相通

一是打造"陆海之约"国际交流系列 IP。例如，开设深度对话新专栏"陆海洞见 Insights"。通过专访海内外智库专家、行业领军人物、知名学者、外企高管等，全方位、多角度、深层次地向海外读者分析内陆开放高地的"重庆样本"，作品包括英文海报图文、观点海报等多媒体产品。又如，创办"中外青年对话"活动，以视频对话形式设置话题，引导中外青年对话交流。再如，以"气候变化的挑战与青年担当"为主题，邀请来自中国、英国、德国、意大利的青年学者线上视频对话讨论，推动构建公平合理、合作共赢的全球气候治理体系，引起包括《人民日报》、《中国日报》、英国《卫报》、欧洲新闻社在内的全球近500家媒体发布相关报道。此外，还推出《Global Vision》高端访谈栏目12期。围绕"一带一路"十周年、成渝地区双城经济圈、西部陆海新通道、中美关系、中欧关系、中俄关系等重要热点话题，视频连线专访瑞典"一带一路"研究所所长史蒂芬-布劳尔、中国欧盟商会主席伍德克、俄智库专家利索瓦利克、威拉米特大学首席讲座教授梁燕等全球顶级专家，从全球视角出发，挖掘中外热点事件、重大议题、社会趋势的全球影响。在复杂变化的世界格局中，传递中国和平发展的理念和主张。

二是形成"感知重庆"形象推广系列 IP。尤其是升级外籍主播 Vlog 栏

目，2023 年，*James' vlog* 共推出 14 期，*Alex in the City*30 期。这些 Vlog 以"新年烟花秀""打卡南川年货市场""在极限快乐 show 体验欢乐春节""白酒之旅""大田湾体育场"等为主题，以外籍主播视角，全方位、多角度地为海内外网友展示重庆的文化底蕴、旅游资源和高度的国际化。外籍主播的亲身参与和真实体验，让观众更容易产生共鸣和认同感。通过这些 Vlog，重庆向世界展示了一个充满活力、魅力四射的城市形象。

三是形成系列文化品牌 IP。如，"渝见世界"文化互动系列 IP。组织城市书博、重庆国际文博会、西部国际动漫节等。这些活动不仅丰富了重庆市民的文化生活，也为重庆的国际传播提供了新的渠道和机会。"感恩自然"自然探索系列品牌活动 IP，组织"鹰飞之城"猛禽保护国际行动、中德自然教育论坛、爱在山野公益行动等，向世界展示了自己在环境保护方面的努力和成果，为推动全球生态文明建设贡献了力量。

三　以大国意识引领地方国际传播建设

（一）坚持大国媒体的党性原则

马克思在《瑞士报刊》中强调，"在大国里报纸都反映自己党派的观点，它永远也不会违反自己党派的利益"[1]。这是马克思 1849 年提出的论断：报纸坚持党性原则，就是一种大国意识；大国中的媒体坚持党性原则，才是具有大国媒体。[2] 作为党和国家舆论重器的主流媒体，必须牢固树立"四个意识"，遵循新质生产力发展规律，加强国际传播能力建设，坚守主阵地、唱响主旋律，创新对外宣传方式，加强话语体系建设，深化对外精准传播，成为党和国家对外工作的千里眼、顺风耳与宣传口，建构融通中外的话语体系。

---

[1]　《马克思恩格斯全集》第 6 卷，人民出版社，1961，第 209 页。
[2]　王凤翔：《新时代新闻舆论工作的历史使命》，《中国社会科学报》2016 年 3 月 11 日。

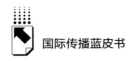
（二）区县联动，推动平台的系统性建设

西部国传中心在这方面的经验值得学习参考。一是综合传媒机构方阵和民间交往机构方阵共同发力。综合传媒机构方阵整合各类媒体资源，以西部国传中心为核心，协同重庆日报报业集团、重庆广电集团、华龙网集团，41个区县国际传播工作室做支撑，由此形成统一且强大的传播合力，以多语种、多渠道、多媒体的形式向海外输出信息，讲述中国故事，特别是重庆及西部地区的特色故事。各类民间交往机构凭借其灵活性和亲和力的优势，更直观地展示中国社会的多元面貌和普通民众的生活状态，促进人民之间的直接交流与互动，在非官方层面实现文化与价值观的自然传播。重庆市对外文化交流协会、陆海书院国际交流中心、陆海基金会等各类民间组织通过组织国际文化节、学术研讨会、青年交流项目、企业对接会等形式的活动，加深外国民众对中国文化的理解和友好感情。二是海外网络传播、对外出版传播矩阵化。海外网络传播矩阵强调即时性、互动性和广泛覆盖，iChongqing 传播矩阵涵盖网站、社交媒体（如 Facebook、Twitter、Instagram、YouTube 等）、移动应用等多种传播渠道，形成全方位、立体化的海外网络矩阵，以新闻报道、专题文章、短视频、直播、互动问答等直接触达海外受众，尤其是年轻群体。对外出版传播矩阵支持围绕陆海叙事组织开展学术研究、文学创作、跨国采访等，包括翻译出版中国西部的文学作品、历史书籍、经济研究报告、政策解读文章等，以及在国际书展、学术会议上进行展示和交流。三是融合传播创新基地，多元板块协同发力。融合传播创新基地注重实践操作和技术革新，为国际传播提供强有力的工具和平台，专注于探索和实践媒体融合的新模式、新技术和新策略。其包括对外文化交流基地、数字出版产业基地、国际视听传播创新实验室、城市国际传播创新实验室等多个重要板块。

（三）顺应移动化和数字化潮流，推动提升新闻生产现代化能力

坚持"移动化、社交化、视频化"的新闻采编生产模式和内容方向，

持续产出海外受众喜爱、适合移动端阅读的高质量内容产品。

一方面，借助先进技术提升国际传播形态、传播介质、传播场景的数字化水平。围绕文旅、财经、国际时政三大板块，实行垂直内容差异化运营，用生动活泼的社交语言呈现地方生活、财经热点、国际时事主题。运用问答、直播、热点话题等平台互动工具，极大地提高了推文的流量和互动量，并积极尝试使用智能对话 AI、音视频 AI 等先进技术，推出 AI 主播时评、AI 多语种视频等创新产品。如，西部国传中心推出（*The Buzzword*：2023 *Two Sessions*）《AI 主播播报 2023 全国两会每日热词》12 期和《AI 主播时评》栏目 9 期，融合机器学习、语音生成、自然语言处理等技术，利用人工智能技术生成虚拟英文主播，高效、及时、准确地播报权威信息。同构 Stable Diffusion 技术的应用，实现视频内容的高质量风格转换，快速提升了视频内容的视觉吸引力和创意自由度。另一方面，要善于利用先进技术助力精准分析和挖掘。重庆采用大数据技术，打造全球最大媒体资源库，对全球超过 30 万个新闻源进行监测，全面覆盖海外媒体渠道。通过对全球权威媒体和 Facebook、X 等主流社交媒体每日发布数据的监测与分析，能够实现对国际传播数据的精准分析和挖掘。这为新闻选题、内容创作和传播策略提供了科学依据，使重庆的国际传播更加有的放矢。

（四）打造国际传播人才培养平台

建立区域性和相关特色领域的智库合作机制，重点围绕国际传播、城市国际传播和城市·生态·人全面发展等重要课题，聚合国内国际相关智库开展协同创新。同时组织高水平的师资力量，重点面向西部地区和陆海新通道国家和地区，提供国际传播专业培训、出版行业培训以及新闻采编人员职业资格培训等多元化服务。通过系统培训，重庆为国际传播事业培养了一批批高素质的专业人才，为提升国际传播效能奠定了坚实的人才基础。

加强话语研究创新，推动高校协同共创智慧。话语研究创新基地聚焦于理论研究和策略制定，为传播内容和叙事方式提供专业指导，专注于国际传播中的话语体系构建与研究，提升中国故事的国际表达能力和吸引力。如，

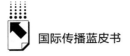

西南政法大学人权研究院、中国—东盟法律研究中心、四川外国语大学当代中国研究院、西南大学中希文明互鉴中心等。这些高校研究机构凭借其深厚的学术底蕴和专业的研究团队，为话语研究创新提供了强大智力支持。通过对国际话语体系深入研究，为国际传播提供更加精准有效的话语策略，提升重庆在国际舞台上的话语权。

B.6
2024年省级国际传播中心创新发展报告*

王凤翔　张梦婷**

摘　要： 本报告认为，本年度省级国际传播中心在地方特色挖掘、国际视野拓展与全球共鸣构建三个核心维度上取得了创新性进展。基于各城市资源，主要通过城市发展的产业化传播、城市区域文化传播、城市数字化特点发展三个路径。在国际视野拓展层面，省级国际传播中心通过完善国际化矩阵、深化国际项目合作、培养国际化传播人才梯队，以提升自身的国际影响力与参与度。省级国际传播中心在"全球南方"视角下塑造新地缘文化叙事，通过构建共同体意识和共创共享的参与式传播来实现全球共鸣。

关键词： 省级国际传播中心　城市传播　国际传播　全球性　新地缘文化叙事

省级国际传播中心作为城市传播的高级形态，已成为推动中国国际传播战略不可或缺的一环，为国家的国际传播事业开辟了新的发展空间与机遇路径。如何在省级层面上构建国际传播中心，加强国际传播、合作与交流，形成地方文化传播的全球化视野，实现地方叙事的全球性表达，提高地域性的国际知名度和传播吸引力，在全球化传播场景下传播中国文化、维护文化主体性与践行文化多样性，是一个极为重要的传播议题和发展挑战。

---

* 本报告系中国社会科学院2024年度重大经济社会调查项目"中国网络民意和舆情指数调查（2024—2026）"（项目编号：2024ZDDC006）前期成果。

** 王凤翔，博士、研究员，中国社会科学院新闻与传播研究所大数据舆情研究室主任；张梦婷，中国社会科学院新闻传播学院硕士研究生。

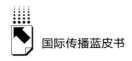

2023 年，我国各省区市各大中城市加快了建设国际传播中心的节奏，省级国际传播中心建设驶入快车道，并成为加强我国国际传播能力建设的一支重要力量。6 月，重庆国际传播中心成立（8 月以西部国际传播中心挂牌），是国内首个省级国际传播专业机构。随后，海南、河南国际传播中心正式挂牌。11 月，上海、广东和山东等地的省级国际传播中心相继落成。这些中心普遍由各级地方政府与主要传媒机构引领，携手高等教育机构、智囊团、企业等多个部门共同建立。通过自主建设的平台和海外社交媒体，推出包含图片、文字、视频等多形态的传播内容，并向海外主流媒体提供稿件，有效传递中国各地声音与和音。这些中心还通过举办国际会议、论坛、研讨会等多元化的人文交流活动，积极参与到全球化传播的实践中，以地域性特色向国际社会展示了一个更加立体、全面、真实的中国。

一　省级国际传播中心的地方特色挖掘

城市，作为全球化背景下人类社会生活的关键节点，不仅是世界各国现代化推进的核心舞台，也是全球城市间经验交流与共享的热点话题。探讨并展示城市发展的独特路径与成果，成为全球城市间的普遍诉求。省级城市国际传播应时而起。2023 年 4 月，新华社携手地方机构发起央地联动"媒体融合+国际传播"互动运营，成立内蒙古首个国际传播实体——鄂尔多斯国际传播中心。随后，武汉成立了长江国际传播中心，旨在成为立足于武汉并能影响整个长江中游城市集群的国际传播基点。7 月，包括济南、海南、重庆等在内的 10 个省市的国际传播中心联合组建了"泉迎四海"国际传播合作联盟，旨在建立国际传播的协同机制。同一时期，南京设立了我苏国际传播中心，围绕"Jiangsu+You"这一核心品牌，构建了覆盖 7 种语言的海外融媒体平台。深圳广电国际传播中心则充分利用深圳卫视国际频道等资源，使内容触及全球超 200 个国家和地区的观众。

随着京津冀、长江三角洲、粤港澳大湾区、成渝地区以及长江中游城市群的迅速崛起，每一座城市或区域都以其独有的历史底蕴、文化风貌和现代化进程中的创新实践，构成了中国式现代化叙事中不可忽视的多彩篇章。省级国际传播中心在这一过程中扮演着至关重要的角色，通过深度挖掘并传播各自地域的文化遗产、发展成就和未来愿景，不仅为世界提供了了解中国城市化进程的窗口，也以城市为载体，展现了中国深厚的历史文化底蕴与现代化建设的蓬勃生机。这些城市既保持着各自的地域特色和文化传承，又在发展策略上相互借鉴、协同进步，共同勾勒出一幅丰富多元、动态平衡的中国发展画卷，向国际社会传达一个既真实可靠又充满魅力的中国，从而增强国际社会对中国发展模式的理解、认同与尊重。

（一）聚焦城市发展的产业化传播

基于城市独特经济发展脉络的背景，产业化传播策略被寄予了双重期望：一方面，它能够显著提升城市的国际品牌形象、声誉及对外影响力；另一方面，它直接促进了领先企业的国际化战略实施，并加速了城市经济与全球经济体系的融合进程。以重庆为例，作为"一带一路"倡议的关键节点与西部大开发战略的核心支撑点，凭借其坚实的制造业基底和新兴的科技创新中心地位，正积极推进智慧城市构建、陆海新通道等关键项目，并借助中欧班列等物流通道实现产品全球化布局。针对重庆这样的工业重镇，量体裁衣式的产业化传播策略紧密契合其城市特性，加速制造业的国际化进程，并巧妙融合地方叙事、产业优势及全球视角。2023年启动的西部国际传播中心标志着重庆在该领域的新尝试，该中心通过跨界合作、公众互动、主体培养、移动互联网及数字技术的应用，旨在将重庆打造为区域性的国际传播中枢，不仅讲述重庆的本土故事，还积极推动"重庆制造"品牌的国际推广，具体措施包括发布专注于"一带一路"经济信息的英文应用程序，以及设立服务于重要展会如智博会、西洽会的国际媒体中心，借此平台全面展示重庆的经济发展亮点。

中国城市群在全球传播领域的探索，遵循产业化路径，向世界展现了中国现代化路径的多样性及"中国制造"蕴含的价值观念，加深了情感联结，巩固了中国在全球供应链中的关键地位。在此过程中，超越单一的经济增长

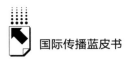

叙述，深入分析城市与全球产业链的交互作用，阐述中国在全球经济增长中的贡献、城市间互惠的产业合作模型，以及产业背后的文化底蕴、创新动力与企业家精神，显得尤为关键。如，成渝地区成为继京津冀、长三角和粤港澳大湾区之后被画的"第四个圈"。西部国际传播中心通过"陆海叙事"，以精细的叙事技巧、深入挖掘的文化价值以及不懈奋斗的精神风貌，以此丰富并深化作为"第四极"的重庆产业化传播的核心内涵，使其不仅是经济成就的简单展示，更是文化自信与创新能力的有效传递。

（二）强化城市文化的区域化传播

城市区域化传播成为强化地域文化身份与推动区域协同发展的重要战略。此策略核心在于特定地理空间内部及周边的文化、信息与价值观通过媒介的共享与传递，它不仅强化城市间文化纽带，还借助历史记忆、民俗习惯及语言特征的广泛播撒，增进居民对本土文化的向心力与归属感，为社会凝聚力的增强提供动力。通过这一机制，城市获得一个国际化展示窗口，促进跨国文化交流与合作，为多边经济、教育和技术合作铺垫文化基石，并通过文化创新的激励，加速文化产业与科技、旅游、教育等领域的融合，驱动产业结构的革新与特色经济模式的形成。今日广东国际传播中心（GDToday）作为区域文化传播的领航者，其操作模式和实战经验深刻诠释了区域化传播的内在价值。该中心依托独特的品牌矩阵与明确的市场定位，深挖广东丰富的文化矿藏，展现了一幅传统与现代交织、历史与现实对话、文化与社会并进、文字与视觉艺术融合的传播图景，展现了广东文化多样性的复调形象，并在软硬件内容整合上达到均衡。通过灵活适应跨文化背景，GDToday 有效联结国际传播资源，发挥地方媒体的积极作用，实现线上线下传播的联动，比如"欢朋满粤"系列项目，包括"南沙之夜""一带一路"主题儿童画展以及"广交会重聚"，皆是面向特定国家和地区群体精心策划的活动，精准触及青年、儿童、商界等多元化群体，构建了极具吸引力和亲和力的传播场景，有力地传达了广东在人才、产业及文化层面的正面信息。

区域化传播在强化文化纽带、提升国际影响力、促进产业升级以及创造特色传播情境方面，为城市文化繁荣开辟了新径。GDToday 的成就案例证明，深入探索区域文化特质与创新传播策略，对于增强文化认同、提升国际地位、推动跨界合作与经济多元化发展至关重要。面对全球化的深入和技术的飞跃，区域化传播迎来更为复杂多变的挑战与机遇。城市文化传播者需积极探索新媒体技术、大数据分析等工具的运用，精准捕捉受众偏好，创新传播叙事与表达，旨在全球化背景下高效传播本土故事与区域文化，为促进全球文化的互学互鉴贡献地域性智慧与力量。

（三）促进国际都市的数字化传播

数字化传播技术可以跨越地理、文化和语言的界限，促进全球不同区域之间的相互理解和尊重。省级国际传播中心通过整合社交媒体、移动应用程序及在线视频平台等数字化工具，有效地向世界展示了城市的历史文化遗产、发展里程碑及现代化风貌，从而增强城市品牌的全球识别度和吸引力，塑造出一种正面、进步且富有吸引力的国际都市形象。

上海的国际传播体系以多机构和平台为支撑点，形成了一个结构复杂、层面丰富的传播网络，构建了一套协同多元主体的传播生态系统，充分体现了数字时代下国际传播的前沿趋势与实践。上海报业集团国际传播中心与上海文广国际传播中心作为国传双核心，利用各自创新的产品和服务，显著扩展了上海的国际影响力。特别是上海报业集团国际传播中心运营的"City News Service"及"第六声"（Sixth Tone）等英语平台，到 2022 年在海外社交媒体的总覆盖用户量已接近 1.2 亿，极大地提高了上海的国际可见度。《2023 年全球城市形象数字传播研究报告》显示，上海在城市官方媒体应用的全球下载量上占据首位，这不仅反映了其数字内容的广泛接纳，也彰显了公众高度参与的传播生态特征。2023 年 11 月，上海文广国际传播中心的成立及"ShanghaiEye 24 小时直播流""ShanghaiEye+视频共享平台"、"ShanghaiEye 会客厅"等项目的启动，标志着上海国际传播体系的全面优化升级。这些新举措拓宽了信

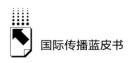
息接收渠道，通过实时互动和内容共创机制，加深了全球受众对上海城市日常生活的沉浸体验，进一步巩固了上海在全球数字传播领域的领头羊地位。

上海的国际传播策略凸显了数字平台建设和个体参与的关键作用。通过提倡"全民创作、全民展示、全民分享"的原则，上海鼓励所有市民成为城市叙事的创造者与传播者，将个人经验转化为数字内容，促进了全球文化互动与情感共鸣。此过程重置了个体与城市环境的互动模式，同时借助数字技术融合实体与虚拟体验，开创了一种新颖的社会互动模型，催生了多样化的文化解释样本。个体的微观叙事，经由数字化平台的放大与扩散，形成了城市叙事的多维景观，深化了个体经验的独特性和城市文化的深度多样性。上海的城市传播实例，正是在这种个体叙事的框架内，以更加鲜活、真实和亲和的形象，跨越地理限制，与其他国际大都市如东京、纽约、巴黎、悉尼等展开跨文化的深度互动与对话，展示了数字时代全球城市之间文化互联的新高度。

二 省级国际传播中心的国际视野拓展

如今，省级国际传播中心成长为连接本土与世界、促进全球理解与合作的重要桥梁。构建具有前瞻性的国际视野，不仅关乎如何有效提升本地区的国际形象与竞争力，更在于如何在全球话语体系中发出响亮的地方声音，参与并引领全球议题的讨论。

一是利用海外社交平台深化国际传播。全球化社交媒体以其无界限的特性，为国际传播开辟了全新的话语空间。省级国际传播中心正在利用这一趋势，利用诸如 Facebook、Twitter、Instagram、LinkedIn、TikTok 等国际主流社交平台，构建起一个多维度、多语言的社交媒体矩阵。此矩阵不仅仅是内容的发布，更是基于大数据分析的精准受众定位与个性化内容的推送策略。具体策略包括利用短视频展示地域文化独特性，通过直播技术带领国际观众虚拟游览本地景观，以及发起话题挑战活动以激发全球用户的参与兴趣。此外，与社交媒体广告和关键意见领袖（KOLs）的合作，可进一步拓展传播范围，提升信息的触达率与影响力。构建包括多语种新闻门户、城市品牌形象数据库、社交媒体账号群以及专属 App 在内的多元化数字基础设施，是实现这一目标的关键步骤。四川国际传播中心推出的"Center"媒体矩阵案例，便是"造船出海"与"借船出海"双轨并行策略的典范，即自主打造多语种官网作为信息枢纽，并借助海外主流社交平台的影响力，运用文化垂直账号，如"SanxingduiCulture·三星堆文化""Panda Daily Show·熊猫每日秀"等，精准投放内容，吸引特定受众。

二是加强民间交流矩阵建设。民间交流作为国际传播的柔性路径，对于增进文化理解与互信至关重要。省级国际传播中心致力构建包含国际友好城市关系、海外华人华侨团体、国际非政府组织及留学生群体在内的广泛交流网络。通过定期举办或参与国际文化节庆、艺术展览、学术研讨会议及青年交流项目，搭建直接对话的实体平台。同时，利用互联网技术，通过在线社群、论坛、个人博客等虚拟社区，保持日常互动与信息流通，形成线上线下融合的交流生态。鼓励和支持本土艺术家、学者、企业家等文化使者走出国门，通过海外讲座、展览和表演等形式，生动直观地展现地域文化，加深国际社会的认知与共鸣。

三是省级国际传播中心精心以文旅宣传片和历史文化微视频加强国际传播。如，海南国传中心邀请旅居本地的外籍友人拍摄或撰写本地旅游攻略、美食地图、生活体验、创业故事等，邀请海外高流量博主到本地拍摄短视频并在他们自己的社交媒体频道发布。在地方产品营销方面，一些地方国际传播中心通过海外媒体、搜索引擎、高流量博主等合作渠道，定制内容、引流并联合推广本地"出海"企业和外销产品品牌，如，河南国传中心构建了一个复合型的海外传播网络模型（1+1+N+X），同时与16家海外中文媒体确立了战略合作伙伴关系，实现精准营销与品牌国际化。一些国传中心还创新性地聘请留学生及在华外籍网络红人担任"城市大使"或"海外宣传官"，进一步强化了传播的本土化与国际化融合，为地方国际传播策略的有效实施提供了新的路径和模式。

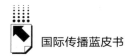

四是推动出版与影视"出海"。广西国际传播中心与东盟国家具有地缘亲近与文化亲缘特色，通过与东盟各国电视台、影视制作公司的深度合作，开展作品互译、互播，并共同创作反映双方文化交融的影视项目，强化了与东盟国家的文化纽带与民众心灵的相通。在老挝、缅甸等地设立的译制工作站，以及在多个东盟国家电视频道推出的《中国剧场》《中国动漫》等专题栏目，成功推送《琅琊榜》《山海情》《红楼梦》等热门电视剧和《假如国宝会说话》《你所不知道的中国》等逾千集纪录片，多次赢得国际奖项的认可。通过资源的共享、资金的协作和技术的交流，共同开发具有全球影响力的影视作品，实现了合作双赢。

五是推动国际合作项目深化。省级国传中心在强化国际传播效能的进程中，通过主动参与并设计跨国合作项目，如跨国媒体内容的协同制作、国际学术与文化交流的高端论坛以及全球公共政策议题的深度研讨等，构建了与海外媒体组织、非政府组织、高等教育机构等长期合作的框架。如，西部国际传播中心利用重庆陆海国际传播公益基金会平台，成功推出了"陆海之约"系列交流活动，通过组织国际青年共同参与"绿色照明调研计划""石刻保护使者探访"等公益活动，有效促进了参与者间的相互理解和文化共鸣。

六是培育国际化传播人才梯队。江苏省国际传播中心与英国华威大学合作推出的"国际传播与跨文化管理高级研修班"，通过融合国际传播专家的理论教学与模拟谈判、文化适应性评估等实践环节，显著增强了学员在复杂国际传播环境中的应对与适应能力。贵州日报国际传播中心在贵州日报报刊社社务会全力推动和省内各相关部门大力支持下，2023 年正式引进省内媒体首位外籍专业人员。为进一步充实国际传播专业人才力量，通过事业编制招聘、社会公开招聘等方式引进多名具有海外留学、工作经历的运营或采编人才。贵州日报国际传播中心以特约撰稿人的形式邀请了多位外籍友人在"天眼"新闻客户端和 Discover Guizhou 海外社交媒体平台账号开设专栏，讲述自己的中国故事。另外，通过诸如四川省国际传播中心与哈佛大学肯尼迪政府学院合作的项目，选拔优秀员工赴海外进行为期半年的学习交流，使他们在国际政治、公共政策等领域的深入学习后，能够更加有效地服务于本土的国际传播事业。今日广东国际传播中心与联合国教科文组织的合作，通过组织青年传播人才参加全球媒体与信息素养周活动，实际参与讨论、策划国际专题报道，提升了处理全球性议题的专业能力。促成国际媒体的联合报道项目，与法国24小时新闻台共同报道"一带一路"倡议框架下的广东故事，为本土人才提供了在实际工作中学习国际传播策略与技巧的宝贵机会。

三　省级国际传播中心的全球共鸣构建

全球信息传播与文化广泛交流促使世界变得更加紧密相连，省级国际传播中心更要成为全球共识的构建者。省级国际传播中心依托于深厚的地方文化底蕴，以现代信息技术力量形成地方故事的讲述力量，创造性地向世界展示其独特的地域特色和发展成就，积极参与全球议题，促进文化交流互鉴，在全球范围内塑造新地缘文化叙事，以文化共鸣提升地方性区域性的国际影响力。

（一）"全球南方"视角下的战略定位与责任担当

在全球化语境下，国际传播实践正经历一场深刻的价值重估，其中"全球南方"的崛起不仅重塑了国际传播的地缘文化版图，也为中国国际传播战略提供了新的理论与实践框架。作为"全球南方"的领航力量，中国在推进国际传播时，需将自身定位于促进全球文明多元共生、公平正义的倡导者。通过树立"可信、可爱、可敬"的国际形象，中国致力于构建一个以开放性、平等性和包容性为特征的全球文明交流互鉴平台。

在这一框架下，省级国际传播中心需围绕"可信、可爱、可敬"的国际形象目标，通过高质量的内容生产与创新传播策略，向世界展现真实、立体、全面的中国式现代化形象。既展现了中国在经济建设、科技创新、环境保护、文化遗产保护等方面的成就，以及中国民众的日常生活、价值观念和精神风貌。又通过讲述中国故事，传递中国声音，省级国际传播中心能够增

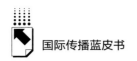

进国际社会对中国发展理念、制度优势和文化魅力的认识与认同，进而提升中国的国际影响力和软实力。面对全球性挑战，省级国际传播中心采取主动姿态，通过媒体合作、智库交流、公共外交等多种形式，积极参与国际对话，展示中国方案与中国贡献。特别是在应对气候变化方面，可以突出介绍中国在可再生能源、绿色建筑、碳中和政策等方面的进展，以及与全球南方国家在环保技术转移、能力建设方面的合作。同时，利用海外社交媒体、短视频等新兴平台，以更接地气的方式讲述中国如何与全球伙伴共同应对挑战的故事，增强国际传播的情感共鸣与行动号召力。

（二）情感共鸣与共同体意识构建

在全球化语境下，情感共鸣作为国际交往和文化交流的深层机制，省级国际传播中心成为情感结构相互作用与影响的关键平台，以中国式现代化增强故事的细节性、真实感与吸引力，促使国际受众在心理层面与叙述主体性上产生强烈的情感共鸣。

其一，通过全球议题与情感动员，构建跨国界的共情网络。省级国际传播中心致力于挖掘那些能够跨越地域限制、触及人类共性的议题，利用这些全球性焦点作为情感动员的载体，通过将网络热点转化为富有地方特色且充满情感色彩的传播内容。如，云南省南亚东南亚区域国际传播中心成功将"云南大象迁徙"事件，转化为正面国际情感符号，通过举办"大象国际传播论坛"，进一步强化了云南作为一个亲近自然、和谐共生的形象。

其二，通过Z世代的平视对话视角，形成情感联结的新模式。面对全球年青一代，省级国际传播中心采取更为平等、互动的传播策略，利用同伴身份和朋辈文化的接近性，强化青年群体间的主体间互动，缩短社交距离与心理距离。福建国际传播中心举办的"Z世代在发声"国际短视频大赛，通过设立"Z·福文化""Z·行中国"等主题单元，鼓励在华留学生以自己的视角解读福建，这种策略提升了参与度，也促进了多元文化交流互鉴。通过Z世代镜头，展现了地方文化独特魅力，并构建了一个基于共享经验和情感共鸣的全球青年社区。

（三）共创共享的参与式传播

省级国际传播中心积极采纳并实施了一种高度互动与参与导向的传播策略，旨在架构一个全球公民广泛参与的文化共创与共享生态系统，这不仅响应了全球信息传播模式的转型趋势，彰显了对全球文化融合与创新的持续探索精神。

一是互动参与平台的构建与实践。省级国际传播中心通过精心策划的多元互动平台，包括国际文化节、线上交互社群及跨国艺术合作项目，为全球受众铺设了广泛的参与路径。国际文化节展现了地方特色文化，还积极邀请国际艺术家、学者及普通民众的直接参与，通过工作坊、学术论坛、现场表演等形式，促进了文化的直接互动与碰撞交融。线上交互社群，诸如社交媒体群组、文化论坛等，突破了时空限制，使全球各地的用户能够随时随地分享个人文化体验、观点及创意作品，持续激发跨文化的对话互动。如，"2023欢朋满粤·中秋中外音乐会"，通过广东国际传播中心的策划，邀请外籍音乐家与本地民乐演奏家同台演绎《彩云追月》等地方经典乐曲，实现了参与者对地方文化的情感联结与深度体验。

二是新媒体技术的创新应用。省级国际传播中心在推动参与式传播的过程中，充分利用了VR、AR、AI等新媒体技术，为文化传播增添了新的维度。伴随虚拟现实技术的演进，"数字地方感"在赛博空间中得到创新性发展，如"大湾区元宇宙国际传播实验室"利用4K VR 360°全景拍摄与AR特效，推出的《VR×大湾区｜美国博主探游多彩南沙》Vlog，为全球受众提供了探索大湾区的沉浸式体验，体现了"人—机"互动模式对传统"人—地"关系的创新拓展。VR技术的应用，如虚拟现实游览与节日体验，打破了物理空间的局限，使国际受众能够在虚拟环境中亲历异域文化，增进跨文化理解与尊重。同时，AI算法的个性化推荐功能，依据用户偏好智能推送文化内容，极大提升了用户体验的个性化与互动性，促进了文化的精准送达与深度互动。

B.7
城市国际传播年度发展形势：
进展、特征与展望[*]

季芳芳　王心路[**]

摘　要： 城市作为地方叙事的关键载体，亦是中国参与国际舆论场的重要实践者。本报告总结了城市国际传播领域的年度进展、显著特征以及对城市进一步发展国际传播可以采取的路径进行了展望。报告指出，随着各地越来越重视国际传播，各地在国际传播方面的主动性有了显著提升；多主体的协作和共同创新趋势不断加强；以城市治理有效承托城市传播特点明显等。城市对外传播的特征体现在：利用视频社交平台打造多模态内容、把握关键节点推动城市影响力提升、采用贴近生活的微叙事手法以及强化服务性角色定位等。报告亦指出，城市国际传播领域仍面临不足，在利用新技术、挖掘本地独特资源、采用多样化的传播渠道等方面仍需要做出努力。

关键词： 城市传播　城市国际传播　国际形象

　　城市作为地方叙事的核心载体，同时在国际舆论舞台扮演着积极角色。近年来，在中国国际传播的图景中，诸多城市已跃升为不可或缺的参与主体，杭州、重庆、成都、武汉等城市在国际舞台上的声誉日益彰显。这些城市以多元化的视角，全面展示其独特的城市文化、生活风貌与发展动态，为

---

　*　本报告系中国社会科学院 2024 年度重大经济社会调查项目"中国网络民意和舆情指数调查
　　（2024—2026）"（项目编号：2024ZDDC006）前期成果。

　**　季芳芳，中国社会科学院新闻与传播研究所副研究员，研究方向为国际传播；王心路，清华
　　大学新闻与传播学院博士生，研究方向为新媒体传播、平台经济与文化。

构建丰富多元的中国国家形象贡献了重要力量。此中既展现了一二线城市的繁荣景象与科技魅力，也勾勒出三四线城市的宁静生活与浓厚的人间烟火气息。

本报告基于广泛的公开资料、权威新闻报道等，系统梳理了城市国际传播的年度发展脉络，深入剖析了其显著特征，并对未来传播路径进行了前瞻性的展望，旨在为城市国际传播策略的持续优化提供参考。

一　城市国际传播的进展动态

（一）城市参与国际传播主动性加强

从一二线城市，到分布于各省份的三四线城市，各个城市均日益重视城市的自我传播，不再单方面依赖媒体塑造城市形象。城市在国际传播中的主动性增强，具体体现在以下三方面：首先，各城市积极拓宽国际传播渠道，纷纷设立由地方主导的国际传播中心，如成都、烟台、泉州、南宁、宁波等地均成立了此类机构。这些中心多由地方主流媒体、宣传及外事部门牵头，构建专业运营团队，并入驻 Facebook、Twitter、YouTube、TikTok 等关键海外社交媒体平台，以扩大国际影响力。其次，城市在国际传播议程设置上展现出更强的主动性。以北京冬奥会为例，在开幕式前的倒计时阶段，冬奥会吉祥物、周边产品及奖牌陆续亮相国内外社交媒体，不仅激发了广泛讨论，还深入阐述了设计背后的故事，传递了中国价值观。再次，城市在吸引国际传播优秀人才方面也表现出较强的主动性。随着各地国际传播研究中心的相继建立，国际传播人才在各城市日益受到重视。英文记者、英文视频编辑、海外产品经理、英文文案策划专员等岗位成为招聘的重点，以进一步提升城市的国际传播能力和水平。

各地国际传播中心的构建，旨在达成两大核心目标。首要目标是实现国际传播资源的深度整合，以城市为中心，构建起一套更为健全且高效的国际传播网络体系。有效促进了各方在内容创作与传播方面的协同效率。另一重要目标则是深入挖掘并呈现多样化的地方故事，以此激发国际社会对于中华文化和中国故事的无限遐想，进而展现出一个更加真实、多彩且多维度的中国形象。通过这些努力，我们期待在全球范围内塑造一个更加生动、立体且深入人心的中国面貌。虽然中国故事在国际社会有不少标志性的符号，比如故宫、熊猫、高铁等，但也限制了国际社会对中国的想象力，地方文化是中国故事的承载者和素材库，能够为讲好中国故事提供丰富的案例和样品。①

（二）多主体协同推进城市国际传播

一方面，通过与不同部门协同合作等方式，城市更加高效地动员不同的传播主体参与国际传播。比如，在 2023 年春节之际，东莞广播电视台联动东莞外事局，邀请了来自美国、巴西、墨西哥、俄罗斯等十多位在东莞生活工作的外国人士作为"民间推荐官"，挖掘当地传统年俗及文化内涵。② 这些视频呈现了外国人眼中的中国春节，有助于更好地拉近中国节日与外国人的距离。除了关注自媒体博主在国际传播进程中的作用外，各地的宣传部门也积极开展各类活动，试图能够号召更多的参与者，发挥民间力量在国际传播中的作用，比如海外华侨、留学生和在华外籍人士。从 19 世纪初开始，广东潮汕地区就有大批的人出海打拼，汕头也成为著名的侨乡。在海外的华人会定期向国内的家人写信和汇款，这些承载着思乡之情的纸质书信和汇款凭证便被称为"侨批"，成为当下了解和研究那一段历史的宝贵的文献资料。③ 2023 年是"侨批"被列入联合国教科文组织"世界记忆名录"的第十年，汕头市宣传部发起了"汕头'侨批出海'计划"，在中国香港、中国澳门、泰国等地方举行了展览，希望能够通过文化展览的方式传播好侨乡故事，同时能够增强不同地区的华侨与家乡的情感纽带。④ 除了华侨外，长时

---

① 窦书棋、赵永华：《全球本土化与地方文化的国际传播》，《中国出版》2024 年第 2 期。
② 陈芳、叶卫东：《民间推荐官：城市形象传播的新载体》，《新闻前哨》2023 年第 19 期。
③ 《侨韵汕头 | 海邦剩馥，见字如面——世界记忆遗产侨批》，广东省情网，https://dfz.gd.gov.cn/zjgd/content/post_4220044.html，2023 年 7 月 18 日。
④ 《汕头"侨批出海计划"：传播传统文化讲好侨乡故事》，环球网，https://finance.sina.cn/2024-05-14/detail-inavewzp1019920.d.html，2024 年 5 月 14 日。

间旅居国外的留学生也是城市国际传播的重要的民间力量。每位留学生都怀揣着一段独一无二的故土记忆，当他们跨越重洋，远离故土，也迎来了与世界各国人民广泛交流的宝贵机遇。正是这样的经历，赋予了留学生们成为中外文化桥梁的潜力。他们不仅是知识的传播者，更是文化的使者。

另一方面，民间力量自发传播，深度挖掘城市故事。在国际传播语境下，民间力量指那些除政府之外参与国际传播的群体，比如活跃在海外社交媒体上的自媒体、长期生活在海外的华侨和留学生、在中国生活或工作的外籍人士等。民间力量以各种创意方式制作和输出各类议题，塑造了一个多元化、有烟火气的中国形象。以美食领域为例，在 YouTube 平台拥有广大粉丝的网红李子柒、办公室小野、滇西小哥等博主，以食物作为主题拍摄视频，展现中国不同地域的美食及其制作方式。从个体视角去呈现的和美食有关的故事，不仅展现了中华美食文化的丰富性和多样性，而且也传达了不同地域"一方水土养一方人"的文化特点，从而让观众对中国地域加深认识。

（三）以高质量城市治理承接"流量"，托举城市出圈

"互联"作为社交媒体平台的核心特征，实现了全球范围内内容生产者与消费者的无缝连接，依托其强大的网络效应，构建出具有广泛传播潜力的聚合性平台。在当前平台化传播的大趋势下，社交媒体平台已成为城市国际传播不可或缺的基石，同时也在塑造与传播城市形象的过程中扮演着至关重要的节点角色。流量时代层出不穷的网红城市凸显互联网逻辑在促进城市影响力提升方面的潜力，这一趋势同样体现了信息环境更迭中城市传播模式也在不断创新。

在流量经济蓬勃发展的当下，网红城市的崛起不仅依赖于杰出的内容创作者群体，更关键在于地方政府能否在成功汇聚流量之后，持续加强基础设施建设与服务效能，确保能够迅速且有效地吸纳并转化平台带来的庞大流量资源，进而实现城市影响力的持续、稳健提升。2023 年，山东的淄博烧烤凭着"烤炉+小饼+蘸料"灵魂三件套出圈，便是地方政府"接住"流量，打造"城市名片"的重要案例，在淄博出圈前后地方政府向全社会发出的

三封公开信更是体现了地方政府的担当和温情。淄博烧烤的出圈有一定的阶段性，作为地标美食的淄博烧烤一开始并没有获得太高的热度，但是在抖音、微博、小红书的相继助力下，便在网上获得了现象级的讨论热度。淄博市政府积极抓住了流量，扩大了城市的宣传，在此次传播过程中扩大了影响力。在影响力不断扩大的过程中，淄博市政府一边不断完善城市基础设施建设，一边快速推出淄博烧烤旅游专线并且打造烧烤地图，从而完成对线上流量的承接。[①] 当淄博烧烤在国内的视频社交媒体平台上火了之后，与之相关的视频也陆续出现在了海外的社交媒体上，其中美食博主 "@ 盗月社食遇记-Chinese Food Discover" 发布的视频 "在山东淄博吃烧烤，2 斤带皮烤五花卷饼，配上小葱和辣椒，太满足！" 以及美食家 "@ 餐饮研究员王刚" 时隔一年之后拍摄的视频 "淄博烧烤凉了么？去年爆火的网红美食，到底味道怎么样！" 均在 YouTube 获得了几十万次的播放量，由此同样可以看出国内网红城市在社交媒体平台中的跨国溢出效果。

二 城市国际传播特征分析

（一）以视频化社交平台为依托，多模态建构城市形象

在中国城市故事的讲述中，平台的角色日益显著。以 TikTok 为代表的平台主要呈现以下三个方面的特征：一是商业化的导向，把用户或流量的货币化作为核心目标；二是编程化的特点，平台对用户的信息服务的提供基于严密的数据和计算；三是用户参与文化的培养，关注平台中用户的参与性和社交性。[②] 在国际传播的背景下，相较于传统媒体，平台化媒体凭借推荐算法机制，通过精准洞察用户的内容消费偏好，以更高效的方式将海量信息推送给目标用户。这些传播新特点一方面能够助力国际传播主体实现内容的高

---

① 张耀军、毛开元：《淄博烧烤之二：迅速走红背后的区域经济学分析》，https：//www. thepaper. cn/newsDetail_forward_26573934，2024 年 3 月 6 日。

② 姬德强：《TikTok 研究：一个国际传播的前沿领域》，《视听理论与实践》2022 年第 2 期。

效分发，使创作者能够借助数据分析工具，深入了解传播对象的用户画像、消费偏好（如关注话题、类型偏好、观看时长等），从而创作出更符合用户口味的内容；另一方面，平台商业化的属性也促使平台将用户体验视为核心标准，用户的反馈直接决定了平台对内容的推荐范围，这无疑对创作质量提出了更高的要求。

视频化社交平台在国际传播中的作用日益凸显。截至 2024 年 4 月，STATISTA 发布的数据显示，全球月活用户数排名前五的应用为 Facebook、YouTube、Instagram、WhatsApp、TikTok，[①]。它们正逐渐发展为海外用户的信息基础设施，让全球范围内的用户能够接收来自其他国的内容，同时也给不同地区的国际传播带来了新的机遇。在排名前五的热门应用中，有二款属于视频类社交应用，这一事实凸显了视觉传播内容在海外受众群体中的广泛接受度。这进一步强调了视听化传播手段在城市国际传播战略中的核心地位。视频内容以其独特的魅力，往往能够比文字传达出更为强烈的情感与感染力。比如，江苏省常州市打造的官网 TikTok 账号"@ ichangzhou"，推出了"Scenery"（美景）、"Taste"（美味）、"Hanfu"（汉服）三个系列的短视频，注重视频的视听效果的打造。"美景"系列的视频多选择代表性的城市景观，比如灯火辉煌的天宁寺、墨雨云间的玖园、AR 灯光中的恐龙公园。"美味系列"视频多采用特色镜头，呈现食物的色泽、形状、纹理，来呈现常州独具江南风味的菜肴，比如香椿闷蛋、马兰青团、腌笃鲜、荠菜馄饨等。"汉服"系列视频采用混剪的方式，将汉服文化展中的多个镜头剪切在一起，配以古色古香的音乐，呈现将又潮又飒的汉服时尚[②]。视听媒介，凭借其直观性、生动性、通俗性以及易读性，有效地缩小了不同文化背景间的语境差异，从而促进了海外观众对信息的顺畅接收与深刻理解。

---

① Statitics, Most popular social networks worldwide as of April 2024, by number of monthly active users, https：//www.statista.com/statistics/272014/global－social－networks－ranked－by－number-of-users/, Jul 10, 2024.

② TikTok, @ ichangzhou, https：//www.tiktok.com/@ ichangzhou, August 2024.

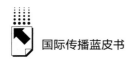
（二）从圈层效应出发，依托关键节点打造"流量城市"

社交媒体，凭借其庞大的用户基数与覆盖广泛的信息网络，已逐步确立为全球信息交流的核心枢纽。它首先促进了全球各地用户间的无缝连接，构建了跨越国界的内容流通桥梁。在促进全球内容流通方面，近年来，诸如重庆、西安、淄博、哈尔滨等城市，凭借独特的文化魅力和旅游资源，在社交媒体上迅速走红，不仅在国内掀起热潮，更在国际舞台上赢得了广泛关注。城市的"出圈"现象往往伴随着显著的流量"外溢"效应，例如"淄博烧烤""天水麻辣烫"等地方特色符号，首先在小红书、抖音、快手等平台上积累热度，随后进一步扩展至海外网络世界，成为海外用户热议的话题。

与此同时，基于多元的语言背景、兴趣爱好、职业身份及国家归属，社交媒体上的用户群体自然形成了各具特色的圈层，这些圈层间的界限往往难以轻易逾越。针对社交媒体上的圈层现象，尽管其为跨语言、跨文化、跨地域的传播提供了前所未有的便利，但语言与文化的差异仍导致不同人群间存在显著的圈层界限。要打破这些界限，不仅需要提升内容制作的质量与深度，还需采取高度本地化的传播策略，以增强海外用户的信任与共鸣。在此过程中，中外媒体、社会精英、专业人士及青年潮人作为海外舆论场中的关键节点，发挥着至关重要的作用。他们通过自身的影响力，能够有效提升国外用户对中国的关注与理解。以重庆为例，通过"不夜城""魔幻山城""美食之都"等标签的打造，该城在国内率先成为网红城市。随后，相关视频在 YouTube 等海外平台上的传播，吸引了更多旅游博主的关注与推介，从而推动了重庆在国际社会知名度的显著提升。

（三）以微叙事为策略，挖掘日常故事

随着新兴技术的发展，各种短视频等微传播媒介的发展，传播的叙事也从宏大叙事走向"微叙事"。① 碎微空间的生成来自新媒体的信息革命和社

---

① 王晟添：《身份·联觉·反转：视听微叙事的传播逻辑与对策》，《当代电视》2021 年第 1 期。

会化"微媒介"传播手段的提升，呈现出"微叙事"的艺术文本审美特质。不仅是微博，由数字多媒体技术和计算机等共同参与创作的网络文学、网络游戏等新艺术形态同样呈现出碎微化的审美体验，并以超文本的方式拓展文学艺术的边界。[①] 海外社交媒体中的活跃群体多是青年用户，相比于介绍重要成就，那些更生活化、具象化、个体化的城市故事，反而在当下媒介环境中有更高的流行度。

在城市国际传播的语境中，微叙事既是一种传播策略，也成为一种传播趋势，主要的表现有以下几个方面：首先，微叙事主要体现在形式上，与复杂冗长的内容相比，短视频、简单图文、特色海报等内容，往往能够获得更多的转发。其次，有很大一部分在视频网站上受欢迎的视频，多由一些旅游或者探店的博主拍摄，这些视频多采用第一人称视角，它们往往比官方发布的视频有更高的热度。一位名叫"@ BeeRose in China"的博主，拍摄了在北京生活的视频，生动有趣，画面精良，受到广泛的关注。最后，那些受欢迎的视频往往选择的话题更小，呈现的多是与日常生活有关的内容。加拿大青年导演的片子《稻路》（*Bound by Rice*）记录了肇庆市裹蒸手艺人的日常，呈现了稻米如何变成裹蒸产品的过程，受到了一定的关注。

（四）以服务者角色，做好城市推荐

近年来，随着社交媒体的发展和传播策略的转变，地方政府在国际传播中的角色也发生了变化。在以前，地方政府所主导的宣传部门，偏重重要事件、资讯和成就的宣传，如今，由地方政府主导的官方账号，在海外社交媒体中更像是一个"旅游推荐官"和"资讯提供者"，地方政府也从原先行政化的角色转向服务者的角色。

从资讯的发布者到美好生活的推荐官，地方政府试图传播的内容发生了转变，尝试从小的切口切入，发布更为实用的信息。比如，GDToday 作为广

---

① 裴萱：《从"碎微空间"到"分形空间"：后现代空间的形态重构及美学谱系新变》，《福建师范大学学报（哲学社会科学版）》2017 年第 5 期。

东核心的官方外宣平台,不仅在海外社交媒体上拥有百万级的影响力,而且还建设了功能完善的服务网站,为海外用户提供出入境、天气、签证、就业等办事资讯。① 其次,传播的话语策略也发生了改变,偏向碎片化的内容的发布,并且也尝试用 Vlog 和直播的方式来呈现更立体的城市空间。比如,武汉国际传播中心和武汉发布共同发起了"汉 SHOW·城市直播行动",该活动采用"揭秘+城市挑战"的形式,邀请中外英语达人发现城市形象代表符号,比如来自俄罗斯的主播凯瑟琳,一边跑步一边带直播间的观众打卡城市的各个景点。②③ 除此之外,地方政府也对合作和传播的主体保持更开放的态度,除了邀请主流媒体对城市进行报道宣传外,还尝试邀请旅游博主、在华外国人甚至政府工作人员参与其中,注重传播资源的系统性整合。比如,在杭州亚运会举办之前,杭州亚组委通过三轮公开征集与定向邀约,向全球征集了 3000 余首亚运音乐作品,让亚运之歌能够在国际社会得到流传。④

三 不足、挑战以及发展方向

地方国际传播中心,作为国家国际传播架构的关键组成部分承载着重要职能,能够依托其独特的地理与文化优势,形成别具一格的传播特色,积极传播本地文化精髓。目前,全国范围内,许多城市的国际传播体系已初步构建成型,各城市在国际传播领域发力且取得一定进展。然而,城市国际传播依然面临着诸多挑战与问题。

---

① GDToday,https://www.newsgd.com/node_ab148216dd,August 2024.
② 《武汉国际传播中心,让世界看见武汉》,长江网,http://news.cjn.cn/bsy/sy_20086/202404/t4864706.htm,2024 年 4 月 1 日。
③ 武汉发布:《汉 SHOW丨武汉,跑起来!》,https://new.qq.com/rain/a/20230415A01LCR00,2023 年 4 月 15 日。
④ 浙江宣传:《亚运之歌如何唱响世界》,https://zjnews.zjol.com.cn/zjxc/202308/t20230827_26144998.shtml,2023 年 8 月 27 日。

（一）城市国际传播的不足和挑战

第一，当前城市国际传播领域面临同质化问题，缺乏系统性的创新路径。尽管各地对城市国际传播日益重视，但不少城市仍将其视为一项自上而下的行政任务，导致不同城市的国际传播中心在相互学习和借鉴过程中，可能存在内容和方式的同质化现象，难以在长期发展中取得显著成效。因此，城市国际传播中心需进一步转变观念，明确自身定位，充分利用城市独特的资源和优势进行宣传策划。城市国际传播应始终以受众为核心，在选题策划阶段深入开展受众调研，以增强传播内容的针对性和创造力。例如，IP SHANGHAI 上海城市形象资源共享平台以"艺术"为切入点，在第六届中国国际进口博览会期间，推出上海城市主题插画展，在进博会新闻中心亮相，取得了良好的传播效果。[①]

第二，城市国际传播账号在海外社交媒体上互动能力不足，发布内容取得一定的播放量和点赞量，但评论量和转发量较少。在以 Instagram 为代表的图文社交媒体上，城市账号尽管已经发布了大量展示城市面貌的专业且精美的图片，但所配文案的缺乏一定的对话感，难以激发用户想要回应或者表达的冲动。比如，Instagram 上的某城市账号发布了大量的风景照，平均每一条帖文获得几百个点赞，但是并没有用户在评论区留言。城市传播应当构建一个更具互动性和共鸣的叙事框架，旨在与海外用户建立情感联系，使传播的信息能够触动他们的内心世界、生活世界。因而，如何创新表达方式，把握国际受众的互动心理，了解对方真正关心的议题还有提升的空间。

第三，城市的旅游基础设施建设和应急管理能力还有待加强。在数字技术的影响下，旅游业也迎来了新的趋势，让那些原本处于弱势区位优势的城市凭也在流量时代跃升为"网红城市"。[②] 这一方面给城市带来了更多"出

---

① 《IP SHANGHAI 上海城市主题插画展惊艳亮相进博会》，澎湃新闻，https：//www.thepaper.cn/newsDetail_forward_25210370？commTag＝true，2023 年 11 月 7 日。

② 解佳：《文旅融合促进城乡共生：媒介基础设施的视角》，《旅游学刊》2024 年第 2 期。

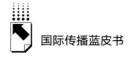
圈"的机会，但也对城市的管理能力和基础设施建设提出了更高的要求。在有些城市跃升成为旅游热门地之后，排队太长、环境杂乱、价格虚高、同质化严重等问题也随之浮出，当这些降低游玩体验内容被发布到社交媒体后，也将带来对城市印象的反噬。因而，各地在扩大自身的知名度的同时，也应该注重硬性和软性基础设施的完善。一方面，各地需要为城市的基础设施建设做好规划，促进旅游基础设施的建设，提高人们的游玩体验；另一方面，需要提高流量的承接能力，将数字经济与国际传播紧密结合，通过城市的国际传播带动当地经济的发展。

第四，国际传播优秀人才依旧短缺，各地国际传播人才储备依旧有限。虽然各地国际传播中心已扩大招募范围，并且吸纳了不少适应新媒体语境的传播人才，但能够准确把握海外受众偏好，从而进行高质量对外传播的人才依旧较少。不同于传统媒体时代，新媒体时代的国际传播人才不仅需要掌握多语种的采写能力，而且还需要了解如何更有效地与海外受众进行互动。地方国际传播中心一方面需要完善自身的运作模式，建设更有激励性的激励机制，从而吸引更多国际传播人才的加入。另一方面，需要拓宽已有的招募渠道，建构多样化的招募体系，比如以更多元的形式邀请海外华侨、留学生、外国网红等人员的加入。比如，《贵州日报》在天眼新闻客户端上线了外国人的专栏，邀请他们讲述自己在中国的故事①，拓宽了传播人才的渠道。

（二）城市国际传播发展路径展望

第一，需借助新兴技术构建城市国际传播账号矩阵并创新传播形式。在当前时代背景下，平台化与智能化技术的迅猛发展已成为不可逆转的潮流，正深刻重塑着国际传播的内在逻辑与外在规则。这一趋势不仅为城市国际传播开辟了更为广阔的路径，还显著提升了传播的效率与效能。特别是自

---

① 杜一娜、齐雅文：《国际传播中心的2024：打造内宣外宣联动的融媒传播体系》，https://mp.weixin.qq.com/s/lOdDZN27a28lfMmB7JgZAw，2024年1月16日。

2023 年以来，生成式 AI 技术在全球范围内实现了突破性进展，AIGC 技术更是被广泛应用于各行各业，展现出广阔的应用前景。在国际传播领域，通过 AI 文案、AI 翻译、AI 绘画、AI 客服、AI 配音等多元化应用场景，高效且精准地利用 AIGC 技术可进一步提升内容生产的效率与质量，为城市国际传播注入新的活力与动力。与此同时，技术变革也对创作者的能力有更高要求。智能技术使得以社交机器人为代表的非人主体，从单纯的工具转变为具有参与性的社会主体，以嵌入社交媒体的方式参与传播活动，人机共生的交往形态已然形成。[1] 已有研究显示，在美国大选、英国脱欧、新冠疫情、俄乌冲突等国际重大事件中，社交机器人占比均在 20% 至 30%，成为干预网络舆论走向的重要变量。[2] 因而，搭建有一定机器人识别能力的智能系统，创新人机协作的模式，如何识别社交机器人、如何应对虚假舆论、如何掌握算法推流机制、如何更好地与智能技术协作，这些问题都会是国际传播领域面临的具体问题。

第二，在城市国际传播的过程中，应立足于本地的独特优势，聚焦适合城市特点的传播策略。中国幅员辽阔，每一座城市都承载着深厚的历史积淀、独特的产业结构和丰富的文化内涵，形成了各自独特的城市发展逻辑与居民生活模式。例如，西安以其千年汉唐风韵著称，川渝地区则展现着独特的生活节奏，哈尔滨洋溢着雪国精神，福州则洋溢着海滨城市的温馨烟火气，而新疆则以其天山水滋养下的西域风情引人入胜。这些多元化的"中国故事"构成了中国城市独特的魅力。随着越来越多的城市积极融入国际传播的大潮，如何有效彰显本地优势并实现与国际社会的深度融合，已成为城市国际传播中不可回避的课题。

第三，在制定传播策略时，必须遵循因地制宜的原则，并灵活整合多元化的传播渠道。各城市应深刻认识并充分利用其独特的地缘优势，以实施精

---

① 陈虹、张文青：《Twitter 社交机器人在涉华议题中的社会传染机制——以 2022 年北京冬奥会为例》，《新闻界》2023 年第 2 期。

② 赵蓓：《社交机器人的负面影响应引重视》，https：//m.huanqiu.com/article/49AxBuKn7z1，2022 年 8 月 10 日。

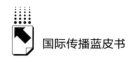
准有效的传播策略。具体而言，新疆地区的城市可优先针对中东国家进行文化输出，而东北地区城市则应将目光聚焦于日韩市场。在传播手段的选择上，我们不仅要充分发挥社交媒体这一现代传播媒介的作用，还应深刻认识到其他文化产品在国际传播中的不可替代性。诸如游戏、影视剧、音乐等文化产品，因其广泛的受众基础及强大的传播力，已成为提升城市国际知名度和美誉度的有效途径。近年来，多个城市通过热播电视剧成功在国际舞台上崭露头角，如《去有风的地方》所展示的大理、《故乡，别来无恙》中的成都，以及《春色寄情人》中的泉州等。这些电视剧在 YouTube 等全球性平台上的热播，不仅吸引了大量海外观众的眼球，更赢得了广泛的赞誉，为城市的国际传播注入了新的生机与活力。此外，我们还需进一步拓宽国际城市人文交流活动的举办范围。城市文化交流活动作为城市国际传播的重要组成部分，其内容已逐步涵盖美食、时尚、旅游、音乐、艺术等多个领域。然而，目前此类活动大多集中在一二线城市，对于如何提升三四线城市文化活动的吸引力，吸引更多海外民众参与，仍需我们进行更为深入的探索与实践。

第四，提升城市在国际传播中的情感唤醒力。在跨文化传播的语境下，要在国际社会中讲好中国故事，思考如何唤醒他国观众的共情机制至关重要。[1] 如何提升城市的共情传播能力，有以下三种策略：一是深入了解传播对象的生活轨迹，寻找城市空间中与外国受众日常生活更为接近的文化要素，从而创作出能够激发其兴趣的内容。二是尝试采取多模态的传播手段，相比于简单的图文，短视频、直播、影视剧等内容，能够通过节奏、镜头、音乐等视听手段，拉近与观众的距离。三是尝试建立带有城市特色的形象IP。近年来，有城市基于自身定位，尝试建立了可爱动人的城市 IP 形象，比如厦门的"鹭可"，在 2023 年厦门国际投资贸易洽谈会，"鹭可"为来自不同国家的嘉宾提供智能问答服务。[2] 城市 IP 作为城市文化的重要载体，

---

① 吴飞、王舒婷、陈海华：《提升中国国际传播中的共情力》，《对外传播》2023 年第 6 期。

② 《在现场 | 投洽会首个 AI 顾问"鹭可"亮相 央广记者带你"云体验"》，央广网，https：//xm.cnr.cn/rmtzp/20230911/t20230911_526416177.shtml，2023 年 9 月 1 日。

是城市符号化、个性化和人格化的意指形象，通过一系列的视觉系统、城市故事和叙事空间，塑造了人们对城市的印象认知和情感体验。[1] 通过 IP 的国际化传播，城市可以进一步塑造其独特的国际形象，提升在全球舞台上的知名度和影响力。

---

[1] 沈涵、杨一江：《创新传播营销手段 构建优质城市 IP》，《视听界》2023 年第 4 期。

B.8
县域国际传播机制建设的先行探索

韩　燕*

摘　要： 本报告以内蒙古自治区鄂尔多斯市准格尔旗为例，探讨了县域国际传播的创新实践及其经验。准格尔旗在过去一年中积极探索以县域为载体和主阵地的国际传播战略路径，构建起一体化、平台化和国际化的全域一体化全媒体传播机制，基于"立足县域，联通世界"的发展策略逻辑，激活文化动能，有效提升了中国县域的国际传播能力，并反哺县域自身的发展。在地方国际传播基地建设多面开花的整体背景下，有效补充了基层实践的鲜活案例。

关键词： 县域国际传播　全媒体生产传播工作机制　基层实践

加强国际传播能力建设，提升国家的传播力和影响力，是我国宣传思想文化工作领域的一项核心任务。党的二十届三中全会明确提出"构建更有效力的国际传播体系"改革目标，为中国宣传思想文化工作指明了方向。在此背景下，中国各级地方政府均肩负着讲好中国故事、传播好中国声音的重要使命。准格尔旗位于内蒙古自治区西南部，隶属鄂尔多斯市，地处山西、陕西、内蒙古三省区交汇处，是中国内陆的重要枢纽，在生态、文旅、科技、民族团结、乡村振兴、文旅融合等方面均具有战略意义和传播价值，为以县域为主体开展国际传播、促进中外文化交流互鉴提供了先决条件。本文重点探讨准格尔旗如何构建县级全媒体格局，通过"建起来、走出去、

＊　韩燕，内蒙古自治区鄂尔多斯市准格尔旗党委常委、宣传部部长，研究方向为县域国际传播实践。

引进来"的战略路径，提升中国县域的国际传播能力，并进而反哺县域自身的持续发展。

一　一体化、平台化、国际化：建设全域一体化国际传播机制

准格尔旗国际传播格局的设施基础，是全域一体化国际传播全媒体的建设。随着全媒体传播体系建设的推进，全国一张网的媒体生态使全国性媒体和地方性媒体、国际传播和国内传播的边界日益模糊，为各类县级融媒体中心参与国际传播提供了机遇。准格尔旗锚定以县域为载体讲好中国故事，推动中外文化交流互鉴的总目标，全面梳理传播资源，激活县域传播内生动力，构建了以一体化、平台化和国际化为核心特征的国际传播机制。

第一，整合传统媒体与新兴媒体资源，构建一体化多平台信息交互传播体系，实现信息快速深入基层与受众。"全域"是准格尔旗打造国际传播中心的主导理念，技术与政策的双轮驱动则为县域重构传播生态提供了有力支撑。整合传统媒体如报纸、电视、广播与新兴媒体如社交媒体、移动应用、网络直播等，成为准格尔旗构建全域一体化国际传播机制的基础。通过构建一个跨平台、跨终端的信息传播网络，不仅可以实现信息的全方位覆盖，还能促进不同平台间的信息交互与共享，形成强大的信息传播合力。这种整合策略有助于打破信息传播的物理壁垒，使信息能够更快速、更准确地触达目标受众，同时增强信息的互动性和参与性，提升受众的参与度和满意度。

第二，充分利用各类媒体平台的优势，如社交媒体的高传播速度、移动应用的便捷性、网络直播的实时互动等，将信息以最快的速度推送给基层群众。通过构建全域性的新闻信息平台，准格尔旗能够面向各领域、各行业、各群体提供全面、及时、准确的新闻资讯，确保信息的时效性和权威性。这种策略不仅提高了信息的传播效率，还增强了信息的针对性和实用性，使基层群众能够更方便地获取所需信息，促进了信息的有效传播和社会的和谐发展。媒体平台的整合也推动了经济发展。2024年1月，县级全媒体中心在

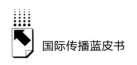

"醉美准格尔"客户端发放消费券1200万元,一定程度上促进了百姓在县域范围的消费。

第三,打造国际平台,助推县域发出国际声音,打通与国际受众的沟通渠道。2024年5月,县级全媒体中心增设了国际传播中心,"Hi Juungar"脸书、X账号上线,截至目前两大账号粉丝数超7万人,发布的230多条帖文累计阅读量约1250万,互动量超33万。国际频道的建设助推了县域和世界的连接。准格尔旗打造了用外语讲述准格尔旗生活视频。法语短视频《漫瀚调:把生活唱成艺术》和《我们的准格尔,走起!》在《今日中国》法语脸书、《北京周报》法语脸书的总浏览量达到43.8万,不仅展示了中国民间传统曲调和演唱形式的魅力,还引发了海外受众对准格尔旗新年习俗的浓厚兴趣。在国际传播中心成立之际,曾到访准格尔旗的外国网友纷纷通过社交媒体发来祝福,展示了准格尔旗在国际上的影响力和吸引力。

第四,创新内容创作形式,打造高质量融媒产品,强化用户黏性与舆论引导力。在信息内容创作方面,准格尔旗积极探索多样化的创作形式,如短视频、长图文、H5交互等,以满足不同受众群体的信息消费习惯。这些创作形式不仅丰富了信息的呈现方式,还提高了信息的可读性和趣味性,从而有效增强了用户黏性。同时,通过精心策划和制作高质量的融媒产品,准格尔旗成功掌握了信息传播和舆论引导的主动权。这些融媒产品以优质的信息内容为核心,结合生动的视觉呈现和互动元素,能够迅速吸引受众的注意力并引导他们形成正确的价值判断。这种策略不仅提升了基层宣传的实效性,还切实发挥了基层宣传主战场、主阵地、主渠道的作用。2024年的"两会"报道中,县级全媒体中心创新表达方式,打通会场内外,统筹线上线下,精心策划打造出一批有内涵、有"颜值"、有创意、有传播力的融媒报道。媒体创造性地采取了数字人、直播、短视频、推文、两会会客厅、"一把手"访谈等多种形式进行创作,对本次会议展开全景式、全方位、立体化报道,充分展现大会盛况和代表委员共商国是、共谋发展的新气象。

一体化、平台化和国际化的全域一体化全媒体传播机制使准格尔旗作为传播主体在国内和国际舞台上均能站得稳、立得住、讲得出,使政策宣传、社会热点、民生服务和文旅产品都能够及时传播和广泛触达国内外受众，扩展了新时代的县域传播格局建设思路。

二 立足县域，联通世界：提升县域国际传播效力的策略逻辑

县级媒体机构作为直接连通基层治理与民众生活的信息传播平台，其内容构成蕴含着高度的心理贴近性，能够深刻反映县域文化的真实样貌与民生百态，为海外受众提供了一扇透视中国的基层窗口。通过多样化的传播路径，县级媒体于细微处勾勒出中国式现代化的现实图景，增强了国际社会对中国的感知深度与广度。这种结合地方特色与现代传播模式的探索，为全球化背景下讲好中国故事提供了有力的实践参考，也进一步丰富了中国国家形象的国际表达方式。

（一）整合本地优势资源，向世界展示中国县域

在既往的国际信息传播领域，中央及省级媒体对于县域形象的呈现相对有限，导致海外受众难以通过官方外宣渠道获得关于中国县域的全面认知。这一现状为县级融媒体的发展开辟了宽广的舞台。准格尔旗县级全媒体中心凭借多元化的传播路径，积极向国际社会展示准格尔旗的民生风貌与发展成就，为外国媒体及公众提供了一个窗口，以窥见更加多元、真实、立体的中国全貌，进而助力现代化国家形象的塑造与传播。

其一，展现民生百态，传播中华文化精髓。2024 年 7 月，中央电视台中文国际频道《中国新闻》特别栏目《改革开放新篇章》对准格尔旗进行了深度报道，以"洋女婿"Sam 的故事为切入点，生动展现了其在中国追梦圆梦的细微历程，作为一位在西方文化背景下生活的个体，Sam 的经历成为联接中外文化的桥梁，增强了故事的国际亲和力和感染力。

其二，呈现现代化建设成果，彰显中国式现代化路径。通过新华社多平台同步推出的《内蒙古："沙戈荒"变身为太阳能产业投资热土》专题，详

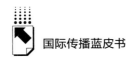

细介绍了准格尔旗天晟新科技有限公司的全自动生产线及其产品在"沙戈荒"地区的广泛应用，不仅展示了地区经济转型升级的成效，也反映了中国推进生态文明建设与绿色发展的决心。

其三，分享自然生态之美，共筑全球生态文明。2023 年 11 月 24 日起，有着"暖城"之名的鄂尔多斯市城市形象宣传片在全球多个城市的核心商圈及户外大屏上循环播放一周，其中特别突出了准格尔黄河大峡谷与黄河稻渔生态观光园的壮丽景色，让世界各地的观众共同领略到了中国自然生态的独特魅力，促进了全球范围内生态保护共识的形成。

通过精心构思与讲述县域故事，准格尔旗的传播实践不仅为"中国叙事"增添了生动、真实的细节，还显著增强了其在国际舞台上的吸引力和共鸣力，使海外受众能够从更加贴近生活、易于接受的视角理解中国。准格尔旗的这一系列探索，为其他各类县级融媒体如何在全球化背景下有效提升国际传播效能提供了生动的策略启示与实践样本，彰显了县级媒体在促进文化互鉴、塑造国家形象方面不可替代的重要作用。

（二）联动外部传媒力量，丰富国际传播渠道

准格尔旗将国际传播视为全域一体化传播战略发展的核心探索领域，通过积极整合并联动国家级传播资源，有效增强了其在国际舞台上的传播效能。这一过程不仅体现了传播网络化的理念，即通过多渠道、多平台的协同合作来拓宽传播范围，还展示了传播内容的高质量与创新性，旨在以优质的生态环境为基石，支撑并推动高质量发展的实践探索，从而为中国式现代化路径的阐述提供了鲜活的实证。准格尔旗因此成为国家外宣媒体向世界传达新时代中国故事的丰富"信息源"，极大地拓展了其国际传播的多元渠道。

2023 年 10 月 18 日，中国外文局西欧与非洲传播中心（今日中国杂志社）在准格尔旗设立的首个传播实践基地正式揭牌。这一举措不仅标志着准格尔旗在国际传播领域获得了中央单位的学术价值肯定，也标志着双方将在内容创作、渠道拓展等方面展开深度合作。随后，2024 年 5 月中国日报

生态文明国际传播实践基地的挂牌成立，进一步强化了准格尔旗在国际生态传播领域的话语权。

在机构合作的推动下，准格尔旗的国际传播效力得到了显著提升。特别是 2024 年春节期间，中国外文局西欧与非洲传播中心"新春走基层"团队深入准格尔旗，通过聚焦年俗文化、非遗漫瀚调以及煤炭产业的绿色转型等议题，创作并发布了系列图文报道与短视频，这些内容在多个海外社交平台上广泛传播，总浏览量接近 153 万，互动量达到 15.3 万，实现了传播效果的最大化。此外，准格尔旗的生态美景也频繁亮相于"大美中国"海外媒体平台，进一步提升了其国际知名度。同年 7 月，《中国日报》头版"核心观"栏目对准格尔旗绿色转型的创新实践进行了深度报道，进一步强化了其在国际舞台上的正面形象。8～11 月期间，《中国日报》的"开箱中国"栏目又连续推出了三集聚焦准格尔旗文旅、美食、工业高质量发展的双语短视频，这些视频在海外平台上获得了广泛好评，进一步增强了准格尔旗的国际吸引力。

准格尔旗在新型工业化道路上的坚定步伐，以及其对高品质生态环境与高质量发展之间关系的深刻理解与实践，不仅为国家外宣媒体提供了丰富的报道素材，也使其成为向世界展示新时代中国故事的重要"窗口"。2024 年12 月，在第四届城市国际传播论坛上，准格尔旗荣获"中国国际传播突出表现（区）县域城市"称号，并以"中国城市（区）特色传播案例"的身份入选《中国城市海外影响力分析报告（2024）》。作为全区唯一入选的旗县，准格尔旗在论坛上分享了其国际传播的成功经验，并与江苏省太仓市、成都市青白江区共同启动了由参考消息报社发起的"区县国际传播联盟"，这一举措不仅彰显了准格尔旗在国际传播领域的领先地位，也为其他区县提供了可借鉴的传播策略与合作模式。

（三）强化交流合作，培育国际传播人才

在县域层面推进国际传播策略时，国际传播人才的稀缺性成为制约其传播效果与影响力提升的关键因素。为克服这一瓶颈，使县域媒体的传播力影

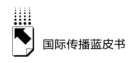

响力得到进一步的提升，准格尔旗构建了一套人才培养机制。

一方面，着重于自主培养具有国际视野和传播技能的本土人才。以准格尔旗乌兰牧骑为例，该团队通过频繁的国内外文化交流与展演活动，如代表国家出席印尼"波罗浮屠"国际艺术节、参与两岸非物质文化遗产月等，不仅提升了自身的国际传播能力，还有效传播了中华文化的独特魅力。特别是漫瀚调音乐《牵魂线》在海上丝绸之路国际艺术节的演出，以及新创现代戏《同心记》在多个文化节的展示，均展现了地方文化在国际舞台上的独特风采，增强了国际受众对中国地方文化的认知与兴趣。

另一方面，充分利用外部资源与平台，实现人才的共同培育与资源共享。准格尔旗与中国外文局教育培训中心及鄂尔多斯市委合作成立的国际传播（人才）研修交流中心，便是一个成功的实践案例。该平台通过提供专业培训、促进人才交流，有效提升了本地国际传播人才的综合素质与实战能力。同时，通过引进如"二大爷女婿山姆"等外籍博主，以其独特的视角和表达方式，进一步丰富了准格尔旗的国际传播内容，增强了传播的亲和力和说服力。此外，准格尔旗还通过建立哲学社会科学智库、翻译与传播智库以及凯尔 MCN 网红联盟，广泛吸纳外部智慧与力量，为国际传播人才队伍壮大提供了有力支撑，体现了"借力打力"的策略智慧。

三 激活文化动能：提升县域国际传播效力的实践路径

县域媒体提升国际传播效力的核心在于充分发挥自身能动性，强化文化主体性和自觉性，将跨文化交流意识贯穿至县域生产和发展的方方面面。如此不仅为县域开展国际传播提供丰富的素材，也能够使国际传播成为赋能县域发展的文化动能。以准格尔旗为例，其通过文旅融合发展、县域生态文明展示及民俗文化的传承与创新，有效吸引了全球游客，促进了地方产业的全面发展，同时在国际传播领域取得了显著成效。

一是以文旅吸引世界各地游客，促进产业发展。近年来，准格尔旗通过"企地共建、工业+科技+旅游"等多种模式推动旅游发展和乡村振兴，将文化服务、文旅产业和群众致富、乡村振兴深度链接，助力各族群众获得感、幸福感不断提升。准格尔旗集中全域力量传播本地的经济特色、旅游资源和优势产业，吸引更多的投资和游客，推动县域经济社会文化发展。通过精准传播和品牌塑造，县级全媒体中心能够提升县域旅游知名度和吸引力，推广县域特色产品和品牌，提升城市品牌的知名度和美誉度，为县域经济注入新的动力，推动产业结构优化和创新驱动发展。2023 年 10 月 10 日，中国日报"特色小镇"推特、脸书展示准格尔旗丰收美景。同月，短视频《砒砂岩上长出的苹果产业》在《今日中国》法文 Facebook、《北京周报》Facebook 等海外社交平台播出，网友超万次的互动纷纷表示：中国人不但能把"土壤癌症"治理好，还能在患"癌"的土壤里种出苹果，这一经验值得学习和推广。10 月 31 日，中国日报"发现美丽中国"推特、脸书报道准格尔旗杏林基地的美景令人叹为观止，全旗杏林基地孕育出 20 多款山杏系列产品，带动了近 2 万人持续增收。

向世界讲好中国县域的产业故事，准格尔旗走在了前列。2024 年 8 月，"2024 世界青年能源行"来自委内瑞拉、马来西亚等 10 个国家的 15 名国际青年代表走进准格尔旗绿色智能矿山，追"新"逐"绿"，感知中国因地制宜发展新质生产力、推进能源行业高质量发展的中国式现代化实践。

二是以县域生态文明吸引世界游客，盘活生态资源，以文明交融之美吸引世界目光。准格尔旗是中原与草原、长城与黄河、游牧与农耕、红色与绿色多元文明的交融之地，也是中华文明的发祥地之一、北疆文化的重要代表，天下西口的第一个脚印由此延出，开辟出了一条延续了几百年的民族融合的大通道。近年来，准格尔旗深度挖掘本地生态资源，围绕准格尔生态特色，讲出了准格尔自己的绿色文明故事。2023 年 8 月，中国网实景文化类深度访谈节目《似是故人来》第三季第 6 期刊播《倾听民族交往交流交融的美妙乐章》，其中用时 11 分钟聚焦准格尔黄河大峡谷、明长城、崔家寨，讲述黄河文化、西口文化漫瀚文化融合发展故事。2024 年，联合中国网策划推出的文化体验类节目《德厚流光》聚焦准格尔旗自然景观、历史遗迹、风土人情等，展现壮丽地理奇观和丰富的文化遗产，目前已播出 10 期。

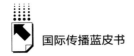

　　有着优质的中国生态资源，外国朋友对中国县域的感兴趣程度大幅提升。近3年，"打卡中国·最美地标——你好，内蒙古"网络国际传播活动、"丝路漫记·黄河之旅"外媒采风行、"幸福就在这里"主题参访等活动共有来自印度、老挝、尼日利亚等国家以及新华社、中国日报等媒体60余名网红大V和记者实地探访准格尔黄河大峡谷，通过随手拍、直播、图文、短视频等形式向全世界展现准格尔旗的风情文化和独特魅力。

　　三是以民俗文化吸引世界游客，带动区域经济可持续发展。近年来，准格尔旗坚持以文塑旅、以旅彰文，把旅游业作为漫瀚调活态传承的重要载体。准格尔旗首先做的就是把保护传承漫瀚调与丰富基层群众文体活动有机结合，持续打造多元化的漫瀚调节庆品牌，统筹加强公共文化设施软硬件建设，创新实施文化惠民工程，实现了村村都有文化室、社社都有指导员，在各苏木乡镇组建了14支乡村乌兰牧骑，推动漫瀚调的创新发展和文艺创作繁荣。2024年9月，在第四届黄河几字弯文化旅游节上，乡村乌兰牧骑进行了专场演出，同步举办"漫瀚调即兴编词"擂台赛。

　　在民俗资源的带动下，准格尔旗经济社会与文旅产业协调发展，围绕漫瀚文化、黄河峡谷、沙漠风情、民俗生态、绿色矿山等特色旅游资源，走出了一条富有成效的文旅发展之路，先后荣获"中国最佳民族民俗文化旅游目的地""中国最美黄河峡谷风情旅游目的地""2023年非物质文化遗产优秀城市"等荣誉称号。在此基础上，准格尔旗做大漫瀚调的承载量，推动非物质文化遗产与旅游在更广范围、更深层次、更高水平上融合，让一首歌带动一个区域的文旅品牌火起来。为此，持续打造多元化的漫瀚调节庆品牌，推动漫瀚调艺术创新发展，拍摄了漫瀚调曲牌故事微电影3部，创作了多部漫瀚调音乐剧、舞台剧、现代戏。多元化的呈现形式让漫瀚调更接地气，也吸引世界游客走进准格尔旗，如"打卡中国·最美地标——你好，内蒙古"网络国际传播活动，来自英国、意大利、巴西、格鲁吉亚、危地马拉、泰国、韩国7个国家的外国网红及部分中央新闻媒体实地探访准格尔黄河大峡谷，领略黄河壮美和漫瀚文化。

　　四是以文明交流互鉴为契机，推动世界了解中国县域，带动中外合作实践。准格尔旗看到了"一带一路"带来的国际传播机遇，积极融入共建"一带一路"倡议的实践版图。准格尔旗漫瀚调音乐《牵魂线》参加了第四届海上丝绸之路国际（泉州）艺术节"一带一路"艺术演出周展演活动。2023 年 10 月 25~26 日，准格尔旗应邀出席了由新华通讯社与陕西省委、陕西省政府共同举办的丝绸之路（西安）国际传播论坛。此次应邀出席是准格尔旗融入共建"一带一路"倡议大格局的勇敢尝试，向全世界发出了邀请，并于 2023 年 11 月应邀参加 2023 年世界互联网大会乌镇峰会。此前，2023 年 7 月，第九届范长江行动——香港传媒学子内蒙古行采访活动走进准格尔旗，采访团深入准格尔黄河大峡谷，详细了解了黄河生态保护和治理情况，领略黄河文化和漫瀚文化的魅力。6 月份，由人民网策划推出的"hello, carbon neutrality"主题调研行活动走进准格尔旗，邀请主流媒体和外籍短视频博主、在华留学生到准格尔旗调研节能减排产业项目、低碳生活方式配套产业发展情况，以多种方式展现中国城市在践行"双碳"承诺过程中的重大实践。

准格尔旗的国际传播实践以文化为核心，通过生态、文旅、民俗等多维资源的整合和创新传播路径的探索，构建了面向全球的地方传播模式。准格尔旗借助现代化传播手段，围绕全域一体化传播机制，通过多平台联动的跨文化交流方式，实现信息的全球触达与精准传播，拉近了国际受众与中国县域文化的距离。通过国际合作项目和跨文化活动，准格尔旗进一步拓展了传播渠道，将地方特色融入全球语境。这种以文化驱动的传播模式，超越了单一的信息传递，将地方资源转化为全球表达的核心内容，展现了中国县域在国际传播中的多样性与现代化面貌。准格尔旗的探索，不仅推动了地方经济与社会发展，也为中国县域国际传播效力的提升提供了可借鉴的范式，为全球化背景下地方文化的国际表达注入了新的可能性

四　结语

本报告以内蒙古自治区准格尔旗为例，探讨了县域国际传播的创新实践

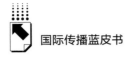

及其经验。准格尔旗的国际传播实践以全域一体化传播体系为基础,充分整合县域特色资源与现代传播技术,展示了中国县域在国际传播体系中的价值。通过整合传统媒体与新兴媒体、优化多平台信息交互体系,准格尔旗在传播深度与广度上取得了突破。准格尔旗以其多层次的传播路径联通内外,通过本地特色资源的深度挖掘与传播内容的精准化设计,实现了地方传播与国际理解的有效对接。特别是其依托生态文明与文化交流等主题展开的传播活动,不仅强化了地方特色的国际表达,还在国家传播体系中增添了县域的鲜明色彩。作为县域国际传播的先行示范者,准格尔旗以其探索实践表明,县域在国际传播中可以成为真实、具体而鲜活的中国故事的重要表达者。

B.9
国际社交媒体场景中的
中国文旅传播活力研究

杨斌艳　刘小芃　蔡欣彤　张三明*

摘　要：　文化旅游具有众多国际传播的优势，也是当下国际传播积极实践的重要领域。本报告通过网络大数据抓取和指标体系构建的形式评估国内代表城市的国际文旅传播的影响和效果（2024 年 1～6 月），勾画出中国文旅在国际社交平台的当前传播活力，以期为文旅国际传播提供参考，为优化文旅国际传播提供对策建议。本研究报告以文旅传播为切入点，构建基于国际社交媒体场景中的中国文旅传播活力评估体系。研究选取具有代表性的 11 个城市作为样本，以省市级文旅传播账号为主要的观测对象，分别构建了 Facebook、X（Twitter）、Instagram、YouTube 四大国际社交平台传播活力评估指标体系，并进行其活力指数的计算。报告选取哈尔滨文旅（2024 冰雪节）为典型个案，剖析其国际传播活力激发的原因，探讨其持续国际传播活力的形成因素。研究发现：不同城市的国际传播活力差异较大；国际社交平台传播活力与文旅实力不一定成正比；好的活动设计需要融入价值理念，而这个价值需要被国际社会认可；重视文旅活动的设计，积极触发国际传播场域下的外媒、外国人自发传播的高热点；以文旅传播积极带动城市传播、中国文化传播、中国价值理念的国际传播。

关键词：　中国文旅　国际传播　社交媒体　传播效果

---

* 杨斌艳，中国社会科学院新闻与传播研究所副研究员，中国社会科学院新闻与传播研究所传媒调查中心主任，主要研究方向为舆情与治理、新媒体与社会；刘小芃，中国社会科学院大学硕士研究生；蔡欣彤，中国社会科学院大学硕士研究生；张三明，中国青年网副总经理、中青华云副总经理。

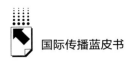
一　前言

作为传播文明、交流文化、增进友谊的桥梁，旅游是中华优秀传统文化创造性转化和创新性发展的重要载体，向世界讲好中国文旅故事，我们虽然已经积累了大量的经验，但是还有很长的路要走。从早期的民间外交到当前的中外旅游年活动，文旅始终扮演着中华文明传播者和文化交流民间使者的角色，不断推动中华文明走向世界舞台中央。习近平总书记在多个场合强调旅游的文化交流功能：2020 年，在中意文化和旅游年贺信中提到"希望中意文化和旅游界人士共同描绘古老文明新时代对话的绚丽景致"。2024 年 5 月，习近平总书记对旅游工作作出重要指示："加快建设旅游强国，让旅游业更好服务美好生活、促进经济发展、构筑精神家园、展示中国形象、增进文明互鉴。"① 这些论述为新时代中国文旅国际传播指明了方向。

旅游是超越国界、人类共通的语言，在国际传播方面具有"巧力软劲"的独特魅力。近年来"旅游+"与"+旅游"的创新模式在国内遍地开花，中国文旅不仅是中华优秀传统文化的受益者，更是现代文明交融的创造者，成为连接历史与未来的纽带，有力促进中华优秀传统文化的现代诠释，文旅国际传播是讲好中国故事的极佳内容和载体。文旅的"吃、住、行、游、购、娱"各环节的体验性、场景性、互动性特征明显，处处浓缩着、洋溢着中国人民对生活的热爱与追求，是生动形象展示现代中国、百姓日常的传播素材，更具有通民心、深国交之妙。文旅国际传播不仅能够展现自然美景与文化遗产，更能展示中华文化的创新活力，传递一个民族的精神追求与文化自信。作为无国界语言，文旅国际传播有利于连接不同肤色、不同语言的人共同探索人类文明的多样性与共通性，促进全球文化的相互理解和尊重，

---

① 《习近平对旅游工作作出重要指示：着力完善现代旅游业体系加快建设旅游强国 推动旅游业高质量发展行稳致远》，中国政府网，2024 年 5 月 17 日，https：//www.gov.cn/yaowen/liebiao/202405/content_ 6951885. htm。

携手共创一个更加和谐美好的世界，正是构建"人类命运共同体"的生动实践。

国际社交平台凭借其对话性、平民性、社交性、真实性等特征，成为国际传播的最重要渠道。2024 年发布的《全球数字报告》显示，全球有50.4 亿社交媒体用户，约占总人口的62.3%。随着中国免签政策的执行，在网络上掀起了"中国旅游"潮流，发展成独特的"去中心化"中国叙事与论述，普通外国民众只要来到中国，拿起手机就能向全球进行网络直播，展现真实的中国。2024 年 144 小时免签政策推出后，更是在海外社交平台上形成了外国旅客主动进行中国文旅传播的热潮。"China travel""city 不 city 啊"等网络热词在 X（Twitter）、Facebook 等平台上成为中国热的"流量密码"，展现了中国文旅产业在提升国家文化软实力和国际话语权方面所扮演的关键角色，在未来将于国际舞台上发挥更加重要的作用。

本研究基于四大国际社交平台的可获取数据，构建中国文旅传播活力评估的指标体系，以 11 个国内具有典型性的城市作为试测对象，聚焦这些城市在海外四大社交平台的官方传播账号，抓取这些账号在 2024 年 1~6 月的相关传播数据，并通过指标体系进行测算初步评估中国文旅在海外社交平台的传播情况，并将其命名为"传播活力研究"。

二　指标体系构建

传统的国际传播效果评估和监测，多从传播主体出发，以传播主体的传播行为，即其在国际传播中所完成的工作、传播的内容等作为主要的评估指标。而在社交媒体环境下，通过大数据抓取的方式，不仅能够看到作为传播主体的传播情况（比如：账号的发文量、粉丝量等），而且能够观测到作为信息接受者的网民对传播内容的实际接触、反馈和再传播情况等。这就为更为全面的国际传播效果评估提供了数据支撑，为观察国际传播提供了更为多元和广阔的视角。

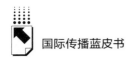
因此,本报告引入网络大数据监测传播效果的视角,通过深度挖掘网络端数据衡量省市级文旅传播账号在国际社交平台上的传播效果,并且选取优秀的国际文旅传播个案——哈尔滨文旅(2024 冰雪节)传播,通过关键词抓取相关报道活动、媒体曝光量等关键数据指标,全面分析其在国际传播环境中的整体状况,以期拓宽国际传播研究的边界与深度。

报告聚焦于国内具有代表性的省市级文旅传播账号在国际四大社交媒体平台上的数据,搭建了城市文旅海外新媒体活力指数(CTVI)评估体系,该指数通过四个主要社交平台指数——Facebook 活力指数(FBVI)、X 活力指数(XVI)、Instagram 活力指数(IGVI)和 YouTube 活力指数(YTVI),来综合评估中国城市在海外新媒体领域的活跃度和传播效果。

(一)城市采样

在构建评估体系和采样过程中,抓取了北京市、上海市、广州市、杭州市、南京市、厦门市、重庆市、武汉市、西安市、三亚市及绍兴市 11 个具有代表性的城市作为样本。

北京和上海,在英国伦敦世界旅游交易会入选"2023 年中国十大旅游目的地必去城市"[①],拥有世界一流的基础设施与文化旅游资源,是中国在国际舞台上最具影响力的城市典范。广州及深圳,作为改革开放活力的象征,以其繁荣的商业氛围与开放的国际交流环境,引领着中国经济和科技发展的潮流与方向。杭州、南京、厦门、西安、三亚,以其丰富的文旅资源、历史文化资源,在国际知名度上占据重要地位,杭州亚运会的成功举办,再次提升了杭州的国际知名度。重庆、武汉、绍兴,致力于打造城市+文旅的国际社交传播平台,在国际传播上持续发力。11 个样本城市在文化旅游资源、经济发展水平和国际知名度等方面均展现出显著的优势和特色,一方面能够代表中国城市在国际社交媒体上的整体表现和发展趋势,另一方面又形

---

① 《"中国十大旅游目的地必去城市"在伦敦世界旅游交易会发布》,中新网,2024 年 8 月 21 日,https://www.chinanews.com.cn/gj/2023/11-08/10108546.shtml。

成了城市差异化较为明显的传播策略和形象定位，可以体现大、中、小城市国际传播的不同风貌和特色。

（二）数据采样

本研究通过采集和分析 2024 年 1 月 1 日至 2024 年 6 月 30 日各城市在四大国际社交媒体平台［Facebook、X（Twitter）、Instagram、YouTube］上的相关数据，包括粉丝数量、点赞数、评论数、文章量等，计算各城市的海外新媒体活力指数（CTVI 指数）。

表 1　账号信息

类型	平台	城市	账号名称	账号主体
文旅	Facebook	北京市	Visit Beijing	北京市文化和旅游局
	Instagram		visitbeijingofficial	
	X（Twitter）		VisitBeijingcn	
	YouTube		Visit Beijing	
文旅	Facebook	广州市	Guangzhou Travel	广州市文化广电旅游局
	Instagram		Guangzhou Travel	
	X（Twitter）		Guangzhou_City	
	YouTube		Guangzhou China	
文旅	Facebook	上海市	Shanghai Municipal Administration of Culture and Tourism	上海市文化和旅游局
	Instagram		MeetinShanghai	
	X（Twitter）		Meetinshanghai	
	YouTube		Meet in Shanghai	
文旅	Facebook	杭州市	Hangzhou，China	杭州市文化广电旅游局
	Instagram		Hangzhou，China	
	YouTube		Hangzhou China	
	X（Twitter）		Hangzhou，China	
文旅	Facebook	厦门市	Visit Xiamen	厦门市文化和旅游局
	Instagram		Visit Xiamen	
	X（Twitter）		VisitXiamen	
	YouTube		Visit Xiamen	

类型	平台	城市	账号名称	账号主体
文旅	Facebook	三亚市	Visit Sanya	三亚市旅游发展局
	Instagram		Visit Sanya	
	X（Twitter）		VisitSanya	
文旅	Facebook	重庆市	iChongqing	重庆国际传播中心
	Instagram		ichongqing. info	
	X（Twitter）		iChongqing_CIMC	
	YouTube		iChongqing	
城市	Facebook	武汉市	Discover Wuhan	武汉国际传播中心
	Instagram		Discover Wuhan	
	X（Twitter）		Discover Wuhan	
	YouTube		Discover Wuhan	
城市	Facebook	西安市	IN XI'AN	西安市委宣传部
	Instagram		IN XI'AN	
	X（Twitter）		IN XI'AN	
	YouTube		IN XI'AN	
城市	Facebook	南京市	Discover Nanjing，China	南京市委宣传部 外宣办
	Instagram		Discover Nanjing，China	
	X（Twitter）		DiscoverNanjing	
	YouTube		Discover Nanjing	
城市	Facebook	绍兴市	Shaoxing：A Gateway to China's History	绍兴市人民政府 新闻办公室
	Instagram		shaoxing_city	
	X（Twitter）		ShaoxingCity	
	YouTube		Shaoxing：A Gateway to China's History	

（三）评估体系

1. Facebook 活力指数（FBVI，Facebook Vitality Index）

表 2　Facebook 活力指数

一级指数	二级指数	权重	计算公式
受众活跃指数 AAI 10%	粉丝数 S_M	100%	$AAI = a_1 \times 20 \times \log_{10} S_M$

续表

一级指数	二级指数	权重	计算公式
互动活跃指数 GAI 90%	文章数 N_M	10%	$GAI = a_1 \times 20 \times \log_{10} N_M + a_2 \times 20 \times \log_{10} V_M + a_3 \times 20 \times \log_{10}$ $C_M + a_4 \times 20 \times \log_{10} \dfrac{V_M}{N_M} + a_5 \times 20 \times \log_{10} \dfrac{C_M}{N_M}$
	点赞数 V_M	20%	
	点赞率 $\dfrac{V_M}{N_M}$	25%	
	评论数 C_M	20%	
	评论率 $\dfrac{C_M}{N_M}$	25%	
传播活跃指数 TAI 40%	分享数 F_M	30%	$TAI = a_1 \times 20 \times \log_{10} F_M + a_2 \times 20 \times \log_{10} \dfrac{F_M}{N_M} + a_3 \times 20 \times \log_{10}$ $R_M + a_4 \times 20 \times \log_{10} \dfrac{R_M}{N_M}$
	分享率 $\dfrac{F_M}{N_M}$	40%	
	播放数 R_M	10%	
	播放率 $\dfrac{R_M}{N_M}$	20%	
$FBVI = a_1 \times \log_{10} AAI + a_2 \times \log_{10} GAI + a_3 \times \log_{10} TAI$			

注：N_M、S_M、V_M、C_M、F_M、R_M 分别为 Facebook 的文章数、粉丝数、点赞数、评论数、分享数、播放数。$\dfrac{V_M}{N_M}$、$\dfrac{C_M}{N_M}$、$\dfrac{F_M}{N_M}$、$\dfrac{R_M}{N_M}$ 分别为点赞率、评论率、分享率、播放率。a1、a2、a3、a4、a5 分别为不同指标的重要性权重，根据需要设定。分贝作为影响力单位更符合人的主观感受。参考声音响度定义，对各个影响力基础数据进行量化，分贝作为影响力单位更符合人的主观感受，通过 20 $\times \log_{10}$ 进行转换分贝。

表3　城市 Facebook 活力指数

序号	省份	城市	Facebook 活力指数
1	北京市	北京市	70.81
2	江苏省	南京市	66.07
3	重庆市	重庆市	64.43
4	浙江省	杭州市	63.16
5	福建省	厦门市	58.24
6	陕西省	西安市	54.38
7	广东省	广州市	54.15
8	湖北省	武汉市	49.62
9	上海市	上海市	48.84
10	浙江省	绍兴市	42.14
11	海南省	三亚市	37.89

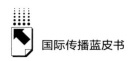

2. X 活力指数 [XVI，X（Twitter）Vitality Index]

表 4　X 活力指数

一级指数	二级指数	权重	计算公式
受众活跃指数 AAI 5%	粉丝数 S_M	100%	$AAI = a_1 \times 20 \times \log_{10} S_M$
互动活跃指数 GAI 55%	文章数 N_M	10%	$GAI = a_1 \times 20 \times \log_{10} N_M + a_2 \times 20 \times \log_{10} V_M + a_3 \times 20 \times \log_{10} C_M + a_4 \times 20 \times \log_{10} \dfrac{V_M}{N_M} + a_5 \times 20 \times \log_{10} \dfrac{C_M}{N_M}$
	点赞数 V_M	20%	
	点赞率 $\dfrac{V_M}{N_M}$	25%	
	评论数 C_M	20%	
	评论率 $\dfrac{C_M}{N_M}$	25%	
传播活跃指数 TAI 40%	分享数 F_M	50%	$TAI = a_1 \times 20 \times \log_{10} F_M + a_2 \times 20 \times \log_{10} \dfrac{F_M}{N_M}$
	分享率 $\dfrac{F_M}{N_M}$	50%	
$XVI = a_1 \times \log_{10} AAI + a_2 \times \log_{10} GAI + a_3 \times \log_{10} TAI$			

注：N_M、F_M、S_M、V_M、C_M 分别为 X（Twitter）的文章数、分享数、粉丝数、点赞数、评论数。$\dfrac{F_M}{N_M}$、$\dfrac{V_M}{N_M}$、$\dfrac{C_M}{N_M}$ 分别为分享率、点赞率、评论率。a_1、a_2、a_3、a_4、a_5 分别为不同指标的重要性权重，根据需要设定。分贝作为影响力单位更符合人的主观感受。参考声音响度定义，对各个影响力基础数据进行量化，分贝作为影响力单位更符合人的主观感受，通过 $20 \times \log_{10}$ 进行转换分贝。

表 5　城市 X 活力指数

序号	省份	城市	X 活力指数
1	福建省	厦门市	60.68
2	江苏省	南京市	57.94
3	北京市	北京市	55.30
4	浙江省	杭州市	52.06
5	重庆市	重庆市	50.10
6	广东省	广州市	47.87
7	浙江省	绍兴市	46.89
8	陕西省	西安市	44.98
9	上海市	上海市	32.36
10	海南省	三亚市	20.01
11	湖北省	武汉市	4.10

3. Instagram 活力指数（IGVI，Instagram Vitality Index）

表 6　Instagram 活力指数

一级指数	二级指数	权重	计算公式
受众活跃指数 AAI 10%	粉丝数 S_M	100%	$AAI = a_1 * 20 * \log_{10} S_M$
互动活跃指数 GAI 90%	文章数 N_M	10%	$GAI = a_1 \times 20 \times \log_{10} N_M + a_2 \times 20 \times \log_{10} V_M + a_3 \times 20 \times \log_{10}$ $C_M + a_4 \times 20 \times \log_{10} \dfrac{V_M}{N_M} + a_5 \times 20 \times \log_{10} \dfrac{C_M}{N_M}$
	点赞数 V_M	20%	
	点赞率 $\dfrac{V_M}{N_M}$	25%	
	评论数 C_M	20%	
	评论率 $\dfrac{C_M}{N_M}$	25%	
			$IGVI = a_1 \times \log_{10} AAI + a_2 \times \log_{10} GAI$

注：S_M、N_M、V_M、C_M 分别为 Instagram 的粉丝数、文章数、点赞数、评论数。$\dfrac{V_M}{N_M}$、$\dfrac{C_M}{N_M}$分别为点赞率、评论率。a_1、a_2、a_3、a_4、a_5 分别为不同指标的重要性权重，根据需要设定。分贝作为影响力单位更符合人的主观感受。参考声音响度定义，对各个影响力基础数据进行量化，分贝作为影响力单位更符合人的主观感受，通过 $20 \times \log_{10}$ 进行转换分贝。

表 7　城市 Instagram 活力指数

序号	省份	城市	Instagram 活力指数
1	北京市	北京市	69.92
2	浙江省	杭州市	67.54
3	江苏省	南京市	64.70
4	福建省	厦门市	64.07
5	重庆市	重庆市	58.66
6	上海市	上海市	55.25
7	广东省	广州市	50.77
8	浙江省	绍兴市	48.50
9	陕西省	西安市	45.99
10	海南省	三亚市	35.24
11	湖北省	武汉市	26.94

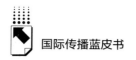

4. YouTube 活力指数（YTVI，YouTube Vitality Index）

表 8　YouTube 活力指数

一级指数	二级指数	权重	计算公式
受众活跃指数 AAI 5%	粉丝数 S_M	100%	$AAI = a_1 \times 20 \times \log_{10} S_M$
互动活跃指数 GAI 55%	文章数 N_M	10%	$GAI = a_1 \times 20 \times \log_{10} N_M + a_2 \times 20 \times \log_{10} V_M + a_3 \times 20 \times \log_{10} C_M + a_4 \times 20 \times \log_{10} \dfrac{V_M}{N_M} + a_5 \times 20 \times \log_{10} \dfrac{C_M}{N_M}$
	点赞数 V_M	20%	
	点赞率 $\dfrac{V_M}{N_M}$	25%	
	评论数 C_M	20%	
	评论率 $\dfrac{C_M}{N_M}$	25%	
传播活跃指数 TAI 40%	播放数 R_M	50%	$TAI = a_1 \times 20 \times \log_{10} R_M + a_2 \times 20 \times \log_{10} \dfrac{R_M}{N_M}$
	播放率 $\dfrac{R_M}{N_M}$	50%	
$YTVI = a_1 \times \log_{10} AAI + a_2 \times \log_{10} GAI + a_3 \times \log_{10} TAI$			

注：S_M、N_M、R_M、V_M、C_M 分别为 YouTube 的粉丝数、文章数、播放数、点赞数、评论数。$\dfrac{R_M}{N_M}$、$\dfrac{V_M}{N_M}$、$\dfrac{C_M}{N_M}$ 分别为播放率、点赞率、评论率。a_1、a_2、a_3、a_4、a_5 分别为不同指标的重要性权重，根据需要设定。分贝作为影响力单位更符合人的主观感受。参考声音响度定义，对各个影响力基础数据进行量化，分贝作为影响力单位更符合人的主观感受，通过 $20 \times \log_{10}$ 进行转换分贝。

表 9　城市 YouTube 活力指数

序号	省份	城市	YouTube 活力指数
1	重庆市	重庆市	77.39
2	北京市	北京市	60.97
3	陕西省	西安市	60.31
4	广东省	广州市	58.23
5	江苏省	南京市	57.31
6	浙江省	绍兴市	56.86
7	浙江省	杭州市	56.56
8	福建省	厦门市	52.44
9	上海市	上海市	49.80
10	湖北省	武汉市	41.25

5. 评估结果

中国城市海外媒体活力指数评价维度由 Facebook 活力指数、X 活力指数、Instagram 活力指数、YouTube 活力指数 4 个部分构成，在保持评估维度一致性的基础上，根据各平台的特点进行了权重调整，权重分别为 30%、40%、10%、20%。

表 10　活力指数权重分配

一级指数	权重	一级指数	权重
Facebook 活力指数 FBVI	30%	Instagram 活力指数 IGVI	10%
X 活力指数 XVI	40%	YouTube 活力指数 YTVI	20%

活力指数公式：

$$CCOMVI = a_1 \times FBVI + a_2 \times XVI + a_3 \times IGVI + a_4 \times YTVI$$

FBVI、XVI、IGVI、YTVI 分别为 Facebook 活力指数、X 活力指数、Instagram 活力指数、YouTube 活力指数。a_1、a_2、a_3、a_4 分别为不同指标的重要性权重，根据需要设定。

表 11　城市活力指数计算结果

城市	Facebook	X	Instagram	YouTube	活力指数
北京市	70.81	55.30	69.92	60.97	62.55
南京市	66.07	57.94	64.70	57.31	60.93
重庆市	64.43	50.10	58.66	77.39	60.71
厦门市	58.24	60.68	64.07	52.44	58.64
杭州市	63.16	52.06	67.54	56.56	57.84
广州市	54.15	47.87	50.77	58.23	52.12
西安市	54.38	44.98	45.99	60.31	50.97
绍兴市	42.14	46.89	48.50	56.86	47.62
上海市	48.84	32.36	55.25	49.80	43.08
武汉市	49.62	4.10	26.94	41.25	27.47
三亚市	37.89	20.01	35.24	0.00	22.89

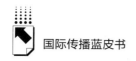
中国文旅在国际社交媒体上的传播活力评估体系应该是一个多维度、灵活调整的综合体系。为评估中国文旅在国际媒体的传播活力的大数据策略的模式，以数据驱动观察实际的传播效果，有利于从另一个维度为中国文旅的国际传播进行把脉。

三　哈尔滨冰雪旅游个案分析

2024 年伊始，"尔滨，你让我感到陌生"迅速走红，文旅市场的第一场富贵雨落到哈尔滨。据哈尔滨市文旅局测算，截至元旦假日第 3 天，哈尔滨市累计接待游客 304.79 万人次，实现旅游总收入 59.14 亿元①。此次哈尔滨"出圈"，不仅在国内热度居高不下，而且还吸引了路透社、《每日邮报》和新加坡亚洲新闻台（CNA）、《美国新闻与世界报道》等多家外媒的关注，在国际舆论场上收获了极高声量②。

通过对国际网络平台上 2024 年 1 月 1 日至 2024 年 6 月 30 日有关"哈尔滨冰雪旅游"相关信息进行抓取，得到 10626 条数据。基于研究哈尔滨冰雪文旅的独特性，筛选出了抓取关键词，具体如表 12 所示；并且将专区数据的渠道来源划分为：国外媒体新闻网站、X（Twitter）、Facebook、电子报刊、短视频和视频网站，抓取尔滨冰雪文旅相关报道在国际传播环境中的渠道声量、情感倾向、活路站点、热点词语、媒体曝光趋势、热门文章、曝光趋势七个维度的数据。

从图 1"哈尔滨冰雪旅游"相关信息各传播渠道占比情况来看，"哈尔滨冰雪旅游"的信息覆盖各网络平台。其中，以世界新闻网、IMAGO、Daum、EasyBranches、BigNewsNetwork 等为代表的新闻网站信息量最大，约占 59.79%；X（Twitter）占 33.98%；Facebook 占 5.00%。"哈尔滨冰雪旅

---

① 《59.14 亿元！2024 年元旦假期，哈尔滨火爆出圈！》，https：//m.thepaper.cn/newsDetail_forward_25883465，2024 年 8 月 20 日。

② 《哈尔滨火到国际媒体上了！多国网友：被震撼，想去！》，中新网，2024 年 8 月 20 日，https：//www.chinanews.com.cn/gj/2024/01-05/10141234.shtml。

游"掀起了全球范围内的传播热潮，打响了 2024 年中国城市走向国际传播的"第一炮"，为提高哈尔滨在国际上的知名度、美誉度，在国际舆论场树立起良好形象和口碑打下了基础。

表 12　个案数据抓取关键词

地点	中文关键词	英文关键词
哈尔滨	哈尔滨、冰雪大世界、冰雕、国际冰雪节、松花江、雪都、大澡堂、索菲亚教堂、中央街、巴洛克建筑、中国巴洛克、游客入境、冰雕艺术、冰雪运动、南方小土豆、太阳岛雪博会、音乐长廊、打铁花、冰马俑、淘学企鹅、哈尔滨极地公园	Harbin, Ice and Snow World, Ice Sculptures, Ice and Snow Festival, Songhua River, Snowy Capital, Bathhouse, Sofia Church, Central Street, Baroque Architecture, Chinese Baroque, Tourist Arrivals, Ice Sculpture Art, Ice and Snow Sports, Southern Little Potatoes, Sun Island's Snow-sculpture Exhibition, Music Corridor, Strike Iron Flowers, Ice Terracotta Horses, Penguin Park, Harbin Polar Park

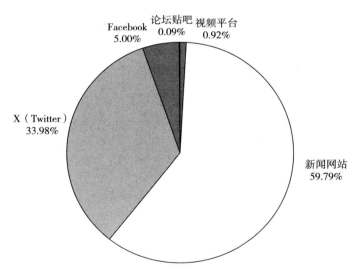

图 1　"哈尔滨冰雪旅游"相关信息各传播渠道占比情况

（一）中立态度是主流，传播阶段特征明显

在既有的研究中指出，中国由于在国际媒介场域中话语权力处于弱势，是西方话语操纵的主要受害者①，在过去有关中国的国际报道中，不乏"这是中国的宣传"的声音，力图让国际民众对中国形象持负面态度。从图2全网传播内容的情感倾向来看，在这次"哈尔滨冰雪旅游"传播事件中，总体情感倾向呈现为中立（91.22%）为主，正面（6.74%）次之，负面（2.04%）最末的情况。从传播阶段可以看出，1月和2月是事件讨论热度高峰期，1月有6466篇文章，2月有1699篇，两个月共计8165篇。在这一时期，受众活跃指数、互动活跃指数、传播活跃指数均较高。舆论场上意见交锋激烈，平均每天至少有1例负面信息或正面信息。在1月20日，当天负面信息较正面信息高出22例，是半年内负面情况最严重的一天。但伴随事件降温，3~6月，总计文章数量为2461篇，无论是负面信息还是正面信息，日均不足1例，舆论场意见已基本定调。

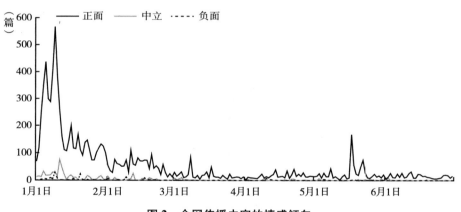

图2 全网传播内容的情感倾向

（二）X（Twitter）和Facebook活跃度高，我国主流媒体入场成效显现

从图3-3 X（Twitter）和Facebook对"哈尔滨冰雪文旅"的报道趋势来

---

① 胡悦、王昌松、赵梓涵：《国际媒介场域中的对华"话语操纵"——基于"一带一路"负面报道的话语分析》，《吉林大学社会科学学报》2023年第6期。

看，X（Twitter）和 Facebook 两大社交媒体平台活跃度均较高，前者有 3611 条相关内容，后者有 554 条相关内容，均在 1 月 9 日达到报道数量峰值。

习近平总书记强调，要加强国际传播能力建设，增强国际话语权，集中讲好中国故事，同时优化战略布局，着力打造具有较强国际影响的外宣旗舰媒体。我国主流媒体入场国际社交媒体平台已有多年，近年来地方媒体也逐渐加快入驻脚步，以"借船"实现"出海"。截至 2024 年 7 月 31 日，中国新闻网在 X（Twitter）上有 66.7 万关注者，《人民日报》账号有 118.5 万粉丝，新华社的账号则已经达到 1190 万关注。全网十大热门文章中，新华社（China Xinhua News）在 Facebook 上发布的《Since the beginning of the year, Harbin has emerged as a top winter destination.》一文，得到了 23000 个点赞、136 条评论和 48 次转发。另一篇文章《Letter from China：Experiencing China's vibrant economic dynamism in "ice city" of Harbin》则得到了 21000 个点赞、124 条评论和 110 次转发。《人民日报》（*People's Daily，China*）在 Facebook 上发布的内容得到了 2587 个点赞和 45 条评论，播放量达到 61000 次。不仅全国性主流媒体成效显现，而且地方媒体也大放光彩，泰州"健康名城"（Taizhou，City of Health）在 X（Twitter）上发布的文章，阅读量达到 225000 次。由此可见，历经多年深耕，我国主流媒体在各国际网络平台的积极运营和主动发声，使国际传播工作取得一定明显成效。

（三）海外华文媒体和非洲友媒是重要传播主体，报道热情较高

2022 年 9 月 23 日，习近平总书记给中新社成立 70 周年贺信中进一步提出，应积极联系海外华文媒体，为展现可信、可爱、可敬的中国形象，促进海内外中华儿女大团结，推动中外文明交流、民心相通作出新的更大贡献。据不完全统计，全球目前具有一定规模和影响力的海外华文媒体共有 1019 家，分布在 61 个国家和地区。① 图 4 显示，新闻网站是重要活跃站点，包

---

① 刘滢、张紫彤：《从"走向世界"到"融通中外"：中国国际传播十年回顾》，《现代视听》2022 年第 9 期，第 18~23 页。

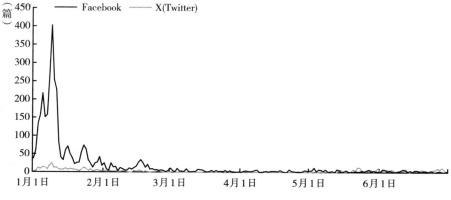

图3　X（Twitter）和Facebook报道趋势

括有专门面向海外华人的留园网、今日昆士兰、倍可亲等；属于个别国家新闻网的 Teller Report（美）、和 Mynewsghana（非）等网站。从图5新闻网站报道趋势来看，在1月中旬前，各新闻网站对"哈尔滨冰雪旅游"事件已有较多报道，报道数量在1月5日达到峰值，有221条，大约占了当天全网报道总量的一半。即使事件逐渐降温，新闻网站仍保持了相较于社交媒体平台较为持久的关注，绵绵用力。

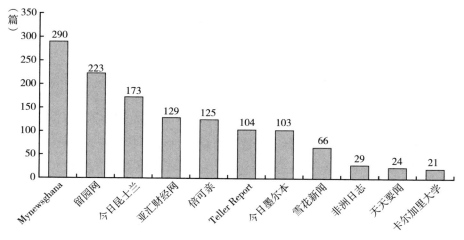

图4　新闻网站的报道数量

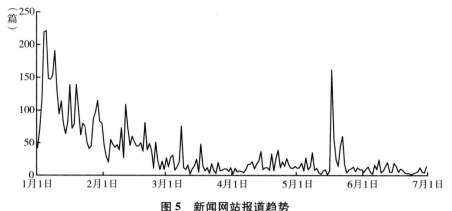

图5 新闻网站报道趋势

（四）"哈尔滨"成为最主要热词，以城市经济视角为主，全面报道仍然偏少

从图6"哈尔滨冰雪旅游"报道词云图来看，共筛选出 79 个高频词，其中总频次前五是"哈尔滨"、"冰雪"、"中国"、"旅游"和"大世界"，提及次数分别达到了 8524、5714、2981、2565 和 2506 次。英文词语频次前五的是"Harbin""China""Snow World""City""Russia"，提及次数分别为 1654、1119、743、704、604 次。哈尔滨市政协常委申建平指出，大多数国际报道围绕冰雪旅游，全面报道偏少，容易形成对哈尔滨市的片面认识。① 哈尔滨作为我国东北地区老牌城市，历史底蕴深厚，文化元素丰富，在国内的讨论热潮中不只是局限于"冰雪热"，更是带动了以"731 遗址"为代表的爱国主义热潮，但这些在国际报道中并不多见。

从图7可以看出，国际上除关注冰雪景观外，还格外强调哈尔滨作为中国城市的经济、产业等情况，具体表现为"发展"一词被提及 694 次，"城市"和"经济"都被提及了 614 次，"消费"被提及 476 次，"市场"和"现代化"分别被提及了 218 次和 208 次。由此不难看出，国际上对中国形

---

① 《哈尔滨市政协委员申建平：强化城市形象国际传播 促进哈尔滨海外"出圈"》，https：//baijiahao. baidu. com/s? id=1789930825812753747，2024 年 8 月 20 日。

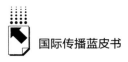

象仍然较为片面和局限，更愿意放置在中国经济发展的框架下进行思考。当然，这也不能只是归因于国际舆论长期以来对中国的敌意和偏见，也与我国自身国际传播、城市传播一直处于宣传思维有一定的关系，缺乏"立人设""造品牌"的意识和行动。值得欣喜的是，或许此次"哈尔滨冰雪旅游"事件能够成为一个突破点，吸引国际民众关注中国城市，进而带动他们了解更丰富多彩的中国。对外传播是一个长期工程，久久为功，需有耐心和耐力。

图6 哈尔滨冰雪旅游报道词云图

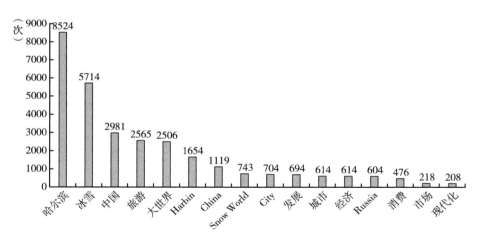

图7 热点词语提及次数

（五）"冰雪特色"和"可爱萌宠"引发共鸣，柔性情感传播成效显著

经监测筛选出的表 13 媒体报道哈尔滨文旅关注度前 15 名的文章中，Visit 于 2024 年 1 月 13 日在 TikTok 上发布的文章里用上了"冰与光的杰作""冬季仙境的魔力"等充满浪漫色彩的字眼，文章收获了 9981 个点赞，220 次转发。与之类似的，BBC News 中文在标题中突出"冰雪城堡"；NICOCO CHAN AND LIZ LEE 在《日本早报》上刊发的文章则提到"童话般的冰雕"；王华儿在《联合早报》上的文章也同样强调冰雪特色。上述文章抓住了"哈尔滨冰雪旅游"在景观方面的特色，实现了良好的传播效果。

表 13　媒体报道哈尔滨文旅关注度前 15 名的文章

单位：次

标题	译文	作者	发布平台	点赞量	评论量	转发量	阅读量	播放量
Since the beginning of the year, Harbin has emerged as a top winter destination.	今年年初以来,哈尔滨已成为冬季的热门目的地。	China Xinhua News	Facebook	23000	136	48	\	\
Letter from China: Experiencing China's vibrant ec...	中国来信:在哈尔滨"冰城"体验中国充满活力的经济活力	China Xinhua News	Facebook	21000	124	110	\	\
Dive into the breathtaking scenes of Harbin's Ice City, a masterpiece of ice and light. Uncover the magic that transforms this city into a winter wonderland, but don't miss it-it won't last forever.	潜入哈尔滨冰城的惊险场景,这是一个冰与光的杰作。揭开将这座城市变成冬季仙境的魔力,但不要错过它——它不会永远持续下去	Visit	TikTok	9981	78	220	\	\

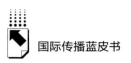

续表

标题	译文	作者	发布平台	点赞量	评论量	转发量	阅读量	播放量
Cuteness alert! Adorable #penguins have stolen the spotlight at the Harbin Polar Park in # Harbin, northeast China's Heilongjiang Province, melting tourists' hearts wherever they go.	可爱警报! 可爱的企鹅在中国东北黑龙江省哈尔滨市的哈尔滨极地公园偷走了聚光灯,无论游客走到哪里,都会融化他们的心	People's Daily, China	Facebook	2587	45		\	61000
中国"冰城"哈尔滨爆红 冰雪城堡吸引大批游客		BBC News 中文	X (Twitter)	475	96	62	247000	\
This year, # Harbin, China's Ice City, has gained attention with the arrival of the adorable "# TaiBao" from # Taizhou, # Jiangsu. Named after the mascot of the # 20thJiangsu Provincial Games, "Tai Bao" boasts a cute design inspired by a deer, featuring curved antlers and a lively.	今年,中国"冰城"哈尔滨因可爱的"泰宝"的到来而备受关注,该吉祥物来自江苏泰州。"泰宝"以江苏省第20届运动会的吉祥物命名,其可爱的设计灵感来自鹿,具有弯曲的鹿角和活泼的奔跑姿势	Taizhou, City of Health	X (Twitter)	197	1	9	225000	\
Harbin ice festival: China celebrates ice sculptures	哈尔滨冰雪节:中国庆祝冰雕	英国广播公司	英国广播公司	\	\	\	\	\

续表

标题	译文	作者	发布平台	点赞量	评论量	转发量	阅读量	播放量
Fairy-tale ice sculptures lure droves of tourists into China's Harbin	童话般的冰雕吸引着成群结队的游客进入中国的哈尔滨	NICOCO CHAN AND LIZ LEE	《日本时报》	\	\	\	\	\
雾凇冰雕雪雕——冰雪世界的神奇	\	王华儿	《联合早报》	\	\	\	\	\
A cool holiday city: Tourism craze doesn't melt in China's 'icy baby', Harbin.	一个凉爽的度假城市:旅游热潮并没有在中国的"冰宝宝"哈尔滨融化	新华社	《马来西亚星报》36版-Travel	\	\	\	\	\

除了冰雪,萌宠也是一大"流量卖点",人民日报、新华社等媒体以"企鹅偷灯""冰宝宝""泰宝宝"等塑造出亲近友好的形象,如同北京冬奥会的"冰墩墩"一样,采用吉祥物的形式淡化固有的国家印象,营造轻松、可爱的氛围,实现了共情传播,成效极佳。

四　反思与建议

(一)官方主体要借力多主体,充分发挥多元协同发力优势

习近平总书记在2021年5月提出要"努力塑造可信、可爱、可敬的中国形象","可信"是建构国际文旅形象的首要因素。主流媒体和官方账号无疑因其权威在可信度上占据极大的优势。然而,在新媒体环境中,除了以权威著称的主流媒体、官方账号以外,自媒体以及民间主体也成为城市文旅传播的重要力量。而文旅作为全民参与式的行走和体验,自媒体和个体传播更成为最为广泛和主要的模式。官方积极进行国际传播的同时,更需要学会

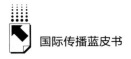
借力，积极调动和发挥多主体在海外文旅传播中的优势，不仅仅是官方账号、主流媒体账号之间的矩阵和互动，更要把自媒体和民间主体的力量盘活、用好，在官方、民间和个人之间形成良性的互动、互补。更要重视我国在外留学生的力量，借助"Z 世代"熟悉的社交媒体海报、话题标签等方式扩大传播声量，巧妙连接央媒及各省区市外宣媒体、驻外使节、明星、垂类大 V、网红等多圈层，有效发起多声部同频共振。留学生可以作为不同于"洋网红"的另一重要群体，利用回国、假期等，策划"留学生+洋学生"的多元视角、友好往来等新的文旅传播视角。另外，"洋网红"在中国的系列作品也成为国际文旅形象建构的主要力量，但是也需要防范"洋网红"传播中潜在的风险。

（二）软硬益彰，文化巧搭风景车，扩大共通意义空间

相比于文字来说，图像、视频更为直观且跨越语言障碍，能够有效直达国际受众，文旅具有图像和视频传播的极大优势。自然风光具有跨越意识形态、超越国籍、超越族群偏见的独特优势，基于自然风光的文旅传播是国际传播中最具"软"性的一面，而如果我们在大好河山、壮美风光的传播中，能够巧妙地融入文化，则能够相得益彰，润物无声，也能够进一步深化实践"以文塑旅，以旅彰文"之妙。比如：2023 年以来的贵州"村超"，将体育、文旅极其巧妙地结合在一起，村民直接参与高大上的体育联赛，"村BA"直接向 NBA 喊话，带来了外媒和众多外国人的主动自发的国际传播。而这个文旅活动下，既有各族人民形成团结凝聚共同体的球队，又有村民健康活力形成的疫后的欢乐海洋，还有中国现代民族地区、农村地区的最新繁荣和谐。可谓中国式现代化惠民惠农、惠民族地区的生动真实写照。这样的球赛、球场及其展现出来的中国老百姓的真实生活氛围，是极好的中国当代文化、价值、繁荣、和谐的形象。比起文字式的说教、摆拍式的故意设计IP 更具有润物无声的妙处。2023 年，贵州"村 BA""村超"赛事不断，持续燃爆全网，获得高度关注并多次被外媒报道，累计网络传播量超 1000 亿次，被誉为"观察中国式现代化的一个窗口"。

（三）以人民为中心，构筑"人与自然、民与城市"的共同价值认同

文旅传播从风景和自然风光层面，极易构筑全球多元文化下的共同价值，即使个别以生态保护做文章的国际舆论的故意抹黑和污蔑，在某种程度上也难以得逞。对于以历史为主的旅游地，中国远古的和历史上的文化遗迹，在国际传播场中带来的都是正面和积极的效应，一个历史悠久、文明渊长、文化发达的文明古国的形象，已经为世界所公认。因此，需要深入领会文旅部当下提出的"以文塑旅"的文旅深度融合，即在面对中国当代故事、当下文明，中国共产党带领中国人民取得的新中国建设的伟大成就，这些文化、文明如何搭载自然风光讲好文旅故事，助力中国当代文明、当下文化的传播。比如：人类命运共同体理念如何融入中国当下的发展成果更多造福人类；中国治理经验如何带来中国文旅和城市的繁荣，"文旅+科技"的最新发展；中国的改革开放如何造福中国人民，"city 不 city"；等等。

当文化越来越多在旅游和城市中发挥传播的效能时，文化差异、多元价值等就成为我们国际传播的最重要的挑战。因此，传播内容和传播主题中的共同价值的挖掘，应该成为国际传播的第一步。"人与自然和谐发展"融入山水间，"城市给人民更美好的生活"融入美食美居体验中，"历史给现代更多的智慧和力量"融入文物古迹中，"共产党与中国人民心连心"融入民生发展中，等等。这些凸显习近平新时代中国特色社会主义思想的重要理念，如何通过文旅搭载，更是考验文旅融合和文旅国际传播的关键。

（四）"他者视角的融入"的多元审视

当前国际传播领域，国内强调更多的是"他者视角的融入"，即通过外国游客、文化学者及艺术家的独特视角，揭示中国文旅中常被忽视的细腻之美与独特魅力，促进文化的跨界交流与融合。新华报业传媒集团在这一背景下推出的"Home Story in Jiangsu"——外国人眼中的"江苏这十年"系列

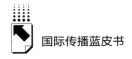

独辟蹊径，以外国建筑师的他者视角为切入点，不仅给讲述江苏故事带来了新鲜的视角与深刻的洞察，更通过"家"这一普世主题贯穿始终，构建了一个充满温情与共鸣的文化 IP。"Home Story in Jiangsu"不仅展示了江苏十年来的城市变迁与乡村发展，更挖掘并呈现了江苏文化的多样性与深度，让全球观众得以从一个全新的、更加细腻和立体的角度感受江苏的魅力。这在无形中促进了国际受众对中国文化的价值认同与情感共鸣，为国际文旅传播树立了新的标杆。

2024 年 5 月 17 日，习近平总书记对旅游工作作出重要指示，指出要"构筑精神家园、展示中国形象、增进文明互鉴……推动旅游业高质量发展行稳致远"①。对于国际文旅传播而言，要想在全球舞台上取得突破性进展，就必须摒弃传统立场束缚，以更加开放包容的姿态去拥抱多元文化，同时注重内容的创新和深度互动，巧妙融合他者智慧，共同讲述中国文旅的动人故事，展现中国文化的独特韵味，推动全球文明的交流与互鉴。"他者视角"是一个可以多元使用的技巧，不只是找一个外国代言人、洋网红等，在这一思路下的多样化和创新性的使用，以及真正面对国际受众的投放和真实的传播效果才是更值得关注和发力的点。

文旅传播是国际传播中极具优势的落点，具有软性、美性、玩性的独特之处，是国际传播中最具活力、最能出彩、最接地气的故事。在"以文塑旅、以旅彰文"的理念指引下，文旅将持续成为提升中华文化影响力的最好传播资源，以吃喝玩乐、游山玩水、品鉴美食、穿越历史、跨越文化为内容的城市文旅传播，将成为中国城市走向世界的最佳路径。而文旅传播只要巧妙地融入价值、融入文化、融入理念，中国城市文旅国际传播就是中国国家形象、中国文化、中华文明、中国理念的最好最贴切最生动的讲述。近年来，频频出现的国内文旅活动引发国际媒体、国外民众的自发跟风打卡，在国际社交平台上掀起了一阵阵外国人看中国、讲中国的中国

---

① 《习近平对旅游工作作出重要指示强调 着力完善现代旅游业体系加快建设旅游强国 推动旅游业高质量发展行稳致远》，求是网，2024 年 8 月 22 日，http：//www.qstheory.cn/yaowen/2024−05/17/c_1130147601.htm。

文旅传播热潮，这些给我们的国际传播带来了很多的启发和启示。智媒时代，在技术赋能文旅高质量发展下，文旅国际传播可发展的空间还很大。文旅国际传播需要持续创新创造、激发活力，破局国际舆论场，助推国际传播。

B.10

从"硬联通"到"心联通"：海外中国企业在共建"一带一路"国家开展国际传播能力建设的现状、路径和愿景

摘 要: 海外中国企业是中华文明传播力影响力的重要输出平台，作为我国国际传播的重要主体之一，海外中国企业亟待加强与我国经济地位相匹配的国际传播能力建设，使共建"一带一路"倡议走深走实，实现高质量发展。海外中国企业"走出去"的国际传播路径呈现多样态：积极布局海外社交媒体，拓展数字化媒体平台传播渠道；创新传播形式和内容，提升传播体验；构建多元化传播生态，营造良性互动的传播环境；建立完善的人才培养体系，培养海外企业的国际化传播人才。

关键词: 海外中国企业 国际传播 "一带一路"

2013年，习近平主席提出共建"一带一路"倡议，为改善全球经济治理和构建人类命运共同体贡献了中国智慧和中国方案。共建"一带一路"作为中国对外开放和对外合作的总规划，成为深受欢迎的国际公共产品和最大规模的国际合作平台。

"一带一路"倡议实施10年来，中国坚持共商共建共享原则，不断扩大与共建"一带一路"国家的合作共识，推进"一带一路"建设从理念转

---

[*] 张丹，中国社会科学院新闻与传播研究所副研究员，研究领域为国际传播、文明传播。

化为行动，从愿景转化为现实，从谋篇布局的"大写意"走向精耕细作的"工笔画"，"一带一路"倡议进入高质量发展阶段。随着"一带一路"倡议的实施，越来越多中国企业走出国门，与共建国家务实开展经贸合作，取得丰硕成果。据商务部发布的《中国对外投资合作发展报告（2023）》，截至 2023 年底，中国对共建"一带一路"国家直接投资存量超 3000 亿美元，境外经贸合作区超过 100 家，累计投资近 730 亿美元。在共建国家承包工程完成营业额近 2 万亿美元，占对外承包工程总额的比重超八成。① 随着合作规模不断扩大，合作质量不断提高，合作领域不断拓展，中国与 150 多个国家、30 多个国际组织签署了 230 多份共建"一带一路"合作文件，涵盖经济社会发展多个领域。与 55 个共建国家签署绿色发展、数字经济、蓝色经济等投资合作备忘录 53 份，培训各类人才达 35 万名，实施援外项目累计超过 1600 个，建成中老铁路、蒙内铁路、雅万高铁、柬埔寨金港高速、希腊比雷埃夫斯港、匈塞铁路、克罗地亚佩列沙茨大桥、巴基斯坦卡洛特水电站和非洲疾控中心总部等一大批标志性项目，有效改善了共建"一带一路"国家的基础设施条件，同时助力共建国家的经济发展和民生改善，开展鲁班工坊、"光明行"、菌草技术、杂交水稻、青蒿素等农业、教育、减贫领域"小而美"的民生工程，持续惠及众多"一带一路"发展中国家，产生广泛积极效应。许多由中企参与建设的"一带一路"项目成为所在国的地标性建筑，受到当地民众的欢迎，充分彰显中国强大的基建实力。海外中企成为实施"一带一路"倡议的有生力量。

2024 年起，"一带一路"进入高质量发展新阶段，共建"一带一路"更具创新与活力，更加开放和包容，也进一步拓展中国企业"走出去"的发展空间，实现更大范围、更高水平的国际合作。据商务部最新数据统计，2024 年 1~6 月，我国企业在共建"一带一路"国家非金融类直接投资 1098.4 亿元人民币，同比增长 12%（以美元计为 154.6 亿美元，增长

---

① 《中国对外投资合作发展报告（2023）》，http：//fec. mofcom. gov. cn/article/tzhzcj/tzhz/202407/20240703522165. shtml。

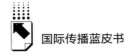
9.2%）。对外承包工程方面，我国企业在共建"一带一路"国家新签承包工程合同额6632.6亿元人民币，增长21.5%（以美元计为933.5亿美元，增长18.5%）；完成营业额4186.3亿元人民币，增长3.2%（以美元计为589.2亿美元，增长0.7%）。①

企业作为国家在国际舞台上的重要名片，是国家形象的有机载体和展现窗口，中国企业的声誉与国家形象建构紧密关联。随着"一带一路"倡议的深入推进，在走向国际化进程中，一些海外中国企业坚持把合作共赢的丝路精神落实到经营活动和合作项目中，逐步实现行业"领跑"，在国际市场中脱颖而出，并逐渐融入当地经济社会发展，获得较高的国际关注度。中国企业在共建"一带一路"国家经营的同时化身为文化使者，传播中华文化，构建海外形象，成为提升中国国际传播能力的关键力量。他们不仅是"一带一路"倡议海外建设的参与者、建设者和见证者，更是"一带一路"倡议国际传播的策划者、行动者和受益者。作为国际传播的重要主体之一，众多海外中企积极开拓营造良好的文化和舆论环境，努力讲好企业发展的故事，讲好中国"一带一路"的故事，传播好中国声音，展示出丰富的国际传播实践成果。海外中企不仅展示了"一带一路"倡议和人类命运共同体倡议的思想底蕴，更成为中华文化和国际传播最直接的参与者，成为塑造可信、可爱、可敬的中国形象的主力军之一。

近年来，世界进入新的动荡变革期，百年大变局加速演进，经济全球化受阻，地缘冲突加剧，贸易保护主义升级，"一带一路"的推进也相应进入战略机遇和风险挑战并存时期，海外中国企业发展面临更多不确定性，外部环境的复杂性和严峻性上升，政治、经济、法律、安全、舆情、经营风险叠加，境外合规风险和文化风险持续上升。如此背景下，海外中企在共建"一带一路"国家的国际传播实践也面临挑战，如何拓展和加快国际传播能力建设问题日益凸显。

---

① 《2024年1~6月我国对"一带一路"共建国家投资合作情况》，http：//fec. mofcom. gov. cn/article/fwydyl/tjsj/202407/20240703525528. shtml。

一 海外中国企业在"一带一路"传播中存在的问题

"一带一路"源起中国，连接中亚、东南亚、南亚、西亚、非洲乃至中东欧部分区域，东牵亚太经济圈，西系欧洲经济圈，是世界上跨度最长的经济大走廊，也是世界上最具发展潜力的经济带。从"一带一路"所涉及的国家来看，经济发展程度、政治体制、文化历史、宗教状况千差万别，这一区域既是地缘政治冲突的热点地带，也是全球主要政治力量角逐的焦点区域，社会意识形态有很大的差异，舆论生态复杂多样。

首先，一些海外企业的文化适应性不足。许多中国企业在"走出去"过程中，未能充分考虑所在国的文化背景、宗教信仰和社会习俗，导致传播内容与当地文化存在隔阂，难以引起共鸣，"中国故事，国际表达"难以实现，影响了中国企业文化传播力、文化影响力、文化软实力的建构。

有些企业在海外形象展示中传播意识不够，偏重宏大叙事，聚焦国家战略、重大或严肃性议题时习惯采用宏大叙事方式，有浓厚的宣传色彩，未能适应东道国的思维模式，忽视平等姿态的交流，缺乏对普通民众日常生活的观照，造成很多对外宣传话语生硬机械，缺乏温度，无法与当地公众形成共鸣，部分宣传甚至造成文化冲突。要汲取我国个别海外企业在推进"一带一路"建设项目时盲目冒进，违背当地民情民意而导致投资项目搁浅乃至失败的教训。例如，在某些东南亚国家的重大建设项目中曾涉及征地问题、拆迁补偿问题、工业项目对环境的污染问题，由于没有做好民意调研，不同程度地引起民间抗议，导致社会矛盾的出现和激化，甚至酿成社会冲突。如缅甸的密松水电站项目就是一个突出的案例。

其次，传播渠道单一也是阻碍海外中企在当地发展的因素之一。有些企业重官方轻民间，重宣传轻对话，习惯依靠国家统筹，依赖传统媒体传播，很少根据所在国受众的实际情况设计区域化传播策略，传播形式和话语缺少创新，对新媒体平台的运用不够充分，未能建立新媒体传播矩阵，传播效果不佳，特别是难以有效触达所在国年轻受众群体。据调查，有近四成中国企

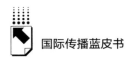

业在国际四大社交媒体平台尚未注册账号,处于"缺位"与"失语"状态,难以获得形象"自塑"的良好效果。由于传播载体匮乏,与国外媒体沟通合作经验不足,在脸书(Facebook)、X(原Twitter)和优兔(YouTube)等海外社交媒体平台与所在国受众的交流乏善可陈,给不少所在国民众留下了刻板保守的印象,也造成中国企业在海外的话语权与其贡献度不匹配等现象。

最后,本土化人才匮乏,制约了传播效果的提升。海外中企在开展国际传播实践中缺乏既了解中国企业文化又熟悉当地传播环境的复合型人才,危机公关能力薄弱,传播策略缺乏长期规划和系统思考,面对负面舆情或突发事件,部分企业反应迟缓、应对不当,造成声誉损失。

由语言和文化差异造成的"文化折扣"是海外中企在国际传播中出现"传而不通、通而无效"尴尬局面的一个重要原因。因此迫切需要理论功底深厚、深谙中外文化、熟悉企业经营的优秀国际传播人才,能够通过讲述生动可信的故事来打通人心隔阂,实现民心相通。

二 海外中国企业加强国际传播能力建设的路径和对策

海外中国企业是中华文明传播力影响力的重要输出平台,是我国国际传播的重要主体之一,构成我国对外传播体系不可或缺的重要力量。

海外中国企业"走出去"的国际传播路径可以呈现多样态。

(一)做好顶层设计,构建系统传播体系

2021年5月31日,习近平总书记在主持十九届中央政治局第三十次集体学习时强调,要加强国际传播能力建设的顶层设计和研究布局,构建具有鲜明中国特色的战略传播体系,着力提高国际传播影响力、中华文化感召力、中国形象亲和力、中国话语说服力、国际舆论引导力。[1] 海外中国企业

---

[1] 《习近平在中共中央政治局第三十次集体学习时强调 加强和改进国际传播工作 展示真实立体全面的中国》,http://news.china.com.cn/2021-06-01/content_77541089.htm。

在国际传播中也应该做好顶层设计，为中国经验、中国主张、中国智慧、中国方案的海外传播实践做好理论引领和知识储备。

海外中国企业要想实现国际化升级和跨越式发展，还需要构建好系统的企业传播体系，制定长期传播战略，明确传播目标、受众定位和核心信息，确保传播活动的连贯性和一致性。充分尊重当地文化，移植本土管理经验，立足于锻造"国际化团队、国际化视野"，不断提高国际传播议题设置能力，建立危机公关机制，完善舆情监测系统，制订应急预案，组建专业团队，提高危机应对能力。

（二）提高公共议题设置能力，应用好"一国一策"的传播策略，提升区域传播力，塑造企业正面形象，讲述"小而美"的故事，提升国际传播效能

第一，在议题设置方面，中国企业应该围绕企业特色、发展历程、企业文化、技术创新、企业核心竞争力以及企业社会责任等主题，挖掘富有感染力的故事素材，做好企业海外传播和品牌传播，加强文化融合互动和舆论环境的整合，讲好企业发展故事，塑造正面企业形象。

第二，在策略应用方面，深入研究所在国的文化特征、价值观念和社会心理，制定因地制宜的传播策略，增进文化适应性。中国企业应不拘泥于刻板地输出，而是通过讲述生动的故事、开展公益活动展现中国企业充满活力、富有责任感的企业形象，助力企业海外传播效能实现提升。

一些海外企业将企业文化与国际传播相结合，在跨国传播中引入"共情"话题，结合当地需求开展教育、医疗、环保等领域的公益项目，在经营活动中注重绿色环保和履行社会责任，更好地引发国外受众共鸣并积极参与互动，从而有利于企业品牌传播和形象塑造。例如，华为抓住数字化浪潮，助力所在国多领域"数字化"建设，使其海外形象更为多元和丰富。

第三，在传播技巧方面，改变单一传播思路，拓展多维度传播空间，建立稳定的、专业化的国际传播营销推广系统。

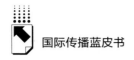

应改变以往海外中国企业单一的传播思路，从单纯强调知名度，转向倡导"信任与陪伴"的海外形象建设。在拓展国际业务的同时不断"下沉"，加强与在地民众的互动，通过"出海+公益活动""出海+社会责任"的柔性方式，提升企业品牌的知名度与认同度，从企业层面为推进"一带一路"倡议凝聚人心，提升品牌影响力。具体举措为运用多重传播技巧打造极具海外辨识度的企业品牌，注重履行所在国劳动、安全、社保、就业等社会责任，不断提升企业的国际形象，增强企业的国际竞争力。通过持续有效的传播，使企业品牌成为质量、创新和社会责任的代名词。例如，中老铁路从设计到施工、运营，始终坚持绿色理念，采用了大量新技术、新产品、新工艺、新材料，在建设全过程中兼顾经济效益和环境保护，沿线的亚洲象、热带雨林和生物资源得到了充分保护，为构建中老命运共同体注入绿色发展动力，更丰富了"一带一路"建设的绿色内涵。

（三）构建多元化传播生态，与所在国政府、当地媒体和智库等建立长期合作，共同营造良性互动的传播环境

借助官方主流媒体力量是海外企业加强国际传播能力建设的有利途径。应加强与所在国政府、当地官方主流媒体和国际友华媒体的合作沟通交流，要与所在国的当地媒体加强合作，建立良好的媒体关系，定期举办新闻发布会、媒体见面会等活动，提高企业曝光度和公信力。加强与所在国的新闻传播交流合作，通过对方的传播平台和他者文化视角，传播更多与企业发展实际相符合的内容，消除误解、弥合冲突，纠正外界对中国企业的认识偏差，建构适应中国企业发展和所在国受众解读需求的国际传播框架和内容，赢得与经济大国地位相匹配的文化阐述软实力和话语权。①

（四）注重数字化传播，优化传播渠道结构，积极布局海外社交媒体，构建全媒体传播矩阵

海外中国企业应合理配置传统媒体与新媒体资源，特别是充分利用社交

---

① 季为民：《中国企业国际传播形象建构的现状及路径》，《人民论坛》2021年第6期。

媒体、短视频等数字化平台，创作富有创意的数字内容，培养自主发声实力，提升传播的互动性和趣味性，提高传播的广度和深度，从而提高国际传播效能。

如今短视频已成为数字化时代传播迅捷、影响广泛的有效信息传播载体，企业可以积累素材，将现实中的小故事进行可视化传播，围绕海外生产经营过程中产生的"小而美"的生动感人故事，制作易于传播的短视频，以中国式审美创新视觉表现手法，强化传播效果。

如何运用海外社交媒体平台讲好中国故事，是海外企业当前和未来需要研究的一项重要课题。习近平总书记在党的新闻舆论工作座谈会上指出，要适应分众化、差异化传播趋势，加快构建舆论引导新格局。要推动融合发展，主动借助新媒体传播优势。海外社交媒体平台是海外中国企业建立多元化国际传播体系的重要板块之一，应该积极运用 Facebook、X（原 Twitter）、Instagram 和 YouTube 等海外主流社交媒体平台讲好中国故事。

2024 年 7 月，《参考消息》智库发布了中国企业海外社交媒体传播力指数排行榜，为海外中国企业利用数字化智能化社交媒体传播提供了很好的参考借鉴。

（五）培养和引进熟悉当地语言文化、了解企业经营的国际传播复合型人才

海外中企在共建"一带一路"国家开展国际传播工作时，首先需要培养一批精通共建"一带一路"国家文化和语言、理论功底深厚、熟悉企业经营的优秀国际传播人才，需要深谙中外文化，具有新闻专业素养的企业决策者、管理者和实施者，能够通过讲述生动可信的故事来打通人心隔阂，实现民心相通。打造多元高效的企业国际传播平台和媒介，努力提高海外企业对外传播的公信力和传播效果。

其次，需要建立完善的人才培养体系，强化人才队伍培训，培养具有跨文化视野和国际竞争力的专业人才，为海外中国企业的国际传播队伍做好人才储备。

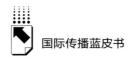

表 1　中国企业海外社交媒体传播力指数（2024 年 6 月）①

排序	综合传播力指数TOP10	Facebook传播力报数TOP10	X(原Twitter)传播力指数TOP10	Instagram传播力指数TOP10	Linkedin传播力指数TOP10
1	大疆创新	华为	小米	SHEIN	比亚迪
2	华为	茅台	华为	大疆创新	大疆创新
3	小米	大疆创新	茅台	花知晓	华为
4	POP MART	上海电气	一加手机	拼多多	蔚来
5	徐工集团	拼多多	OPPO	Cider	三一集团
6	名爵汽车	江淮汽车	大疆创新	POP MART	OPPO
7	小鹏	青岛啤酒	联想	Insta360	中兴
8	SHEIN	广汽	POCO	名创优品	海康威视
9	茅台	POP MART	小鹏	OPPO	小鹏
10	联想	Infinix	POP MART	小米	联想

养老智库　世研指数 CRC INDEX　数据统计范围：2024年6月

①《"中国企业海外社交媒体传播力指数（2024 年 6 月号）"发布》，参考消息，2024 年 7 月 26 日，http：//www.cankaoxiaoxi.com/#/detailsPage/cankaozk/2a2f614e07c44268a5e6efa2466 b1fac/1/2024-07-26%2010：10？childrenAlias=yjdt。

最后，要着力培养本土化人才，培训提升外籍员工的企业认同和传播素养，通过外国员工来讲述中国企业故事，使中国企业的故事更可信，更真实地反映中国企业与世界利益的情感共鸣。

（六）运用好"巧传播战略"，做好"民心相通"，加强公共外交和民间外交力量，推动多元文化，促进文明交流互鉴

国之交在于民相亲，民相亲在于心相通。"民心相通"是"一带一路"倡议的"五通"原则之一，是分量最重的原则。"民心相通"是指共建"一带一路"国家和地区的人民在目标、理念、情感和文明方面的相互沟通、相互理解、相互认同。要想达到"民心相通"，不光要拉近我们和共建国家的地理距离，更要缩短与民众间的心理距离。要学会平等对话，树立共同的目标、相近的理念，培养深厚的情感和文化的认同。"一带一路"建设必须要先疏通民意、营造舆论氛围。重大经济建设项目在实施之前，不光要与政

府实行有效沟通，还应该与百姓民众进行充分沟通，顾及不同社会阶层的利益诉求。同时还应淡化意识形态对立，积极应对和消解西方敌对势力对"一带一路"的黑化，消弭所在国民众的认知偏差，传递中国价值观和人类共同价值。

海外中国企业是中华文明传播力影响力的重要输出平台，企业在"走出去"的过程中，应淡化"强传播"手段，运用"巧传播"方法，在呈现企业理念、讲述企业发展故事时突出人文关怀理念，从讲述"我的故事"到讲述"我们共同的故事"，凸显企业的人文情怀，塑造海外企业温暖、亲切的对外形象并在海外传播环境中不断更新。①

三 中国企业海外传播能力的创新和拓展愿景

党的二十大以来，我国积极推进高水平对外开放，加强新质生产力建设，构建"一带一路"高质量发展新格局、出海企业数量持续增加，"一带一路"投资合作持续走深走实。与此同时，越来越多的海外中国企业主动进行海外传播的意识、水平和效能都呈现出增强趋势，通过主动发声、精准传播、加强品牌文化与在地文化相结合、彰显社会责任和人文关怀等方式打造海外形象，为推动共建"一带一路"高质量发展，构建人类命运共同体发挥了重要作用。

不久前发布的《中国企业海外传播力分析报告（2023）》研究显示，当前，中国企业在国际传播中的总体设计和系统布局已进一步加强，对"企业是展示国家形象窗口"的角色和担当的认知进一步提升；在传播过程中"重宣传，轻传播，重产品，轻故事"的现象得到有效改善；海外社交媒体运营专业化程度已进一步提高。中国企业在走向海外的进程中，主动传播意识显著提升。从基础设施建设层面与世界各国的"硬联通"，到规范标

---

① 《〈2023 中央企业海外网络传播力建设报告〉发布》，中国日报网，https：//cn.chinadaily.com.cn/a/202401/14/WS65a3af2ea310af3247ffbe67.html。

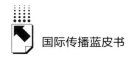

准层面与全球产业链的"软联通",再到跨越文化壁垒与海外民众的"心联通",中国企业主动走向海外、积极传播的意识逐年提升。①

党的二十届三中全会提出要"推进国际传播格局重构,构建更有效力的国际传播体系",为我国深化改革,加快构建多渠道、立体式对外传播格局,全面提升国际传播效能指明了方向。展望未来,共建"一带一路"国家的海外中国企业可以继续在以下方面持续发力,使国际传播能力建设实现质的飞跃。

第一,成为我国对外文化传播的典范。与共建"一带一路"国家和地区的各民族文化深入对话与交流,以开放的姿态拥抱世界,树立尊重多元文化、促进文明互鉴的国际形象,为企业"走出去"的跨文化传播实践提供借鉴。

第二,引领国际传播的技术创新。运用人工智能、虚拟现实等前沿技术,创新传播形式和内容,提升传播体验。

第三,构建多元化的国际传播生态。与所在国政府、媒体、智库等利益相关方建立长期合作机制,共同打造良性互动的传播环境。

第四,培养国际化传播人才。建立完善的人才培养体系,为扩大对外开放、高质量发展"一带一路"培养具有跨文化视野和国际竞争力的专业人才。

海外中国企业是中华文明传播力影响力的重要输出平台,是我国国际传播的重要主体之一,是构成我国对外传播体系的不可或缺的重要力量。加强海外中国企业的国际传播能力建设,对落实"一带一路"高质量发展,实现人类命运共同体的愿景意义重大,需要国家层面、海外中国企业以及民间多方力量进行系统规划和持续努力。

对于"出海"的中国企业而言,其技术与市场开拓能力代表着品牌的硬实力,国际传播能力则是品牌软实力的体现。不断提升在多元文化

---

① 《〈中国企业海外传播力分析报告(2023)〉正式发布》,财经头条,https://t.cj.sina.com.cn/articles/view/1718493627/666e21bb040015z1q。

环境中的传播能力是硬实力与软实力共同作用、相得益彰的结果。从基础设施建设层面与共建"一带一路"国家的"硬联通"到跨越文化壁垒与海外民众的"心联通"，中国企业出海之路道阻且长，但行稳致远，未来可期。

B.11
人文经济学视角下中国企业
海外形象建构路径[*]
——以中国石化为例

朱戈奇　景嘉伊[**]

摘　要：　讲好企业故事是讲好中国故事的重要组成部分，提升企业形象是塑造中国国家形象的重要路径之一。随着经济全球化和"一带一路"倡议的纵深推进，以中国石化为代表的中央企业深度参与全球产业分工与合作，提供优质产品和服务，积极履行社会责任，传播中华文化与中国声音。本研究从人文经济学的视角出发，关注企业海外形象建构中"人"、"文化"与"经济"的关系，通过实地调研、深度访谈分析中国石化的海外形象建构，研究指出中国石化通过以中华优秀传统文化激活品牌人文感和以人文主义精神激发海外员工主体性的传播策略，构建立体传播矩阵与新闻发言人制度相结合的传播体系，建构"自我叙述"与"他者叙述"相结合的传播内容成为提升中国企业海外形象的有益尝试。本研究认为，在中国企业的海外形象建构中，应当以激发企业员工的主体性推动企业发展的"人文回归"，以激活传播内容的人文感深化企业发展的"人文基因"，以构建体系化企业形象传播机制增强企业发展的"人文韧性"。

关键词：　企业形象　人文经济学　中国石化

---

* 本报告系中国社会科学院 2024 年度重大经济社会调查项目"中国网络民意和舆情指数调查（2024—2026）"（项目编号：2024ZDDC006）前期成果。

** 朱戈奇，清华大学新闻与传播学院博士研究生，研究方向为文化产业、游戏研究；景嘉伊，中国社会科学院新闻与传播研究所助理研究员，研究方向为国际传播、企业传播。

党的二十大报告指出，"加快构建中国话语和中国叙事体系，讲好中国故事、传播好中国声音"。讲好企业故事是讲好中国故事的重要组成部分，提升企业形象是塑造中国国家形象的重要路径之一。近年来，随着世界经济增速明显放缓，逆全球化思潮抬头，在单边主义和保护主义的冲击下，中国企业海外形象的建构面临着诸多风险挑战。在此背景下，人文经济学为中国企业激活自身创造力、提升核心竞争力、促进经济结构优化升级提供了重要的理论视角，有利于进一步激发中国企业在塑造中国国家形象中的生力军作用。

随着经济全球化和"一带一路"倡议的纵深推进，以中国石化为代表的中央企业深度参与全球产业分工与合作，提供优质产品和服务，积极履行社会责任，传播中华文化与中国声音，有效改善了"软实力与硬实力不匹配、美誉度与贡献度不匹配"① 的现实困境。《2023 中央企业海外网络传播力建设报告》显示，中国石化海外网络传播力综合指数蝉联央企第一。新华社新时代人文经济学课题组认为，"围绕人、文化、经济三大要素，处理好物质与精神、传统与现代、效率与公平、自立与互鉴等几对关系，成为深刻践行新时代人文经济学的应有之义"②。中国石化的海外形象建设实践是推动企业文化、人才、经济要素有效融合塑造企业形象的重要路径，这一实践探索和理论思考对讲好企业故事、传播中国声音具有重要的启发意义，有助于进一步加速建设具有国际竞争力的世界一流企业。

一　传播策略：品牌建设与文化建设相结合

（一）品牌建设：以中华优秀传统文化激活品牌人文感

中华优秀传统文化是中国企业的文化基因，中国企业是中华优秀传统文

---

① 胡钰：《中国企业海外形象建设：目标与途径》，《中国软科学》2015 年第 8 期。
② 新华社新时代人文经济学课题组：《新时代人文经济学》，新华出版社，2023，第 48 页。

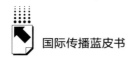

化的践行者。从文化传承来看，以"中华老字号"等为代表的中国企业具有不可忽视的文化积淀，企业的文化意义是深厚的，文化对于企业的品牌建设意义是巨大的。从现代化建设来看，中国企业的发展离不开平衡传统文化与高质量发展理念。从人文经济学的视角来看，中国企业的发展并非以西方主流经济学去人文、功利最大化，而是以传统文化增强中国企业的发展韧性。中华优秀传统文化所蕴含的精神力量，既能转化为特定的新质生产力，也影响着企业的生产力与生产关系。

中国石化通过系统性梳理企业历史沿革和时代发展战略，将革故鼎新、自强不息、天人合一等中华优秀传统文化融入企业发展愿景，以中华优秀传统文化激活品牌人文感。围绕"技术创新的引领者"和"承担社会责任的建设者"，中国石化通过广告营销、国际合作、创意传播等多种形式进行议程设置，构建企业海外形象。

作为"技术创新的引领者"，中国石化通过深入参与全球能源治理活动，通过举办中俄能源商务论坛、中国石油国际合作论坛等高端国际会议，构建油气领域的合作交流平台，提升行业话语权，打造出行业技术引领者的品牌特色。在北京2022年冬奥会举办期间，中国石化围绕冬奥火炬开展研发攻关和量产工作，创新使用氢能和碳纤维技术，制作出碳纤维复合材料构成的奥运火炬外壳，打造《为火炬"飞扬"披上碳纤维"外衣"》等系列报道推动绿色奥运的实现，并联合北京冬奥组委举办"洁净能源，为冬奥加油"北京冬奥会合作伙伴俱乐部主题活动。

作为"承担社会责任的建设者"，中国石化下属分公司在泰国、科威特等国通过开设石油天然气化工培训中心等为当地培育相关领域人才，提升当地油气工程行业竞争力，在开展投资者建设的同时也能深入当地社区开展志愿服务等多种活动，推动区域经济发展。中国石化的产品长城润滑油服务中国航空60多年，将航天润滑的核心技术，辐射和应用到工业和车用等民用领域中，并通过举办相关体验营、讲座分享强化"长城润滑油——默默无闻奉献"的精神实质。此外在新冠疫情暴发期间，中国石化主动援建科威特首个方舱医院，在哈萨克斯坦修建基础设施工程帮助边远地区实现"村村通气"等，努力实现"以全人类生活美好为己任"的目标。

中国石化企业品牌的建设是对中华优秀传统文化的继承和创新，使现代文明与中国石化发展历程、中华优秀传统文化更好地衔接与融合。因此，从人文经济学的视角而言，企业品牌建设应用动态的、综合的、多层面的角度去看待企业的发展与变化，让文化丰富企业经济发展的时代内涵，赋予企业产品更多社会价值和社会意义，推动产品升级和产业变革。

（二）文化建设：以人文主义精神激发海外员工主体性

海外员工是跨国企业十分重要的利益相关者，是企业形象的传播载体。良好的企业形象反映出一个企业具有良好的经营管理制度和危机应对能力，能够激发员工积极性，建设员工与企业的共同体。人文经济学的视角下，企业的高质量发展应当是促进物的全面丰富和人的全面发展，表现为展现对海外员工的人文关怀，激发员工主体性。

吕大鹏指出中国石化"根据不同项目类型选择合适的跨文化整合模式"，对于国际化程度较高、价值理念和管理较为先进的被收购企业采取"全盘接收后逐步整合的形式"，在接管之初减少收购政策带来的工作环境的变动对海外员工的影响，随着一段时间的稳定，逐步开展多元文化融合的企业文化建设，如将企业文化元素融入被收购企业的标识设计、宣传口号中，在尊重当地员工文化的基础上传播中国石化的企业价值观。[1] 在这一过程中，多元文化融合的政策满足了海外员工的精神文化需求和情感互动需求，通过文化交流活动向海外员工讲述了中国石化的发展历史、社会现实，使他们收获心灵上的支持和共鸣，在互动仪式中形成的情感能量市场就作为一种主导机制促使个体在组成他们参与的互动仪式链中运动，在这种仪式下进一步加强了"将中国石化建设得更好"的集体情感，达到群体团结。

王玉樑提出"主体性是对象性活动中本质力量的外化，能动地改造客

---

① 吕大鹏：《中国石化跨文化管理赢得国际赞誉》，《中国石化》2016 年第 5 期。

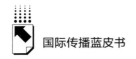
体、影响客体，使客体为主体服务的特性"①。在企业文化建设的过程中，主体性表现为企业文化应当为作为文化持有者的企业员工服务，企业员工能够了解企业文化的内容、主动参与企业文化的传播，从而推动企业形象的传播。但是在企业形象的建设中，许多员工无法直接认识到企业文化的特点、认同企业文化的氛围，只能在与其他角色的互动、博弈、摩擦和妥协中认识到自身作为企业文化载体对企业品牌建设的重要性。郑德聘认为"主体与主体的共在是主体间性理论的最基本的内涵"②。企业文化的传播者除了企业、公众，更重要的是企业员工，作为对企业生活有亲身体验和见闻的一个个"原子化"的个体，当他们主动参与到企业文化的分享与建设中，就会产生"聚变"或"裂变"的"核反应"，形成强大的舆论。由此可见，建设企业文化，培养企业员工的主体性，使得企业员工不再是被动、孤立、可有可无的个体，企业员工也能够通过互动激发主体，成为鲜活的、有生命力和感染力的企业文化主体，对企业形象的传播产生重要的影响。

人文主义精神的管理措施和企业文化的传播不仅使海外员工重新确立了"我是石化人"这一身份的认同，更是明确其操作化含义，即"我工作的石化应该是什么样"。在中国石化的跨文化管理模式中，海外员工原本是"异乡人"，但是共同的企业发展目标、对企业文化的认同与归属感逐渐推动海外员工与中国石化成为共同体。

二　传播体系：构建立体传播矩阵与新闻发言人制度相结合

（一）主动开展正面宣传：构建立体传播矩阵

中国石化实施媒体融合背景下的企业海外形象传播战略，通过打造线上

---

① 王玉樑：《论主体性的基本内涵与特点》，《天府新论》1995 年第 6 期。
② 郑德聘：《间性理论与文化间性》，《广东广播电视大学学报》2008 年第 6 期。

融媒体传播平台与建设"公众开放日""社会监督员""报告发布会"等线下企业传播空间，构建企业海外形象的立体传播矩阵。

中国石化在融媒体中心建设方面进行了广泛而深入的实践，积极在西方媒体舆论场中主动发声，显著提升了在社交平台与短视频领域的传播意识，并因地制宜地推出了一系列多元文化融合的媒体作品，展现了显著的努力与成果。具体而言，一方面，中国石化充分利用5G、人工智能、云计算等前沿数字技术，有效推动了海外用户在体验其数字文化内容方面的转型升级，增强了用户的互动性与沉浸感。另一方面，依托信息技术的深度应用，融媒体平台得以生产即时化、视频化的线上内容，不仅丰富了企业文化的表现形式，还促使企业文化成为生产要素，实现了与泛产业的赋能连接。2023年10月，中国石化开展了"丝路书屋—中国书架"跨文化融合项目，在沙特、阿尔及利亚、科威特、埃及、厄瓜多尔等国家落地10个书架，为海外读者和企业员工提供经济、社会、文化等主题图书1.18万册。融媒体平台通过发布书架落地消息、举办文化交流活动报道、展示图书内容、鼓励读者分享阅读体验等方式，增强了海外读者对中国文化的了解和兴趣，进一步扩大了项目的影响力。"丝路书屋—中国书架"跨文化融合项目不仅为海外读者提供了丰富的精神食粮，还促进了中华文化与各国优秀文化的交流互鉴。通过书架的建立和文化交流活动的举办，中国石化成功搭建了一个连接中国与世界的文化桥梁。

中国石化整合社区资源和企业资源，不仅仅把自己定位为内容生产者、信息传播者，而是成为助力地方经济发展与建设的综合信息平台。在企业参与社区建设、助力基层发展的过程中，融媒体平台作为企业员工和社区居民获取信息的重要窗口，能够给企业员工和社区居民及时提供更多真实客观、观点鲜明的信息内容。基于新媒体技术的扁平化、互动化特征，融媒体平台为各方参与社会治理开辟路径和通道，更好地了解民众需求和反馈意见，为社会治理措施的出台和改善提供有效助力，有助于打造全方位的企业品牌宣传阵地，树立了良好的企业形象。中国石化与沙特阿美合资设立的中沙延布炼厂是中国石化首个投资并参与建设的海外炼厂项目，总投资额超过80亿

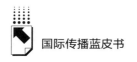
美元，也是中国在沙特的最大投资项目。该项目不仅提升了沙特当地的原油加工能力，还通过培训和继续教育，培养了一批工程管理人才和技术工人，促进了社会可持续发展。融媒体平台通过发布项目进展、技术成果、社会责任等方面的信息，增强了公众对项目的了解和认同。同时，平台还积极回应社会关切，解答公众疑问，为项目的顺利实施营造了良好的舆论环境。

（二）积极处理负面舆情：建立新闻发言人制度

中国石化在工作机制上，将影响企业形象的负面舆情纳入集团风险控制中，建立起二级新闻发言人等多项机制，通过培训具有深厚新闻素养、危机处理意识的新闻发言人，确保危机管理回应机制的可信性和一致性。

围绕积极回应负面舆论的危机管理措施，中国石化建立起舆情分级、分类、分别的快速反应方案。对于确有责任的事件，及时承担社会责任；对于局部有失的事件，厘清责任，公开透明相关信息；对于谣言误传，及时沟通，必要时诉诸法律。依托前述危机应对方案，中国石化成功将非洲牛郎门、聚丙烯落海事件等负面舆情"化危为安"，维护了企业形象。2013 年 7 月 24 日，某港商在美国联邦加州中区法院递交诉状，以违反《外国人侵权法》和《反勒索及受贿组织法》等为由，恶意控告中国石化"侵权"，索要巨额赔偿金。这一案件对中国石化的国际形象构成了严重威胁。中国石化通过代理律师向美国法院递交了驳回动议，并随后进行多轮答辩，坚决维护自身合法权益。在案件审理过程中，中国石化保持与媒体和公众的透明沟通，及时发布案件进展和相关信息，减少误解和谣言的传播，同时积极寻求国际法律支持和合作，与美国当地律师团队紧密配合，经过一年零四个月的审理，中国石化最终取得了一审及二审的全面胜利，避免了巨额赔偿损失。这一案例不仅彰显了中国石化依法维护公司合法权益的坚定信念，还为中国企业在国际市场上赢得了声誉，在回应负面舆情的过程中，中国石化注重加强与媒体和公众的沟通联系，通过官方网站、社交媒体等渠道及时发布企业动态、业绩报告和社会责任报告等信息，确保信息披露的透明度和及时性，同时采取平易近人的沟通方式，通过青年化、趣味化的形式与国内外受众开展沟通,"沟通式"的处理方式也得到了受众的认可。

构建立体传播矩阵与建立新闻发言人制度相结合的传播体系使得中国石化能够多渠道、及时处理危机舆情,有利于进一步长期维护依托企业品牌和企业文化构建起来的企业形象。

三 传播内容:文化自立与文明互鉴相结合

进入 21 世纪后,中国作为一个快速崛起的大国在国际社会中的角色发生了重大变化,受到冷战思维以及意识形态、文化逻辑等不同所带来的影响,国际舆论场上"中国威胁论"此起彼伏。面对新的国际局势、传播格局、舆论生态,被动应对意识形态竞争而进行的"说明中国企业"的政治传播已经不再适应时代要求,同时在具体实践中暴露出各种各样的问题:注重"观点"而忽略事实;偏向"自说自话"而忽略文化差异;注重正面报道而压制负面报道。这样的国际传播实践中,中国企业的形象是一篇由经济发展数据、陌生的文化概念组成的没有温度和真实感的"说明文"。在互惠型与友好型的文化交流进程中,各种文化体系均会构建出对他者文化的认知图式,并同时受到来自他者反馈的文化图式的影响,这一过程促使他者成为自我认知的重要延伸部分。从人文经济学的视角来看,讲好企业故事应当把握自立与互鉴的关系,既要开展自我叙述,讲好企业发展的故事;又要吸纳他者视角,站在全球视野的高度,将企业发展与文明互鉴相结合。

(一)立足自我叙述:讲述中国企业、中国故事的发展经验

自我叙述是企业向世界展示自身形象、传播自身故事的重要手段。对于中国企业而言,通过自我叙述讲述中国故事,不仅是与国际社会沟通的重要方式,更是展现中国发展理念和价值观的有效途径。中国石化在自我叙述中,展现了中国企业从改革开放至今的艰辛探索和卓越成就。它不仅是中国经济发展的典型缩影,更是中国企业在全球化进程中不断壮大、提升国际竞

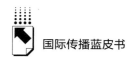

争力的生动例证。

从技术创新到市场拓展，从产业升级到国际化战略，中国石化将"守正创新"、"社会责任"和"可持续发展"的企业经验融入企业传播实践中，这些价值观不仅是中国石化取得成功的关键，也是中国企业走向世界、讲好中国故事的重要支撑。具体表现为：其一，中国石化在技术研发、产品创新、管理模式等方面不断探索和突破，为企业的持续发展注入了强大的活力。在国际竞争中，中国石化凭借创新实力，不断推出具有自主知识产权的核心技术，提升了企业的国际竞争力，也为中国企业在国际舞台上树立了创新的形象。其二，中国石化在追求经济效益的同时，始终不忘履行社会责任。无论是在国内还是在海外，中国石化都积极参与社会公益事业，关注环境保护，推动可持续发展。这种负责任的态度和行为，不仅赢得了社会各界的广泛赞誉，也为中国企业树立了良好的国际形象。其三，中国石化在发展过程中，始终坚持可持续发展的理念，注重资源节约和环境保护。通过实施绿色发展战略，中国石化不仅实现了经济效益和社会效益的双赢，也为中国的可持续发展做出了积极贡献。为了更好地展现"世界领先洁净能源化工公司"的愿景，中国石化在海外媒体平台上发布《中国石化成功打造我国首座碳中和加油站》《全球最大光伏绿氢生产项目落户新疆库车》等系列文章，积极参与生物多样性、文化多样性的人类命运共同体实践，有效回应了人们对于石化公司环保问题的质疑，展现了有担当、有责任的企业形象，为国际社会了解中国石化打开了"新窗口"。

（二）吸纳他者视角：坚持"人类命运共同体"的发展理念

在企业传播的语境下，激活并善用"他者叙述"机制，对于超越文化中心主义的局限、增强中国故事在全球市场中的说服力和影响力具有重要意义。通过纳入并尊重多元文化的视角与叙事，企业不仅能够促进更深层次的文化交流与理解，还能有效提升其跨文化传播策略的有效性和适应性，进而在全球化的市场中构建更加积极、包容的品牌形象。

中国石化的传播内容表现为从"讲好企业故事"到讲好"企业与当地

社会发展愿景"的共同故事。一方面，海外员工成为企业故事的生动讲述者和自觉传播者，以法籍员工、北京冬奥会火炬手吉尔姆为例，中国石化海外社交媒体矩阵发布了"吉尔姆看西藏"，在视频中呈现了西藏的自然风景和文化底蕴，海外员工的新奇视角和趣味解读让人们认识到了一个更多元立体的西藏，同时也认识到中国石化在推动区域经济发展中发挥的重要作用。另一方面，中国石化成为海外民众日常生活的参与者和改造者，在厄瓜多尔安第斯公司，中国石化不仅注重油气资源的开发，还积极开展社区援助项目，如建设社区医院、提供奖学金、改善教学设施等。这些举措不仅提升了当地社区的生活水平，也增强了中国石化在当地社会的认同感和影响力。通过扩大能源合作"朋友圈"、携手构建命运"共同体"，中国石化在拉美地区赢得了良好的经济效益、市场信誉和品牌声誉。以沙特阿拉伯为例，中国石化面向沙特在社交媒体平台开通了"中国石化在沙特"的官方账号，除了在当地组织赠送斋饭礼盒等公益活动，还经常与当地民众开展线上互动，在了解到当地有识之士担忧沙特作为能源国家过于依赖石油开采的时候，结合当地人民的愿景，运用相关科学技术和当地合作将石油转化为化工产品，有效地缓解了当地人民的忧虑，相关合作通过中石化的海外社交媒体以及沙特当地的媒体进行了传播、实现了双赢。

中国石化采用"自我表述"与"他者叙述"相结合的方式，以精准把握公共关系建设的策略与实践。其一，深入理解目标地区的政策动态，并结合不同国家和地区的文化习俗，定制化设计并实施公共关系策略，此过程充分展现对当地历史文化的尊重与理解，通过积极承担社会责任，树立并维护良好的企业形象。其二，构建境外立体化的传播平台，实施差异化的传播策略。这一策略的实施涉及与国际舆论场中具有影响力的媒体、智库、行业协会及企业建立深度合作，以此形成稳定的外媒记者朋友圈和海外记者资源库。通过积极构建媒体关系网络，多语种发布新闻信息，中国石化不仅拓宽了海外公众了解自身的渠道，还显著增强了其在跨文化传播中的话语权与影响力。

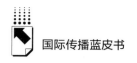

四 人文经济学视角下的中国企业海外形象建构

新时代发展的使命要求中国企业的海外形象建构要在"文化发展"、"人的发展"和"经济发展"中寻求新的平衡与突破，从人文经济学的视角而言，中国石化的海外形象建构带来的启示表现为：以激发企业员工的主体性推动企业发展的"人文回归"，以激活传播内容的人文感深化企业发展的"人文基因"，以构建体系化企业形象传播机制增强企业发展的"人文韧性"。

（一）人文回归：激发企业员工的主体性

中国企业的海外形象建构应立足包容性视角，尽可能地将多个重要的利益相关者纳入其战略框架之中。这些利益相关者包括但不限于当地社区、政府机构、非政府组织、供应商、分销商以及最终消费者，他们的利益和需求应当在企业决策过程中得到充分的考虑和平衡，以确保企业的跨国经营活动能够在复杂多变的国际环境中稳步前行。传统的"品牌—顾客"销售思维在海外传播的语境下过于狭隘，仅聚焦于短期的市场份额和利润最大化，而忽视了更广泛的社会影响和企业责任。这种思维模式容易导致企业在跨文化环境中遭遇信任危机和社会排斥，进而损害其长期利益。因此，摒弃这种短视的销售思维，将企业的发展置于一个更加广阔的社会生态之下，成为跨国经营成功的关键。这意味着企业需要在其战略规划中融入对社会责任、环境保护、文化尊重等多维度的考量，以实现企业与社会的和谐共生。

在这一转型过程中，企业员工，尤其是海外企业员工对企业形象的建构起着至关重要且不可替代的作用。作为企业文化发展的最重要、最关键、最根本的动力源泉，企业员工不仅是企业文化的接受者，更是其传播者和实践者。激发企业员工的主体性，意味着要促进他们从被动的文化受者向主动的文化传者的角色转变，这一转变过程需要企业通过有效的内部沟通机制、培训计划和激励机制来支持和引导。当企业员工能够积极参与企业文化的塑造与传播时，他们的行为和态度将成为企业形象建设中最生动、最有说服力的元素，从而提升企业在全球范围内的品牌形象和社会影响力。

（二）人文基因：激活传播内容的人文感

企业的融媒体平台作为展示企业文化的"小切口"，目的在于让海外公众感受到中国企业乃至中华文化的"大纵深"。因此，企业的传播实践应当不仅仅体现对企业自身的宣传，更应当体现对企业所有利益相关者的重视和关注，提升企业传播的温度和人情味。

从地方性知识的角度出发，企业的海外形象建立是一个深入理解和尊重"当下"文化实践与"当地"文化要素的过程。这不仅关乎企业所在场地的地理环境、文化语境，还紧密地与当地的社会现实和人本需求相联系。中国企业在传播实践中应当充分涵盖国内外不同地域的社会现实、地理环境和文化语境，体现对地方性知识的深刻理解和尊重。地理环境作为地方性的自然知识，是中国企业传播内容中的重要组成部分，通过对不同地域生活环境的描绘和介绍，不仅展示了其业务遍布的广泛性，也传递了对当地自然环境的尊重和关注。此外，中国企业通过深入挖掘并传播包括文化习俗、社会规范在内的地方性文化知识，通过带领海外公众发现中国的历史文明、名人传说、文物古迹和情感记忆，使他们能够更深入地了解中国企业的发展历史和企业文化。这种传播方式不仅增强了海外公众对中国企业的认知和认同，也促进了中外文化的交流与理解。

值得注意的是，中国企业应当在传播过程中始终注重人文主义关怀的体现。通过讲述中国企业与海外公众的温情故事，企业成功地传递了中国企业的人文精神和社会责任感。这种以人本需求为导向的传播策略，不仅能够提升中国企业的海外形象，也进一步巩固了企业与海外公众之间的情感联系。由此，企业形象的海外建构要站在跨文化沟通的视角，要深刻理解传播对象的态度、文化和身份，使自身适应本土的社会文化，使企业的管理经营融入当地的社会发展中。

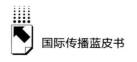

（三）人文韧性：构建体系化企业形象传播机制

企业形象的建构是一个长期性、战略性的过程，它要求建立体系化、专业性的企业形象维护机制。中国石化通过整体规划，明确提出了"人民满意、世界一流"的企业形象管理总体目标，并围绕这一目标构建了相匹配的工作机制。这一机制涉及以中华优秀传统文化激活品牌人文感和以人文主义精神激发海外员工主体性的传播策略，建设融媒体矩阵与新闻发言人制度相结合的传播体系，建构"自我叙述"与"他者叙述"相结合的传播内容，在具体实践中，中国石化从负面舆情应对、新闻宣传工作、公共关系管理、品牌建设和管理、企业文化建设等五个方面，建立起了一套科学有效的企业形象维护机制。这一机制不仅提升了企业自身的竞争力，还为中国企业海外形象建构提供了优秀的实践案例。

从建设文化强国的战略高度来看，中国企业开展海外形象建构是讲好中国故事、传播中华文化的重要途径。中国企业海外形象的"韧性"尤为重要，以中国石化为代表的中国企业通过挖掘和传播具有人文关怀和韧性的故事，展示企业在面对挑战和困难时所展现出的坚韧不拔和积极向上的精神风貌，这种人文韧性的展现，不仅增强了企业形象的亲和力和感染力，还提升了中国企业在海外市场的认知度和美誉度，为中华文化的传播和国家形象的提升作出了积极贡献。通过这一实践，中国企业能够向世界展示真实、立体、全面的中国，提升国家形象，增强中华文化的国际影响力。

B.12
高校智库国际传播能力建设的
现实问题与实践进路

李荃 李润泽 李沐芸*

摘　要： 高校智库作为中国特色新型智库的中坚力量，不仅服务国家决策，还肩负开展战略性国际传播重任。本文以高校智库作为研究对象，通过运用案例分析等研究方法，深入探讨了高校智库在国际传播能力建设中存在的现实问题与挑战。研究发现，现阶段高校智库在国际传播能力建设上面临着国际传播意识的薄弱、传播平台和渠道的局限性、国际化人才队伍的不足、国际合作与交流制度性障碍等诸多挑战。针对上述问题，本文提出了具体的对策建议：首先，应重视跨学科人才的培养，以提升高校智库在国际舞台上的竞争力；其次，通过品牌建设与多渠道传播策略，扩大高校智库的国际影响力；再次，加强国际合作与交流，构建开放包容的国际合作网络；最后，完善高校智库的人才激励机制和评价体系，为高校智库的持续健康发展提供制度保障。

关键词： 高校智库　国际传播　中国特色新型智库

　　智库是思想理论的容器，是提供最佳思想、理论、方法、策略和方案等的决策咨询机构，更是影响现代政府及各类机构决策和推动社会发展的一支重要思想力量。进入新时代以来，以习近平同志为核心的党中央高度重视中

＊ 李荃，博士，首都经济贸易大学文化与传播学院讲师；李润泽，中国社会科学院大学新闻传播学院博士生；李沐芸，中国社会科学院大学新闻传播学院博士生。

国特色新型智库建设，并将智库建设工作提升到关乎党和国家长远发展战略全局的高度，相继作出系列重要指示、发表系列论述。2013 年 11 月，党的十八届三中全会通过《中共中央关于全面深化改革若干重大问题的决定》提出"加强中国特色新型智库建设"的任务。2015 年 1 月，中共中央办公厅、国务院办公厅印发《关于加强中国特色新型智库建设的意见》明确指出："中国特色新型智库是国家软实力的重要组成部分""在国际舞台上发出中国声音，迫切需要发挥中国特色新型智库在公共外交和文化互鉴中的重要作用，不断增强我国的国际影响力和国际话语权""加强中国特色新型智库对外传播能力和话语体系建设，提升我国智库的国际竞争力和国际影响力"。① 2022 年 4 月，中共中央办公厅印发《国家"十四五"时期哲学社会科学发展规划》，提出"着力打造一批具有重要决策影响力、社会影响力、国际影响力的新型智库，为推动科学民主依法决策、推进国家治理体系和治理能力现代化、推动经济社会高质量发展、提升国家软实力提供支撑"②。由此可见，中国特色新型智库作为国家软实力的重要部分，理应承担起全面加强国际传播能力建设这一战略使命。

高校智库作为中国特色新型智库的中坚力量，相较于其他类型智库，自身相对中立、客观的第三方地位赋予了其在国际传播实践中得天独厚的优势，因而能够更好地向全球传达我国发展所遵循的理念、思路以及政策主张，在纷繁复杂的国际舆论场域中赢得全球公众的理解互信。近年来，高校智库在国际传播能力建设层面取得了一定的成绩，然而我们要清醒地认识到，短板与不足亦显而易见地存在着。党的二十届三中全会明确提出要"构建更有效力的国际传播体系"③，如何增强国际影响力，形塑自身

① 《中共中央办公厅、国务院办公厅印发〈关于加强中国特色新型智库建设的意见〉》，中国政府网，2015 年 1 月 20 日，https://www.gov.cn/zhengce/2015 – 01/20/content_2807126.htm。

② 《全国哲学社会科学工作办公室负责人就〈国家"十四五"时期哲学社会科学发展规划〉答记者问》，《光明日报》2022 年 4 月 28 日。

③ 《中国共产党第二十届中央委员会第三次全体会议公报》，中国政府网，2024 年 7 月 18 日，https://www.gov.cn/yaowen/liebiao/202407/content_6963409.htm。

在国际社会的话语权，将成为我国高校智库国际传播能力建设的时代课题。

一　高校智库：国际传播能力建设的重要参与者

高校智库具有人才资源集中、学科门类齐全、基础研究扎实等独特资源优势，可以为学术研究与政策研究之间搭建起桥梁，为国家战略筑建学理根基，并将基础与应用研究融合凝练为一种公众可以理解与获取的话语内容。因而，无论从全球智库发展历史这一纵向视角看，还是从世界各国智库发展态势这一横向视角看，高校智库始终都是智库发展的关键部分。党的十八大以来，中国高校智库实现了蓬勃发展，在新型智库建设中发挥着至关重要的作用，为国家的战略研究和政策研究提供了有力的学术支持。2015 年 1 月，中共中央办公厅、国务院办公厅印发《关于加强中国特色新型智库建设的意见》，强调"发挥高校学科齐全、人才密集和对外交流广泛的优势，深入实施中国特色新型高校智库建设推进计划，推动高校智力服务能力整体提升"[①]。

现阶段，高校智库在中国特色新型智库体系中的地位愈加突出，不同来源数据均显示出这一趋势。以南京大学中国智库研究与评价中心、《光明日报》智库研究与发布中心联合研发的中国智库索引（CTTI）为例，在其所收录的 941 家来源智库中，高校智库的数量占比最高，达到 663 家，占比为70.5%（见图 1）。[②] 2020 年 4 月，清华大学发布的《清华大学智库大数据报告（2019）》中，其选取的 1065 个分析样本中，高校智库为 611 家，占比超过 57%。2024 年 7 月，上海社科院智库研究中心发布的《中国智库报

[①]　《中共中央办公厅、国务院办公厅印发〈关于加强中国特色新型智库建设的意见〉》，中国政府网，2015 年 1 月 20 日，https://www.gov.cn/zhengce/2015-01/20/content_2807126.htm。

[②]　南京大学中国智库研究与评价中心、光明日报智库研究与发布中心联合课题组：《"数"说成长 为中国智库画张像——以中国智库索引 CTTI 来源智库为样本》，《光明日报》2020 年12 月 28 日。

告（2021—2023）》显示，在中国内地总数超千家智库中，高校智库数量已占中国内地智库总数的42.6%。①

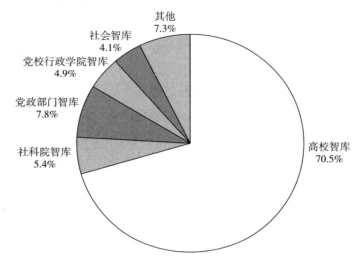

图1 中国智库索引（CTTI）来源智库类型比重

资料来源：南京大学中国智库研究与评价中心、光明日报智库研究与发布中心联合课题组统计数据。

考虑到高校智库业已成为中国特色新型智库体系不可或缺的重要力量，加强国际传播能力建设、提升国际影响力问题自然也成为高校智库发展过程中不能回避的重大问题。实际上，不同于其他类型的智库机构，高校智库的第三方属性使其能够成为国际传播能力建设的重要参与者。

首先，高校智库能够汇聚资源提出原创性概念与观点。一般认为，高校智库是产生新思想、新观点的理想场所之一，诸如"文明的冲突""软实力"等概念皆诞生于此。当前，构建起具有中国特色的理论结构与话语模式的迫切性日益凸显，正如习近平总书记指出，"要加快构建中国话语和中国叙事体系，用中国理论阐释中国实践，用中国实践升华中国理论，打造融通中外的新概念、新范畴、新表述，更加充分、更加鲜明地展现中国故事及其背后的

---

① 董志雯：《〈中国智库报告（2021-2023）〉在上海发布》，人民网，2024年7月10日，http://sh.people.com.cn/n2/2024/0710/c134768-40907457.html。

思想力量和精神力量"①。因此，我国高校智库理应承担起探索中国特色的理论结构、话语模式的重要任务，创造出具有原创性的概念与观点，引领全球关注。

其次，高校智库应当打造品牌刊物与学术活动。纵览全球智库发展史，可以发现顶尖的智库通常都有自身旗舰性的刊物，如美国战略与国际问题研究中心的权威期刊《华盛顿季刊》、外交关系委员会的《外交》双月刊，以及卡内基国际和平基金会的《外交政策》杂志等。这些刊物不仅是政府决策层与各界精英的必读资料，其影响力更跨越国界，深受全球官员、学者及媒体的瞩目。此外，这些顶尖高校智库还擅长通过定期举办学术论坛会聚各国知名学者，为他们提供一个跨国的思想交流平台。

最后，高校智库的专家学者是表达中国主张的核心力量。在我国的对外传播实践中，高校的专家学者一直都是重要参与者。因而，为了更好地发出中国声音，就需要为这些学者提供最新的研究成果以及国际传播相关技能培训，帮助专家"走出去"和"讲出来"。同时，高校的学者、专家从国际会议上带回来的最新资讯和舆论风向也能为智库把握当前国际形势、调整研究方向和政策建言提供指导建议。

综上可见，高校智库不仅服务国家决策，还肩负开展战略性国际传播重任。近年来，我国一批高水平高校智库锐意变革，显著提升了自身的国际传播能力，但总体上仍存在国际传播意识薄弱、传播平台渠道匮乏、专业人才队伍短缺等突出的现实问题。

二　高校智库国际传播能力建设的现实问题

（一）国际传播意识的薄弱

1. 对国际传播的重要性认识不足

在探讨高校智库的国际影响力与对外传播策略的文献中，聚焦于如何利

---

① 中共中央宣传部、中华人民共和国外交部：《习近平外交思想学习纲要》，人民出版社、学习出版社，2021，第 87 页。

用国际新媒体渠道进行传播的论文尚显稀缺，而深入剖析国际新媒体实际操作经验的文章更是凤毛麟角。审视当前中国高校智库的国际传播实践，不难发现其自我中心化的倾向较为突出，缺乏对智库应承担的国际传播责任的深刻认识。即便已有部分高校智库建立了国际新媒体传播平台，但这些平台的运营状况却不尽如人意，表现为推文更新迟缓，未能有效发挥其应有的影响力。在讲述中国故事、传播中国声音、阐述中国立场方面，这些努力尚未充分融入高校智库的对外传播实践中。

反观外交部发言人如赵立坚、华春莹、汪文斌等在国际社交媒体 Twitter 上的积极表现，他们频繁回应并反驳外国媒体及专家的观点，相比之下，中国高校智库在国际舆论场上的声音却显得异常微弱。尽管具备参与国际线上会议及接受国际媒体采访的条件，但鲜见中国智库主动介入国际争议，进行有力的反驳与辩论。

此外，高校智库在国际新媒体宣传矩阵的构建上亦显不足，不仅参与数量有限，且现有平台在内容发布上亦有缺陷：部分平台内容匮乏，更多聚焦于机构内部活动及文章发布，缺乏从维护国家形象与立场高度出发的深思熟虑的内容策划。这导致中国多数高校智库在国际舆论场中处于"失语"状态，不仅在国际舞台上缺乏话语权，其整体国际影响力也显得薄弱。①

2. 缺乏主动设置国际议题、引导国际舆论的意识

现阶段，我国高校智库在议题设置层面仍存在显著的不足，即缺乏主动设置国际议题、引导国际舆论的意识。以美国高校智库为例，其在发布研究成果与机构见解的同时，往往辅以机构最新动态，既紧密围绕本土议题，又在气候变化、公共安全、粮食安全等全球性议题上积极发声，展现出广泛的影响力。相比之下，我国高校智库的议题聚焦更为本土化，侧重于机构活动进展、邀请嘉宾的见解以及内部研究成果的展示，对于国际议题，尤其是国际政治与经济等核心领域的关注度明显不足，鲜少触及这些重大国际议题。

---

① 庄雪娇：《论中国智库的国际传播新媒体矩阵：现状与未来》，《智库理论与实践》2021 年第 2 期。

与此同时，美国高校智库的议题覆盖范围广泛且深入，不同高校智库间所关注的议题具有鲜明的差异性和独特性，体现了高度的专业化和细分化。而中国高校智库则在议题选择上呈现出一定的局限性，不同智库间议题重叠现象较为普遍，缺乏足够的创新性和辨识度，有时甚至出现"随声附和"的情况，难以形成自身独特的议题影响力。中国高校智库在议题设置上的这些显著局限性，无疑在一定程度上制约了其国际传播能力的提升和国际话语权的构建，限制了其在全球舞台上发出更响亮、更有分量的声音。①

（二）传播平台与渠道的制约

1. 平台和品牌的缺乏

当前，我国的高校智库在国际上尚未形成特色鲜明的品牌与平台，这导致在国际学术舞台上难以充分展现我国高校智库的观点和立场，进而在一定程度上限制了我们在国际传播领域的竞争力。

虽然我国近年来已涌现出如中国发展论坛、世界和平论坛、香山论坛等在国际上具有一定知名度的会议品牌，但在会议的国际影响力、传播策略的创新性以及互动形式的多样性方面，我们仍需努力缩小与国际顶尖论坛之间的差距。这要求我们在高校智库建设中更加注重传播与交流的广度和深度，以更加开放和包容的姿态，向世界展示中国智慧与中国方案。②

2. 传播渠道单一与效率低下

中国高校智库目前尚未充分认识到国际新媒体平台在增强国际话语权与提升全球影响力方面所扮演的关键角色，同时缺乏有效整合与联动这些平台以实现传播效果最大化的意识。随着国际社交媒体的蓬勃发展，人类的生活方式与沟通习惯正经历着深刻的变革，这不可避免地重塑了传统媒体的传播生态，也对高校智库的对外宣传策略与传播成效提出了新的挑战。

---

① 张志强、陈秀娟、韩晔：《社交媒体时代中国智库国际传播机遇、现状与提升路径》，中国网，2024年6月4日，http：//cn. chinagate. cn/news/2024-06/04/content_117152646. shtml。
② 肖茜、钟周、许馨匀：《新时代高校智库提升国际传播能力的创新探索——清华大学案例研究》，《中国高教研究》2022年第7期。

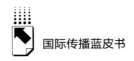

回顾近年来国内发布的智库排名报告，不难发现中国高校智库在国际交流与合作领域已倾注了相当的努力，但其工作重心仍主要聚焦于传统的交流模式与内容构建之上。遗憾的是，由于政策导向及认知局限，高校智库对于拓展多元化传播渠道的重要性认识不足，导致实际宣传效果远未达到预期目标，未能充分利用新媒体平台的优势来扩大国际影响力。因此，我国高校智库亟须转变观念，把握国际新媒体平台带来的新机遇，加强平台间的协同合作，创新传播策略，以提升在全球范围内的声音与影响力。[①]

美国史汀生中心的主席兼首席执行官埃伦·莱普森曾阐述了智库作为知识经纪人的多重桥梁功能，其中尤为显著的是其能力在于为政府与社会大众之间搭建起理解当前政策的沟通桥梁。莱普森指出，在信息爆炸的时代背景下，为了加速思想与评论的传播效率，智库不得不进行技术与风格的适应性调整，以应对这一时代挑战。具体而言，在快速发布新思想或即时反映时事动态方面，智库愈加倾向于采用那些能够高频次与受众互动的媒介形式，如电子邮件、网站、电话会议以及高曝光度的专栏文章等。这些新兴的传播手段已经逐渐取代了传统上耗时较长且制作周期长的研究成果发布方式，如书籍出版、期刊发行、时事通讯邮寄以及其他印刷品材料的分发。这一转变不仅体现了智库对信息传播速度与效率的追求，也反映了在信息时代背景下，智库如何灵活调整策略，以更好地服务于政策制定与社会公众的信息需求。[②]

针对2021年中国与美国智库在国际社交媒体平台X上的信息发布表现：在发文量这一关键指标上，美国智库展现出了显著的优势，不仅总发文量与日均发文量均保持较高水平，且账号活跃度遥遥领先。相比之下，中国高校智库在发文积极性上显得不足，甚至出现了年度内零发文的现象。这一现象背后，折射出中国高校智库在国际社交媒体运用上的障碍与挑战，以及

---

① 庄雪娇：《论中国智库的国际传播新媒体矩阵：现状与未来》，《智库理论与实践》2021年第2期。

② 〔美〕詹姆斯·麦甘：《美国智库与政策建议：学者、咨询顾问与倡导者》，肖宏宇、李楠译，北京大学出版社，2018，第57~64页。

对国际传播重视程度的不足。以《全球智库报告 2020》中宾夕法尼亚大学 TTCSP 评选的"利用社交媒体和社交网络最佳智库"排行榜为参考，对比中外智库在国际社交媒体平台上的入驻情况，发现了显著差异。从入驻数量上看，中国仅有部分高校智库选择在国际社交媒体平台上亮相，而国外智库则普遍将此类平台视为信息传播的关键渠道。国外智库在 2009~2010 年便已开始积极部署其国际社交媒体战略，这恰好与社交媒体行业的繁荣发展期相契合。而中国高校智库则在这一领域反应较为迟缓，大多数账号的开通时间集中在 2015 年之后，显示出在把握社交媒体发展机遇上的滞后性。在社交媒体矩阵的构建上，国外智库展现出了高度的多元化与异质性，广泛入驻 X、Facebook、YouTube、Instagram、Flicker 等多个国际社交媒体平台，有效覆盖了不同类型的受众群体，实现了信息的广泛传播与交流。相比之下，上榜的 3 家中国高校智库在社交媒体平台的布局上显得较为单一，仅局限于个别平台，这在一定程度上限制了其信息传播的范围与影响力。[①]

还要注意的是，国际传播领域面临着诸多网络技术限制，这些障碍显著阻碍了国际新媒体传播平台的顺畅运营。具体而言，网络屏蔽技术的存在使得直接访问国际社交平台变得复杂且困难，加之"翻墙"软件往往不够成熟稳定，或是使用成本高昂，令中国智库与学者们对涉足这些平台心生畏惧。不仅如此，烦琐的登录流程、相关辅助软件难以获取以及软件频繁失效等问题，进一步加剧了中国智库在国际新媒体平台上运营账号的挑战，削弱了中国学者主动管理这些平台账号的积极性。这一系列问题导致信息流通渠道不畅，极大地限制了中国声音在国际舞台上的有效传播。因此，中国学者的观点与研究成果大多局限于国内主流媒体及新媒体平台，难以跨越国界，与国际舆论形成有效互动。特别是中国高校智库，其深刻见解与研究成果往往难以跨越语言与技术的双重壁垒，实现与国际舆论的深度融合与接轨，从而限制了其在全球范围内的影响力与话语权。

---

① 张志强、陈秀娟、韩晔:《社交媒体时代中国智库国际传播机遇、现状与提升路径》，《中国科学院院刊》2024 年第 4 期。

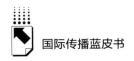

（三）国际化人才队伍的短板

相较于国际知名智库，中国高校智库学者在运用国际通行的语言与表达方式，使信息能够被国际社会广泛理解和接纳方面，仍存在提升空间。正如王文所强调的，中国社会科学界尚未构建起一套独具特色且高效的对外传播体系，能够以国际社会易于接受和理解的形式成功传递信息的案例仍显稀缺。在专业人才匮乏的背景下，部分高校智库在国际平台上的宣传策略趋于单一，简单复制粘贴内容而缺乏针对平台特性的定制化推广，这无疑削弱了智库的国际传播效果。①

高校智库作为重要的知识与创新源泉，其发展面临诸多挑战。稳定的支持体系缺失以及成果认可度不高，直接影响了高校教师投身智库工作的热情。此外，高校智库人才队伍建设尚不完善，领军人才与杰出贡献者稀缺，人才流动与职业发展受制于传统制度框架，制约了智库人才的创新活力与潜力释放。特别是"旋转门"机制的不畅，阻碍了学术研究与政策咨询之间的有效互动与融合。

更为严峻的是，高校智库在人员配置上亦存在显著问题。专职研究人员往往难以享受与教师岗位相当的待遇，导致年轻学者在智库研究与传统学术研究间徘徊不定。现行学科体系对智库研究需求的忽视，进一步加剧了国家智库人才需求与高校教育供给之间的不匹配，影响了智库人才的持续供给与培养质量。

鉴于中国自有国际化新媒体平台尚不足以全面支撑国际传播的需求，中国智库及其专家积极拥抱国际平台显得尤为关键。单纯依赖国内外宣媒体进行国际传播，将难以在激烈的国际舆论竞争中占据主动。因此，中国智库学者需主动出击，利用多元国际平台发声，以增强在国际舆论场中的影响力和话语权。

---

① 王文：《调动"百万大军"：论中国智库对外传播的进展、困境与政策建议》，《智库理论与实践》2021年第1期。

（四）国际合作与交流的壁垒

我国高校智库在跨国交流合作中也面临着制度性障碍的问题，国际合作政策与法规中充满复杂性和不确定性，不同国家和地区之间的合作机制差异很大，而且国内对于跨国合作项目审批和管理流程也较为烦琐。具体体现在以下几个方面。

首先，高校在举办国际会议时缺乏自主审批权，这一过程显得尤为烦琐且耗时。国际会议作为高校展示自身实力、增进国际交流与合作的重要平台，其报批手续的复杂性和长时间的等待期无疑限制了高校迅速响应国际需求、扩大国际影响力的能力。

其次，对于智库而言，在海外举办国际会议是提升国际话语权、展现国家形象的有效途径，但目前我国尚未建立相应的审批通道或管理办法。以英国国际战略研究所在新加坡举办的香格里拉对话会为例，这类活动极大地增强了智库及其所属国家的国际影响力。而我国智库由于缺乏明确的海外会议举办指导，错失了诸多在海外舞台上讲述中国故事、提升中国软实力的机会。

再次，对智库专家对外交往的严格管理也在一定程度上影响了他们参与国际交流的积极性。高校教师及智库专家在邀请外国学者访问、与外国驻华使馆交流、接受国际媒体采访等方面，往往需要经过多个部门的审批，流程复杂且获批难度大。特别是在处理重大事件的国际传播时，烦琐的审批流程可能导致错失最佳时机，无法及时有效地传递中国声音。这种现状无疑削弱了专家参与国际交流的意愿和动力。

最后，当前高校智库在评价和奖励机制上，对专家参与对外发声的贡献重视不足。现有的考评体系主要侧重于学术期刊发表、学术专著出版等传统学术成果，而对于专家在国际论坛上的发言、国际媒体上的文章以及接受国际采访等对外交流活动，则缺乏相应的反馈、评价和奖励措施。这种机制导致专家在参与对外发声时缺乏足够的激励和动力，高校智库也难以有效管理

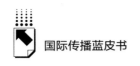

和评估专家在此方面的投入与成效。①

这些问题不仅制约了高校与智库在国际舞台上的活跃度与影响力，也影响了我国在国际事务中话语权的构建与提升。

三 高校智库国际传播能力建设的进路

（一）注重跨学科人才培养

加强人才培养是提升中国高校智库国际传播力的根本举措之一。高水平的研究人才是智库核心竞争力的关键，通过培养具有国际视野、跨学科背景和卓越研究能力的人才，智库可以在国际学术界和政策制定领域占据更重要的位置。

首先，高校智库应注重培养跨学科复合型人才。智库的研究课题往往涉及多个学科领域，跨学科人才能够从不同的学科视角进行综合分析，提出更全面的政策建议。为此，智库应鼓励和支持研究人员进行跨学科的学习和交流②。其次，高校智库应加强与国际知名学术机构的合作，通过国际交流项目提升研究人员的国际视野和研究能力。清华大学苏世民书院通过与全球顶尖学府的合作，开展了多种形式的国际交流项目，包括访问学者计划、国际联合研究和双边学术交流。通过这些项目，书院的研究人员能够直接与国际顶尖学者进行学术交流，了解国际前沿研究动态，提升其国际学术水平和研究能力③。

其次，高校智库应注重培养研究人员的外语能力和国际沟通能力。外语能力不仅是进行国际交流的基本工具，也是研究国际问题的必备技能。中国

---

① 肖茜、钟周、许馨匀：《新时代高校智库提升国际传播能力的创新探索——清华大学案例研究》，《中国高教研究》2022 年第 7 期。
② 费雯俪：《新形势下中国智库国际传播的经验借鉴与路径探索》，《对外传播》2024 年第 5 期。
③ 陈晓宇：《清华苏世民书院：以培养未来世界领袖为目标 打造国际化人才》，清华大学官网，2016 年 5 月 10 日，https：//www.tsinghua.edu.cn/info/1756/71632.htm。

人民大学国家发展与战略研究院（NADS）通过积极深化同海外交流合作，培养了一批精通外语且具备国际沟通能力的研究人才。这些人才能够在国际学术会议上流利地进行学术报告和讨论，提升了研究院的国际交流能力和影响力。

再次，高校智库应通过提供良好的科研环境和激励机制，吸引和留住优秀人才。智库可以通过提供丰厚的科研经费、设立各类研究奖项和提供国际交流机会，激励研究人员不断追求学术卓越。这种激励机制不仅能提升研究人员的工作积极性，也可以吸引大量优秀的国内外人才加盟，显著提升智库的整体研究水平和国际影响力。

最后，高校智库应建立健全人才评价和激励机制，鼓励研究人员不断提升自身学术水平和国际影响力。例如，可以根据研究成果的国际影响力、学术水平和社会贡献进行综合评价，并通过各类学术奖励和晋升机制，激励研究人员不断进取。这种科学的人才评价机制，不仅提升了研究人员的学术积极性，也确保了研究院整体研究水平的不断提升。

（二）加强品牌建设与推广

提升中国高校智库国际传播力的关键在于打造知名品牌和开展有效的品牌推广活动。首先，明确品牌定位与核心价值是打造知名品牌的基础。高校智库应基于自身的学术优势和研究特长，明确其在国际关系、经济政策或科技创新等领域的定位。品牌的核心价值应体现智库的学术严谨性、政策影响力和国际视野。

高质量的研究成果是品牌建设的基石。高校智库应确保研究成果的原创性、科学性和实用性，通过严谨的学术研究和独立的政策分析，提升品牌的学术声誉和政策影响力。清华大学在这方面做出了典范，其高质量的学术研究和政策分析不仅在国内外学术界获得高度认可，多次被国际顶尖期刊引用，而且在国际学术会议上广泛传播，显著提升了品牌的国际影响力。

建立专业的品牌形象也是增强品牌建设的重要环节。专业的品牌形象设计，包括品牌Logo、网站设计和出版物风格，能够增强品牌的权威性和吸

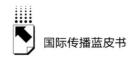

引力，使智库在国际传播中更加易于识别和记忆。清华大学国情研究院通过一致的品牌形象设计，强调其作为中国国情研究领域领先智库的定位，进一步巩固了其品牌形象，其出版的《国情报告》已成为中央和地方政府决策的重要参考，专业的出版物设计和统一的视觉形象，增强了品牌的识别度和美誉度[1]。

在品牌推广活动方面，组织和参与高层次的国际学术交流活动是提升品牌知名度的重要途径。高校智库应积极邀请国际知名学者、政策制定者和媒体参与其举办的学术活动，通过高层次的学术交流，增强其国际学术话语权和品牌影响力。例如，北京大学国际战略研究院通过举办年度"北阁对话"，吸引了来自世界各地的知名学者、政策制定者和媒体代表，成功在国际战略研究领域树立了知名品牌[2]。

此外，借助新媒体与数字化传播平台是现代品牌推广活动的必备手段。利用社交媒体、博客、视频平台和智库网站，开展多元化的品牌推广活动，通过发布研究动态、专家访谈、学术讲座视频等内容，吸引国际关注，提高品牌的在线影响力。例如，中国国际经济交流中心（CCIEE）通过其官方网站和社交媒体平台，定期发布研究报告、专家观点和政策分析视频，吸引国际关注，其新媒体传播策略显著提升了品牌的全球影响力和受众覆盖面。

打造知名品牌和品牌推广活动是提升中国高校智库国际传播力的核心策略。通过明确品牌定位与核心价值、提高研究质量与学术贡献、建立专业的品牌形象，以及开展高层次的国际学术交流活动、发表国际化的研究成果与政策建议和借助新媒体与数字化传播平台，高校智库可以显著提升其国际知名度和影响力。这不仅有助于智库自身的发展，也为国家软实力的提升和国际形象的塑造提供了坚实支持。

---

① 清华大学国情研究院：《探索国情研究自主知识体系——以清华大学国情研究院为例》，腾讯网，2024 年 1 月 1 日，https：//new.qq.com/rain/a/20240101A0543W00。

② 国际战略研究院：《北京大学国际战略研究院举办第九届"北阁对话"年会》，北京大学新闻网，2023 年 10 月 27 日，https：//news.pku.edu.cn/xwzh/d64d62e179da417aad80a66fad2f8f65.htm。

（三）构建多元化传播渠道

提升中国高校智库的国际传播力，构建多元化传播渠道至关重要，这不仅能够扩大智库的国际影响力，还能确保研究成果和政策建议有效传达给全球受众。多元化传播渠道的构建可以从多个方面展开。首先，利用传统媒体如报纸、电视和广播，这些仍然是许多受众获取信息的重要途径。其次，智库应积极与国内外主流媒体建立合作关系，通过新闻发布会、专家访谈和专题报道等形式传播其研究成果和政策建议。中国社会科学院（CASS）在这一方面表现突出，经常在《人民日报》、新华社等国内主流媒体上发布其研究报告，同时积极与国际媒体合作，扩大其国际影响力。

新媒体平台的运用也是不可忽视的，社交媒体、博客和视频平台提供了更加灵活和即时的传播途径。智库要积极搭建官方微信、微博和 YouTube 频道等新媒体平台，发布专家访谈和学术讲座视频，吸引国际受众①。例如，中国国际问题研究院（CIIS）通过其官方微信公众号，定期发布最新的国际关系分析和研究成果，并接受国际媒体和我国涉外媒体的大量采访，成功吸引了大量国际受众②。与此同时，通过在国际顶尖学术期刊和出版社发表研究成果，智库能够显著提升其国际学术影响力。

另外，多语种传播是扩大受众范围的有效手段，智库应将其研究报告和政策建议翻译成多种语言，并通过其多语种官方网站和国际合作伙伴进行传播，以覆盖更多的国际受众，使其研究成果在全球范围内获得广泛认可。此外，举办和参与国际学术会议和论坛，是智库展示其研究成果和品牌形象的重要平台。通过这些高层次的交流活动，智库可以直接与国际学术界和政策制定者进行互动，增强其国际话语权。

数字化传播技术也发挥着重要作用。利用大数据和人工智能等技术，可

---

① 张志强、陈秀娟、韩晔：《社交媒体时代中国智库国际传播机遇、现状与提升路径》，《中国科学院院刊》2024 年第 4 期。

② 郭金月：《智库与国际传播能力建设：作用及实践》，中国国际问题研究院网站，2014 年 8 月 22 日，https：//www.ciis.org.cn/yjcg/xslw/202007/t20200710_1230.html。

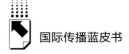
以实现更加精准和高效的传播。智库可以尝试搭建数据分析平台，精确定位国际受众，通过数据分析了解受众需求，定制化传播内容，比如发布个性化的研究报告和政策建议，显著提升其传播效果。通过利用传统媒体、新媒体平台、专业学术出版物、多语种传播、国际学术会议和论坛，以及数字化传播技术，中国高校智库可以构建多元化的传播渠道，从而显著提升其国际传播力。这不仅有助于增强智库的国际影响力和品牌知名度，也为国家软实力和国际形象的提升提供了有力支持。

（四）强化国际合作与交流

强化国际合作是提升中国高校智库国际传播力的重要途径。通过建立广泛的国际合作网络，与全球知名智库和研究机构开展合作，可以有效提高智库的学术影响力和政策话语权。首先，智库应主动建立与国际知名智库的合作关系，开展联合研究项目。这不仅能够共享研究资源和成果，还能借助国际知名智库的品牌和影响力，扩大自身的国际知名度。例如，清华大学战略与安全研究中心赴美与华盛顿和纽约智库展开学术交流，与美方专家学者就中美关系的政治互动、经贸摩擦、技术出口管制、战略稳定及气候变化和乌克兰危机影响等议题进行了十余场专题讨论[1]。这些交流合作不仅提升了清华大学战略与安全研究中心的研究水平，也使其在国际学术界获得了更高的认可。

其次，高校智库应积极参与国际学术会议和论坛，通过面对面的学术交流和思想碰撞，增强其国际话语权。复旦大学国际问题研究院在这方面表现突出，该研究院定期举办"复旦中东名家讲坛"，邀请全球各地的知名学者和政策制定者参与讨论国际关系与全球治理问题[2]。这不仅提高了研究院的

① 清华大学战略与安全研究中心：《CISS副主任陈琪教授一行访问华盛顿和纽约智库》，清华大学战略与安全研究中心网站，2023年7月31日，https：//ciss.tsinghua.edu.cn/info/wzjx/6334。

② 复旦大学国际问题研究院：《中东研究中心举办"复旦中东名家讲坛"第十五讲》，复旦大学国际问题研究院网站，2024年7月17日，https：//iis.fudan.edu.cn/79/12/c6840a686354/page.htm。

国际影响力，还为其提供了一个展示中国观点和政策建议的平台，有效增强了其在国际学术界的发言权。

此外，高校智库应通过设立海外分支机构或合作研究中心，深化国际合作。这种合作形式能够加强智库在国际事务中的直接参与，提高其政策影响力。RCEP 智库联盟就是区域智库合作的典型案例，该联盟由中国（海南）改革发展研究院、新加坡国立大学东亚研究所共同倡议成立，得到包括中国在内的 9 个成员国 13 家智库的积极支持和参与①。区域内智库携手合作，共同打造开放共享的学术合作网络。

同时，高校智库还应注重与国际组织的合作，参与全球治理机制建设。通过与联合国、世界银行、国际货币基金组织等国际组织的合作，智库可以在全球重大议题上发出中国声音，提升国际话语权。浙江大学全球公共政策研究院积极参与联合国气候变化大会等国际组织和平台的活动，通过提供政策建议和研究报告，显著提升了其国际影响力和政策话语权②。

结　语

在"两个大局"的时代交汇点上，寻求新时代国际话语权建构的进路已成为中国从世界大国迈向世界强国过程中必然要面临的时代挑战和历史选择。高校智库作为国家软实力的重要部分，理应承担起全面加强国际传播能力建设这一战略使命，努力去实现中国声音的有效表达和中国形象的真实呈现，将凝聚着中国智慧、蕴含着中国体验的好理念、好方案分享给世界。

---

① 王妤心泓：《为充分释放 RCEP 红利提供智力支持——RCEP 智库联盟正式成立》，《光明日报》2022 年 9 月 25 日。

② 郎明紫：《赵志荣教授参与撰写联合国气候变化大会（COP27）专题报告》，浙江大学公共管理学院网站，2022 年 11 月 16 日，http://www.spa.zju.edu.cn/spachinese/2022/1122/c13219a2686548/page.htm。

传播内容篇

B.13

国际传播高质量发展的
主要挑战与应对策略报告

李　宇*

摘　要： 当前，国际传播高质量发展在外部环境和内部业务两个方面都面临着一些挑战，需要从顶层设计、体制机制等方面采取措施：完善顶层设计与优化主体结构，创新体制机制与提升内容供给能力，推进产业升级与提升服务供给能力，加强调查研究与强化理论支撑。

关键词： 国际传播　制度折扣　文化折扣　传播效能

　　近十年来，中国大力加强国际传播能力建设，综合传播实力和整体传播

---

* 李宇，北京大学文学博士（国际传播方向），中央广播电视总台国际传播规划局高级编辑、处长，主要研究方向为国际传播和跨文化传播。

能力显著增强。现阶段，中国国际传播在发展环境和业务建设两个层面上仍面临着一些挑战。对此，国际传播高质量发展需要针对新形势、新要求，积极推进主体结构、内容供给和效果评估等方面变革，提升国际传播效果和效能。

一 国际传播外部环境中的主要挑战

从外部发展环境来说，中外之间在政治、文化、媒介体制以及传媒产业等方面存在一定差异，由此对国际传播产生制度折扣、文化折扣以及媒体准入、传媒产业链融入等问题，对中国的国际传播发展形成了主要挑战。

（一）制度折扣与文化折扣

在国际传播中，政治制度差异和文化差异会对传播效果形成一定折减，分别产生制度折扣和文化折扣。

在制度折扣方面，近年来美西方刻意放大政治制度和意识形态差异，并以此作为遏制中国发展的战略手段。例如，德国外长马斯曾公开声称，"德国代表着自由、民主和自由贸易"而"中国不属于这个圈子"。[1] 美国政府大搞麦卡锡主义，极力攻击抹黑中国共产党。污蔑抹黑中国发展道路和内外政策，妄言要抵抗中国共产党的"影响力和恶意行动"。美参议院还提出要在 2022 年至 2026 财年每年拨款 3 亿美元用于"应对中共恶意影响"，指派美国国务院、国际发展署针对"一带一路"倡议等培养美记者的调查能力，包括"支持公民组织和独立媒体"等。[2]

在文化折扣方面，国际传播中有关价值观、社会制度、习俗和生活方式等方面的差异，在"编码—解码"过程中会诱发偏差。有一则轶事对于国

---

[1] 易文：《直面挑战，构建共识：新形势下中国对东盟传播的再思考》，《对外传播》2019 年第 6 期，第 25 页。

[2] 《美国对华认知中的谬误和事实真相》，中国外交部网站，2022 年 6 月 19 日，https：//www.mfa.gov.cn/wjbxw_new/202206/t20220619_10706065.shtml。

际传播话语体系建设颇具启示意义：1970 年，埃德加·斯诺最后一次访华，毛泽东谈到中国革命时，告诉他这位老朋友，自己是"小和尚打伞"。斯诺不知道也不理解这句歇后语的意思（小和尚打伞——无法无天），回到西方后报道：毛泽东是一个感到孤独的、谦逊的老人，像小和尚打着一把破伞，行走在茫茫世间。① 可见，因为文化差异，中外话语表达在传播中存在误解误读的风险。如果缺乏必要的跨文化传播素养，国际传播中很容易出现文化折扣问题。新华社高级记者翟树耀在 20 世纪 70 年代随上海杂技团访问欧洲十国时，曾亲历和目睹了西方民众聚集抗议我杂技演员演出《变鸭子》节目的事件。在这个节目中，演员为了演出效果的需要在舞台上将活鸭子夹在纸箱的夹层中，这竟然触犯了当地动物保护协会民众的感情，他们认为这是"虐待"动物。一个中国人喜爱的杂技节目却在西方遭到了人们的不满和抗议。② 中国媒体在向巴基斯坦输出《舌尖上的中国（第二季）》时，使用乌尔都语进行译制配音，解决了语言的跨文化传播问题，但片中涉及一些禁忌的主题，最终还是导致原片内容无法播出。

（二）媒介体制差异

在中国媒介体制下，媒体是公共事业单位，属于国家治理体系中的组成部分；中国的国际传播是国内传播的延伸，当前国际传播媒体以国有媒体机构为主。相比之下，西方国家多为"公私并存"体制，公共媒体和商业媒体同时存在，且表面上都与政府保持相对独立关系，同时也不受政治党派的控制。媒介体制差异在客观上对中国媒体的准入构成了挑战。例如，英国《1990 年广播法》明确要求，媒体不能具有政治属性或受控于政治属性主体，电视频道播出许可不得授予"以政治目的为全部或主要目的的团体"及"关联团体""高管个人"等。③ 这是基于英国自身历史、政治和社会发展演进的媒介制度设计，符合英国国家治理的现实需要。但当中国媒体在英

---

① 周宁：《世界是一座桥：中西文化的交流与构建》，广西师范大学出版社，2007，第 236 页。
② 刘洪潮主编《怎样做对外宣传报道》，中国传媒大学出版社，2005，第 117 页。
③ https：//www.ofcom.org.uk/_data/assets/pdf_file/0019/8326/service-provider.pdf.

国开展国际传播业务时，就要和英国国内媒体一样接受这套制度约束，由此导致了中国媒体难以获取执照等。在美国，美国联邦通信委员会（FCC）于2021年7月9日正式施行节目标识的新规定，要求广播电台或电视台披露外国政府或其代表在它们的播出频道租用时间的情况。该规定是对已实施了60多年《防范贿赂规则》的修订。根据这一规定，中国媒体在播出时必须以规范格式按一定时间间隔播出"此节目部分或全部内容由某某机构代表某某国家，付费/赞助/提供播出"。在西方语境下，这一标识在客观上会影响媒体的公信力。在当前国际局势下，西方政府会越来越频繁地利用媒介体制差异来抵制、制约甚至终止中国媒体在当地的发展，因此中国媒体必须要积极应对媒介体制差异带来的结构性挑战。

（三）产业实力差异

在国际传播中，媒介产业发展模式和水平直接影响着中国媒体嵌入国际产业链的程度。当前，中国传媒产业与国际产业发展模式存在一定差异，两者之间在产业链上基本处于脱钩状态，资本、内容、人才等要素相互嵌入程度不高。以影视内容为例，虽然中国的电影和电视剧产量居于全球前列，但中国与国际影视业之间缺乏产业意义上的深度互动，中国影视产品走向海外也多以增播或展播等方式，而不是商业化销售方式，也就难以提升国际市场占有率。根据2010年至2021年全球电视剧模式交易统计，英国在电视剧模式出口中位居首位，共输出了26部电视剧模式；以色列位居第二，输出了17部电视剧模式；美国位居第三，输出了15部电视剧模式。另外，以俄罗斯市场为例，2022年2月俄乌冲突爆发之后，美国等西方国家影视公司不再向俄罗斯提供节目版权，对此，俄罗斯各大网络视频平台转向韩国、土耳其等国进口影视节目，中国影视节目并未能赢得一席之地。就韩国影视剧而言，2022年6月，俄罗斯艾薇平台（ivi）上韩国电影和电视剧数量达到了260部，是2021年同期的1.4倍；奥卡平台（Okko）上为246部，2021年同期为178部；基诺珀斯克平台（Kinopoisk）为198部，与2021年同期相比增长了25%；维英克平台（Wink）为180部，与2021年同期相比增长了

1.6 倍；首要平台（Priemier）为 61 部，与 2021 年相比增长了 2.3 倍。就土耳其影视剧而言，2022 年 6 月，俄罗斯艾薇平台上土耳其电影和电视剧数量为 23 部，此前在 2021 年同期为 12 部；基诺珀斯克平台为 21 部，此前在 2021 年同期为 12 部；维英克平台为 16 部，2021 年同期为 9 部；基昂平台（Kion）为 18 部，2021 年同期为 9 部。在停止引进西方影视内容后，俄罗斯网络视频平台上美英两国的影视剧份额仍居于前列。其中，美国的份额为 29%～34%，俄罗斯为 17%～24%，英国为 9%～11%，韩国为 1%～6%。[①]可以看出，中国影视产品在海外虽然有一定影响力，但缺乏商业意义上的市场影响力。从产业实力来看，中国影视产业在国际上仍然相对处于弱势。可以看出，中国传媒产业需要优化发展模式，推动产业链条外延并嵌入国际产业链，提升产业整体实力和国际竞争力。唯有解决传媒产业发展中的结构性问题，中国国际传播才能构建更有力的产业支撑体系，更好地实现可持续发展。

二 国际传播业务建设中的主要挑战

中国国际传播基于自身发展历史和现实要求在传播主体、内容、渠道等方面开展业务建设，但也存在与国际传播新形势新要求不匹配、不适配和不协同的问题。

（一）传播主体结构

长期以来，中国国际传播的主体结构较为单一，国有媒体扮演着主力军的角色，而民营文化企业和商业机构的作用未能得到凸显。毋庸置疑，国有媒体在国际传播中具有独特地位，对于讲好中国故事、传播好中国声音发挥着关键作用。但国有媒体对于国际传媒市场的适应能力不强，受制于体制机

---

① https：//www.broadbandtvnews.com/2022/06/16/russian - ott - services - eye - turkish - and - korean-content/.

制等方面原因难以有效和充分运用商业手段和市场方式开展国际传播。相比之下，西方国家在国际传播中大多采取公共媒体或政府媒体与商业媒体并行的二元主体结构，其中商业媒体在内容创意与生产、内容产品分发、海外渠道运营等方面发挥了显著作用。以美国为例，商业媒体集团凭借资本规模优势，借助媒体市场的全球化将资本优势转化为国际传播的竞争力优势。即便是在传媒较为发达的欧洲，美国媒体的市场优势也非常明显。根据 2021 年报告，根据营业收入规模，欧洲第一和第二大电视集团都来自美国。第一大电视集团是康卡斯特公司（Comcast），依托旗下的欧洲天空集团（Sky Group）在整个欧洲电视市场营业收入中占据了 12% 的份额；美国奈飞公司（Netflix）位居第二，份额为 6.1%；德国电视一台（ARD）营业额所占份额为 5.7%，位居第三；英国广播公司为 4.2%，位居第四；法国威望迪集团（Vivendi）旗下的凯勒普拉斯集团（Canal+Group）位居第五，营业额的份额为 3.2%。①

虽然中美之间的产业发展模式和统计方式存在差异，但如果稍加比较，也能看出美国传播主体的综合实力情况。2021 年，中国广播电视和网络视听业务实际创收收入为 9673.11 亿元②。同年，美国迪士尼公司和奈飞公司营业收入在美国所有传媒公司中分别位居第一和第二，其中迪士尼公司2021 财年的营业收入为 674.18 亿美元（约合人民币 4508.44 亿元；1：6.68 汇率，下同），③ 奈飞公司 2021 年营业收入总额为 295.59 亿美元（约合人民币 1976.70 亿元），④ 两者合计约为人民币 6485.14 亿元。粗略计算，两家公司营业收入约为中国广播电视和网络视听业务实际创收收入的 67%，其实力可见一斑。在国际传播的外部环境中，媒体的实力意味着内容产品的

---

① https：//www.digitaltveurope.com/2021/01/14/netflix-overtakes-ard-to-become-the-second-largest-tv-group-in-europe/.

② 国家广电总局规划财务司：《2021 年全国广播电视行业统计公报》，国家广电总局网站，2022 年 4 月 25 日，http：//www.nrta.gov.cn/art/2022/4/25/art_113_60195.html。

③ https：//www.rapidtvnews.com/2021111161559/disney-growth-stalls.html#ixzz7BxkH1akB.

④ https：//www.rapidtvnews.com/2021012059752/netflix-beats-expectation-and-smashes-200mn-subs-mark-in-2020.html.

投资能力，也意味着抢占国际市场和分发渠道的竞争力。根据安普分析公司（Ampere Analysis）2021 年发布的研究报告，2021 年，全球视频内容投资总规模约为 2200 亿美元。其中，美国康卡斯特公司（Comcast）在全球视频内容投资规模方面居于首位，投资总额为 227 亿美元；美国迪士尼公司（Disney）位居第二，投资规模为 186 亿美元；美国奈飞公司（Disney）位居第三，投资规模为 140 亿美元。[①] 随着新兴媒体的发展，商业性机构凭借其强大的综合实力和灵活的体制机制，运用新技术新渠道进一步抢占全球市场，尤其新兴媒体市场。根据预测，美国奈飞、美国亚马逊精选视频和美国迪士尼+等三个网络视频平台的付费订户规模到 2025 年分别达到 2.57 亿、1.53 亿和 2.55 亿，在全球市场中占据绝对优势。虽然近年来中国腾讯和爱奇艺等公司旗下的新兴媒体平台积极参与国际竞争，但整体竞争实力和市场份额仍不敌西方甚至韩国公司。

另外，随着媒体机构日趋平台化，中国的国际传播主体也需要在业务领域培育多元化主体，力争从内容到平台都能抢占一席之地。以社交平台领域为例，美国推特（Twitter）等西方国家社交平台在国际话语权争夺中占据了高地，同时表现出越来越明显的政治化倾向，在所谓新冠疫情问题、"香港问题"以及"新疆问题"等主题上，对于攻击中国的言论放任自流，但对中国澄清事实的言论采用删帖、屏蔽、封号等各种手段予以阻碍，2021 年甚至删除了中国驻美国大使馆关于新疆妇女地位的帖子。[②] 国际传播竞争和军事等其他领域的竞争一样，需要强化作战主体的多元布局，提升多军种协同作战能力，才能在国际舆论竞争、信息与文化对抗中不陷入被动地位。

（二）传播内容结构

长期以来，中国对外传播的内容结构偏重新闻、专题，以及展示中国发展建设成就、生活新风貌、传统文化魅力的纪录片、电影和电视剧等。在内

---

① https://www.rapidtvnews.com/2021122061775/svod-drives-content-spend-to-reach-220-billion-in-2021.html#ixzz7FdkZI22I.

② 叶俊：《后疫情时代国际舆论斗争的变化与策略》，《青年记者》2021 年 3 月下，第 10 页。

容结构的设定方面，硬题材多于软题材，主观性大于客观性，以我为中心甚于以受众为中心。在中国的语境下，媒体是国际传播的宣传工具；但对于海外受众来说，媒体很多时候是一种休闲娱乐的载体，以及获取与自己生活息息相关的信息的渠道。有研究认为，80%的普罗大众对于媒体的需求是娱乐，20%的精英对于媒体的需求是掌握信息、了解国际形势、增加文化知识等。国际传播的内容结构如果不贴近受众需求，就难以对受众产生吸引力。20世纪50年代，北京电台对外广播就曾高度关注过内容结构的问题。为了提升对受众的吸引力，北京电台在节目编排时要求新闻报道"短些再短些"，适当增加文艺节目；在平时节目中，文艺节目应占整个节目播出时间的20%，而在星期六和星期日，则应增加到50%左右；文艺节目也要注意各对象国家和地区的特色。[①]

国际传播的内容结构要力求匹配受众的需求特征，强化目标导向。以网络视频平台上的内容需求类型为例，美国奈飞（Netflix）和葫芦（Hulu）平台用户调查结果显示，他们最青睐的内容题材是电视剧，占比高达70%；其中，21%是剧情类型片，11%是喜剧类型片，9%是恐怖类型片，8%是犯罪类型片，8%是悬疑类型片，剩下为其他类型。在葫芦平台的新用户中，88%的人首选内容是电视剧，其中19%为喜剧类型片，16%为戏剧类型片，10%为动画类型片，9%为科幻类型片，其余为探险类型片。[②] 这与我国电视剧出海的整体类型和题材结构仍存在较大差异。国际传播的内容结构如果不能匹配受众需求，传播效果就会弱化，甚至无效。

从国际传播的角度来看，内容产品结构的规划和设定要注重精准化，力求做到外外有别。例如，不同国家对于外国内容产品的接受和喜爱程度存在一定差异。在韩国和日本，本国内容产品的受欢迎程度相对较高；2021年

---

① 胡耀亭、陈敏毅主编《中国国际广播电台发展史·第一卷（1941-2000）》，中国国际广播出版社，2011，第50页。

② 参见 www. multichannel. com/news/audience-measurement/new-netflix-hulu-subs-gravitate-tv-series/418851。

底，在韩国和日本最受欢迎的 20 部内容产品中，本国内容产品的占比分别为 63% 和 40%。相比之下，德国、法国和意大利等国的占比仅为 5%~10%。另外，美国影视内容长期以来居于国际市场的中心位置，但不同国家的接受度存在差异。在澳大利亚、加拿大、爱尔兰、英国和墨西哥等与美国关联较为密切的国家中，受众对于美国内容产品较为青睐，而对其他国家内容产品的欢迎程度相对较低。在印度等其他国家，在最受欢迎的 100 部内容产品中，非美国内容产品的占比高达 72%。[①] 另外，内容产品的译制方式（配音或字幕）也存在国别差异。美国、英国、澳大利亚、加拿大等英语国家以及南非更倾向于本国语言制作的节目（即原音为英语），对于配音和字幕的接受度较低，均不足 30%。法国对于配音译制片的欣赏度约为 30%，但对于字幕译制片的接受度不足 25%。波兰和日本对于外语节目的接受度也不高，其中配音译制片的欣赏度在 30% 左右，字幕译制片的接受度在 30%~40%。印度、土耳其和墨西哥较为倾向于配音方式的译制片，对于配音译制片的欣赏度达到了 50% 左右，对于字幕译制片的欣赏度在 40%~50%。阿根廷和沙特则倾向于字幕译制片，对于字幕译制片的欣赏度超过了 50%。印度尼西亚对于字幕译制片的欣赏度相对较高，达到了 70%；但对于配音译制片的欣赏度不足 30%。西班牙、德国、意大利和巴西对于配音译制片的欣赏度超过了 40%，但对于字幕译制片的欣赏度不足 40%。其中，德国对于字幕译制片的欣赏度仅为 17%，但对于配音译制片的欣赏度达到了 44%。意大利和巴西对于配音译制片的欣赏度超过了 50%，在所有调查国家中居于首位。丹麦、芬兰、瑞典、挪威和荷兰对于字幕译制片的欣赏度显著高于配音译制片，对于字幕译制片的欣赏度超过了 45%，但对于配音译制片的欣赏度不高于 15%。[②] 可以看出，国际传播的内容结构涉及多个维度，需要基于深入系统研究进行顶层设计。当前，中国国际传播中的内

---

① Rob Gallagher：“Netflix and the Globalization of the local”，*Media & Technology Digest*，March 2022，p. 2.

② https：//www. rapidtvnews. com/2020111559400/english - speaking - nations - least - willing - to - watch-foreign-language-content. html#ixzz6dv0YD9E1.

容产品结构整体上还较为粗放，缺乏精细化的内容供给侧结构性规划、生产和传播。

（三）传播渠道结构

传播渠道的结构涉及两个方面，一是从媒介技术的角度，二是从媒介归属的角度。从媒介技术的角度而言，国际传播渠道结构需要兼顾传统媒体和新兴媒体，根据传播对象国的媒介技术发展水平确定相应的渠道体系。以美国为例，2023 年网络视频平台位居第一，其受众收视时长份额为 34.3%；有线电视是美国受众最主要的收视渠道，其受众收视时长份额为 30.2%；开路电视位居第三，其受众收视时长份额为 23.8%。在网络视频平台中，优兔（YouTube）在收视时长份额排名中位居第一，在全国整体收视时长中的份额为 7.9%；奈飞（Netflix）位居第二，份额为 7.3%；葫芦（Hulu）、亚马逊精选视频（Prime Video）、迪士尼＋（Disney＋）和极致家庭影院（HBO Max）分列第三位到第六位，份额分别为 3.3%、3.0%、1.8% 和 1.3%。[1] 通常而言，传统媒体的集中度更高，新兴媒体的离散性更高，两者在传播属性、性价比以及效果形态等方面存在较大差异。当前，中国国际传播正在积极推进渠道结构的优化升级，需要基于受众定位、内容形态等因素综合考虑。

在渠道的归属方面，受众整体上更倾向于本国本地媒体。中国外文局当代中国与世界研究院近年来的"中国国家形象全球调查"结果显示，在获取中国信息方面，"当地的传统媒体"和"当地的新媒体"的选择比例居于高位，2016 年分别是 62% 和 51%；2017 年分别是 61% 和 43%；2018 年分别是 48% 和 33%；2019 年分别是 47% 和 33%。相比之下，中国媒体相对较低。"中国在当地推出的传统媒体"和"中国在当地推出的新媒体"的被选比例在 2016 年分别为 16% 和 14%，2017 年分别为 18% 和 12%，2018 年分别为

---

[1]　https：//www.rapidtvnews.com/2023031763566/streaming－hits－high－even－as－overall－tv－viewing-slips-in-february-2024.html#ixzz7wSVWYcHA.

18%和17%，2019年分别为17%和15%，仅为当地同类媒体的1/4到1/2。[①]根据笔者2021年参与的52国受众调查项目分析结果，总体来看，本国媒体居于主导地位，52.9%的人选择本国媒体为其近一年内了解中国信息的主要信源；相比之下，13.5%的人选择中国媒体为其近一年内了解中国信息的主要信源，23.9%的人选择了西方媒体，5.5%的人同时选择了中国媒体和西方媒体。其中，在了解中国信息方面对中国媒体使用程度较高的国家有马来西亚、泰国和越南等，受访者中通过中国媒体获取涉华信息的比例在马来西亚为35.8%，在泰国为36.7%，在越南为43.8%；相比之下，塞尔维亚、斯里兰卡和伊朗的选择比例较低，分别为2.6%、2.1%和1.1%。基于"当地媒体"的竞争力和影响力，西方媒体在海外积极推动本土渠道体系建设。以美国有线电视新闻网为例，2020年开办美国有线电视新闻网巴西频道（CNN Brasil），2021年开办美国有线电视新闻网葡萄牙频道（CNN Portugal），2022年开办美国有线电视新闻网阿拉伯商业频道（CNN Business Arabic），另外已在印度尼西亚、菲律宾、印度、土耳其、瑞士、希腊和捷克等国开办了多个本土合作频道（CNN Indonesia、CNN Philippines、CNN News－18、CNN Turk、CNNMoney Switzerland、CNN Greece、CNN Prima News）。相比之下，中国媒体的渠道结构相对较为单一，本土化渠道体系建设总体较为薄弱，与目标国传播体系的嵌入程度相对较低。

三 国际传播高质量发展的主要策略

针对中国国际传播目前存在的主要挑战，需要从顶层设计、体制机制等方面采取措施，在原有基础上进行调整、优化和升级。

（一）完善顶层设计与优化主体结构

在新兴媒体发展和传媒产业深度变革的背景下，国际传播需要同时肩

---

① 于运全等：《全球民意调查中的中国形象》，外文出版社，2019，第111~129页。

负新闻传播、舆论斗争、文化传播、内容产品输出等职责。对此，国际传播需要完善顶层设计，构建多主体、多行业、多领域协同参与的格局。随着中国传媒产业的发展，国际传播的主体日趋多元，在中央媒体、地方媒体协同发力的同时，民营文化企业等其他非国有力量正在成为国际传播生力军。但总体来说，主体结构还需要进一步优化。就属性及功能定位而言，国际传播主体要包括对外宣介型主体、国际信息公共服务主体、商业性传播主体、战略传播主体等。其中，对外宣介型主体是以官方或半官方面貌出现的媒体，以我为主开展对外新闻传播、宣传报道以及舆论斗争等，如同美国的美国之音（VOA）、自由欧洲电台/自由电台（RFE/RL）、自由亚洲电台（RFA）、中东广播网（MBN）以及马蒂广播电视台（Martí）等；国际信息公共服务型主体以非政府、非营利面貌出现，基于"公共服务"（public service）理念向国际社会提供信息公共产品，如同英国广播公司旗下的世界服务广播（BBC World Service）；商业性传播主体以市场面貌出现，基于国际传媒产品和服务贸易方式输出价值观和意识形态，如英国广播公司世界新闻频道（BBC World News），该频道及相关新闻业务在2020/2021财年的营业收入为9100万英镑，此前2018/2019财年的营业收入为1.14亿英镑；战略传播主体主要服务于国家安全、外交战略、全球利益等目标，通过公开方式和秘密手段相协同方式开展战略传播以及心理战、舆论战与信息战，如美国民主基金会资助的众多非政府组织、研究机构等。

（二）创新体制机制与提升内容供给能力

近年来，我国内容产业得到了长足发展。根据国家广播电视总局2024年5月发布的数据，2023年全国制作发行电视剧156部、4632集，全国制作电视纪录片7.31万小时，全国制作发行电视动画片345部、9.38万分钟，获得上线备案号重点网络电影329部、网络剧199部、网络动画片507部、网络微短剧557部。可以看出，中国内容生产规模在全球居于前列，这为国际传播提供了有利条件。需要指出的是，国内关于内容生产、制作和播

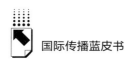

出方面有着严格的监管规定，许多内容题材受到一定限制，例如恐惊悚片、黑帮片、鬼神片、某些社会亚群体及亚文化相关作品，不一而足。但在国际传播中，各国对于内容题材有着不同规定，许多在中国受到限制的题材却在国际市场上颇受欢迎，成为现象级作品，甚至在主流影视节展上夺得头筹。换言之，中国内容供给结构难以有效匹配国际市场以及某些国家需求，也限制了国内影视产业产能的转化与释放。

体制创新将有助于解决国际传播中存在的内容供给结构性问题。可以参照国内"经济特区""自贸区"以及迪拜媒体城等模式，建立国际传播内容产品与服务出口试验区，在内容创作、生产等方面给予一些特殊政策。以影视内容产品生产为例，试验区对于一些中国境内不允许播出和发行的内容产品，但符合目标出口国的法律法规，可以鼓励面向这一区域或国家进行定向制作和发行，并给予限于特定区域或国家的制作发行许可。如果内容经过重新编辑和二次加工后符合中国国内的播出要求，可以允许在中国境内发行和播出。这样，国际传播的内容资源规模可以得到显著增长，向国际市场提供更为丰富和多元的电影、电视剧、纪录片、动画片、音乐、体育等内容产品，提升中国内容在国际市场上的竞争力。同时，也能有效释放甚至激发国内传媒产业的内生动力，实现影视产业剩余产能的转化和转移。

（三）推进产业升级与提升服务供给能力

中国国际传播较为关注新闻、纪录片等内容产品，对于产业在国际传播中的作用缺乏充分认知和重视。从国际贸易的角度来说，内容产品和服务是国际传播的两大关键要素，都依托产业发展水平和综合实力。其中，国际传播服务包括传统付费电视业务、网络视频业务，以及通信、技术研发等服务。国际传播服务供给能力在一定程度上决定了内容产品在目标区域和国家的市场占有率。以印度尼西亚、菲律宾、新加坡和泰国四国网络视频市场为例，2021年韩国影视内容所占网络视频观看时长份额为34%，美国为30%，日本为 9%，英国及欧洲为 7%，中国仅为 5%。[1] 这与中国腾讯、爱奇艺、芒果 TV 等网络视频平台在东南亚的市场竞争力相关。另外，中国四达时代集团从 2022 年开始在非洲从事数字电视和互联网视频运营等业务，截至 2022 年已在卢旺达、尼日利亚、肯尼亚、坦桑尼亚、乌干达、莫桑比克、几内亚、刚果（金）、南非等 30 多个国家注册成立公司并开展业务，订户规模在整个非洲市场名列前茅。

在全球化、数字化、网络化和智能化等背景下，国际传播需要全力推动产业升级，统筹推进内容、渠道、平台、通信服务、终端生产、市场运营、资本运作、技术研发等多个领域协同发展。当前，国际传播尤其要提升对于渠道和平台业务的重视程度，同时积极推动中国传媒产业的优势领域走出国门，通过服务输出实现国际传播的叠加效应。

（四）加强调查研究与强化理论支撑

国际传播要加强调查研究和理论建设，对不同对象国以及传播对象做到知己知彼，及时系统掌握媒介变革背景下传播规律特征变化以及传播效果产生机理等关键问题。中国国际传播一直有着重视调查研究的优良传统。早在 1951 年，中央广播事业局对外部就总结了当时对外宣传工作存在的五个方面主要问题，其中就包括调查研究敌人的宣传和了解广播对象国的情况做得很不够，针对性不强。[2] 1986 年 6 月，中共中央批转中央对外宣传小组《关于加强和改进对外宣传工作的意见》的通知指出："需要深入进行调查研究，真正把情况和问题摸清楚，研究透，然后针对不同地区和国家的不同对象，实事求是地、生动活泼地进行宣传。"[3] 当前，中国国际传播面临新形势新挑战新要求，更需要进行全面、系统、深入的调查研究，有效把握当前国际传播新变化新规律新特征。值得关注的是，国际传播调查研究要强化多学科、多

---

[1] https://www.rapidtvnews.com/2021030160008/korean-us-content-power-online-video-consumption-in-southeast-asia.html#ixzz6nuhK88FI.

[2] 胡耀亭主编《中国国际广播电台大事记》，中国国际广播出版社，1996，第 24 页。

[3] 胡耀亭主编《中国国际广播电台大事记》，中国国际广播出版社，1996，第 339 页。

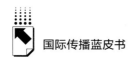
领域的交叉与协同，着力推进新闻传播学、国际政治学、国际关系学、跨文化交流学、心理学、社会学、信息学、传媒管理学等学科理论的融汇与应用。

国际传播要稳步推进中国特色国际传播理论体系建设，在一些关键领域和核心问题上实现理论突破。以效果研究为例，长期以来类似"魔弹论"的效果理论一直具有认同空间，但早在 20 世纪 40 年代，美国保罗·拉扎斯菲尔德（Paul Lazarsfeld）"人民的选择"研究项目，以及卡尔·霍夫兰（Carl Hovland）等学者关于美国战争宣传电影的研究都表明，传播在一定条件下可以强化受众原有的立场与观点，但并不能进行反向改变。这些研究在传播理论发展历程中具有重要地位，也解决了当时关于传播效果以及相关机理的误解问题。近年来，中国学界和业界都在积极推进国际传播理论建设，但在多学科理论交叉应用以及研究方法创新等方面存在不足，理论建设尚未对国际传播业务发展发挥显著的引领和指导作用。

四 结语

中国传媒产业经过多年发展已经形成了较为雄厚的实力。根据国家广播电视总局 2024 年 5 月发布的数据，2023 年全国广播电视和网络视听行业总收入 14126.08 亿元，其中实际创收收入为 12212.08 亿元；全国开展广播电视和网络视听业务的机构超过 5 万家，其中，广播电台、电视台、广播电视台等播出机构 2521 家，广播电视节目制作经营机构约 4.1 万家，持证及备案的网络视听机构 2989 家；纳入统计范围的 28 个国家级广电视听产业基地（园区）规划建筑面积总计 3.91 亿平方米，入驻广电视听企业 10680 家。在新形势下，国际传播要致力于推动国内优势资源和过剩产能转化为传播优势，通过产业赋能来提升国际传播的竞争力、引领力、传播力和影响力。国际传播是一个系统性工程，切不可仅仅局限于新闻、纪录片等内容层面，而是要有"大国传"的理念，通过规划引领和机制创新，从传播主体、内容产品与服务、理论研究等方面实现突破。尤为重要的是，国际传播需要有效激发中国传媒产业的内生动力，着力实现双向优化。

B.14
激荡四十年：中国电视剧国际传播路径与结构变革*

张晏慧　景嘉伊**

摘　要： 作为讲述中国故事、传播中国声音的具象载体，国产电视剧受众范围已经逐渐由华人圈、亚洲地区向多族群、全世界蔓延，成为推动中华文化走出去、促进中外民心相通的重要工具。中国电视剧的国际传播经历了20世纪八九十年代、21世纪初和2010年至今三个发展阶段，在传播规模、传播渠道、传播方式以及传播主体等层面产生了深刻变迁。在此过程中，中国影视企业也受到来自媒体技术、传播形态及内容生产等领域变革的影响，在开拓国际传播业务时做出了本土化、数字化、平台化等创新探索，也遭遇了一系列挑战。当前，中国电视剧国际传播方兴未艾，在传播规模、发行范围以及热播题材等层面都形成良好发展态势，但受制于地域文化、制作模式等差异，国产视听产品的对外传播仍未实现从"量"的飞跃到"质"的突破，在国际市场竞争力、国家社会影响力和国际价值引导力上尚显薄弱，亟须做好传播路径和受众研究，从渠道、内容等层面提高国际营销能力，利用多平台、多网络、多媒体提升中华文化海外自信。

关键词： 国际传播　影视传播　流媒体平台

---

* 本报告系中国社会科学院2024年度重大经济社会调查项目"中国网络民意和舆情指数调查（2024—2026）"（项目编号：2024ZDDC006）前期成果。

** 张晏慧，清华大学新闻与传播学院博士研究生，研究方向为视听传播及媒介文化研究；景嘉伊，中国社会科学院新闻与传播研究所助理研究员，研究方向为国际传播、企业传播。

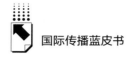

伴随着全球传播的加速演进，如同阿帕杜莱在参照列斐伏尔所阐释的"空间的生产"与"地域的生产"的理论基础上进一步提出的那样，全球范围内的媒介技术革新已对传统的民族、国家和地理边界等观念产生了深刻的变革性影响，颠覆了人们对这些传统观念的认知。[①] 电视节目的跨地域流通在媒体内容、观众分析和社会影响等领域都带来了变革，中国电视剧也在国际传播实践中日益成为讲述中国故事、传播中国声音、树立中国形象的重要载体。作为推动中华文化走出去、促进中外民心相通、助力中外文明交流互鉴的重要工具，中国电视剧正逐渐展现出蓬勃的国际传播力和影响力。

当前，作为全球电视剧第一生产大国和第一播出大国，如图 1 所示，近年来，中国电视剧的国际传播一直保持着良好的增长态势，在传播规模上由小到大，出口剧集的数量、题材类型和影响范围都极大增长；在传播渠道和平台上由少到多，不再局限于在电视台播放，互联网技术的发展和普及带动了更多剧集的广泛传播；在传播方式上由单一到多元，在传统广告投放之外，短视频等新兴内容形态成为助力国产剧海外"破圈"的利器；曾经各自为战的"出海"主体也逐渐转变为合作协同，从电视剧制作、发行到外销，从官方机构、民营企业到异军突起的互联网平台，都踏上了中国电视剧"出海"远航的大船，中国电视剧的海外受众范围也逐渐由华人圈、亚洲地区开始向多族群、全世界蔓延。

国家广电总局相关数据显示，2022 年，中国视听节目和服务出口额首度突破 2 亿美元，电视剧出口额占全国电视节目出口额的比重接近七成，成为当前海外传播中最主要的节目类型，[②] 中国电视剧顺利出口到全球 200 多个国家和地区的电视台，[③] 以及国际流媒体平台 Netflix、Disney+，视频网站 YouTube、Hulu，播放大量亚洲节目的视频网站 Viki 等各大互联网平台。中

① 〔美〕阿尔君·阿帕杜莱：《消散的现代性：全球化的文化维度》，刘冉译，上海三联书店，2012，第 32 页。

② 国家广播电视总局电视剧司：《深耕精品创作，打开中国电视剧国际传播新天地》，《中国新闻发布》2024 年第 3 期。

③ 刘阳：《中国电视剧已出口到 200 多个国家和地区》，《人民日报》2019 年 11 月 15 日。

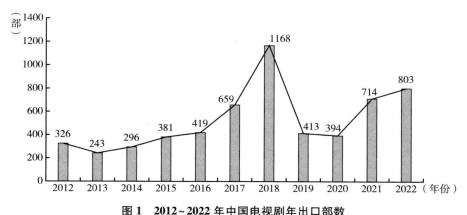

图 1　2012～2022 年中国电视剧年出口部数

资料来源：截至 2024 年 6 月 16 日国家广电总局发展研究中心的发布公告。

国电视剧海外受众呈现性别均衡、构成多元、分布广泛的特点，悬疑推理、奇幻科幻等题材备受海外受众的喜爱，中国视频网站海外版成为海外受众观看中国电视剧的重要平台。①

　　然而，不可忽视的是，中国影视剧作的制作水准、传播效能、接受程度仍不及西方影视剧。② 正如卡斯特所言："我们的世界以及我们的生活，正被全球化与认同的冲突性趋势所塑造。"③ 网络社会作为一种社会的新形式，观剧行为作为一种文化消费实践，数字平台助力的中国电视剧国际传播是媒介融合时代重建意义、建构认同的重要方式。本文回望总结中国电视剧海外传播的激荡四十年，有助于正视并逾越国际传播这一宏大命题与现实实践之间的巨大鸿沟，促进中国电视剧产业链条生产、传播和反馈的融合，尤其是在互联网平台大有可为的当下，期望能为中国的影视企业如何释放更大的潜能和动能提供一些有益的启示，助力它们更加深入地参与中国国际传播体系的构建和提升。

---

① 司若、庞胜楠：《中国电视剧提升海外影响力研究——基于 76 个国家和地区的调研数据》，《中国文艺评论》2023 年第 12 期。

② 胡智锋、刘俊：《主体·诉求·渠道·类型：四重维度论如何提高中国传媒的国际传播力》，《新闻与传播研究》2013 年第 4 期。

③ 〔美〕曼纽尔·卡斯特：《认同的力量》，夏铸九等译，社会科学文献出版社，2003，第 2 页。

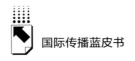
一 从"出海"到"破圈"：中国电视剧国际传播的平台迭代

中国电视剧的国际传播几乎是伴随着其诞生而开始的，早在20世纪80年代，中国电视剧产业初见雏形之时就已积极开展对外交流活动，一大批优秀电视剧走向海外，从同根同源的港澳台地区，到深受儒家传统及汉语影响的日韩及东南亚，无不传播着悠久的中华文化与崭新的中国姿态。20世纪90年代，中国电视剧就建立起包括"北京电视周"在内的国际电视展会，以及中国电视节目代理公司在内的国际剧集外销途径。2001年，国家广电总局又以主体姿态明确了国产电视剧"走出去"工程的工作重点，此后数年间陆续出台了一系列相关政策，进一步刺激电视剧外销。2010年以来，随着我国电视剧生产数量与质量的显著提高，以及互联网平台企业的造船"出海"，乘着"一带一路""中非合作"等对外政策的东风，中国电视剧"走出去"形成传统媒体与新媒体相互补充的多元外销格局，[1] 国产电视剧的国际传播也成为置于国家文化推广高度的国家方略。

纵观中国电视剧国际传播的激荡四十年，其间中国电视产业从蹒跚学步到乘风破浪，中国电视剧的海外传播之路也受到媒体技术、传播形态及内容生产变革的影响，其传播路径与结构也随之产生了激烈而深刻的变革，大致经历了三个历史阶段。

（一）第一阶段：20世纪八九十年代

改革开放后中国电视事业快速复苏，对外展开积极交往，主要依靠合拍片和官方交往赠片进行国际传播，90年代后期电视产业进一步市场化，国际电视展会和代理公司陆续成立，建立起正规电视剧外销渠道，但国产电视

---

① 张海涛、胡占凡：《全球电视剧产业发展报告（2016）》，中国广播电视出版社，2016，第176页。

剧的国际传播仍由官方占据主导地位。

中国电视剧外销之路首先由合拍片开启。1980 年，中日首部合拍剧《望乡之星》是中国第一部"出海"的电视剧，在日本播放后引起热烈反响。此后，中日又合拍了《鉴真号故事》等多部影视作品，1984 年起在北京、上海、沈阳等地固定举行的中日交流活动中，都设置电视剧展映环节。中美于 1988 年合拍的《秦始皇》，以及 1989 年中国内地和香港与泰国正大公司联合摄制的《封神榜》，还试水了古装领域题材，多部电视剧播出后受到欢迎，并顺势销到中国港台地区及周边国家。

外交赠送也是这一时期国产电视剧走向海外的重要渠道。由于当时尚未设立专门的电视剧海外发行商业机构，许多优秀的国产剧只能通过政府赠送的方式走出国门。20 世纪 90 年代红透大江南北的《渴望》，正是由中国政府以官方名义赠送给越南电视台播放。

20 世纪 80 年代后期，随着国际性电视节，诸如上海电视节、北京国际电视周的设立，国产电视剧开始批量走向海外。例如 1985 年版《济公》、1986 年版《西游记》、1987 年版《红楼梦》《努尔哈赤》《孙中山与宋庆龄》等经典之作，在当时国内尚未播映完毕时，就被新加坡、日本、马来西亚甚至法国、丹麦等国家的电视机构争相购买播映权。20 世纪 90 年代，中国电视产业化和市场化进程加速。1993 年 1 月，中国电视节目代理公司和中国国际电视总公司相继成立，中国电视节目有了真正意义上的外销途径，电视剧对外传播进入市场化阶段。

值得一提的是，这一时期，国产电视剧在通过政治性文化交流活动和发行公司出售版权展开国际传播之外，以 DVD、VCD 为主的光盘音像制品也在其中发挥了重要作用，我国电视系统录像带的商业性输出始于 1983 年，在国产剧海外发行还不成熟的时期，大量国产剧在欧美市场以 DVD 的形式存在，外国观众和海外华人通过租借录像带的方式观看中国电视剧，认识、了解中国独特而悠久的历史和文化，从而缔造了不同国家、不同民族之间的共同回忆，影视艺术也得以展现出跨越区域、种族、时间的力量。

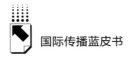
（二）第二阶段：2000~2009年

中国电视产业迅速发展，国产电视剧对外传播受到重视，剧集质量和国际传播力日益提高，在官方途径之外，众多地方电视台，如湖南卫视，以及民间电视剧制作发行机构，如四达时代、华策影视等纷纷成立，并积极展开对外合作。然而在遭遇到"韩流"强大压力等外部因素后，国产剧出海之路一时间料峭难行，出口数量、总额及单集售价等数据都一度出现断崖式回落。

自2001年正式加入世界贸易组织后，中国开启全新经济发展格局，电视产业在影视出海方面受到前所未有的重视与支持。2001年12月，国家广电总局正式提出实施"走出去工程"，从政策层面大力助推国产影视作品出口，电视剧海外传播渠道逐步打通，呈现规模化出海态势。2004年起国家广电总局在国际影视节展上设立"中国联合展台"，为中国影视机构提升品牌影响力、拓展海外市场，提高企业参与展台活动的积极性，从而更好地推动中国影视内容走向海外。历史、古装、武侠等类型剧延续了在国际传播领域的主导地位，与此同时，现实主义、都市情感等题材也得以走出国门，向世界展现现代化中国的精神风貌。如都市情感剧《粉红女郎》、反贪剧《黑洞》、民国剧《大宅门》、平民剧《贫嘴张大民的幸福生活》等不仅占据了港台地区电视台的黄金时段，还成功发行到日韩、东南亚地区，登陆美国、加拿大等地的华语电视台。

2004年国产电视剧海外销售额达到创纪录的9800万元。然而，竞争开始涌动，国产剧受到新崛起韩剧的强烈冲击，海外销售整体下滑。2004~2006年国产剧出口额均保持在1亿元水平，2007年断崖式跌落到2435万元，低迷状态一直持续到2009年，贸易逆差额也明显递增。分析这一时期国产剧的出海困境，主要有以下原因：一是国产剧外销类型较少，且很多电视剧创作理念陈旧，故事内容大多停留在权谋斗争和戏说历史，海外观众出现审美疲劳，尤其是对比同期韩剧《大长今》等剧，在价值观层面更加具有人类共通意义，而当时的国产古装剧则蕴含着不少与现代人价值观相去甚远或外国人难以理解的文化观点；二是政策原因导致现代题材电视剧空前增多，但这类剧集还未在海外市场打开局面，政策的不稳定导致对外发展没有持续性；三是国内电视剧盲目投资的浮躁现状，导致国产剧"精品少"，不能在海外市场形成规模效应。

（三）第三阶段：2010年至今

借助互联网技术尤其是流媒体平台的发展和普及，中国电视剧产业繁荣发展，国际传播渠道更加多元，各平台打通产业链加强合作，形成传播平台多元并行的状态，呈现产业出海和平台出海的全新面貌，在海外地区形成稳定而庞大的收视群体。

从表1可见，国产电视剧出口额在2009年跌落谷底、进口额却升至历年最高，到2010年，进出口逆差出现回落，2011年、2012年的出口额连续创下历史新高。2013年，中国成为全球电视剧第一生产大国，"一带一路"倡议的推进让国产剧传播的区域不断扩大。2013~2016年，国产剧出口数量整体较快增长，2014年，国产剧出口总额更是直接从2013年的9250万元跃进到2.0795亿元。2015年以8248万元的贸易顺差首次打破了国产剧在国际贸易中的逆差局面。

表1　2011~2016年中国电视剧出口数据

单位：万元

电视剧出口额	年份					
	2016	2015	2014	2013	2012	2011
合计	29732	37705	20795	9250	15019.7	14649
向欧洲出口总额	503	3461	677	624	156.27	42
向非洲出口总额	156	872	7	548	51.35	148
向美洲出口总额	590	5019	1209	1279	1405.06	6452
#美国	265	2066	318.62	868	760.35	6501
向亚洲出口总额	28194	27080	18879	6598	11142.1	6068
#日本	5108	1966	1314.00	1546	1352.74	939
#韩国	1696	1217	767.12	1127	481.51	456
#东南亚	6698	9314	3151.70	1517	2452.39	2203

电视剧出口额	年份					
	2016	2015	2014	2013	2012	2011
#中国香港	2795	7149	5402.95	554	1157.45	2000
#中国台湾	8233	6405	7438.51	1855	5189.90	2068
向大洋洲出口总额	289	1273	23	201	2266	1939

注：根据 2011~2016 年《中国社会统计年鉴》《中国文化及相关产业统计年鉴》整理，表中美洲、亚洲数据不包括已经单列的国家和地区，2016 年后相关数据未公开。

　　成绩的背后是传播平台的迭代演进。官方层面，国家出台了一系列扶持政策（见表2），激励国产电视剧和影视企业"走出去"。国家广电总局进一步拓展中国影视国际传播总体格局，实施重点工程战略。2012 年启动的"中非影视合作工程"与 46 个非洲国家中的大部分主流媒体签订了合作协议。2013 年启动的"丝路视听工程"以及影视产品"走出去"品牌项目"电视中国剧场"，推动共建"一带一路"国家市场开发。自 2012 年以来，各项重点影视合作译配工程以及影视机构已译制近 1600 部中国优秀影视剧，译配成英语、法语等 36 个语种，译制时长近 6 万小时，在全球 100 多个国家实现播出。[1]

表 2　2010 年以来国家出台的电视剧国际传播相关政策

时间	出台政策	内容及意义
2012 年	"中非影视合作工程"启动	译制国产电视剧等视听产品,供非洲国家主流媒体播放
2013 年	"丝路视听工程"启动	将 2000 余部中国优秀视听作品译制成 40 多种语言在 100 多个国家播出
2014 年	"电视中国剧场"首次在柬埔寨推出	以"一带一路"沿线国家为重点,深入实施"一国一策",海外播出渠道建设不断推进,海外传播资源加速整合
2017 年	党的十九大提出要讲好中国故事	中国影视"走出去"战略布局不断推进,影视文化产品在国际上的影响力逐步提高

---

①　朱新梅：《广播影视走出去实现跨越式发展》，《中国广播电视学刊》2017 年第 10 期。

时间	出台政策	内容及意义
2018 年	整合中央电视台、中央人民广播电台、中国国际广播电台，组建中央广播电视总台	推动多媒体融合发展，在播出语种、覆盖范围、传播效果等方面取得突破性进展
2021 年	《关于支持国家文化出口基地高质量发展若干措施的通知》	支持文化出口企业加强与海外新媒体平台合作
2022 年	国家广电总局印发《"十四五"中国电视剧发展规划》	国际交流合作迈向更高水平，海外传播领域持续拓展，中国电视剧国际传播力和影响力显著增强

资料来源：根据相关资料整理。

市场层面，逐步形成了国营影视机构、民营影视机构、互联网制作公司三足鼎立的局面。以中国国际电视总公司为代表的国营影视机构转型升级，与 Netflix、Youtube、Viki、Dramafever 等海外平台建立了合作关系，糅合线上线下模式，拓宽国际传播渠道。以华策影视为代表的民营影视机构，创新海外传播机制，借助海外节展平台扩大影响力，并创办华语影视国际平台，自主搭建华语影视联播体，提高电视剧资源在海外的流通效率。以爱奇艺、腾讯为代表的中国网络视听媒体平台积极拓展海外市场，带动中国电视剧出海走向产业链合作、本土化平台化运营新阶段，实现从"走出去"向"播得好"的跨越，推动新时代电视剧国际传播与国际合作创新发展。2017 年，中国国际电视总公司联合国内影视公司发起"中国影视文化进出口企业协作体"。

在政策扶持、监管利好和主体多元的背景下，国产剧出海俨然成为常态，精品频出的同时身价倍增，优质古装剧出口从单集 2 万~3 万美元增长到单集 10 万美元，现代剧也从单集几千美元实现了单集过万的跨越。当前，中国电视剧的国际播出平台，早已不再局限于国内平台。2015 年，《甄嬛传》被美国流媒体巨头 Netflix 引进，也是首部进入全美有线电视网络收费平台的国产电视剧，开启了国产剧与海外流媒体平台共舞的序幕。2017 年，Netflix 买下优酷自制悬疑侦探网剧《白夜追凶》的海外发行权，在全球 190

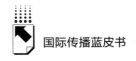

多个国家和地区播出。2018 年,《延禧攻略》在 Youtube 创下国产剧播放最高纪录,发行范围覆盖全球约 90 个国家和地区。2019 年,《长安十二时辰》在 Amazon、Youtube、Viki 等平台以付费内容形式在北美地区上线,这是出海国产剧首次进入包月付费区并实现海内外准同步播放,被认为是国产剧出海进入 2.0 阶段的显著标志。

二 从"追赶"到"超越":中国电视剧国际传播的结构变革

在媒介技术演进、社会文化变迁以及受众主体性变化等多重因素交织作用下,中国电视剧国际传播结构也发生了深刻变革。尤其是自互联网兴起以来,海外观众在观看中国电视剧时,逐渐突破了电视台在内容生产与播放模式上的垄断,显著提升了剧集流通的即时性,转而建立起对互联网技术的依赖,在观看中国电视剧时获得更为多元化、定制化和私密性的体验。总结中国电视剧从"追赶"到"超越"的结构变革之路,结合不同传播主体的实践经验,可以归纳出以下几点。

(一)传播策略本土化,深谙海外受众心理及传播规律

四达时代集团是在中国影视企业海外传播中坚持本土化战略的杰出代表。作为深耕非洲数字电视市场二十余年的传媒企业,四达时代集团在非洲累计投资超 17 亿美元,建有 5 个播控中心、16 个地球上行站,以及 324 座数字电视发射台,建立起了集"节目中继、直播卫星、地面电视、互联网视频"于一体的网络平台,覆盖撒哈拉以南非洲 45 个国家的 12 亿人口,发展数字电视用户 1500 万、互联网视频用户 2800 万。立足于本土化基础设施之上,四达时代形成了集节目集成、节目译制、节目制作于一体的内容生产体系,打造覆盖 11 种语言、700 多个频道的节目内容平台,节目包括新闻、体育、影视等所有类型。

四达时代凭借本土化策略,成功将中国视听内容带入非洲市场,让中国

故事在非洲观众心中生根发芽，不仅丰富了非洲观众的文化生活，也促进了中非文化的深度交流与互鉴。内容本土化上侧重题材共鸣、情感共通、跨越国界；在内容选择上，四达时代聚焦于人类共通的情感议题，如爱情、亲情、友情等，以及非洲国家可能面临的相似社会议题。这种策略使得《欢乐颂》《小欢喜》等中国剧集在非洲播出时，能够迅速与观众建立情感联系，引发共鸣。同时，脱口秀《Inside China》通过中非主持人的视角碰撞，展现了中国的多面性，进一步促进了中非文化的交流与理解。译制本地化上侧重文化贴近，语言无界，为确保作品在非洲的顺畅传播，四达时代实施了严格的译制本地化策略，成立多语种译制中心，由非洲本地团队完成多语种配音译制，确保作品的语言表达贴近非洲观众的文化背景和习惯。这种努力使得《西游记》《扶摇》等中国影视作品在非洲播出时，能够无障碍地传达其深层含义和文化魅力。IP 本土化将中国优质节目模式与非洲本土文化内容相结合，进行本土化创新，挖掘节目的共性价值和内容看点，结合非洲当地的文化与审美偏好进行国际化表达。例如，《坦桑好声音》和非洲版《Hello Mr. Right》等节目不仅在当地取得了优异的收视成绩，还逐步构建起具有广泛影响力的本土化节目 IP，《斯语配音大赛》等活动也让非洲民众在参与中更加亲近中国、了解中国。

（二）传播方式多样化，国产剧 IP 生产机制日趋成熟

成立于 1992 年的华策集团是中国影视行业龙头企业，于 2010 年上市，被誉为"中国电视剧第一股"。30 多年来，华策一直秉承"讲好中国故事，展示中国形象、传播中国价值"的初心，秉承"华流出海"的恒心，通过市场化的方式已将 15 万多小时的内容，发行覆盖到全球 220 多个国家和地区。

在进行海外传播时，华策集团不局限于单一模式，与国际伙伴们通过剧场合作、开设新媒体频道、IP 国际合作合拍等方式积极合作，与近 20 家国际性平台深度合作，自主创建了 50 多个"华剧场"频道。其中 YouTube 平台华策频道就有 20 多个，包括电影、综艺、动漫、电视剧等多类型，10 余

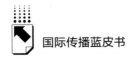

个小语种频道，进行精细化运营。"华剧场"的海外粉丝总数超过 1600 万，视频内容累计播放量超过 137 亿次。此外，华策将 17 部电视剧发行给了 Netflix，实现了华语内容全球传播。

华策内容国际传播的经验可以概括为"国际化内容+本土化推广+精细化运营"。通过持之以恒的精耕细作，将优秀华语内容根植到国际观众心中。同时华策多年前就在包括 Facebook 等系列海外新媒体平台上建设自有的运营账号，内容宣传时通过剧目拆条、二次创作等为长视频引流助推，并对海外社群进行深度培养。现在华策社交媒体矩阵总用户达 100 万人，覆盖用户粉丝超过 7000 万人。在《以家人之名》等剧的海外传播中，在 Facebook 上的阅读互动分别突破 5000 万、3000 万量级，爆款剧《我可能遇到了救星》的热门剧情获 30 万次互动评论，通过短视频和社群的培养完成对剧的延伸和解读。

（三）题材类型多元化，积极创作兼具普遍价值与人文关怀的剧集

2010 年以来，中国影视企业吸取教训，在稳定输出古装剧的同时，持续孵化新的类型剧，"宫斗""权谋"题材脱胎于曾经的帝王将相而又有所超越，"大女主"与"仙侠"题材齐头并进；同时，以《白夜追凶》为代表的国产悬疑网剧以精良的电影质感，刷新了海外观众对国产剧的品质理解。此外，女性题材、悬疑题材、现实题材等更多类型的国产现代剧接二连三地走出国门，中国电视剧以昂扬的姿态向海外观众展现着多面立体的现代中国。

女性题材作品以不同年龄、不同职业的中国都市女性为主角，凭借女性意识的流动和对共同时代话题的讨论，自然而然地引发了海外观众的情感共鸣，国产都市情感题材剧也由此融入了广阔的国际市场。《都挺好》深入探讨原生家庭对人格塑造的影响，将这一概念带入了广泛的社会话题讨论中，《经济学人》为此发表专题文章，探讨孝文化、原生家庭等各类中国传统价值观和社会现象。《三十而已》上线全球百余国家和地区，在 2020 年 Netflix 亚洲电视剧排行榜中位列第 9。

现实题材剧以深刻的社会洞察和生动的叙事手法，向海外观众细腻地描绘了当前中国社会的真实生活、蓬勃发展以及积极向上、勇于创新的时代精神，以其直面中国社会历史真实的力量，给予海外观众"独此一家"的观剧体验，海外观众也以这些剧集为窗口，认识现代中国的社会生态、了解中国人民的生活方式，形成一种有效的文化交流。

（四）积极拥抱数字化，技术赋能对外文化传播

2017年以来，以"爱优腾"为代表的互联网流媒体平台，以数字化赋能国产剧"出海"，中国电视剧以现象级事件姿态步入全球视野。2020年由爱奇艺"迷雾剧场"推出的悬疑短剧《隐秘的角落》成为全民爆款口碑佳作，远销海外。2020年12月《隐秘》在韩国主流电视频道Channel A播出，2021年《隐秘》又先后登陆日本WOWOW电视台以及澳大利亚SBS电视台的Viceland和Demand频道，而《隐秘》还是这3家电视台首部引进的中国现代剧。这不仅表明以爱奇艺为代表的中国流媒体平台已经有了持续输出高品质原创内容的能力，类型化剧集开发的能力和创新的内容运营模式，也受到海外市场的关注。

当前，互联网制作公司开始将目光从内容向平台转移，建设国内自主的有影响力的流媒体播出平台，自己决定播出内容和播出时间，通过平台自主化运营推动国际业务深入发展，并深入当地市场与用户群体。如爱奇艺在北京与新加坡两地设立了国际业务双中台，建立了内容、会员、广告等多维团队，同时还在马来西亚、北美、泰国等地建立了本地办事处，以便在当地更好地进行本土化运营。而腾讯视频早期以优质影视内容出海，在海外沉淀了大量粉丝，拥有一定的影响力和号召力。经过数年的打磨和沉淀，腾讯视频用大量优质内容构成了其以平台的形式向海外进军的实力支撑。从原有的"渠道合作式"的内容出海，转型升级成为自产自销的平台出海。

三　结语

2022年2月，国家广电总局印发的《"十四五"中国电视剧发展规划》

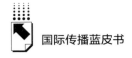

提出，中国电视剧要实现"国际交流合作迈向更高水平，对外和对港澳台文化交流机制、市场销售体系更加成熟，海外传播领域持续拓展，市场份额进一步扩大，中国电视剧国际传播力和影响力显著增强"。2023年8月公布的年度国家文化出口重点企业、重点项目和国家文化出口基地名单中，多家电视剧制作公司和播出平台再次位列其中。这都给中国影视企业指出了新的努力方向。

从1980年至今，国产剧出海历经40余年风雨。由20世纪80年代的政府赠送转变到90年代的市场化传播，从2002年"广播影视走出去工程"的首度提出，到2017年中国电视剧（网络剧）出口联盟的成立，国产剧出海进入了市场、政策双核驱动的"大航海时代"。四十多年间，一部部漂洋过海的电视剧，让中国传统、中国精神、中国人物在影视作品中鲜活起来，大放异彩，中国社会的悠久传统与流行文化得以广泛传播。从单部的名著改编或历史剧集的偶尔突围，到各类国产剧目的集体出海；从古装剧一家独大，到国产现代剧后来居上，各类新题材仍不断在国际市场上涌现；从东南亚起家到覆盖亚洲再到渗透全球，国产剧出口版图正在持续扩张中。中国网络视听媒体平台积极拓展海外市场，将全球化价值、标准化生产、本土化特色有机结合，提升中国电视剧国际传播力和影响力，在促进人文交流和民心相通中发挥积极作用。

当前，中国电视剧海外传播形势欣欣向荣，在传播规模、发行范围以及热播题材等层面都已经形成了良好的发展态势，但地域文化、制作模式等层面横亘着的巨大差异，依旧使得国产剧在走向海外市场时遭遇重重阻碍，扬帆出海的国产剧还需要继续提高国际营销能力，做好传播路径和受众研究，利用多平台、多网络、多媒体提升中华文化的海外自信，培养固定的海外受众，逐渐形成中国电视剧的文化影响力。

国产剧出口仍处于贸易逆差阶段，整体版权价格与韩剧相较依然偏低，与欧美剧相比更是差距很大，国产剧在出海的"量"上有了较大的提升，但仍未达到"质"的蜕变。当前，中国视听产品国际传播存在着国际市场竞争力、国家社会影响力、国际价值引导力等三方面的问题。在传播渠道上，仍需要进一步加强中国电视剧国际营销渠道、阵地建设，积极创新方式、载体，不断升级拓展电视剧海外营销发行体系；在内容形态上，仍需要进一步积极探索当下年轻观众期待的形式，增强互动感和想象边界的拓展，保持与时俱进的状态，保持自我迭代的动力；在产业内容端上，仍需要进一步拓展更加国际化的创作视野和表达模式，包括对价值逻辑的深挖提炼，从而能够在欧洲、北美等地区进行更好的传播；更重要的是，要在"造船出海"的基础上走向"模式出海"，推动中国故事全球化、中国模式走向海外，中国电视剧不仅能"走出去"，而且能"走进去"。

B.15
微短剧海外传播发展研究

孟 威　安晋辰*

摘　要：　2022 年以来，随着微短剧产业化、规范化速度不断加快，一些企业选择"出海"寻求发展机遇。作为一种重要网络视听形态，微短剧在政策扶持引导、短视频培养用户视听习惯、网络文学初步奠定受众基础的三重支撑之上迅速发展、方兴未艾。但也面临内容刻板、文化缺位、产业格局混乱等问题。微短剧"出海"要想迎来新发展、步入新阶段，需要从提高内容质量、构建文化认同、强化人才合作、借力智能技术、整合产业资源等方面出发，培育自身"新质生产力"，推动微短剧的健康长远发展，实现微短剧的全球传播。

关键词：　微短剧　"出海"　新质生产力　国际传播

　　媒体数字化，智能化的进程重塑当今传媒格局，原生于互联网时代的视听传播样态不断丰富，用户的消费习惯与媒介形态耦合共生。当前，微短剧以轻量化的体量、高密度的叙事、碎片化的特点登上时代舞台，成为一种新兴网络文艺样态，其特征是：单集时长从几十秒到十五分钟左右、有着相对明确的主题和主线、较为连续和完整的故事情节[①]。在内容形式上，微短剧

---

　　*　孟威，博士，中国社会科学院研究员，中国社会科学院大学教授、博士生导师，研究方向为网络新媒体与社会发展、舆论、媒介伦理、文化、媒体融合等；安晋辰，中国社会科学院大学硕士研究生，研究方向为网络新媒体。

　　①　广电总局办公厅：《国家广播电视总局办公厅关于进一步加强网络微短剧管理 实施创作提升计划有关工作的通知》，https://www.gov.cn/zhengce/zhengceku/2022－12/27/content_5733727.htm。

情节紧凑，采用竖屏传播，注重人物冲突和情节推进，短小精悍。在经营模式上，微短剧剧本主要来自网络小说改编或相关 IP，用户通常按剧集付费解锁观看。本文将微短剧定义为一种集合了短视频的轻巧体量、网络小说的紧凑叙事、电视剧的剧集设置、付费墙的变现特征的新视听娱乐形式。

2023 年 10 月，习近平总书记对宣传思想文化工作作出重要指示："着力加强国际传播能力建设、促进文明交流互鉴。"[①] 文明交流互鉴，要求我们要讲好中国故事，增强文化的感召力[②]。影视剧作为我国对外文化传播重要组成部分，不仅有助于促进文化交流实现民心相通、文明互鉴，而且其出口贸易能够带来经济效益。近年来，国内视听产业繁荣发展，市场格局基本成型，监管逐步完善。在这一背景下，"出海"寻求发展机遇，成为一些互联网后发企业及平台的选择，微短剧作为一种新型的视听传播形式，为众多"出海"平台所青睐，在我国全球文化产业发展和国际文化传播中的作用日益重要。

一　扬帆出海：微短剧的海外发展格局

（一）国内竞争日趋白热化，海外微短剧迅猛发展

微短剧在我国视听产品市场的发展时间较长，其起源可以追溯至 2012 年前后，视频平台尝试转型支持职业创作内容（OGC），万合天宜等企业制作了《报告老板》《万万没想到》等早期爆款微短剧作品。2018 年以来，短视频平台开始蓬勃发展，长视频企业开始转型布局这一赛道，众多 MCN 机构也开始孵化自己的 IP，微短剧的创作生态逐渐完善，市场机制逐渐形成，"真正做到了新用户喜欢什么样式，形式创新点就能延展到哪里"[③]。

---

① 新华社：《习近平对宣传思想文化工作作出重要指示》，https://www.gov.cn/yaowen/liebiao/202310/content_6907766.htm。
② 刘小新：《增强中华文明传播力影响力》，《红旗文稿》2024 年第 12 期。
③ 孟威：《加强新媒体内容建设 营造良好舆论氛围》，《中国党政干部论坛》2018 年第 9 期。

2020年，国家广电总局在网络备案系统中新增"网络"微短剧，标志着国内网络微短剧市场迈入成熟阶段，各平台微短剧竞争白热化。一方面，以爱奇艺、优酷为代表的传统长视频平台和快手、抖音等短视频新秀在国内微短剧市场激烈竞争，例如，快手平台在一年内上线了2万余部微短剧视频。另一方面，监管机构逐渐加强对国内微短剧的引导，微短剧行业的竞争愈加正规化、透明化。在国内长短视频格局逐渐固化、微短剧市场被头部企业占据的情况下，"出海"成为后发企业寻找新机遇、开辟新市场的一种现实选择。

以2022年下半年枫叶互动（Crazy Maple Studio）的App"Real Short"推出为节点，微短剧"出海"迎来了爆发式增长，使用微短剧App及平台的用户量持续走高。扬帆出海机构的统计数据显示，2024年第一季度海外微短剧App累计下载量达到3766万次，环比上一季度增长92.3%[①]。据市场研究机构SensorTower报告，截至2024年2月底，已有多达40多款短剧应用试水海外市场，累计下载量近5500万次。微短剧海外用户量还在持续增长，据国海证券测算，海外微短剧未来长期日活跃用户可达到5.4亿。北美、东南亚、南美是增长最为迅速的地区，其中，北美市场收入占比超过六成，在文化差异大、地域接近性低的欧美市场，微短剧传播展现了巨大潜力。微短剧正在成为我国海外传播格局中的一股新力量，相关产业呈现出爆发式增长。

（二）翻译翻拍叩开市场，网文平台App渠道发力

我国微短剧出海在发展阶段上，经历了翻译配文、剧本翻拍、本地制作三个阶段[②]，其背后体现的，是从"借船出海"到"造船出海"的过程。早期微短剧的海外推广，主要是为其背后的企业品牌进行引流。在2023年以前，"爱奇优芒"等头部视听企业就已经开始借助当地平台进行微短剧输出，通过Youtube、Netflix等流媒体平台上线微短剧。如优酷将自己旗下的

---

① 扬帆出海：《对话枫叶互动南亚鹏：ReelShort出海背后，蕴含着怎样的增长真相》，https：//www.163.com/dy/article/J5IF931G05568DTV.html。

② 彭嘉艺、余姿桦：《微短剧出海洞察》，《国际品牌观察》2024年第10期。

微短剧《千金丫鬟》翻译配文，在 Youtube 平台推广，反响不俗；腾讯视频也在 Youtube 开通了微短剧频道，常态化更新，借助当地平台打开了市场。这一阶段的海外拓展初步验证了微短剧市场的潜力，但依然存在着传统流媒体平台的路径依赖，无法适应用户的竖屏消费习惯，也无法发挥微短剧叙事精炼、冲突集中、体量轻巧的传播优势，导致微短剧内容影响有限。

视听企业逐渐叩开海外市场后，中文在线、星阅等一批网文平台进一步迈出探索步伐，迅速补齐了微短剧数字基础设施缺失的短板。在传播渠道上，海外微短剧主要依托于网文平台自建 App 进行传播，如枫叶互动在 2022 年 8 月发行了 ReelShort App，九州文化在 2023 年 9 月推出 ShortTV App。目前，以网文平台为代表的娱乐企业、影视视听企业、短视频平台，纷纷选择以 App 作为海外微短剧推广的主渠道。在制作路径上，微短剧迁移了国内成熟的生产路径，在翻译翻拍过程中更进一步，寻找可以融入剧本的当地元素，将中国生产的剧本用当地文化符号重新包装，完成微短剧的国际化翻拍与本土化落地；同时，大量改编已经在当地具有影响力的网文 IP，打通网文 IP 与微短剧之间的转化通道，为微短剧后续发展提供海量资源。在推广模式上，利用市场化方式进行传播，通过 Youtube、Netflix、TikTok 等视听平台进行宣传推广，吸引、转化用户，形成用户依赖。一些平台通过移植文本，原创改编，将受到当地用户认可的网文进行翻拍，找到了将网文用户流量进行二次变现的渠道，更大程度地打破视听内容出海的文化壁垒，初步搭建了一个极具用户增长潜力的数字载体，形成了我国文化产业海外发展的新增长点。

（三）情节张力凸显冲突，情感支撑用户消费

情感是影响用户行为的主要因素之一[①]，是用户做出付费行为的重要支持因素。情感消费的兴起正在深刻改变观众对娱乐内容的需求和期待，而微短剧在情节密度、叙事强度、冲突安排上，相较于传统的影视剧，具有更大

---

① 仇婷、刘岩芳：《用户网络使用意愿的关键影响因素分析》，《情报科学》2018 年第 12 期。

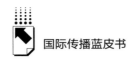
的发挥空间。微短剧剧本多改编自网络小说，以跌宕起伏的剧情和紧凑的冲突为特点，能够有效地激发观众的情感共鸣。其经典的"复仇""逆袭"桥段充满叙事张力，很容易将观众带入短暂而强烈的情感体验之中，迅速打动观众内心，使他们找到情感共鸣点。例如，ReelShort 平台的首部爆火微短剧《Fated To My Forbidden Alpha》将融合国内短剧流行的"豪门复仇"叙事元素与本土狼人题材相结合，讲述女主先受到侮辱，最后由弱变强的情节，引发北美观众的共情，这一模式成为后续大量同类型题材微短剧所效仿对象。

微短剧出海的成功很大程度上应归功于通过短平快的方式传递深刻的情感体验，这种情感体验支撑了用户的观看习惯和消费行为。观众不需要花费太多的时间和精力，就能够在微短剧中找到情感满足。事实上，在情感领域，存在着人类共同关注的话题，通过极端化的叙事反转所带来的情绪张力，微短剧跨越了国别和文化壁垒。其乌托邦式的情节安排和角色命运，也为用户提供了自我情感投射的对象。微短剧的这种叙事策略削弱了不同文化之间的障碍，在有限的时间内尽力创造出最大的情感共鸣，促成了用户消费行为的深度转化。

二 回访现实：微短剧产业的三重基础

（一）国内政策出台、机制引导，促进行业健康有序发展

海外微短剧的蓬勃发展离不开政策支持和国内微短剧行业的成熟健康发展。2023 年 4 月，国家广播电视总局首次公布了全国重点网络微短剧拍摄备案情况，同年，国家广电总局宣布启动为期一个月的专项微短剧治理工作。一系列管理举措的落实标志着微短剧市场正式步入规范化管理的新阶段。各大微短剧平台纷纷响应，优化内容生态，扶持优质创作者，推动微短剧向精品化方向转型。

为推动微短剧行业提质升级，国家广播电视总局 2020 年下发了《国家广播电视总局办公厅关于网络影视剧中微短剧内容审核有关问题的通知》，

微短剧作为网络影视的作品形态得到认可，2021 年，微短剧全年备案数 398 部。2022 年底，国家广播电视总局《关于推动短剧创作繁荣发展的意见》出台（以下简称《意见》），指出微短剧为人民所急需，符合精神文化产品精品化的发展规律，已成为一种新趋势，应当大力倡导推动。《意见》发布次年，微短剧拍摄备案量达到 3574 部，产生了如《逃出大英博物馆》、《去有风的地方》和《雄狮少年》等一系列口碑与流量双丰收的佳作。在政策措施推动下，国内微短剧市场发展迎来了新局面，为反哺微短剧出海，促进微短剧规范化、产业化，提供了有力支撑。

（二）短视频平台为海外用户养成收视消费习惯

近年来，短视频应用的全球用户不断增多，截至 2024 年，全球头部短视频应用 TikTok 每月就有 15.6 亿活跃用户。短视频平台具有生产成本低，观看场景多元化、碎片化，降低用户接触门槛的特点[1]。短视频将用户视觉体验从电视、电影等固定场景中解放出来，塑造了相当一部分互联网用户的视听内容消费习惯与路径依赖，短视频平台为用户养成了短市场、视觉化、高信息密度的内容消费习惯，用户接触微短剧，不必从头适应微短剧的媒介特点与传播形式。这为微短剧的海外推广打下了基础。

从本质上看，短视频与微短剧都是竖屏时代的产物，[2] 在内容消费习惯层面上，微短剧剧情紧凑，时长短，相比于影视剧这一媒介形式，微短剧的媒介基因与短视频更为相似，短视频用户具有向微短剧用户进行转化的潜力，前期短视频的海外扩张为微短剧的出海创造了有利条件。短视频在撬动整个互联网视听内容生态转型的同时，也为微短剧的扩张进行了引流和推广。除此之外，许多微短剧平台的广告通过 TikTok 等短视频平台进行投放，一些微短剧平台会在短视频平台上传自己的剧集切片，以获得更多关注，如 Playlet 在 TikTok 上传了短剧《与亿万富翁的悲剧爱情》的部分内容，播放

---

① 彭兰：《短视频：视频生产力的"转基因"与再培育》，《新闻界》2019 年第 1 期。

② 刘纯懿、胡泳：《"屏幕世代"的观看：继承、剥离与视觉的再训练》，《当代传播》2024 年第 3 期。

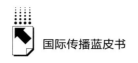
量累计数百万次，给平台带来了可观的关注度。通过个性化推荐算法，微短剧广告能够精准地触达目标受众，从而提升微短剧影响力。

（三）网络文学为微短剧出海提供多方位支撑

微短剧出海之所以获得当地用户的认可，除了人们对竖屏传播具有亲近感，也离不开剧情本身的吸引力。网络小说作为先期已经成功出海的娱乐形式，为微短剧的海外发展提供了内容上的多方位支撑。一方面，大部分微短剧剧本的创作依托于对现有网络小说的改编，"霸总""复仇""重生"等微短剧中常见的叙事要素更直接脱胎于网络文学，在某种程度上，微短剧正是网文叙事的视觉化呈现。网络小说在海外市场广泛传播、受到欢迎，许多海外读者已经适应了这一套叙事逻辑，这使得微短剧传播的文化隔阂大大降低，网络文学为微短剧出海奠定了受众基础。

另一方面，网络文学为微短剧提供了源源不断的改编文本，这丰富了微短剧的内容库，为其创作提供了多样化的题材和灵感。网络文学涵盖玄幻、历史、科幻等类型，为微短剧的制作团队提供了广阔的选择空间，也能够满足不同国家和地区观众的多样化需求。

最后，网络文学已经建立起了一套有效的市场进入和扩张机制，微短剧借鉴这些策略，利用网络小说平台的影响力，快速提升了知名度和影响力。2023 年，中国作协公开发布"网络文学 IP 创作扶持计划"，扶持 50 部网络文学 IP 微短剧作品出海，推动网络文学创作向短剧产品转化，有力促进了网络文学创作和网络视听产业繁荣发展。网络小说与微短剧之间已经形成深入的耦合关系，国内已经成熟的网络文学产业，通过提供丰富多样的视听转化内容，成为微短剧成功出海的重要助力。

三　聚焦问题：微短剧出海的风险挑战

微短剧出海在迎来市场爆发的同时，一些现实问题也逐渐浮出水面，风险挑战不仅关乎内容创作与传播策略，也涉及文化适应性与产业格局的构建。

（一）内容刻板认可欠佳，海外用户触达有限

在叙事层面，当前的微短剧依然未能摆脱网络小说的标签化叙事框架，情节设计过于紧凑，缺乏必要的铺垫与转折。人物塑造方面，角色往往被高度脸谱化，缺乏鲜明的个性和深层次的内心世界，难以引发观众的深入共鸣与思考。在内容选择上，微短剧过于集中在宣泄情感、权力崇拜、金钱崇拜等主题上，为了吸引用户注意力，往往设置夸张的剧情冲突，这种策略虽然在短期内刺激用户消费，但长期来看，由于缺乏深度和内涵，这种取向单一、价值肤浅的内容难以提供持久的观赏价值和深层次思考空间，还损害了微短剧的质量和口碑。

出海微短剧在制作和传播过程中，情节上过于追求猎奇和夸张化，题材取向上的庸俗化也使微短剧在一些国家地区的认可度不高，难以达到对海外用户的深层触达。例如，有些海外地区用户更喜欢青春热血类微短剧，这种取向使得大量猎奇、反转类译制微短剧虽然也获得了关注，但反响平平，而像《大小姐正在实习中》这样依靠自身奋斗取得成功的职场逆袭微短剧更受欢迎。根据国海证券数据[1]，海外微短剧平台用户以 25 岁以上的已婚女性群体为主，这与 TikTok、Netflix 等主流视听平台以青少年为主的用户分布也存在错位。如何提高原创内容吸引力，找到契合海外用户审美的创作题材，在提升微短剧的艺术品质和文化内涵的同时，为平台吸引更多用户，成为当前微短剧发展面临的重要挑战。

（二）海外改编文化缺位，中国文化表达不足

在目前出海微短剧中，大部分作品对剧本进行了本土化改造。具体而言，就是将原本改编自中国网络小说的情节桥段与当地用户易于接受和喜爱的题材偏好相结合。例如，针对欧美观众，各海外平台的短剧虽然在一定程

---

[1] 姚蕾、方博云：《中国短剧出海深度报告：掘金蓝海新赛道》，国海证券，https://max.book118.com/html/2024/0410/7156052144006063.shtm。

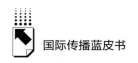
度上能够通过原作的叙事模式来吸引观众，但也大量采用了该地区热门的狼人、霸总和契约婚姻等充满反转和逆袭元素的题材，以此来吸引用户并增加用户接受度。这种改造还主要停留在对国内短剧剧情的简单搬运和复刻层面，虽然在一定程度上能够借助原作的热度和叙事模式来吸引观众，但这种改编也导致中国符号和中华文化在其中的表达不足。

同时，简单改编翻译的微短剧相比于基于海外文化原创的微短剧竞争力也存在不足，以头部情感类微短剧平台 Kalos TV 的播放数据为例，经过简单翻译的中国微短剧与中国剧本改编微短剧的受欢迎程度在关注度上与欧美用户偏好的悬疑类微短剧尚存在一定差距。例如，Playlet 平台在 2024 年 6 月上新的《To Avenge My Ex, I Married a Stranger》，为欧美文化中较为流行的悬疑复仇题材微短剧，其观看量和关注度明显高于其他平台的改编微短剧。简单翻拍、翻译的微短剧，由于制作方缺乏对当地文化和社会背景的深入了解，往往难以与海外观众产生深层次的文化共鸣和情感连接。

一些改编也导致了中国文化和中国符号在海外传播过程中的变形。有的过分依赖原作剧情和海外文化改编，忽视了对中国文化的挖掘与展示。导致这些短剧无法有效地传递出中国文化的独特魅力和丰富内涵。有的微短剧以权力、欲望为主要表达内容的创作取向，可能导致对基本公共议题关注的遮蔽，造成一些海外观众对中国文化的误读和偏见，也不利于中国文化产业积累口碑。

（三）分工混乱渠道单一，产业格局亟待整合

从宏观机制层面来看，微短剧的发展还处于起步阶段，在如定价策略、资金支持体系、合作模式等方面尚未建立起成熟稳定的行业运作机制。这一领域目前也缺乏完整且成熟的行业生态，这意味着从内容创作、生产制作到市场推广、用户反馈的整个产业链条都有待完善和优化。例如，许多尝试"出海"的微短剧主要通过独立的 App 进行运营，这种做法虽然有助于提升用户留存率，却往往忽视了对用户消费习惯的培养以及行业标准的搭建，这无疑限制了其长远发展的潜力。

在中观层面，微短剧平台与其他娱乐平台之间的横向引流和联动尚显不足。这导致的一个直接问题就是，微短剧平台在如 TikTok 等社交平台上投放了大量广告，但这些前期宣传投入往往需要用户下载额外的 App 才能完成收视流量转化，这无疑增加了用户的使用门槛，延缓了广告的触达时间，降低了广告的效果。微观层面，大量微短剧制作机构之间的分工格局并不清晰，导致国内微短剧产能在海外释放不足，产业发展粗放化。目前，不少微短剧的制作粗糙、同质化，更新频率不高，这些都影响了海外用户体验和行业整体发展水平。

四 放眼当下：培育"新质生产力"纾解微短剧出海之困

习近平总书记指出："积极培育未来产业，加快形成新质生产力，增强发展新动能。"[①] 新质生产力，是一种以科技创新发挥主导作用的生产力，其中的"新"蕴含着发力产业的新赛道的内涵，"质"强调通过关键性技术为生产力发展提供更强劲的创新驱动力[②]。纾解网络微短剧面临的困境，要用智能技术推动生产要素变革，赋能微短剧出海新赛道，应对海外微短剧发展所面临的种种挑战，从内容建设、理念认同、人才合作、技术赋能、产业生态构造等层面，培育微短剧"新质生产力"，推动微短剧的健康长远发展，实现全球化传播与价值变现。

（一）提高内容质量，优化创作生态

微短剧产业的核心竞争力是优质内容，而内容质量的提高要求对其叙事模式进行创新；结合微短剧的特性，积极探索多元化的视听叙事形态。一方

---

① 新华社：《习近平主持召开新时代推动东北全面振兴座谈会强调：牢牢把握东北的重要使命 奋力谱写东北全面振兴新篇》，https：//www.gov.cn/yaowen/liebiao/202309/content_6903 072.htm。

② 周文、许凌云：《论新质生产力：内涵特征与重要着力点》，《改革》2023 年第 10 期。

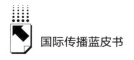

面，需要打破传统叙事框架的束缚，尝试采用非线性、多线索、交互式等新颖叙事方式，增强微短剧的表达力与包容性。另一方面，灵活运用各种视听元素，如音效、配乐等，营造出更加丰富、立体的叙事空间，让观众在短暂观看时间内获得更加沉浸的观剧体验。

除此之外，需要深入挖掘优秀题材资源，助力海外微短剧主题多元化发展。注重讲述用户关心的故事，将中国元素、中华文化与本土话题、热门剧情有机结合，摆脱庸俗化。要关注现实，注重把握当地社会脉搏，将能够引发观众共鸣、具有普遍意义的题材融入微短剧中。要提升作品的艺术品位与社会价值，让微短剧不仅仅是一种娱乐形式，更成为传递中国文化、展现中国形象的重要载体。

海外微短剧内容发展应构建多元化的创作生态体系，鼓励不同主体、机构积极参与，促进微短剧与其他出海娱乐产品形成内容联动，给微短剧衍生市场发展创造更多机会。我国的主流媒体具有强大的实力与丰富的资源，更应在这一领域发挥作用，通过探索与独立创作者、微短剧专业制作团队合作等形式，推出更多具有中国特色、符合国际审美的微短剧相关作品，为中华文化的国际传播再添光彩。

（二）融通中外理念，构建文化认同

微短剧出海不但为中国文化产业输出提供了新增长点，也为文化产品价值变现提供了新路径。在推动微短剧出海的过程中，既要注重国际化表达，以适应不同国家和地区观众的审美习惯和文化背景，又要保持中国文化的独特魅力，让微短剧成为传播中华文化的重要载体。需要深入进行市场调研，充分了解国际观众的文化偏好、观影习惯以及市场趋势，实施本土化营销策略，恰当运用语言、符号和叙事方式，与海外观众建立情感联系，提高微短剧在当地市场的接受度和影响力。要将中华文化的精神内涵融入微短剧题材中，注重挖掘那些能够引发当地观众共鸣的中国故事题材，通过生动的情节、鲜活的人物和富有感染力的叙事方式，将中国文化的精髓传递给世界。

目前，微短剧主要通过提供极致情绪体验打通不同地区之间的传播壁

垒。未来，要融入深层次的文化价值，展示东方美学的独特魅力，促进海外用户了解并认同当代中国的价值理念，传播好中国文化，讲好中国故事。进而将微短剧的流量优势和内容优势转化为价值优势，让微短剧成为推动中华文化走出去的重要力量，成为连接中国与世界的文化桥梁，进一步推动中华文化的国际传播和交流。

（三）加大扶持力度，强化人才合作

目前，海外微短剧的发展仍处于快速上升期，产业格局并不明朗，参考短视频及网络小说出海的路径，未来，产业格局或将进一步形成平台方和内容提供方两大板块。成功出海的微短剧平台应充分利用其先发优势，不仅要在内容创作和传播上发挥引领作用，更要强化行业规则的制定，引导创作者和制作团队遵循高质量、高水准的制作要求，提升整个行业的制作水平。在这方面可以给予微短剧海外拓展以更大鼓励和支持，通过提供资金扶持、税收优惠等政策措施，降低微短剧出海的成本和风险，鼓励更多优秀的制作团队和创作者投身于微短剧的海外发展。

强化人才队伍建设也是推动微短剧出海的重要一环。微短剧制作门槛相对较低，这使得本土大量的 PUBG 创作产能得以释放。然而，要想在海外市场取得成功，也需要专业化、国际化的人才制作团队。在供给侧与需求端正向共生的现实下，适当将本土创作者融入出海微短剧的生产链之中。推动我国创作者与当地用户、艺术家的合作，促进实现本土化与专业化的双轮发展，充分发挥当地人的桥梁作用和专业人才的技术作用。通过人才合作，更深入地了解当地市场需求和观众喜好，从而创作出更符合国际传播需要的优秀微短剧作品。

（四）技术赋能出海，智能推动发展

先进技术手段的运用能够显著提高微短剧的生产力，为微短剧产业注入新活力。特别是 AIGC 等智能技术的应用，如 AI 换脸、唇形同步、大语言模型以及生成动画片等，为微短剧生产和制作提供了多元化的创作工具和素

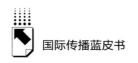

材，带来了前所未有的便利。利用 AI 换脸技术，微短剧内容制作方可以将演员的面孔替换为具有本土特征的面部形象，从而更好地适应海外市场的需求；唇形同步技术能够确保在不同语言的配音中，演员的口型与配音素材完美匹配，提升用户的观看体验。

在产业发展决策方面，智能数据技术也可以发挥重要作用。例如，借助对用户行为的分析，微短剧平台可以更加准确地了解观众的喜好和需求，从而制定出更加精准的内容策略和推广方案。在那些对中国文化了解度不是很高的地区，通过智能生成动画片等多元化的呈现方式，可以将中国文化的精髓以更丰富、更有趣、更便捷的方式展现给当地观众，提高微短剧的接受度和影响力。

（五）优化平台格局，整合产业资源

目前，以 Youtube、Netflix 等为代表的娱乐视听平台对微短剧行业仍持观望态度。这些平台拥有庞大的用户基础和强大的市场影响力，一旦它们决定在微短剧行业进行竞争，可能给现有的出海微短剧平台带来影响和挑战。因此，现在微短剧出海平台要加快自身的发展步伐，完善产业的自我循环能力，努力形成有竞争力的独角兽企业，构建中国文化产业"走出去"的新支点，推动中国文化产业在国际舞台上取得更大的发展和成就。

微短剧产业出海的一个重要目标，是以市场化主体为核心，构建一个稳定且成熟的微短剧产业链条，形成文化产业的又一新质生产力。在这一链条中，作为参与主体的关键力量，包括 IP 版权方、承制方、微短剧平台以及生态服务方等，要努力形成一个紧密合作的网络，共同推动微短剧的海外发展。在传播渠道上，打造创作矩阵，通过多元化的渠道和平台，提升微短剧的国际触达能力，积极拓宽微短剧的全球影响力。在传播内容上，深入挖掘并整合传播主题，针对细分领域进行垂直深耕。在传播对象上，深入研究海外受众的多元化价值需求，融合不同文化喜好和习惯。通过精准定位和传播，形成国内外联动的循环产业链，让微短剧在国内国外两大市场都获得广泛的认可和喜爱。

媒体和平台篇

B.16
《中国日报》国际传播的实践与创新

孙尚武*

摘　要：　《中国日报》作为中央主要媒体、国家英文日报和国际传播主力军，积极履行"联接中外、沟通世界"的职责，认真学习宣传贯彻习近平新时代中国特色社会主义思想特别是习近平文化思想，围绕党的二十届三中全会提出的改革要求，精心做好习近平新时代中国特色社会主义思想的对外宣传、加快推动构建中国话语和中国叙事体系，大力推进实施"五大工程"，即领航工程、探"元"工程、强音工程、未来工程、国际交往工程，着力加强国际传播能力建设、促进文明交流互鉴，对外讲好中国故事、传播好中国声音，向世界展现可信、可爱、可敬的中国形象，努力营造良好的国际舆论环境、增强中华文明传播力影响力、推动构建人类命运共同体。

关键词：　《中国日报》　国际传播　舆论环境

---

* 孙尚武，《中国日报》副总编辑。

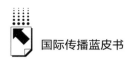

一 始终聚焦核心，突出做好习近平新时代中国特色社会主义思想的对外宣传阐释

习近平新时代中国特色社会主义思想既是引领当代中国发展进步的总纲领，也是国际社会了解中国发展道路、认识中国发展方向的"金钥匙"。党的十八大以来，《中国日报》坚持把做好习近平新时代中国特色社会主义思想的对外宣介作为首要任务和重中之重，2022 年启动"领航工程"，举全社之力进一步加强"核心报道"，更加充分、更加鲜明地展现中国故事及其背后的思想力量和精神力量。

1. 彰显时效性，积极抢占习近平总书记英文报道全球第一落点

统筹海内外采编队伍，健全 7×24 小时全球指挥体系，完善以北京、伦敦、纽约三地为支点的工作机制，用好、建强"学习时代""学习有方""英语学习""习近平名言金句"、《高访专刊》等全媒平台与品牌，围绕习近平总书记参加会议、国内考察、出国访问等，第一时间做好习近平总书记重要活动和重要讲话的宣传阐释工作，及时向国际社会传播中国声音、阐明中国智慧。2024 年 5 月，围绕习近平主席对法国、塞尔维亚、匈牙利进行国事访问，《中国日报》依托《中国日报（国际版）》在前方精心推出 6 期《高访专刊》，利用时差优势积极抢占全球纸媒英文报道第一落点，有效覆盖包括到访国以及英国、德国、波兰、意大利、瑞典等 20 余个欧洲国家，有力影响到访国重点人群以及欧洲地区广大受众。匈牙利总理欧尔班和夫人在机场送行时认真翻阅《高访专刊》并予以充分肯定。2024 年 7 月，围绕习近平主席中亚之行，《中国日报（国际版）》利用时差优势，在《高访专刊》专版及时刊发头版报道《习近平主席受到热情迎接 中哈友好牢不可破》，第一时间报道习近平主席抵达哈萨克斯坦并受到托卡耶夫总统等各界人士热烈欢迎的盛况，并采访相关专家解读元首外交将引领两国关系进一步提升，被美国广播公司等 340 余家海外主流媒体转发。

2.突出思想性，深入阐释习近平新时代中国特色社会主义思想的真理力量与实践伟力

强化从"新闻传播""信息传播"向"思想传播""价值传播"的转变，实施报社"十大话语"建设，并强化思想溯源，深入做好新概念新范畴新表述的解读解析，带领海内外受众深入领悟习近平新时代中国特色社会主义思想的思想魅力和实践伟力，推动中国智慧、中国方案、中国主张更加深入人心。《习近平外交思想系列报道》《习近平生态文明思想系列报道》《习近平法治思想系列解读报道》《习近平主席的海外足迹》等系列报道连续4年获得中国新闻奖一等奖。在人类命运共同体理念提出10周年之际，2023年重点推出"10年看世界：人类命运共同体的实践"系列视频，先后刊播《命运与共》《生存与共》《发展与共》《未来与共》等4期视频，讲道理与摆事实相结合，生动诠释人类命运共同体理念的深刻思想内涵与重大实践成果，全球传播量近7000万次。2023年3月起，重点打造"核心观"全媒体品牌专栏，持续推出系列深度报道，及时采访报道海内外各界权威人士对习近平文化思想以及全球发展倡议、全球安全倡议和全球文明倡议的高度评价和深入解读。党的二十届三中全会前后，"核心观"栏目精心推出"习近平的改革愿景"等系列重点策划，持续刊播头版分析《新思想引领新时代改革开放》、综述《多国专家高度评价三中全会成果 中国全面深化改革备受期待》、视频访谈《圭亚那前总统：三中全会令人期待》等融媒产品，突出宣介好习近平总书记关于全面深化改革的一系列新思想、新观点、新论断，展现好习近平总书记擘画引领将新时代改革开放进行到底的风采，受到各界的广泛关注。其中，7月20日头版头条《中国对外开放再提速，多项利好惠及全球》，立足国际关切，结合《中共中央关于进一步全面深化改革、推进中国式现代化的决定》确定的建设更高水平开放型经济新体制的事项，积极采访多家跨国企业高管，展现海外人士对中国完善法治化、国际化营商环境的信心和期待，被美国哥伦比亚广播公司等350余家海外主要媒体转载。

3.提升可读性，着力展现习近平总书记大党大国领袖的风范魅力

重点打造"暖风习习""习近平主席的海外足迹""小彭的外交观察"

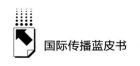

等品牌栏目和拳头产品，以更贴近国外受众的叙事方式、更具冲击力的视觉语言、更具感染力的内容，突出展现习近平总书记大党领袖、大国领袖、人民领袖的魅力风范。2023 年 10 月 17 日，《中国日报》与国务院国资委合作推出八联版专刊《习近平主席的"一带一路"足迹》，紧紧围绕习近平总书记多次视察央企在共建国家建设的 19 个标志性项目，以冲击力与传播力兼备、可读性与观赏性俱佳的版面呈现，有力展现在习近平总书记高瞻远瞩、谋篇布局下，"一带一路"合作走深走实、铺展了共同构建人类命运共同体的壮美画卷，受到巴基斯坦总理卡卡尔等世界政要以及媒体记者的高度关注和好评。"小彭的外交观察"等系列 Vlog 视频《塞尔维亚街头现巨幅中国国旗热烈欢迎尊敬的中国朋友》《美国街头：礼物交换实验》《旧金山欢迎宴会："老友记"》等，创新轻质好感传播，围绕习近平主席访美、访越、访欧以及出访中亚，直观展现元首外交一线诸多平凡而又动人的细节故事，生动展现各国民众对习近平主席的欢迎与爱戴，引发广泛共鸣，全球传播量近 10 亿次。

二 坚持内容为王，积极向世界展现可信可爱可敬的中国形象

《中国日报》始终坚持把"我们想说的"与"受众想听的"相结合，统筹"陈情"与"说理"、"权威采访"与"借嘴发声"，持之以恒推进叙事创新，不断提高讲故事的能力和水平，强化以内容优势赢得传播优势，推动国际社会了解真实中国、感知可爱中国。

1. 加强议题设置，出新出彩讲好中国式现代化的故事

中国式现代化是我们党领导人民在长期探索和实践中，历经千辛万苦、付出巨大代价取得的重大成果。立足两个大局，《中国日报》坚定站在历史正确的一边、站在人类文明进步的一边，做好主题宣传报道与加强自主策划相结合，多方宣介全过程人民民主、培育和发展新质生产力、建设绿色中国等各领域发展成就，在融通中外中出新出彩向世界展示新时代"中国之治"的美好图景，在讲好中国式现代化故事中解读中国道路、诠释中国理念、展

现中国成就，让世界读懂中国共产党、读懂新时代中国。2019 年、2021 年精心推出全彩《新中国成立 70 周年》专刊、《庆祝中国共产党成立 100 周年》专刊，把握重要节点，针对性强化讲好中国故事、讲好中国共产党的故事，分别获得世界新闻设计大奖。视频《英国知名学者：中国式现代化以人民为中心》，以外嘴客观视角阐明中国式现代化坚持以人民为中心而不是以资本为中心，服务绝大多数人的利益而不是追求资本利益最大化，被雅虎财经等近 360 家海外主流媒体转载，覆盖全球超 1 亿受众。2024 年，着力打造"中国式现代化的地方实践"融媒专栏，持续专访广西、辽宁、云南、甘肃、宁夏、内蒙古、河北等省区市的党委书记，以各地丰富实践从不同侧面展现中国式现代化的壮美画卷，引发各界强烈反响。

2. 推动交流互鉴，入脑入心讲好建设中华民族现代文明的故事

在新的起点上继续推动文化繁荣、建设文化强国、建设中华民族现代文明，是我们在新时代新的文化使命。《中国日报》注重以文化人、以文润心，把文化作为传播文明、推进国际传播的重要窗口，积极引入新机制、新技术，持续推进文化传播创新，向各国受众阐释中华文明的突出特性，展现中华文化的永久魅力和时代风采。2020 年，以中国功夫为主题，拍摄《寻找功夫》电影纪录片，传递"止戈为武"的中国哲学和价值观，影片先后获得加拿大金枫叶国际电影节"纪录片类最佳制片"和"导演成就奖"，以及戛纳丝绸之路电影节"最佳叙事类纪录片"。2022 年启动探"元"工程并成立探"元"工作室，现已推出虚拟数字员工、"中华文明探源者"元曦出镜的《元曦探秘甲骨文》《瓷器，何以称为"china"》《如何一天看遍历代中国绘画珍品》等 15 期文化探源视频，传播量达 4.6 亿次。重点打造"璀璨非遗""中华文明探源""魔力中国""开箱中国""匠心"等一系列精品栏目，对外展现中华文明之美、中国山川之美、中华技艺之美。其中，"大美中国"每月一期四联版聚焦世界遗产地，荣获世界新闻设计大赛"特别报道"卓越奖；"一城一街"历史文化街区全媒体系列报道讲述城市文脉，展现城市当代风貌，第一期视频报道《嘛是天津卫？数字员工元曦探访天津古文化街》总传播量超 1500 万次。同时，通过"画时代"工作室以

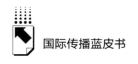
及《中国日报》发起设立的美术学院国传联盟等平台，努力构建全方位、多领域、深层次的文化"走出去"新格局，促进中外文明交流互鉴。

3. 敢于善于斗争，有力有效做好热点话题舆论引导与斗争

为进一步解决中国真实形象与西方主观印象的"反差"、"自塑"与"他塑"之间的"落差"，《中国日报》在积极讲好中国发展故事的同时，积极回应海外部分媒体、智库、政客的污蔑攻击，2022 年以来深入推进"强音工程"，强化"言论立报"，把加强全媒体评论报道作为大力提升重大问题对外发声能力的重要途径，优化外宣报道和评论工作流程，进一步做强评论类融媒体工作室集群，完善"舆情快反机制"，及时发声、大胆发声，更有力地在涉华及全球重要议题上争夺国际话语权。着力打造"起底"工作室，让年轻网红记者出镜主动发声，先后推出《起底：被污染的新疆太阳能》《澳记者成为"网红"不惜编造阴谋论》《旧世界与新大路》等 200 余件视频作品，通过深度调查与分析对比，有效消解国际舆论场上对中国的虚假叙事，总传播量超 100 亿次。视频《理大战场》，客观记录了 2019 年 11 月 18 日香港理工大学"港独"暴徒的暴恐行径，在 2020 年世界新闻摄影大赛、美国"泰利电视奖"等评选中获 6 个重要国际奖项，进一步以特殊方式向国际社会揭示"港独"暴徒的巨大危害。2024 年，针对西方大肆炒作中国新能源"产能过剩"，持续刊发《国际各界驳斥所谓"产能过剩"论》《抹黑中国"产能过剩"实乃保护主义作祟》《外国学者："中国产能过剩论"暴露美"自私算计"和霸权思维》等系列报道，广泛采访中外政商界领袖、知名专家学者，有效壮大国际各界利我声音，取得显著对外传播效果。

三 强化立体传播，不断提高中国声音在全球舆论场的传播力

把握国际传播领域移动化、社交化、可视化的趋势，《中国日报》坚持树牢底线思维，增强前瞻意识，毫不放松自主平台建设，积极拓展新兴平台，加快构建全媒体传播格局，不断完善全球化、分众化、立体化传播渠

道，切实提高国际传播的精准度、到达率和实效性。

1.完善机制，加快推动主力军全面挺进主战场

一方面，坚持改革为重。以全面实施"频道制"为抓手，建强首页首屏、国内、经济、评论、国际、文化、青年等频道，加快实现信息内容、平台终端、人才队伍等全社范围内资源要素的共融互通，推进深度融合升级、放大一体化效能，不断提高各领域全媒体报道一体策划、一次采集、多种生成、多元发布的水平。同时，积极发挥境外机构所处不同区域的区位优势，实现全球无缝对接与全球重大新闻的零时差报道。另一方面，坚持移动优先。不断完善全媒体、立体化传播矩阵，积极提高中国声音在国际舆论场的声量。既做大做强《中国日报》英文客户端这一英文自主平台，截至目前全球下载用户超 4300 万，继续保持"国际一流、中国第一"地位；又持续深耕脸书、优兔等海外社交平台，用好抖音国际版、照片墙、品趣志等具有广泛影响力的海媒应用。目前，《中国日报》脸书主账号粉丝数超 1.05 亿，位居全球媒体账号粉丝数第二位；X（推特）平台主账号粉丝数 420 万。

2.建强品牌，打造优质纸媒强化影响"有影响力"的人群

当前，我们已进入了媒体深度融合发展的时代，但传统媒体和新兴媒体并不是取代关系，而是迭代关系。纸媒仍是实现覆盖和影响国内外受众的重要载体。把握不同地区受众定位，《中国日报》不断擦亮《中国日报（中国版）》《中国日报（国际版）》和《中国日报（香港版）》的品牌，针对性做好差异化传播。在内地，出版发行《中国日报（中国版）》，重点覆盖驻华使节、国际组织驻华代表、跨国公司在华高层、媒体从业人员以及来华访问旅游的各国人士。在全球，2019 年起重点打造《中国日报（国际版）》，突出中国立场、国际视野，在海外 60 多个国家和地区出版发行，倾力打造向世界讲述中国故事、传播中国声音的主渠道和新平台，以本土化覆盖有力提高海外传播的精准化水平。在香港，出版发行《中国日报（香港版）》，主要辐射港澳台和东南亚地区，受到当地受众的广泛认可。

3.深化合作，构建多元化平台助力"大外宣"

坚持"开门办报办网办平台"，寓外宣于服务之中，积极为构建"大外

"宣"格局赋能。一方面,强化打造中国政务英文网络平台。助力政府信息化建设,承建全国人大、国务院、全国政协等中央和国家机关与各地400多家党政机关和企事业单位的国际服务门户、外文网站、客户端及新媒体账号矩阵,成为其发布权威信息、为海外受众提供精准资讯服务、开展对外交流合作的重要窗口。其中,2024年陆续启用的新版多语种上海国际服务门户及海内外社交媒体平台账号,为来沪在沪的外籍人士提供政策信息、资讯服务和投资、就业、留学、旅游、生活等"一站式"服务指南。另一方面,精心承办重大主场国际活动官方英文会刊。《中国日报》已先后为"一带一路"国际合作高峰论坛、G20峰会、APEC会议、北京奥运会、北京冬奥会、成都大运会、杭州亚运会等重大国际会议以及赛事出版官方英文会刊,充分利用重大活动期间全球关注中国的契机,集中展示当代中国风采和中华文化魅力。其中,2022年2月至3月出版的30期《北京2022年冬奥会和冬残奥会官方英文会刊》,全面向世界展现了精彩、非凡、卓越的冬奥盛会景况,受到国际奥委会、各国运动员和代表团、境外媒体记者等国际社会各界的一致好评。

四 注重技术赋能,加快培育和发展新质传播力

纵观人类传播发展史,每一次信息技术的革命性突破,都带来新的媒体变革。《中国日报》诞生于改革开放新时期,有着鲜明的改革基因和强烈的创新意识,一直积极拥抱时代,用"数与智"大力推进传播创新,特别是近年来认真学习贯彻习近平总书记关于新质生产力的战略部署,充分利用生成式人工智能等新技术新应用,加快培育和发展新质国际传播力。

1. 强化支撑,建成适应融合发展需要的系统工具

在充分调研论证的基础上,借鉴《每日电讯报》《华尔街日报》等国际知名媒体的融合发展和技术建设经验,2013年引进意大利 Methode(墨素)系统,并以此为基础,结合报社国际传播需要和互联网发展情况,进行本土化改造和功能拓展,使其分步骤支持总社及国内、全球各站点的采编工作,

形成全球协同与业务联动，实现对全平台内容的统一生产、统一分发和统一调度，从而形成以北京总社为中心的"中央新闻厨房体系"，为全球、全媒体、全天候的业务运转提供技术支撑。同时，运用大数据技术，建成以英文语料为主体，兼顾其他语种数据的媒体大数据平台，有力为报社及各方开展国际传播业务提供数据支撑保障，并不断赋能数据新闻产品生产。2020年，为深入解读习近平总书记关于厉行节约、反对浪费特别是制止餐饮浪费行为的重要指示精神，制作的大数据新闻版面《I AM FULL》，获得由国际版面设计协会评选的"全球最佳图表版面"三等奖。

2. 把握机遇，加快发展适应国际传播新需求的智能工具

一方面，积极探索应用生成式人工智能。2023年初以来，报社编委会从全局高度敏锐洞察以ChatGPT、Sora为代表的生成式人工智能正在深刻改变媒体内容生产和传播方式，并以积极态度拥抱新技术，组织力量开展研究、测试和应用开发，发挥全球资源优势，成功搭建对接国际通用大模型的应用平台、开发了系列AI工具，并在全社范围内推广使用到策划创意、内容生成、音视频创作、数字分身、内容风控等各个领域，大大提升了内容生产效率、质量和安全保障水平。另一方面，广泛用好元宇宙、增强现实等前沿技术。2022年精心推出的报业领域首位文化传播数字人"元曦"，通过重塑新闻产品报道视角，将数字人的科幻感与传统文化的美感完美融合，极大提升报道的沉浸感和视听体验，不断为传播中华优秀传统文化拓展表达边界。同时，深度应用虚拟现实、增强现实等技术，强化在虚实交融中创新讲好中国故事。2022年推出的《中国这十年》XR（扩展现实）创意视频，围绕脱贫攻坚、经济高质量发展、科技创新、生态建设和大国外交等五大领域历史性成就，搭建5个定制化XR场景，创造出跨越时空、虚实结合的全新叙事空间，让受众沉浸式感受新时代十年巨大变革，全球传播量达4000万次。

3. 确保安全，大力构建以英文勘误为核心的保障工具

融合《中国日报》40余年专业外宣经验和业务沉淀，2021年建成以英文检测能力为核心的智能勘误系统，在国际传播领域开智能化内容风控先河。系统提供包括英语拼写和语法错误识别、规范表述建议、图文内容识别

等功能，同时将《习近平谈治国理政》、报社的新闻体例（Stylebook）等重要内容吸纳进智能语料库，为内容生产、编辑、分发全流程提供国际新闻体例规范、表述规范、拼写语法差错识别等服务。系统不仅有效提升报社自身国际传播内容质量控制水平，而且受到各方的欢迎与好评，在"走出去"中有效助力各相关主体以更加专业、权威的话语表达向世界更好展现真实、立体、全面的中国。

五 拓展人文交流，"请进来"与"走出去"相结合 深入推动中外民众相知相亲

《中国日报》在统筹网上网下、国内国外，综合运用全媒体手段讲好中国故事、传播中国声音的同时，大力推进"国际交往工程"，充分发挥自身资源优势与品牌影响，坚持"请进来"与"走出去"相结合，持续组织开展系列国际人文交流活动，积极为构建人类命运共同体凝聚最大共识、汇聚最大合力。

1. 拓展全球人脉圈，集聚世界共识

既立足周边，持续与海外机构合作举办亚洲领袖圆桌论坛、亚洲领导力论坛、中非对话、亚洲"文化跑"等活动，突出向周边国家和地区讲好中国式现代化的故事、讲好携手共建美好亚洲家园的故事，受到各界广泛好评。又放眼全球，先后在北京、杭州以及南非约翰内斯堡、英国伦敦、美国纽约等地举办以"中非合作新时代""命运共同体 世界新图景""共建'一带一路'开创美好未来"等为主题的30期新时代大讲堂，邀请联合国原副秘书长兼环境规划署执行主任埃里克·索尔海姆，世界粮食奖基金会主席、前美国驻柬埔寨大使肯尼斯·奎恩，耶鲁大学高级研究员、著名经济学家史蒂芬·罗奇等全球知名人士交流思想、碰撞智慧，深入增进国际社会对中国方案、中国贡献的认知与认可，活动全球总传播量超47亿次。同时，以中国日报社"中国观察"智库这一传播型智库为基础，探索与国际知名智库建立常态化合作和对话机制，搭建"全球战略对话"等多层次交流平台，

务实增进中外舆论领袖对话。

2. 扩大媒体朋友圈，汇聚媒体力量

一方面，放眼世界。持续打造与全球媒体合作出版的《中国观察报》这一国际传播品牌，目前已与 20 余个国家的 30 余家权威媒体建立深度合作，以英语、法语、德语、日语、俄语、西班牙语、葡萄牙语等 7 种语言全景呈现丰富多彩、立体生动的中国形象。此外，还与全球主要媒体开展更为广泛的交流，包括路透社、美联社、法新社、塔斯社、今日俄罗斯通讯社、彭博社、英国广播公司等；连续多年举办"中国有约"国际媒体主题采访活动，组织各国驻华使节、外国驻华媒体记者、外籍专家及网络名人等人士赴各省区市开展深度调研采访，推动他们更好读懂中国。另一方面，立足亚洲。在亚洲地区，作为亚洲新闻联盟（ANN）的核心成员，积极与联盟内 20 个国家的 24 家权威媒体广泛开展采访合作、稿件共享、人员交流，覆盖亚洲 4000 万读者。其中，2023 年 9 月，承办新冠疫情以来亚洲新闻联盟首次线下年会并举办"和合共生、文明互鉴"文化遗产保护论坛，亚洲新闻联盟、国内外文化遗产保护及有关机构、驻华使领馆、媒体、高校代表共 200 余人与会，相关报道境外传播量超 3.9 亿次。

3. 聚焦全球"Z 世代"，凝聚青春合力

国之交在于民相亲，民相亲要从青年做起。《中国日报》发挥旗下 21 世纪报社在"Z 世代"国际传播领域的优势，打造国际传播"未来工程"，聚焦"Z 世代"群体"新势力"，创办"一带一路"青少年英语演讲比赛，打造"少年会客厅""Z 言 Z 语""中国让我没想到"等新媒体传播矩阵，鼓励全球青年为建设一个更加美好的世界加强交流互鉴、深化互利合作。例如，2023 年 10 月，在第三届"一带一路"国际合作高峰论坛前夕，举行"一带一路"青少年英语演讲比赛全球总决赛，组织全球 50 余个国家的 100 多名海外"Z 世代"与 100 余名中国青年会聚一堂；举办以"'一带一路'上的青春力量"为主题的新时代大讲堂，以中国、法国、尼日利亚、阿富汗、巴基斯坦等 5 国的青年视角讲述共建"一带一路"成果，展望美好未来。此外，《中国日报》还发起成立"一带一路"语言教育文化组织联盟，

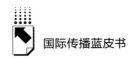

组织来自意大利、西班牙、巴西、俄罗斯、非洲、东南亚等 50 多个国家和地区的 60 个语言、教育及文化机构共同组成联盟首届理事会，全方位强化做好全球"Z 世代"的工作，为共建"一带一路"、构建人类命运共同体持续注入青春动能。

六　关于加强和改进国际传播的思考与建议

新形势下，面对中国发展"做得好"为中国故事"讲得好"奠定的前所未有机遇，我们要继续围绕中心、服务大局，坚持守正创新，锐意提高战略传播能力，加快形成同我国综合国力和国际地位相匹配的国际话语权。

1. 持续深入学习贯彻落实习近平文化思想和党的二十届三中全会精神，更好肩负起新的文化使命

习近平总书记从党和国家事业发展全局战略高度，对中华文化传承发展、国际传播、融合发展等一系列重大理论和现实问题作了全面系统深入阐述，党的二十届三中全会对深化文化体制机制改革提出了新要求，这为我们更好担负起新的文化使命，扎实推进中华民族现代文明和社会主义文化强国建设，指明了前进方向、提供了根本遵循。我们要坚持以习近平新时代中国特色社会主义思想为指导，紧紧围绕学习贯彻习近平文化思想，切实增强做好新时代新征程国际传播工作的责任感使命感，坚定文化自信，秉持开放包容，坚持守正创新，不断提升国际传播工作效能，为建设社会主义文化强国、增强中华文明传播力影响力展现新气象新作为。

2. 完善国际传播工作格局，整合各类资源形成合力

习近平总书记强调，要加快构建具有鲜明中国特色的战略传播体系。做好新时期国际传播工作，离不开强化顶层设计与统筹协调，以宣传部门、新闻媒体、外事部门为主体，充分调动相关职能部门、高校、智库、研究机构、企业等主体的积极性，更好地实现国际传播与公共外交相互借重，人际传播与大众传播共同发力，形成外宣大合唱。目前，各地都在建设国际传播中心，国际传播呈现出"千帆竞发、百舸争流"的良好局面。中央和地方国际传播资源应该进行有效整合并形成合力，构建更有效力的国际传播体系。

3. 英语为主、多语种并重，大力提高国际舆论场的中国声量

目前，在国际传播中英语仍为主要语言。以英语传播为主体的国际舆论场，为美国为首的西方国家潜移默化甚或明目张胆地引导与带偏全球舆论走向、传播价值导向提供了有利条件。同时，面对不同地区、不同国家的不同受众开展个性化、差异化传播，也对有效使用当地语言、有力讲好中国故事提出了更高要求。然而，与海量中文信息相比，英语和其他外语语料供给瓶颈，严重制约了对外宣介我们党团结带领全国各族人民大力推进中国式现代化的伟大成功实践。建议加快推进内容供给侧结构性改革，建强建优英语及其他外语语种产品的专门"生产车间""加工工厂"等，在充分发挥各类工作主体的生产积极性和创造性中，全面加大英语及其他外语语种产品的有效供给，让波澜壮阔的中国实践更好更系统地呈现在世界面前。

4. 加强叙事体系建设，不断创新内容和形式提升传播效能

我们要不断推动构建中国叙事体系，进一步贴近中国实际、贴近国际关切、贴近国外受众，以内容优势赢得传播优势。一方面，提升讲好中国故事的水平。要以各国民众对美好生活的向往作为共情点，从小处入手，用海外受众乐于接受和易于理解的方式，多讲、讲好一个个鲜活生动的故事，以小事件透视大时代，以小人物折射大变化，以小故事揭示大趋势，从而有效激发国外人士的情感共鸣、缩短彼此心灵间的距离，有力瓦解关于中国的偏见、改变对中国的认知。另一方面，要以形式创新赋能叙事表达。要深入研究和把握国际受众信息接受习惯，用好漫画插图、动画视频等可视化传播形态，创新表达方式，将生动、精彩的新闻报道转化为易识记、易传播的融媒体产品，以精美的视听语言使中国话语、中国故事更加平易近人。

新时代新征程，《中国日报》将坚持不懈用习近平新时代中国特色社会主义思想凝心铸魂，持续深入学习践行习近平文化思想，认真贯彻落实党的

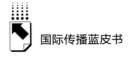

二十届三中全会精神，坚持守正创新、立破并举，加快构建多渠道、立体式传播格局，加快推动构建中国话语和中国叙事体系，全面提升国际传播效能，积极打造与新时代相适应的世界一流新型国际传媒集团，为建设一个开放包容、互联互通、共同发展的世界作出新的更大贡献。

B.17
中外媒体交流合作现状与发展路径

叶俊　王晗*

摘　要： 新闻传播事业作为文化事业的重要组成部分，在服务国家外交层面具有不可替代的价值。中外媒体的交流合作不仅有助于在百年未有之大变局中提升中国的国际话语权，还能促进中外人民的民心相通，推动全人类命运共同体的建设发展。本文从人员交流、内容合作、平台联动、资本互利四个方面描述了中外媒体交流合作的现状，针对中外媒体交流合作目前的不足，从建立系统的合作机制、创新合作方式、弥合数字鸿沟、改善舆论环境等方面阐述中外媒体合作未来发展的路径。

关键词： 媒体合作　媒体交流　国际传播

中外媒体交流合作是加强国际传播能力建设、提高国家话语权的重要内容。习近平总书记强调，"媒体在信息传播、增进互信、凝聚共识等方面发挥着不可替代的重要作用"，"希望各国媒体用好这个平台，为推动国家关系发展、沟通民心民意、深化理解互信方面积极有为"。[①] 面对百年未有之大变局，中外媒体交流合作面临实现跨越式发展的空间和机遇，成为构建人类命运共同体的重要途径。在经济全球化、世界多极化、社会信息化、文化多样化的大环境下，新时代的中外媒体交流合作让各国民众跨越地理上的距

---

* 叶俊，中国社会科学院新闻与传播研究所副研究员，中国社会科学院大学新闻传播学院副教授；王晗，中国社会科学院大学新闻传播学院硕士研究生。

① 《习近平致 2016 "一带一路" 媒体合作论坛的贺信》，《人民日报》2016 年 7 月 27 日。

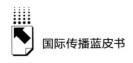

离，实现更加亲密的心灵沟通，为重塑国际舆论格局提供助力，推动全球治理体系朝着更加公正合理的方向发展。

一　中外媒体交流合作的现状

随着全球化的深入发展，各国之间的联系日益紧密。进入新时代，中国不断加强国际传播能力建设，增强中华文明传播力影响力，努力构建与国家实力相匹配的国家话语权。海外媒体也希望加强与中国媒体的交流互通，更好了解中国实践。加强中外媒体交流合作有助于更好地应对信息传播方式的变革，为世界和平与发展创造良好的舆论环境。经过多年发展，中外媒体交流合作在人员合作、内容合作、平台联动、资本互利等多个方面取得了显著成效。

（一）人员交流

人才是第一资源，媒体竞争关键是人才竞争，媒体优势核心是人才优势。中外媒体的人员交流为媒体提供沟通机会，有助于建立更紧密的合作关系，人员间的互动也帮助他们互相分享在内容创作、技术创新、经营管理等方面的成功经验，共同探索新的发展方向和机遇。人员交流主要有论坛会议与实地考察两种形式。

1.论坛会议机制化发展

媒体论坛或会议是指各国媒体的领导层或宣传部门为了加深了解、加强合作而进行沟通交流、推进签订合作协议的场合。[①] 媒体之间通过论坛会议可以加强合作交流，加深彼此理解，增进彼此关系。近年来，中国坚持以开放促合作，围绕人类命运共同体、"一带一路"倡议等主题，举办了一系列媒体合作论坛，推动媒体合作论坛走向系统化机制化发展。例如，主办了

---

① 车南林、蔡尚伟、丹尼尔·C. 哈林：《中美媒体合作的历程、模式与启示》，《西南民族大学学报（人文社会科学版）》2019 年第 4 期，第 135~141 页。

"一带一路"媒体合作论坛、"非洲伙伴"媒体合作论坛、"拉美伙伴"媒体合作论坛、中国—东盟媒体合作论坛、"欧洲伙伴"媒体合作论坛等多个论坛，不断提升交流的广度、合作的深度和传播的热度。

媒体合作论坛的举办和宣言、倡议的发布，推进了中外媒体共同搭建"心联通"的桥梁，更好发挥媒体在促进中外合作关系发展方面的作用。例如，2023 年的"一带一路"媒体合作论坛共有来自 75 个国家 110 多家媒体的国外媒体负责人和资深编辑记者参加；2023 年"非洲伙伴"媒体合作论坛吸纳了 27 个非洲国家百余名媒体机构负责人、专家学者以及中非企业代表，现场发布了《2023"非洲伙伴"媒体合作论坛共同宣言》，倡导"深化媒体合作，讲好中非故事"①；2024 年 6 月举办的中国—东盟媒体合作论坛发布了《共同推进中国—东盟媒体人文交流合作倡议》。这些媒体合作的宣言和倡议，有效推动了中外媒体交流合作的发展。

2. 媒体考察学习显著增多

新闻记者实地考察是更加一线的媒体人员交流形式，它允许媒体人员深入地了解其他媒体机构的运营现状、技术设备、人员配置等情况，同时也能拓宽视野，更加全面、客观地了解中国。考察访问根据侧重点不同，分为参观媒体机构的研修班和实地调研当地情况的考察团。

这两种形式都是增进中外媒体关系的有效路径。考察团偏向通过实地观察切实感受中国改革开放和社会发展的生动实践，深入实地了解新时代中国共产党的执政密码。例如，2024"走读中国"国际媒体交流活动吸引了来自非洲和阿拉伯地区 32 个国家的媒体记者参加。外媒记者团通过实地参观、走访交流、互动体验等形式，见证加快发展新质生产力下的创新成果。研修班更加注重媒体融合发展与数字技术应用等方面。以共建"一带一路"国家主流媒体高层管理人员研修班为例，2024 年该研修班成员考察福建广电网络集团和福建日报社（报业集团），详细了解其历史沿革、基本情况和融

---

① 《共谋文明互鉴 携手开创未来！2023"非洲伙伴"媒体合作论坛在内罗毕举行》，央视网，https：//www.cctv.com/2023/08/15/ARTINcC06Kj9O1XHn79ll2gd230815.shtml，2023 年 8 月 15 日。

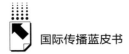

合转型探索实践，学习中国媒体在技术创新、内容创作和经营管理等方面的先进经验。2024 年 7 月，"发展中国家主流媒体部级研讨班"开班，共有来自安提瓜和巴布达、巴哈马、布隆迪、古巴、加纳、伊拉克、莱索托、毛里求斯、尼泊尔、坦桑尼亚、越南、津巴布韦等 12 个发展中国家的 7 名部长级官员、28 名新闻官员和媒体记者参加。

（二）内容合作

内容合作是中外媒体交流合作的重要方面。媒体之间信息的快速流通和共享，是中外媒体内容合作的保障，而内容合作也反过来促进中外媒体资源共享。中外媒体的内容合作主要体现在媒体供稿/供版和共同策划节目等方面，从而实现媒体的深层合作。

1. 新闻媒体联合供稿／供版

所谓新闻媒体联合供稿/供版，是指中外媒体通过签订内容共享协议，定期向对方提供新闻稿件或版面内容，实现新闻的跨国传播和媒体内容合作的重要方面，有助于拓展媒体的传播平台，提升新闻报道的公信力，增强报道的权威性和可信度，更好消除信息壁垒和误解。例如，2015 年，《人民日报》开启"菜单式"定制推送模式，为外媒提供专业化、精准化、个性化内容服务。截至目前，报社已同 80 个国家和地区的 433 家媒体建立了供版、供稿、供图合作。[①] 2017 年，中国报道社与东盟地区的 3 家主流纸媒进行供稿供版，频率约为每报每月 1 版，内容主要围绕中国国内及在国际社会上的重大热点话题、对象国对中国社会的关切话题展开。[②] 经过多年发展，供稿/供版已经成为中外媒体合作的重要方式。

2. 节目剧作合作传播

节目剧作的合作传播是中外媒体内容合作的重要组成部分。中外媒体通

① 汪晓东：《让党心和民心贴得更紧——写在习近平总书记"2·19"重要讲话发表 3 周年之际》，人民网，2019 年 02 月 19 日，http：//politics. people. com. cn/n1/2019/0219/c1001 - 30803986. html。

② 王翔：《媒体如何开展国际合作传播——以中国报道社与东盟地区媒体的合作传播实践为例》，《对外传播》2019 年第 8 期，第 35~36 页。

过共同策划和制作反映双方文化特色的节目剧作，帮助消除不同文化的隔阂，推动全球文化的多样性发展和繁荣。节目剧作的合作传播以纪录片为典型。纪录片是讲好国家故事，传播好国家声音，塑造真实立体国家形象的重要载体。中外媒体共同策划并制作了一系列高质量的纪录片和特别报道，如总台纪录频道与肯尼亚方面合作摄制的《魅力肯尼亚》，展示了非洲的自然风光和独特文化；中央广播电视总台与阿根廷国家通讯社共同发布合拍的专题节目《互鉴：以人民为中心》，全面展示中阿两国在政治、经济、文化、科技等多领域的互学互鉴。

（三）平台联动

中外媒体的平台联动是推动全球信息交流、文化互鉴的重要途径。在新技术不断涌现的当下，中外媒体通过平台不断创新合作模式、提升互动质量。中外媒体进行联动的平台主要分为两种，一是本身就承载着信息交流作用的平台，二是媒体进行合作互动的平台。

1. 媒体共建平台

媒体共建平台通常是由多方媒体机构、政府机构或国际组织共同构建，旨在提供一个开放、包容的环境，促进媒体间的信息共享、内容共创和联合报道。通过此类平台，不同国家和地区的媒体可以更加便捷地交流观点、分享资源，共同应对环境保护、公共卫生、经济发展等全球性议题。

此类平台偏重为各国媒体提供便利的交流合作平台。其中，"一带一路"的媒体共建平台较为突出。2013 年，"一带一路"新闻合作联盟成立，自此探索建立宽领域、多形式、常态化的协作机制，推进媒体交流合作向纵深发展，现已涵盖 109 个国家 238 家媒体和机构。[1] 中国记协推进的"一带一路"记者组织合作平台，在持续扩大平台覆盖面和成员规模的同时完善平台设置，定期举办"一带一路"记者组织论坛，上线平台官网。[2] 从

[1] 《加强媒体合作共创美好未来》，《人民日报》2023 年 10 月 24 日。
[2] 《建好新时代"记者之家"最广泛凝聚新闻舆论力量》，中国记协网，2023 年 12 月 7 日，http://www.zgjx.cn/2023-12/07/c_1310754116.htm 2023-12-07。

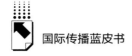

2014年起，人民日报社搭建起"一带一路"媒体合作论坛，至2023年已连续举办7届，共有来自100多个国家和地区的1000余名媒体、智库和国际组织代表参会，为共建"一带一路"搭建媒体高端对话与合作平台。借助这个平台，"一带一路"新闻合作联盟涵盖109个国家238家媒体和机构的"一带一路"新闻合作联盟，已经成为共建"一带一路"国家的重要媒体合作平台，在扩大成员规模、深化业务合作、拓展对话机制、创新品牌项目等方面取得重要合作成果。①

2. 媒体合作平台

媒体合作平台，指中外双方利用各自熟悉的新媒体平台进行互动。这些平台本身具有庞大的用户基础、丰富的功能和强大的社交属性，能够有效地促进信息的传播和交流的深入。媒体合作平台主要分为海外平台和国内平台的海外延伸。

一是海外平台。Facebook、Twitter等作为国外的主流社交软件，拥有庞大的用户群体，是我国短视频走向海外的重要途径之一。我国的主流媒体，在国际社交媒体平台上建立了传播矩阵。新华社对1900家海外主流媒体覆盖率达87.3%，海外社交媒体账号粉丝量达2.8亿，培育粉丝量百万以上级"大V"账号20个、十万以上量级"网红"账号23个，外宣"网红"粉丝总量近5000万。②

二是国内平台的海外延伸。字节跳动的短视频平台TikTok于2017年5月上线，多次登顶AppStore和GooglePlay。③ TikTok推动了国外新闻媒体的平台化趋势。欧美国家多数主流媒体已入驻TikTok平台，粉丝量高达百万。新闻媒体入驻TikTok，适应其平台逻辑和规则，已成为一种新的新

① 罗珊珊、王洲：《加强媒体合作 共创美好未来》，《人民日报》2023年10月21日。
② 刘健：《加快媒体深度融合抢占新时代创新发展制高点》，《传媒》2023年第21期，第11、13页。
③ David McCabe, Sapna Maheshwari, *What to Know About the TikTok Bill that the House Passed*, The Now York Times. ［2024－07－14］. https：//www.nytimes.com/article/tiktok－ban－bill－congress.html.

闻方式。[1] TikTok 成为海外媒体合作的平台，推进了新闻生产的全球化和本地化。

（四）资本互利

中外媒体的资本合作是推动媒体行业发展的重要动力，通过基础设施建设合作、投资建立合作关系等方式，媒体机构可以实现资源共享、优势互补、风险共担以及市场拓展等目标。

1. 基础设施建设合作

基础设施建设合作主要是指媒体机构之间或媒体机构与其他相关企业（如电信运营商、技术提供商等）在媒体传输网络、数据中心、云计算平台等基础设施建设方面的合作。这种合作能够显著提升媒体内容的传输效率、存储能力和处理能力，为媒体内容的广泛传播和高质量呈现提供坚实的技术支撑，提高资源利用效率，加速技术创新和升级。基础设施建设在中非媒体合作中尤其凸显其重要性，围绕深化媒体合作的具体安排，中方在网络建设和数字电视建设方面都做出了自己的努力。

网络基础设施建设包括通信骨干网和高速网络覆盖。中非合作论坛成立以来，中国企业帮助非洲国家新增和升级通信骨干网约 15 万公里，网络服务覆盖约 7 亿用户。这一举措极大地提升了非洲地区的互联网接入能力和网络服务质量，为媒体内容的传输和分发提供了坚实的基础设施支持。高速网络也是网络基础设施的一部分。2019 年 11 月，加蓬在华为公司的技术支持下，率先在中部非洲启动 5G 通信技术测试。在非洲的一些高海拔地区，中国企业也积极推动高速网络覆盖。乞力马扎罗山海拔 3795 米以下的各个休息营地均已接通高速网络，并实现无线网络覆盖。[2]

数字电视建设主要是中非合作中的"万村通"项目。该项目在中非合

① Vázquez-Herrero, et al. *Let's dance the news*! *How the news media are adapting to the logic of TikTok*. SAGE Journals. ［2024-07-14］https：//doi. org/10. 25384/SAGE. C. 5193671. V2.

② 《中非数字经济合作助力非洲数字化转型》，新华网，2023 年 11 月 12 日，http：//www. news. cn/world/2023-11/12/c_1129971211. htm。

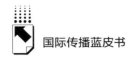

作论坛中由中方提出，指为非洲1万个村落实施收看卫星电视项目。2022年6月，中国援建布隆迪"万村通"一、二期项目共500个村庄，还提供了19万套数字电视终端。[①]

2. 通过投资建立合作关系

随着中国媒体产业的不断发展壮大，越来越多的国际资本开始关注并投资于中国的媒体产业。同时，中国媒体企业也积极寻求海外融资机会，以扩大业务规模和提升竞争力。这种双向的资本流动为中外媒体资本合作提供了广阔的空间。

合资成立公司是媒体资本合作的重要形式。通过合资，不同媒体机构或媒体机构与其他行业的企业可以共同出资成立新的公司，专注于某一特定领域或项目的开发、运营和管理。1997年由央视市场研究（CTR）与市场研究集团 TSN 索福瑞（Taylor Nelson Sofres）等合作成立的中国广视索福瑞媒介研究（CSM）（原名：央视—索福瑞媒介研究有限公司）是中国规模最大的、最具权威性的收视率调查专业公司。中外合资使得 CSM 能够同时享有丰富的本土市场经验和资源，以及国际市场上的先进技术和管理经验。这种资源的共享和优势的互补，为 CSM 在中国市场乃至全球市场的快速发展奠定了坚实的基础。

中外媒体通过资本合作建立的关系也成为国际传播的新兴渠道。阿里巴巴集团也通过并购或投资等方式，与多家国际知名媒体和娱乐公司建立了合作关系，如迪士尼、环球音乐等，从而在全球范围内拓展其文化传媒业务。而字节跳动全资收购了美国短视频平台和图片应用的软件 Flipagram，腾讯投资了印度的 MX Player、NewsDog，泰国的 Ookbee。融入了算法推荐和内容分发技术的平台，突出了用户社交属性，甚至实现了同一产品海外和国内账户的互通，使用户的下载量、留存量和数据不断提升。

---

① 《中非媒体合作论坛十年，中方为非洲培训3000多名广电人才》，京报网，2022年8月26日，https://news.bjd.com.cn/2022/08/26/10139650.shtml。

二 中外媒体交流合作的问题

中外媒体目前的交流合作在推动信息传播、文化交流和国际关系发展方面起到了积极作用，但同时也存在一些不足之处。具体体现在合作机制还需完善、合作深度有待拓展、国家间数字鸿沟限制合作和误解导致合作受阻四个方面。

（一）合作机制还需完善

当前，中外媒体交流与合作已经有了区域性的机制和平台，不再是仅仅基于临时的项目或活动，从"一事一议"的合作模式走向了重视持续性和稳定性的合作机制。然而目前的合作机制还不够完备和体系化，没有给予"中外媒体交流合作"作为独立板块的足够重视。在媒体交流论坛上，各国媒体商讨签订的备忘录、倡议书、宣言等，更倾向于在宏观视角下商议中外媒体的合作目标、合作原则、合作方式等，而缺少一个可以归纳媒体资源，推动媒体之间增加互动的合作平台，也缺少对中外媒体交流合作效果进行评估的体系。

各国媒体都需要知识型、技能型、创新型的高层次人才。人员交流也是中外媒体交流合作的重要部分，但是目前的人员交流模式还不够完善，人员交流的培训班与考察团多为短期，时间不超过两周。尽管在短期内能够缩减成本，提高信息密度，但不利于互相深入了解，对媒体融合、数字技术等方面的学习不到位。

（二）合作深度有待拓展

当前，中外媒体交流合作的领域虽然涵盖了新闻报道、节目制作、技术交流等多个方面，但合作的深度和广度仍有待进一步拓展，目前在内容上的合作方式依赖于传统媒体的新闻生产、节目制作模式。

在新闻报道方面，中外媒体的合作局限于新闻资源的简单共享和联合采

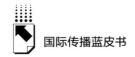

访活动，这种合作方式虽能增强报道的时效性和覆盖面，但在深度报道和专题策划上却显得力不从心。深度报道要求媒体具备强大的调查能力、分析能力以及独特的视角，而中外媒体在合作时往往因文化差异、政策限制等因素，难以在选题确定、内容挖掘、观点碰撞等方面达到深度融合。策划专题也因缺乏共同的文化背景和价值取向，合作成果难以达到预期的社会影响力和传播效果，变成了单向的输出或输入。同时，供版等合作方式出现模式化趋势，在海外的影响力较为有限。

节目制作方面，中外媒体的合作同样面临深层次创意不足和资源整合不够的问题。传统节目制作模式往往注重内容的呈现形式和制作技巧，而忽视了节目背后的文化内涵和创新思维，对于媒体融合、数字化转型等前沿领域的合作探索也不够深入。

（三）国家间数字鸿沟限制合作

数字鸿沟（Digital Divide）是指信息社会产生了一批被排斥在获取信息技术机会之外的国家和人群，他们无法分享信息技术发展带来的新文明，在存在方式上与现代化和全球化脱离。[①] 数字鸿沟现象既出现在落后的发展中国家与发达国家之间，也出现在发展中国家间。中外媒体在数字技术方面存在的差距影响了中外媒体在内容生产、传播效率、用户体验等方面的合作效果。

发展中国家在互联网的"接入"方面与发达国家存在差异。率先接入互联网技术的国家与群体享受了互联网技术带来的红利，进一步巩固了其经济社会的优势地位，这势必导致原本处于弱势且未接入互联网技术的国家与群体的处境更加恶化。2023 年，全球互联网用户已增至 54 亿人，比 2022年增长了 4.7%，在高收入国家，2023 年有约 93% 的人口为互联网用户；在

---

① 杨剑：《新兴大国与国际数字鸿沟的消弭——以中非信息技术合作为例》，《世界经济研究》2013 年第 4 期，第 24~29 页。

低收入国家，仅有 27% 的人口使用互联网。①

发展中国家之间也存在数字鸿沟。中国、印度等新兴大国注意发挥本国优势，采用新技术，参与信息产品生产的国际分工。在投资信息技术基础设施的同时，这些国家的政府努力提高治理能力，创造信息技术产业发展的环境，注重教育和培养人才，鼓励本国的企业和民众应用信息技术。这种跨越式发展使得欠发达国家不仅远远落后于发达国家，而且落后于技术进步的发展中国家。

（四）误解导致合作受阻

西方国家凭借着自身的话语霸权与媒体垄断主导了国际议程设置，在其操纵控制下"中国威胁论"成为大众媒介的重要议题，已在国际社会掀起数次浪潮。对西方媒体而言，"中国威胁论"不仅要在国家间形成"制华"共识，更试图在民众中构建起"中国威权统治"的刻板印象。2023 年 7 月，皮尤中心就中国外交政策在 24 个国家和地区的民众支持率展开调查，结果显示受访者中有 67% 的成年人对中国持负面看法，57% 的人表示中国大量或相当多地干涉了他国内政。②

在"中国威胁论"为代表的普遍误解下，中国媒体被认为深受意识形态的影响，外国学者认为中国有着严格且针对性的新闻审查制度，使用防火墙、关键词过滤以及人工删除等方式进行新闻审查。③ 而文化领域的交流被称为"价值输出"，污蔑中国在全球范围内开展影响力运动。④ 政府、智库、

---

① ITU, *Measuring Digital Development-Facts and Figures* 2023 https：//www. itu. int/itu-d/reports/statistics/facts-figures-2023/index/.

② The Pew Center, "China's Approach to Foreign Policy Gets Largely Negative Reviews in 24-Country Survey", July 27, 2023, https：//www. pewresearch. org/global/2023/07/27/chinas-approach-to-foreign-policy-gets-largelynegative-reviews-in-24-country-survey/.

③ Gary King, Jennifer Pan, Margaret E. Roberts （2013）. *How Censorship in China Allows Government Criticism but Silences Collective Expression*, American Political Science Review, 2013（2）.

④ Devin Stewart, *China's Influence in Japan: Everywhere Yet Nowhere in Particular*, Center for Strategic and International Studies, 2020, pp. 3-18.

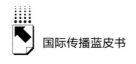

媒体等主体协同合作强化议题的正当性，同时提高此类话语的传播和影响力，全面抹黑中国，造成民众对于中国媒体的普遍不信任。这样的舆论环境不利于中外媒体交流合作。

三　中外媒体交流合作的发展路径

世界百年变局加速演进，各国相通、团结才能共进，封闭、分裂就会各退。中外媒体合作交流是大势所趋，针对目前的问题，中外媒体应当从建立系统的合作机制、创新合作方式、弥合数字鸿沟、改善舆论环境四个方面推动中外媒体交流合作的深化。

（一）加强人才培养，建立系统的合作机制

建立系统的合作机制要重视人才培养。通过举办培训班、研讨会、海外研修等方式，加强对国际合作与交流领域人才的培养，提升人员的语言能力、跨文化交流能力、项目管理能力等。中外媒体还需联动多方主体建立国际合作与交流人才库，收录具备相关专业背景和经验的专家、学者、企业代表等，为合作项目提供人才支持。

建立系统的合作机制要建立专门进行合作沟通的平台。中外媒体可以利用现代信息技术建立在线交流平台，实现信息的即时共享与互动，方便各方随时随地进行交流与合作，同时平台内有多方设立的联合办公室或项目执行中心，负责具体合作项目的日常管理与协调工作，确保项目顺利推进。

建立系统的合作机制要建构起中外媒体交流合作效果评估体系。建构起客观指标与主观指标相结合的效果评估体系，"用数据说话"，从而推动中国媒体交流与合作的规范化、有效化。[1] 针对有明确评估标准的体系设立激励机制，对在国际合作与交流中表现突出的个人或团队给予表彰和奖励，并

---

① 郑保卫、叶俊：《中外媒体交流与合作：现状、问题及对策》，《西南民族大学学报（人文社会科学版）》2015年第9期，第158~162页。

通过举办成果展览、发布报告、召开分享会等方式，展示中外媒体交流合作的成果与经验，提升合作的知名度和影响力，吸引更多参与者和资源。

（二）重视文化差异，创新合作方式

中外媒体的交流合作需要对不同文化间的价值观念、思维方式、语言、习惯、信仰等进行协调与中和。[①] 因此，中外媒体必须在项目的策划、生产、传播、反馈等环节留意其中的跨文化问题。

中外媒体进行合作时需要减少文化误读。由于不同的历史环境、思维方式、宗教信仰，国际合作常常面临文化误读的风险。在合作传播中需要减少文化误读的可能性、降低跨文化传播中的文化折扣，这就需要在内容层面对异质文化进行更加深入的了解，同时在传播过程中转化语境。同时，不同文化的媒体需要尊重异质文化"他者"，坚持从"他者"出发，承认"他者"文化的主体性，开展平等交流。

中外媒体进行合作时需要创新合作方式，顺应互联网传播环境。媒体需要把握互联网新媒介所展现出的独特魅力和蓬勃发展趋势，充分利用其全球化、即时性和互动性的特征，创新性地挖掘并巧妙运用那些能够跨越文化界限、深受国际受众欢迎的传播手段，比如精炼生动的短视频、实时互动的直播等，以此增强传播内容的吸引力与感染力，使其在全球范围内获得更广泛的传播与更深远的影响。

（三）完善基础设施建设，弥合数字鸿沟

面对国家间的数字鸿沟，中国需要加大技术创新投入，加强自主研发能力，并发挥"中国力量"，提升欠发达国家的数字基础设施，共同探索新技术在媒体领域的应用场景和商业模式。

弥合数字鸿沟，推动数字化转型进程需要强有力的国际合作和全球共

---

① 赵永华、毛雪、窦书棋：《媒体国际合作传播的影响因素及成功路径——基于 20 个案例的定性比较分析》，《全球传媒学刊》2023 年第 4 期，第 18~35 页。

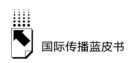

识，各国政府、媒体、民间等都应积极参与并加强协调行动。首先需要认识到数字基础设施的巨大促进作用，将根据参加方优先事项，鼓励加强数字基础设施投资，促进投资政策对接和经验交流，推动城市间合作。其次要支持媒体积极参与传统基础设施数字化、网络化、智能化升级改造，鼓励就完善通信网络基础设施、算力基础设施以及智慧基础设施，探索标准互认的交流合作，为技术传播、企业对接、商业模式分享等搭建平台，共同营造良好投资环境。

（四）提升国际话语权，改善舆论环境

当前国际舆论场，形塑舆论环境的最大区隔在于国别和民族的差异特性，对于中国的敌对情绪显示出全球"人类命运共同体"意念的缺失。

改善舆论环境需各方共同努力。媒体应该重塑理性和真相的话语传统，完善传播平台的监管机制。国家间需要合作应寻求一套超乎国界、民族的伦理规范，以保障各国尤其是弱势国家的话语权。公众则需要提升媒介素养，通过政府相关部门和媒介组织等对公众进行多形式培训。在国际舆论场话语争夺战中，多方合作有助于弥合国际话语博弈空间的"歧视"裂痕，进一步推动建立舆论环境的良好态势。

中外媒体间的交流合作是信息全球化的缩影，媒体间的良性互动推动建设开放包容、互联互通、共同发展的世界，从而构建人类命运共同体。而随着中国国际地位和国际影响与日俱增，中国媒体要加快构建中国话语和中国叙事体系，拓展对外传播的方式载体，把推动中华文化和当代中国价值观念贯穿国际交流和传播全过程，以实际行动向世界展现可信、可爱、可敬的中国形象。

B.18
边境地区主流媒体的国际
传播环境、发展与展望

崔乃文*

摘　要：　我国的边境地区与其他国家相接，从古至今便是文明交流互鉴的交汇点。立足于边境地区的特殊地理位置向周边国家进行的国际传播与文明交流互鉴，与从国家层面或普遍化的国际传播与文明交流互鉴具有不同的特点与发展走向。因此，本文主要关注地处我国边境地带，与邻近国家接壤或一衣带水的边境地区的主流媒体国际传播实践，通过文献材料与实地考察、调研，回顾边境地区主流媒体国际传播发展情况得出，近些年来随着我国对国际传播的重视程度提升，我国边境地区主流媒体转变国际传播理念、发展国际传播机构、与高校合作培养国际传播人才推动边境地区主流媒体国际传播能力提升。现阶段在内容上以聚焦本地历史文化、本地特色产品、人类共有的人生奋斗与挑战的国际传播内容为主，在渠道上开拓多种呈现渠道、利用海外社交媒体传播、通过各类合作打通渠道、精准选择呈现方式、打造多职能平台，以此拓宽边境主流媒体国际传播的传播力影响力。基于上述调研分析得出，边境主流媒体需要从内容生产流程、传播内容及呈现、机构合作等方面推动边境地区主流媒体国际传播未来发展。

关键词：　边境地区　主流媒体　国际传播

---

* 崔乃文，中国社会科学院新闻与传播研究所助理研究员。

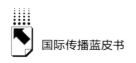

一　边境地区主流媒体国际传播能力提升

1. 边境地区主流媒体国际传播理念的转变

边境地区主流媒体具有地理上的国际传播优势，一些更是具有面向周边国家的国际传播传统。随着中央对国际传播工作的重视，边境地区主流媒体也转变自身理念，愈加关注自身的国际传播实践。

边境地区主流媒体基于自身的国际传播发展条件，开拓多种方式以促进当地的国际传播能力提升，注重利用地理邻近、人员往来密集及文化同宗的优势，开拓出更多非内容性的国际传播方式，如举办节庆活动、促进技术与媒体合作、通过其他领域的人文交流交往推动国际传播发展。

2. 边境地区主流媒体的国际传播机构发展

2022~2023年我国地方主流媒体开启了一轮设立国际传播中心的热潮。其中，边境地区主流媒体中，云南日报报业集团承办面向南亚东南亚的云南省南亚东南亚区域国际传播中心，并设立红河、普洱等分中心；甘肃日报报业集团承办甘肃国际传播中心；崇左市广播电视台承办广西崇左国际传播中心等。通过设立国际传播中心，加强利用边境地区优势促进国际传播。

随着边境地区主流媒体对国际传播的重视，边境地区主流媒体也设立了面向对象国的国际传播相关采编部门。如《广西日报》成立聚焦东盟经济社会发展的东盟报道部[①]，《吉林日报》集中报社韩、日、俄、蒙的语言人才与精通全媒体内容生产运营的国际传播人才成立对外交流合作中心[②]，满洲里市融媒体中心成立综合俄语与新媒体传播能力、面向俄罗斯的草原新丝路工作室[③]等。

---

① 谌怡秋：《共融愿景下面向东盟的国际传播——广西日报的创新探索》，《传媒》2024年第2期，第59~61页。
② 栾哲、赵桂香、张春英：《面向东北亚区域国际传播全媒体平台建设的实践探索——以〈吉林日报〉为例》，《新闻潮》2023年第9期，第10~12页。
③ 毛珝涵、曹国东：《县级融媒体国际传播能力建设的实践与启示——以内蒙古满洲里市融媒体中心为例》，《新闻论坛》2024年第2期，第42~45页。

3. 与高校合作培养人才

随着我国国际传播需求增加，边境地区主流媒体对国际传播人才的需求也随之提升。为缓解边境地区主流媒体的国际传播人才缺口，边境地区主流媒体与当地高校开展合作，培养小语种翻译及采编人才。如云南日报报业集团与云南师范大学合作，共建国际新闻传播学院，招收面向东南亚国际新闻传播专业的本科生，并开设越南语等小语种课程。[①]

二　边境地区主流媒体国际传播内容特点

1. 聚焦本地历史文化特色

地方媒体的最大优势就是能围绕地方特点与人民的生活以"小切口""百姓生活"写出使各国受众都能感同身受的，普通的"人"的故事。边境地区存在大量跨境少数民族，少数民族独具特色的文化民俗，在普遍性的日常生活中又带给外国受众一定的新鲜感、新奇性，吸引外国受众阅读观看，而跨境少数民族群体中居住于境外的少数民族民众天然会对与自己同宗同族的民众有亲近性，好奇他们的生活。

如《吉林朝鲜文报》刊发的《悠悠图们江绵绵百年悲欢——下马来姜宝今奶奶一家的故事》，通过图们江边姜宝今一家百年的迁移、定居、奋斗故事，展现党和政府的政策给老百姓带来的切身改变。通过普通人的故事呈现中国式现代化的成果，吸引韩联社对其转发。聚焦于被索马里海盗劫持的"朝鲜族中国人"金杰、李在天解救情况的《平安归来吧，儿子》系列报道，以中外朝鲜族民众的共同关切展现了我国"坚持外交为民，全心全意为人民服务"的外交理念，引发各国民众共鸣，树立了良好的国家形象。[②] 吉林广播电视台将本土文化遗产与现代元素相结合，拍摄出以满

---

① 刘健、郭丽梅、方汉：《面向东南亚的国际传播思考——以云南日报报业集团为例》，《传媒》2019 年第 7 期，第 40~41 页。

② 张垒：《九年七获中国新闻奖：地方媒体如何讲好中国故事？——从吉林朝鲜文报经验看国际传播的可能路径》，《中国记者》2020 年第 2 期，第 95~97 页。

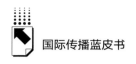
族文化为主体的《寻找声音的故事》纪录片在法国展映，受到当地民众的喜爱。①

由于跨境少数民族具有相似的文化习俗，对跨境少数民族共有的节庆、活动进行报道，更能加深周边国家与我国的亲近感。如普洱市主流媒体对江城县"三国丢包狂欢节"、墨江县国际双胞胎节的报道，广西主流媒体对"三月三"节庆的报道等。②

地缘相接也使得我国与周边国家在历史上有许多共同记忆。广西广播电视台参与拍摄的《光阴的故事——中越情谊》，聚焦于 20 世纪越南抗法战争和抗美战争期间中国在广西为越南师生修建校舍，成立越南中央学舍区学校、越南少年儿童学校、越南阮文追少年军校等一系列越南学校，供越南师生远离战火、安心学习的故事。从这里培养出一万多名越南栋梁之材，他们也见证接续着这一段中越友好的故事。③《和合澜湄——中老铁路建设纪实》则是云南广播电视台与老挝国家电视台聚焦于中老铁路建设拍摄的纪录片，以中老铁路为载体，描绘了中老之间的友好故事。④

2. 聚焦本地特色产品

除了文化特色外，地方特色产品也是边境地区主流媒体国际传播内容的重点。从地方特色产品出发的内容，不仅使国际传播有的放矢，更能促进地方贸易。如《吉林日报》以吉林大米、长白山人参等产品作为吉林品牌，开展国际传播。⑤ 云南省南亚东南亚区域国际传播中心关注中国（普洱）国际咖啡博览会及普洱咖啡，向外报道咖博会盛况与普洱咖啡产业发展，普洱

① 陈少宇、王亮：《讲好中国故事 传播吉林声音地方媒体加强国际传播能力建设初探——以吉林广播电视台为例》，《北方传媒研究》2019 年第 5 期，第 43~45 页。

② 晏彦：《地方主流媒体推进区域国际传播实践探析——以广西日报社为例》，《传媒》2023 年第 16 期，第 58~60 页。

③ 刘竺：《寻找更多"公约数"放大国际传播实效——以广西台纪录片国际合拍实践为例》，《新闻战线》2019 年第 13 期，第 87~88 页。

④ 魏红、李建文、梁潇：《边境省级电视台国际传播创新的关键路径——基于云南广播电视台实践的思考》，《中国广播电视学刊》2024 年第 4 期，第 108~112 页。

⑤ 栾哲、赵桂香、张春英：《面向东北亚区域国际传播全媒体平台建设的实践探索——以〈吉林日报〉为例》，《新闻潮》2023 年第 9 期，第 10~12 页。

市主流媒体也通过海外社交平台发布普洱茶、普洱咖啡相关内容，以当地特色产品为抓手进行国际传播。

边境地区也是我国边境口岸地区，国际贸易频繁，与贸易相关的中外政策、生活咨询是国内外贸易相关人群关注的重点。2023 年《吉林日报》推出《外资企业在吉林·小吉小彩带你看》系列专题报道，以多种形态呈现外资企业在吉林的发展，为外资在吉林投资提供咨询、增强信心。满洲里市融媒体中心建设的阿科诺媒体平台注重发布我国的新闻资讯、经济政策以及通关服务、跨境生活等信息，满足通过满洲里口岸进行跨境贸易的中外群体的信息需求。云南国际广播注重发布东盟各国政治经济信息，云南对外政策、商业信息与交流合作信息，外事常识、外交礼仪与出行注意事项，世界优秀企业案例等，贴合跨境贸易人群的信息需求。

3. 聚焦人的生命历程的普遍奋斗与挑战

由于边境地区贸易往来多，与周边国家在语言、文化上有相似性，周边国家前往边境地区生活、学习、工作的人员多，因此，在边境地区的外国人多，具有"借嘴说话"的先天优势。如辽宁报刊传媒集团推出的《铁老外看中国》系列短视频通过在辽工作、学习的外籍友人展现辽宁的历史文化以及外国人在中国经济发展中寻求个人发展的历程。

虽然中外民众在历史文化、生活习俗以及思想立场上有诸多不同，但作为人的生命历程、追求、困难有一定的相似性，关注特定群体的普遍关切能够引发受众共鸣。如广西广播电视台推出的动画片《930 号街区》，通过描述充满梦想的普通年轻人的奋斗与成长，展现中国风貌、中国理念。[①] 而《广西日报》推出的新媒体节目《年轻派》聚焦年轻人的观点，以年轻人的视角呈现中国与东盟间的合作。[②]

总的来说，国际传播的内容需要聚焦于我国与对象国的共同关切。我国

---

① 郑华雯、刘筝：《品牌内容 IP 化助推国际传播能力建设——解析广西电台文化"走出去"项目》，《中国广播电视学刊》2019 年第 4 期，第 97~99 页。

② 晏彦：《地方主流媒体推进区域国际传播实践探析——以广西日报社为例》，《传媒》2023 年第 16 期，第 58~60 页。

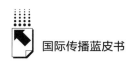

边境地区主流媒体从自身特色出发，其国际传播内容主要聚焦于文化、历史、经济、自然与社会等方面的共同关切。

三　边境地区主流媒体国际传播渠道拓展

1. 开创对外内容呈现渠道

边境主流媒体有利用自己的语言优势对外发行报刊、落地电视台的传统。如新疆维吾尔自治区对外文化交流协会、新疆报业传媒（集团）有限公司、版权保护协会主管主办的俄文杂志《大陆桥》向中亚国家发行，受到当地的政府、企业、高校等受众欢迎。[①] 内蒙古满洲里市融媒体中心的《满洲里报俄文刊》则是向俄罗斯发行的俄文报纸。[②] 吉林日报社创办《吉林朝鲜文报·海外版》落地韩国。[③] 中国国际广播电台、广西对外广播电台联合开办面向东盟的广西北部湾之声，随后承办中越双语期刊《荷花》面向越南发行。[④] 云南广播电视台的云南澜湄国际卫视在老挝、泰国等澜湄流域国家落地。[⑤] 云南报业集团则对外发行缅文期刊《吉祥》、老挝文期刊《占芭》、柬埔寨文《高棉》、泰文《湄公河》以及多语种期刊《中国·云南》。[⑥]

随着互联网技术的发展，边境地区主流媒体积极利用互联网，创办网站与客户端进一步拓宽其内容呈现渠道。如云南广播电视台设立"吉祥网"、

① 朱丽萍：《区域国际传播的文化机制创新策略与径路——基于新疆文化产业对中亚传播研究》，《新疆社科论坛》2023年第2期，第86~93页。
② 毛瑀涵、曹国东：《县级融媒体国际传播能力建设的实践与启示——以内蒙古满洲里市融媒体中心为例》，《新闻论坛》2024年第2期，第42~45页。
③ 张育新、李大川、张春英：《地方媒体如何对外讲好"中国故事"——以〈吉林日报〉面向东北亚的全媒体国际传播实践为例》，《中国记者》2020年第3期，第97~99页。
④ 易文、陈瑜：《多主体·平台化·技术赋能：边境省（区）媒体国际传播渠道建设新探索》，《传媒》2023年第8期，第57~60页。
⑤ 魏红、李建文、梁潇：《边境省级电视台国际传播创新的关键路径——基于云南广播电视台实践的思考》，《中国广播电视学刊》2024年第4期，第108~112页。
⑥ 易文、陈瑜：《多主体·平台化·技术赋能：边境省（区）媒体国际传播渠道建设新探索》，《传媒》2023年第8期，第57~60页。

云南报业集团设立多语种网站"云桥网"、广西北部湾之声开设"北部湾在线网"、内蒙古满洲里市融媒体中心创办阿诺科网与阿科诺客户端等。[①]

由于边境地区兼具口岸的功能，边境地区的主流媒体积极利用口岸特色及口岸户外媒体，通过服务与内容并重的方式拓展其内容呈现渠道。如《大陆桥》杂志向新疆各口岸、涉外酒店、外贸企业、国际航线和国际铁路赠阅。满洲里市融媒体中心的阿科诺客户端不仅提供满洲里市的新闻资讯，满洲里口岸信息也提供通关、住、吃、娱、游、购等多方位的服务板块。在满洲里公路口岸、机场、客运站等场所也投放了中俄双语户外触摸屏，既包括通关资讯、语言翻译等服务板块，也包括中国影视剧、美食、风景、戏曲、功夫等文化内容的板块。口岸大厅的 Wi-Fi 登录页面也包含服务与文化两方面的内容，在为过境人员提供便利的同时也促进我国文化的国际传播。

2. 利用海外社交媒体传播

随着移动互联网的普及，社交媒体已成为人们接受信息的主要渠道。我国媒体也积极利用海外社交媒体开展国际传播，其中也包括边境地区主流媒体。边境地区主流媒体积极在海外社交媒体设立账号并鼓励员工开设个人社交媒体账号。如甘肃国际传播中心已在 Twitter、Facebook、Instagram、YouTube 上开通 Discover Gansu、Higansu 和 Gansu Flavor 等 12 个账号，与此同时，"新甘肃" 20 名员工在海外社交媒体上开通账号共 40 个。[②] 普洱市鼓励普洱市媒体机构和记者在境外社交平台开设个人账号，并开设"魅力普洱"海外账号。满洲里市融媒体中心主要面向俄语受众，在俄语系国家常用的社交网站 VK 上开设草原新丝路账号，并保持高更新频率。

3. 通过媒体合作拓展渠道

边境地区主流媒体与周边国家主流媒体的合作，也是拓展边境地区国际传播渠道的重要方式。其中"请进来"与"走出去"相结合的采访模式是边境主流媒体与周边国家主流媒体记者相互交流的主要方式。一方面，边境

---

① 易文、陈瑜：《多主体·平台化·技术赋能：边境省（区）媒体国际传播渠道建设新探索》，《传媒》2023 年第 8 期，第 57~60 页。

② 徐敏之：《让甘肃故事传得更广更远》，《甘肃日报》2023 年 8 月 16 日。

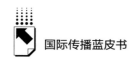
地区主流媒体邀请周边国家主流媒体记者来华采访或与边境地区主流媒体记者联合采访，能够促使两方记者的相互交流、提升两方的新闻内容丰富度与采访水平；另一方面，互访与联合采访等能够使外国记者亲身感受中国的发展，也使我国记者了解他国、开阔视野。而记者是新闻生产的核心，也是向受众传递信息与知识的传播者。这种记者之间的交流、采访活动，是促进国际传播与文明交流互鉴的有益方式。

记者之间的交流与合作的背后是媒体机构之间、媒体与政府之间的合作。在媒体间合作方面，有合作传统的内容上的合作仍占主流。如云南广播电视台与缅甸国家广播电视台合作拍摄电视剧，与缅甸YTV卫星电视、老挝国家电视台等合拍纪录片，与周边国家媒体合作开展影视节目译制。在新的传播环境中，云南广播电视台联合泰国国家电视台、老挝国家电视台、柬埔寨国家电视台等澜湄流域媒体，共同开设"澜湄故事"账号，以各国媒体的优秀节目共同支撑该账号、促进该账号的发展，推动澜湄流域媒体国际传播能力的共同提升。① 《广西日报》则与东盟媒体一道联合制作"东盟老记来了·高端云访谈""东盟老记来了·你说我说""东盟老记来了·中外记者带你逛展"等融媒体栏目。② 广西广播电视台也尝试与越南国家电视台联合制作纪录片。③ 吉林日报社自20世纪90年代起便与韩国江原日报社开展版面互换合作。在新技术发展、国际传播需求增加的今天，吉林日报社与韩国江原日报社拓展了新媒体新闻产品的互换④，并与俄罗斯滨海边疆区报实现版面与新媒体稿件互换⑤。满洲里市融媒体中心则与俄罗斯后贝加尔边

① 魏红、李建文、梁潇：《边境省级电视台国际传播创新的关键路径——基于云南广播电视台实践的思考》，《中国广播电视学刊》2024年第4期，第108~112页。
② 谌怡秋：《共融愿景下面向东盟的国际传播——广西日报的创新探索》，《传媒》2024年第2期，第59~61页。
③ 周霖：《面向东盟的新媒体传播问题与策略——以广西广播电视台构建新媒体国际传播为例》，《中国广播电视学刊》2022年第9期，第133~135页。
④ 栾哲、赵桂香、张春英：《面向东北亚区域国际传播全媒体平台建设的实践探索——以〈吉林日报〉为例》，《新闻潮》2023年第9期，第10~12页。
⑤ 毛瑪涵、曹国东：《县级融媒体国际传播能力建设的实践与启示——以内蒙古满洲里市融媒体中心为例》，《新闻论坛》2024年第2期，第42~45页。

疆区赤塔市《后贝加尔工人报》、俄罗斯电视台赤塔台、伊尔库茨克州伊尔库茨克市阿伊斯特电视台等近 20 家俄罗斯媒体实现稿件交换、共同策划等内容方面的合作。[1]

技术合作也是媒体间及媒体与政府间合作的重要方式。通过技术合作不仅拓宽了边境地区主流媒体的传播渠道，也实现了边境地区主流媒体与周边国家传媒产业整体的深度合作。如云南广播电视台与老挝合作，运用我国DTMB 地面数字技术，为老挝 67 万民众提供我国与老挝媒体共计 54 套数字电视节目。云南广播电视台下属的云数传媒与老挝、柬埔寨政府签署相关文件，在以上两国使用我国 DTMB 地面数字电视技术标准建设全国数字电视网络，并与老挝、柬埔寨国家电视台合作开办数字电视频道推动内容出海。[2]

4. 通过精准传播吸引受众

边境地区主流媒体有通过"一国一策"开展精准传播的先天优势，而精准传播也可推动边境地区主流媒体的国际传播。如广西广播电视台与广西日报社通过对传播对象国的研究，以不同的传播策略、内容与对象国合作或开展国际传播。越南与我国历史上有很多革命友谊，针对这一特点广西广播电视台和越南国家电视台联合制作纪录片《南溪河畔》《光阴的故事——中越情谊》等回顾中越两国人民之间深厚的友谊。而泰国的信息接受习惯较为年轻活泼，广西广播电视台制作短视频《泰精彩》《萨瓦迪卡》等新媒体产品。[3] 广西日报社则利用自身地缘优势，积极开展实地调研，基于中国与柬埔寨两国较好的政治基础、国际关系、民意基础、技术基础与技术需求，在柬埔寨建立广西云·东盟（柬埔寨）国际传播联络站，以支持柬埔寨传统媒体实现媒体转型，为柬埔寨媒体开展新媒体业务提供技术指导与支持，促进柬埔寨传统媒体实现融合发展与转型升级的同时，也促进了广西媒体对

---

① 毛瑀涵、曹国东：《县级融媒体国际传播能力建设的实践与启示——以内蒙古满洲里市融媒体中心为例》，《新闻论坛》2024 年第 2 期，第 42~45 页。

② 魏红、李建文、梁潇：《边境省级电视台国际传播创新的关键路径——基于云南广播电视台实践的思考》，《中国广播电视学刊》2024 年第 4 期，第 108~112 页。

③ 周霖：《面向东盟的新媒体传播问题与策略——以广西广播电视台构建新媒体国际传播为例》，《中国广播电视学刊》2022 年第 9 期，第 133~135 页。

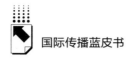

柬埔寨的国际传播能力提升。①

5.打造多重职能综合平台

当下，媒体不仅发现并报道新闻点，也主动创造新闻点。对于国际传播来说，更是要综合运用人文交流与内容传播，以媒体为中介搭建促进两国文明交流互鉴的综合平台。媒体举办活动是新闻业有悠久历史的提升传播效果的方法之一。如云南广播电视台与周边国家电视台合作，在泰国、老挝、柬埔寨等国每年举办的跨国春晚②，广西广播电视台与越南媒体举办的中越歌曲演唱大赛、中越青年大联欢活动③，吉林日报社组织参与各类论坛峰会、参观考察活动，以媒体搭台实现文旅、经贸唱戏④等各类节庆活动。

文旅、经贸搭台，传媒唱戏是近些年提升我国主流媒体国际传播能力的途径之一。对于国际传播来说，我国企业出海在全球各国，特别是在与边境地区接壤的周边国家都较为成功。而经贸资讯也是我国国际传播内容中广受关注的领域。因此，主流媒体与企业合作可实现双赢。边境地区主流媒体主要与当地国企、对象国中资企业、中资参股合资企业等开展合作。主流媒体也与当地的智库、社会组织合作。这一方面有助于我国实现媒体的落地，另一方面也有助于当地智库、社会组织了解中国，并提升其自身影响力。

以边境地区主流媒体为抓手与中介，推动中国与周边国家在教育、医疗等多领域的合作，以媒体为锚点，促进中国与周边国家全方位的文明交流互鉴。如云南日报报业集团与云南师范大学合作，创办南亚东南亚媒体人才培

① 毛梓林:《开创国际传播平台建设的实践与思考——以"广西云·东盟（柬埔寨）国际传播联络站"的建设为例》,《新闻潮》2020年第7期,第4~6页。
② 魏红、李建文:《着力"三化"打造共通空间——基于云南广播电视台国际传播实践的思考》,《中国广播电视学刊》2022年第12期,第80~83页。
③ 易文、陈瑜:《多主体·平台化·技术赋能:边境省（区）媒体国际传播渠道建设新探索》,《传媒》2023年第8期,第57~60页。
④ 栾哲、赵桂香、张春英:《面向东北亚区域国际传播全媒体平台建设的实践探索——以〈吉林日报〉为例》,《新闻潮》2023年第9期,第10~12页。

训基地，提供短期及长期教育，为南亚东南亚新闻传播领域培养人才。① 广西日报社举办"东盟伙伴"媒体合作论坛，为各国媒体提供相互交流、共谋发展的平台。广西日报社还组织东盟国家文化艺术家与广西文化艺术家的文化交流活动，促进双方相互学习、共同发展，为广西及周边国家民众提供文化、艺术的熏陶与享受。② 通过广西日报社与柬埔寨华商日报社的牵线搭桥，广西国际壮医医院与柬埔寨最大华人医院——柬埔寨宏恩医院达成合作，并在柬埔寨宏恩医院开设中医科（壮医科）实现壮医出海，促进广西与柬埔寨在医疗上的合作。③ 满洲里市融媒体中心与俄罗斯媒体在旅游、购物、会展演出方面开展合作，打破县级融媒体局限，拓宽县级融媒体职能边界。④

四 边境地区主流媒体国际传播未来发展

1. 内容生产上，聚焦国际传播综合人才培养，注重各层级媒体间合作

在内容生产方面，边境地区主流媒体需要从聚焦语言人才逐步向培养国际传播人才发展，并形成各层级相互间国际传播的合作，支持新疆、西藏等热点省份主流媒体以及地市媒体、县级融媒体中心的国际传播。

由于边境地区存在跨境少数民族，其具有对周边国家进行国际传播的语言优势。云南、广西等省份主流媒体也注重语言人才的培养。但国际传播不仅依靠语言，还包括传播技巧、对象国文化等综合知识与能力。因此，边境地区主流媒体在注重语言人才培养的同时，也应注重培养面向对象国的国际

① 刘健、郭丽梅、方汉：《面向东南亚的国际传播思考——以云南日报报业集团为例》，《传媒》2019 年第 7 期，第 40~41 页。

② 谌怡秋：《共融愿景下面向东盟的国际传播——广西日报的创新探索》，《传媒》2024 年第 2 期，第 59~61 页。

③ 毛梓林：《开创国际传播平台建设的实践与思考——以"广西云·东盟（柬埔寨）国际传播联络站"的建设为例》，《新闻潮》2020 年第 7 期，第 4~6 页。

④ 毛瑀涵、曹国东：《县级融媒体国际传播能力建设的实践与启示——以内蒙古满洲里市融媒体中心为例》，《新闻论坛》2024 年第 2 期，第 42~45 页。

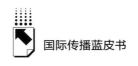

传播人才。

当下边境地区主流媒体的国际传播普遍集中于省级主流媒体，地市级、县级主流媒体由于缺乏资金、人才等，国际传播力普遍较弱。因此，一方面要注重中央、省级主流媒体与地市、县级主流媒体的合作，在绩效考核等方面向利于促进合作、避免内部竞争的方向侧重，形成纵向共鸣的国际传播体系。另一方面，从资金、技术、人才等方面支持西藏、新疆及地市、县级主流媒体的国际传播能力建设，特别是支持西藏、新疆主流媒体讲好自身故事，以其语言与主体优势，提升西藏、新疆故事的传播力与说服力。

2. 传播内容上，注重对象国需求与中国故事内涵，创新内容呈现形式

在内容方面，逐渐从"我们有什么"向"国外要什么"过渡，注重国际传播对象国民众的需求。注重传播内容中的细节，如云南亚洲象北迁的相关报道中，国际受众从新闻画面中关注到云南警民间的互信互助与云南良好的城市与农村面貌。因此，在国际传播内容方面，要注重细节的展现，一方面避免国际传播内容呈现反作用，另一方面使国际受众自己发现中国的闪光点，给受众空间与自由进行自我探索，使国际传播内容更有说服力与影响力。另外，在内容方面也要注重国际传播故事的内涵建构。不仅让中国故事"走出去"，更重要的是通过中国故事展现中国的世界观、价值观。

随着技术的发展，传播的形式日益多样。受众习惯于通过碎片化、互动化、娱乐化、影音化的形式接收信息，也期待更为新型、多样的传播形式，因此，在国际传播中需要在传播形式上加强创新，以提升我国国际传播的吸引力。

3. 机构合作上，与地方知名出海企业联动促进，借助已搭建合作平台

一些边境地区有其支柱性的企业，而这些企业也有出海实践。边境地区的出海企业了解出海对象国相关法律，有一定资源，有助于其所在地区主流媒体在对象国开展国际传播。而该地区主流媒体在对象国国际传播能力的提升，也可帮助该地区企业在海外树立良好企业形象，增强影响力。地方知名出海企业与当地主流媒体的联动合作，不仅为主流媒体提供故事内容、搭建国际传播桥梁，也让出海企业提升知名度，助力出海企业在对象国的发展。

　　当下已经搭建了多个媒体联盟、论坛及举办有媒体相关贸易活动，边境地区主流媒体应积极参与相关媒体联盟、论坛与活动，利用已搭建的媒体合作平台，接触国际媒体，开展媒体合作。除了媒体合作的平台外，其他领域的国际合作平台与活动也是各国关注的热点，边境地区由于其地缘优势，有较多搭建这类平台与举办活动的机会。边境地区主流媒体应借助这些平台与活动，开展文化交流活动，推动国际传播发展。

B.19
新时代中新社国际传播事业的探索实践

于晶波　吴　旭　郑圆圆*

摘　要： 报告从中新社国际传播的探索实践出发，结合新时代国际传播发展趋势，分析评估国际传播实践中存在的风险挑战，着力解决现有传统模式难以有效满足行业前沿发展所需的痛点，主动适应新时代国际传播领域的新业态，深化对国际传播的理论创新与实践探索，为推动新时代国际传播事业高质量发展提供经验参考。报告以海外传播数据评估、对外话语内容分析为基本研究方法，重点关注中新社在国际传播领域的创新实践，兼顾经验与理论、现实与未来，在国际大视野下开展相关研究，在守正创新中汇聚更多资源。坚持问题导向，对新形势下国际传播实践中面临的具体问题、困难及发展障碍进行深层次分析，从取势、明道、善策、优术、问效、固本六个维度深入思考加强和改进国际传播工作的方向路径，以此深化提升对新时代国际传播事业的规律性认识。

关键词： 中新社　国际传播　中新风格　新闻+　全媒型机构

一　前言

新时代以来，习近平总书记从党和国家事业发展全局的战略高度，对加强和改进国际传播工作提出一系列新思想新观点新论断，作出一系列新的重大部署，为做好国际传播工作指明了前进方向、提供了根本遵循。

---

* 于晶波，中新社国际传播部主任，主任记者；吴旭，中新社国际传播部副主任，主任记者；郑圆圆，中新社国际传播部编辑。

面对加强和改进国际传播能力建设的新时代课题，中新社坚持以习近平新时代中国特色社会主义思想为指导，深入学习贯彻习近平文化思想和习近平总书记致中新社建社 70 周年贺信精神，创新国际传播、讲好中国故事，以形成同我国综合国力和国际地位相匹配的国际话语权为目标展开积极探索。

中新社作为中央主要新闻单位和中央重点对外传播媒体，始终坚持以海外华侨华人、港澳台同胞为报道和工作对象，以海外华文媒体为服务和合作对象的独特定位，在差异化发展中践行传播中国、影响世界的使命任务。积极探索具有自身特色的融合路径，打造新型国际传播主流媒体，为展现真实、立体、全面的中国，提高国家文化软实力作出贡献。

二　新时代国际传播面临的新形势与新任务

党的二十大报告强调，加强国际传播能力建设，全面提升国际传播效能，形成同我国综合国力和国际地位相匹配的国际话语权。当前，世界百年未有之大变局加速演进，中华民族伟大复兴进入关键时期，国际传播能力建设的重要性前所未有。新时代背景下，中国的国际环境面临着新形势和新变化，对主流媒体国际传播能力建设提出了新要求。

客观审视外部环境，全面提升国际话语权。当前，我国国际传播工作发生历史性变革。一方面，随着我国综合国力和国际地位不断提升，居高易致远，水涨船更高，我们做好国际传播工作更有信心、更有底气、更有力量。另一方面，在世界百年未有之大变局下，国际舆论交锋斗争日趋尖锐复杂，中国故事的讲述、中国声音的传播与中国形象的塑造都面临前所未有的挑战。信息流进流出的"逆差"、中国真实形象和西方主观印象的"反差"、我国软实力和硬实力的"落差"等问题依然存在，"有理说不出、说了传不开"的话语困境仍未彻底解决[1]。这是当下国际传播工作面临的现实语境，也是未来一段时间中国国家形象建构与传播的宏观情势，中国声音的对外传

---

[1] 《中国新闻社：创新国际传播 讲好中国故事》，《求是》2023 年第 19 期。

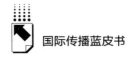

播和中国立场的国际表达面临比以往更为严峻的外部压力。习近平总书记曾语重心长地说："落后就要挨打，贫穷就要挨饿，失语就要挨骂。"① 提升国际话语权是我们必须解决好的一个重大问题。

建构自主话语体系，改变"他者"视角定义。习近平总书记指出："要加强国际传播能力建设，精心构建对外话语体系，发挥好新兴媒体作用，增强对外话语的创造力、感召力、公信力，讲好中国故事，传播好中国声音，阐释好中国特色。"② 当前，国际社会对中国的认知和了解程度还不够深入，很大程度上是因为我们的话语体系还不够成熟、不够生动、不够贴近国际受众。提高对外传播话语影响力是主流媒体的责任，也是媒体构建话语体系的出发点。中国叙事要由中国主动承担，改变由"他者"视角定义的局面，以获得国际社会的普遍接受与认同，这是新形势下建构务实的对外话语体系、讲好中国故事、提升中国话语权的重要任务。我们要在加强国际传播话语体系建设上下大功夫，努力用中国理论阐释中国实践，用中国实践升华中国理论，打造融通中外的新概念、新范畴、新表述，更加充分、更加鲜明地展现中国故事及其背后的思想力量和精神力量。

把握趋势适应潮流，破壁"Z世代"圈层文化。随着互联网技术特别是社交媒体的快速发展，作为网络"原住民"的"Z世代"对国际舆论的参与度不断提升，社会影响力凸显。全球"Z世代"和华裔新生代逐渐成为国际传播主要对象，他们依赖新技术新视觉接受信息的习惯与偏好，对以传统传播手段为主的主流媒体，提出了艰巨的创新要求。2023年12月，Vizrt公司发布的以数千名美、英受访者为抽样样本的调研报告显示，Instagram、TikTok、Facebook是最受"Z世代"欢迎的了解新闻时事的平台。③ 中国传媒大学政府与公共事务学院的一项研究发现，游戏平台Twitch、音频播客平

---

① 习近平：《在全国党校工作会议上的讲话》（2015年12月11日），人民出版社，2016，第20页。

② 《习近平谈治国理政》，外文出版社，2014，第162页。

③ Study：News broadcasters must adapt to keep Gen Z engaged ［EB/OL］ https：//advanced-television.com/2023/12/18/study-news-broadcasters-must-adapt-to-keep-gen-z-engaged/.

台 Spotify、知识问答类平台 Quora、流媒体平台 Netflix 等，也具有很高的"Z 世代"用户黏着度。① 做好面向"Z 世代"的国际传播，需要我们把握趋势、适应潮流、创新平台，针对"Z 世代"群体的思维方式、行为偏好、阅读习惯，优化传播手段，拓展传播场域，以小切口、微视角、新表达来打造易与"Z 世代"产生共鸣的跨文化故事，更好地提升面向"Z 世代"讲好中国故事的实效。

探索"新质生产力"，布局国际传播新赛道。在生成式人工智能技术浪潮的推动下，媒体正面临着前所未有的转型机遇与挑战。这场技术革命不仅仅是工具和流程的更新换代，更深层次上，是对我们认知框架和思维方式的一次彻底革新。从技术的角度看，以大模型为代表的人工智能技术以及基于技术建立的传播体系可被视为国际传播领域的"新质生产力"。近年来，不少有关国际传播的研究都指出一个趋势，国际传播的未来在于借助平台聚合优势，利用大数据、算法、人工智能等创新技术，将人工智能分析与 AIGC 生成的仿真论点信息等广泛投入国际舆论场，在特定话题中提供不同地域、不同身份的国际舆论声量。尽管 AIGC 存在真假难辨、算法偏西方立场等问题，但在提升内容生产效率、突破跨文化传播障碍、提升国际传播效能方面，具有无可比拟的优势。因此，我们需要尽快了解、适应与投身这种国际传播新生态，提早布局，避免被西方国家再次形成算力和价值垄断。

三　新形势下中新社国际传播的创新实践

我国国际传播能力建设处于重要战略机遇期，同时也面临最大外部压力，面临着新的形势和任务。2022 年 9 月 23 日，习近平总书记在致中新社建社 70 周年的贺信中明确要求："希望中新社以建社 70 周年为新的起点，创新国际传播话语体系，加快融合发展，提高国际传播能力，增强报道亲和

---

① 刘新鑫：《国际"Z 世代"群体中国观的塑造与传播》，中国传媒大学政府与公共事务学院，https：//sgpa. cuc. edu. cn/2024/0104/c5701a215205/page. htm。

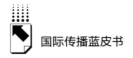

力和实效性，积极联系海外华文媒体，为展现可信、可爱、可敬的中国形象，促进海内外中华儿女大团结，推动中外文明交流、民心相通作出新的更大贡献。"①

中新社深入学习贯彻习近平总书记重要指示精神，守正创新、锐意转型，努力探索符合时代要求、国家使命、自身定位的国际传播能力建设发展路径，以寻求"最大公约数"和画出"最大同心圆"为目标，讲好中国故事，传播好中国声音，弘扬中华文化，努力在塑造国家形象、影响国际舆论场、掌握国际话语权方面取得新进展、新突破。

（一）传承"中新风格"，生动讲好中国故事

中新社是在20世纪50年代国家受到外部世界严重封锁这一特殊形势下组建的。从诞生之日起，中新社就被赋予向世界"讲好中国故事、传播好中国声音"的重大使命。72年来，中新社坚持有所为，有所不为，有所不同，以定位的独特性构建"中新出品"的辨识度，形成了独特的"中新风格"，成为世界了解中国的重要窗口，让可信、可爱、可敬的中国形象更加深入人心。

1. 阐释传播好治国理政深邃思想，中国道路才"可信"

对外宣传好、阐释好习近平新时代中国特色社会主义思想，是让世界理解认同中国、理解认同中国式现代化道路的关键。中新社以高度的政治站位和政治自觉，坚持把对外宣介习近平新时代中国特色社会主义思想、展示总书记形象作为首要任务，不断探索创新"核心叙事"，积极对外宣传阐释习近平总书记治国理政的深邃思想和生动实践。

中新社创办的"近观中国""习言道""习近平的故事"等专栏，结合重大新闻事件和舆论热点，一方面，通过阐释解读习近平总书记的有关重要论述，讲透中国理念主张，讲清中国行为逻辑，帮助外界更好地读懂中国；另一方面，把习近平总书记对人类发展重大问题作出的一系列睿智思考、提

---

① 《习近平致中国新闻社建社70周年的贺信》，中国政府网，2022年9月23日，https://www.gov.cn/xinwen/2022-09/23/content_5711375.htm。

出的独特创见，向海外民众宣介，为各国应对全球共同挑战、解决全球共同问题提供中国方案。

"只言片语，直抵人心"。"近观中国"专栏始终关注习近平总书记如何巧妙表达中国并非文化中的"他者"，在出访他国时，对于所在国家谚语的巧妙引用，通常是拉近不同文化主体间距离的关键之举。如《在"最微妙"的G20峰会上，习近平为何再提这句印尼谚语？》一文，紧扣"甘蔗同穴生，香茅成丛长"这一当地谚语，生动阐释在全球性挑战面前，团结共生才是正确选择。"习言道"专栏综合运用图文、中英文海报、音视频、融媒动画等多种形式，聚焦习近平总书记的"金句""妙语"，阐释"简言"背后的"深意"。如在《习言道｜习近平为何首提"五个必由之路"》报道中，深入阐释"五个必由之路"重大论断，揭示"中国为什么能够成功""中国怎样才能继续成功"的密码。在共建"一带一路"倡议提出十周年之际，"习近平的故事"特别策划微视频《共同守护人类文化瑰宝，习近平推动中外联合考古》，讲述中国工作队在乌兹别克斯坦、柬埔寨等地，与共建国家专家一起开展考古研究、遗迹修复，书写"一带一路"文化交流、民心相通的故事，累计播放量超千万次。

2. 构建共情共鸣的对外话语表达，中国形象才"可爱"

在长期的对外传播实践中，中新社注重遵循国际传播和跨文化传播规律，以新闻立社、以特色兴社，逐渐形成了"官话民说、中话西说、长话短说、空话不说"的中新风格。这一风格既由创社之初的特殊使命和老一辈中新社人来自五洲四洋的基因决定，也由中新社70余年发展过程中的新闻实践探索铸就。①

以理性为底色，以人文为底蕴，一篇篇饱含深情的文稿，一封封"寄往海外的家书"，曾在复杂的国际舆论环境中，倡导对国家、对人民和民族利益的认同与维护，体现出对人与文化的关怀与尊重。在当代对外传播实践中，

---

① 陈陆军：《以侨为桥 向世界讲述可信可爱可敬的中国》，《传媒》2022年10月上，第9~11页。

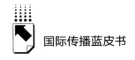

中新社依旧坚持情理交融，以事明理、以理服人、以情感人，实事求是向世界展示真实、立体、全面的中国，让可爱的中国更可信，让可信的中国更可爱。

2021年伊始，中新社推出大型学理型融媒体专栏"东西问"，通过寻求和拓展"情感共鸣"和"认知共通"的话语空间，探索建立既体现我立场观点和价值观念，又为外国受众理解和接受的对外话语体系，在非对抗语境下探寻理性交流的最大空间。"东西问"开栏文章就深入报道了"中国领导人为什么在元旦而不是春节发表新年贺词"，详细讲述了新中国诞生之初就确立公历纪年来实现与世界接轨，中国领导人也始终在公历新年发表贺词与世界交流。这样的报道，不仅可以在"陈情"与"说理"的交融中解疑释惑，话语体系本身就可以让海外受众感受到开放包容的中国。

3. 生动诠释百年大党的历史担当，中国故事才"可敬"

习近平总书记指出，"读懂今天的中国，必须读懂中国共产党"①。在国际传播中，讲好中国故事，关键是要讲好中国共产党的故事，帮助海外民众认识到中国共产党真正为中国人民谋幸福而奋斗。②

以对外生动讲好中国共产党的故事为出发点，中新社在实践中逐步探索形成一套"寻找问号、打开问号、解答问号"的故事讲述模式。基于海外信息需求定制内容，借助平实简洁的语言和轻巧亲和的方式，通过拆解一个个"问号"，帮助海外读者更好地了解我们党的领袖、党的历史、党的工作。③

在中国共产党百年华诞之际，将对外新闻报道与党史宣传讲解相结合，推出大型融合系列报道"中国共产党的'十万个为什么'"。"为什么中共党员要定期交党费""入党为什么要两名'介绍人'"等问答，让海外民众对中国共产党组织方式有了更为全面的了解；"中南海正门，影壁上为什么刻的是这五个大字""入党誓词几经修改，这两个字为何始终不变"等问答则让海外民众对中国共产党的价值取向有了更清晰的认识。在以问为题、史

① 《习近平书信选集》第一卷，中央文献出版社，2022，第337页。
② 《中国新闻社：创新国际传播 讲好中国故事》，《求是》2023年第19期。
③ 《中国新闻社：创新国际传播 讲好中国故事》，《求是》2023年第19期。

论结合、今昔对接的框架下，把中国共产党为什么能、马克思主义为什么行、中国特色社会主义为什么好等重大问题，拆解成一系列具体的、具象的、细致的"为什么"和对这些"为什么"的回答，在为读者解疑释惑的同时，也润物细无声地修正了他们对中国共产党认识的偏差。

党的二十大召开前夕，中新社聚焦海外关注，运用融合形式，依托全球渠道，推出"问答二十大"系列短视频。相关报道摒弃自说自话风格，注重互动参与。向 200 多家海外华文媒体发起了"问题众筹"，"中共各级'一把手'为什么叫书记""中共党代会闭幕时为何要奏《国际歌》""中央委员和候补委员名单的排序方法为什么不一样""中国共产党还会发展外籍党员吗"等问题让报道从一开始就具备外部视角，最终产品落地海外，实现"问题从海外来，答案到海外去"的有效国际传播。系列视频在境内外社交媒体、视频平台等渠道累计触达超 3 亿人次，被近百家海外华文媒体下载采用 2200 余次，是秉持全球思维部署传播战略的一次有益实践。

（二）创新路径方法，着力提升国际传播效能

作为国际传播领域的重要方面军，中新社从全球视角出发，用好各方面资源，聚合"新闻+"力量，探索多元化国际合作传播新模式，着力提升国际传播效能。坚持新闻传播、文化传播、人脉建设"三位一体"，致力于成为一家"新闻+文化+智库"的新型主流媒体。

1. 新闻+文化：探索文明叙事，提炼展示中华文明的精神标识和文化精髓

党的二十大报告对增强中华文明传播力影响力作出重要部署，充分彰显了新时代新征程加强中华文明国际传播能力建设的重要性和紧迫性。新时代的国际传播必须胸怀文明交流互鉴的大格局，秉持增强中华文明传播力影响力的大视野。

我们在国际传播实践中深切感受到，坚守中华文化立场，提炼展示中华文明的精神标识和文化精髓，是加快构建中国话语和中国叙事体系的重要方式。中华优秀传统文化有很多重要元素，共同塑造出中华文明的突出特性。中华文明具有突出的连续性，从根本上决定了中华民族必然走自己的路。如

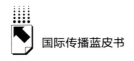
果不从源远流长的历史连续性来认识中国，就不可能理解古代中国，也不可能理解现代中国，更不可能理解未来中国。①

基于这一逻辑，中新社创办的"东西问"栏目，通过引入全球智库思想资源，深入挖掘、生动呈现中国文化的根与魂。一方面，筑牢国际传播话语体系的学理根基，帮助海外读者更好地理解"中国是谁"；另一方面，引导海外读者以这一认知为基础，作出"中国为什么会这样""中国未来会怎样"的理性判断。例如，在中国国家统一议题上，"东西问"借助"中华文明具有突出的统一性"的视角，通过回答"强弱有时，中国为什么千年不离'大一统'"的设问，从"大一统"一词首次见诸文献历史出发，展现了"国土不可分、国家不可乱、民族不可散、文明不可断"始终是根植于中华文明的共同信念，让海外读者清晰地认识到，国家统一始终是中国核心利益的核心。通过这样的叙事体系，向海外读者充分展现中国文化，引导他们从根源上理解中国立场、支持中国选择。②

截至目前，"东西问"已访谈中外专家学者 2300 余位，涵盖英、法、德、俄、日、韩等语种，稿件网络综合阅读量逾 40 亿次。稿件获路透社、共同社、法国《人道报》、新加坡《联合早报》、香港《明报》《星岛日报》、台湾《中国时报》等国际及港澳台地区主流媒体关注并转载，成功实现境外落地。"东西问"英文精选集 East-West Dialogue 也由英国知名出版社帕尔格雷夫·麦克米伦出版社出版，并上线"开放存取资源图书馆"（OA）平台，取得良好对外传播效果。

2. 新闻+人脉：厚植中外民意基础，着重建设"四大朋友圈"

国际传播说到底是做"人"的工作，做争取"人心"的工作，能否直抵人心、赢得人心是解决问题的关键。中新社重视发挥港澳台同胞和海外华侨华人、海外中资企业、国际友人的作用，把"自己讲"和"别人讲"结合起来，从而提高国际传播影响力、中华文化感召力、中国形象亲和力、中

---

① 《中国新闻社：创新国际传播 讲好中国故事》，《求是》2023 年第 19 期。
② 《中国新闻社：创新国际传播 讲好中国故事》，《求是》2023 年第 19 期。

国话语说服力、国际舆论引导力。中新社着重发力建设"四大朋友圈",积极联系国际意见领袖、华侨华人、海外新生代、"洋网红"等跨文化代表人士,增进"知华和华"民意。

一是以"中国通"答"中国题"。"中外对话""世界观"(Insights)等栏目对话马丁·雅克、尼尔·布什、约翰·桑顿、理查德·西尔斯、万百安等知华友华的国际知名人士,以"中国通"回答"中国题"。每期栏目的播放量、阅读量均达到千万量级。外方嘉宾参与对话后,主动在海外社交平台推介传播,也使栏目实现了从"他说"到"他传",达到了以"关键少数"影响主流多数的效果。

二是充分汇聚华侨华人华裔力量。中新社因侨而生、因侨而兴。6000万华侨华人是中新社的服务对象,中新社始终坚持以新闻为媒,面向海外侨胞讲好中国故事。依托"华裔青年说""留学声""侨商道"等自有品牌栏目,以及"四海同春"全球华侨华人新春云联欢、海外华裔青少年中华文化实践大赛、"Z世代华星小记者"训练营等活动,以海外华侨华人社团、华文学校、华星艺术团等为基础,凝聚华侨华人特别是华裔新生代力量,促进海内外中华儿女大团结,不断扩大知华友华朋友圈。自2001年启动的华侨华人十大新闻评选,在海内外侨界形成一定影响力,成为全景式回顾展示华侨华人社会年度重大新闻和杰出人物的重要窗口和平台。

三是培育后备"Z世代"有生力量。"Z世代"思维活跃、视野开阔、开放包容,大多处于世界观、人生观、价值观形成的重要窗口期。近年来,中新社将海外"Z世代"作为聚焦点和突破口,广泛团结一批在海外有一定影响力、发展前景可期的青年人士,推动其形成客观理性的中国观。通过举办"Z世代画像中国"网络互动活动、上海合作组织成员青少年体育文化节、上合组织青少年夏令营暨"上合小记者"系列活动等,架设中外青少年交流平台。这些可及可触的人文交流,久久为功的好感传播,有助于海外"Z世代"形成真实、立体、全面的"中国观",从而面向未来,增进中外民心相通。

四是推动学媒结合建设媒体型智库。近年来,中新社推动媒体和智库持

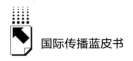
续跟踪、协同开展一体研究，及时提出具有影响力、引导力的议题话题。充分利用"东西问智库"、国是研究院、中新经纬研究院、大数据研究院等人脉资源和智力支撑，整合建设媒体型智库，积极引导和推动国际人脉在涉华问题上多发客观理性声音，增进国际社会对中国的正确认知。

3. 新闻+特色：提升辨识度，在国际传播多声部中发挥独特作用

以特色兴社，是中新社事业发展的关键一招。中新社始终紧扣主题、明确定位、立足特色、打造亮点，为国际传播"大合唱"提供舆论声量。

积极联系海外华文媒体。海外华文媒体是联系海内外中华儿女的精神纽带，有着中华文化的根性和跨文化传播的禀性，在促进文明互鉴、民心相通方面具有不可替代的独特优势。习近平总书记在致中新社建社 70 周年贺信中要求中新社在新起点上继续"积极联系海外华文媒体"。中新社深入贯彻落实习近平总书记指示精神，持续探索如何有效发挥海外华文媒体作用，以带动海外华文媒体转型升级和融合发展为导向，深化同华文媒体的合作。北京冬奥会开幕前夕，策划推出"冬奥 24 小时"全球直播，以遍布全球的华侨华人为支点，联动全球 40 多个国家和地区的 100 余家华媒在电视、网站、新媒体账号矩阵同步直播。全球上千个账号参与了直播互动，24 小时内全平台阅读量超过 8 亿次。在与华媒合作联动中拓展中新社在全媒体时代的发展空间，成为中新社国际传播事业发展的"附加题"。

巩固提升传统领域报道优长。中新社充分发挥在"港澳台侨外、疆藏民宗人"传统领域的报道优势，积极在涉港涉台、涉疆涉藏、涉民族宗教、涉人权等领域主动发声。在香港迈向由治及兴新阶段，澳门经济快速复苏社会稳定的大背景下，精心策划推进"港澳会客厅""香港故事""多彩澳门人"等特色栏目，充分利用多矩阵、全平台媒体优势，持续推出深度采访、微视频、创意海报等系列新媒体产品，全方位、多角度阐释"一国两制"优越性，栏目全平台浏览量逾 3 亿次。围绕两岸民间往来正常化、"汪辜会谈" 30 周年、马英九返乡祭祖，以及时任美国国会众议长佩洛西窜台、蔡英文和赖清德"过境"窜美等重点新闻展开报道，为两岸和平发展、融合发展鼓与呼，对"台独"分裂、外部干涉保持警惕、及时反制。

挖掘党外人士及新阶层等特色群体传播潜能。中新社结合自身资源，注重在党外人士、新阶层等特色群体中挖掘传播潜能。党的二十大召开前夕，策划推出《我们的十年——党外人士话复兴》系列专题片。以十年为节点，聚焦来自不同领域但都具有较高海内外知名度和广泛社会影响力的 35 位党外代表人士，从不同视角，讲述他们所见证的中国新时代和中国式现代化，从"我"的经历，到"我们"的变化，再到"时代"的变迁，层层递进，唤起集体记忆和情感共鸣。通过讲述林毅夫、吴尊友、冯骥才、梁晓声、曹德旺、刘永好、任达华、陈维亚等代表人士的故事，反映个人梦融入中国梦的光辉历程，展现中华民族伟大复兴凝聚人心、汇聚力量的宏大主题。节目除以纪录片呈现，还以"小而精"的海报、竖屏短视频等融媒形式二次包装传播，短视频的单集播放量超过 1500 万次。

（三）探索智媒转型，打造国际一流全媒型机构

技术变革带来的媒体格局、舆论生态、受众对象变化，使媒体融合发展成为大势所趋。党的二十大报告提出"加强全媒体传播体系建设，塑造主流舆论新格局"，对主流媒体加快媒体融合、壮大主流舆论提出了新的要求。在媒体融合千帆竞发的新形势下，中新社因势而谋、应势而动、顺势而为，将"建设全媒型通讯社"作为融合发展的目标之一，走出一条切合中新社实际的融合发展之路。目前，融合效应在国际传播中已发挥实效。

1. 推进内容供给侧改革，赋能国际传播迭代升级

按照"一体化发展、移动端优先"战略，中新社不断挖掘自身特色，以供给侧改革高质量推进网络内容建设，构建起以网站、客户端、社交媒体账号等为主体的新媒体传播矩阵，全社新媒体平台和账号达 300 余个，总用户数达 6 亿，覆盖全球 100 多个国家和地区。

适应新时期国际传播工作需要，中新社不断探索融通中外的互联网传播新范式，加强有影响力有辨识度的融合创意产品的研发生产，着力策划更适配境外阅读偏好和习惯的多语种新媒体产品。"东西问·中外对话""解码中华文化基因""文明的坐标"等一系列国际传播类双语品牌栏目，已具备

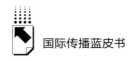

一定的影响力和口碑。"蒋鲤""新漫评""国际识局"等网络评论节目也通过运用网络直播、Vlog、微视频、漫画海报、动画表情包、图解、虚拟主播、脱口秀等方式成功"出圈",数十期外宣融媒产品获多国政府官员、学者、国际机构、我驻外使领馆转赞评等,打出了一波既有声势又见实效的海外传播组合拳。

2. 强化聚合传播,重视渠道平台建设

通过聚合华媒华人资源,中新社积极探索联通海内海外、贯通线上线下的传播效能拓展。2023年10月,第三届"一带一路"国际合作高峰论坛召开之际,联合全球百家华文媒体以及14家在海外参与"一带一路"建设的央企,共同推出"足迹·丝路24小时"全媒体特别节目,沿着习近平主席的足迹,在全球31个重要点位进行直播报道,特别节目及其衍生的一系列融媒体产品真实、立体、全面地呈现共建"一带一路"十年成果,节目全平台传播量超5亿次。

传统主流媒体仍是形成国际舆论的核心要素。中新社加强与美联社、路透社、法新社、塔斯社等国际主流媒体的合作。目前,中新社文字、图片、视频等多类型新闻产品被美国全国广播公司、哥伦比亚广播公司、美国公共电视网、英国《每日电讯报》、德国《明镜》周刊、加拿大环球电视台、西班牙国家电视台、俄罗斯新闻网站Gazeta.ru等多家国际主流媒体采用。

3. 构建立体出海网络,打造"互联网+"时代新型传媒

全媒体环境下,国际传播的公共外交属性愈加凸显。中新社结合自身特色优势,着力搭建多层次、多领域、多形式的民间交流平台,创新"互联网+"的公共外交形式。

2023年"六一"前后,中新社组织40名来自青海玉树福利院的藏族儿童到北京体验足球圆梦之旅,通过鲜活的人物故事、实时的场景呈现和真挚的情感传递,讲述中国发展故事。短短几天,境内外媒体报道此次活动近7000篇次,全平台阅读数近10亿次,脸书Xi's Moments账号发布相关图文,外交部发言人以及数十个中国驻外使领馆和外交官的账号参与传播,大量海外华媒共同发声，活动受到包括美联社、路透社、福克斯电视台等多家美欧媒体在内的国际媒体广泛关注，成功打入国际主流舆论场。这种充分调动官方和民间、海内和海外的国际传播"大合唱"，变各自为战的"分而说之"为系统集约的"合而塑之"，兼顾了最大范围触达用户以及有的放矢的精准传播。①

4. 提早布局人工智能，AI 产品打造行业标杆

生成式人工智能的加速发展使人工智能技术与媒体有了更加紧密的联系，加速传媒业发展变革的趋势，为国际传播拓宽了传播渠道和传播载体，提供了全新的交流手段与对话方式。

2023 年，中国新闻网在主流媒体中率先成立中新 AI 实验室，积极拥抱新技术，利用 AI 先进技术赋能新闻内容生产，推出多款 AI 短视频产品、歌曲及微短剧，进一步大幅提升新闻传播领域的"新质生产力"。"AI 眼中的中国"融媒体栏目目前已制作推出 120 余期产品，通过 AI 视角呈现泱泱中华的多彩面貌，向世界展示中国丰富的文化遗产和壮阔的现代画卷。AIGC 技术的应用，特别是在"两会"等重大新闻事件的报道中，展现了极大的潜力和价值。通过 AIGC 技术，可以实时将新闻报道转化为高质量的视频内容，不仅丰富了报道形式，增强了信息的传播力和影响力，而且提升了公众的观看体验和参与度。在 2024 年全国"两会"期间，中新社充分利用 AIGC，推发《AI 看两会》系列引人入胜的 AI 视频产品，展示了 AIGC 技术在新闻报道和政策解读中发挥的独特作用。

四　加强和改进国际传播工作的思考

结合当前国际传播工作的实际，我们认为，推动新时代国际传播能力建设的高质量发展，应重点把握国际传播的六个维度。

---

① 俞岚：《向"融"而生，打造生态型主流媒体平台》，《新闻战线》2023 年 8 月下，第 25~28 页。

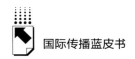
一是取势。要分析国际传播的时与势，开展形势分析、环境分析，牢牢把握国际传播的阶段性特征，明晰国际传播的历史方位。要摸清底数，既急不得，也等不得。

二是明道。要多讲、讲好人类文明新形态、全人类的共同价值和全球发展倡议、全球安全倡议、全球文明倡议。这是我们的"王道"，既来自现阶段国际形势的概括，也来自中华优秀传统文化的积累。

三是善策。开展国际传播工作的规律有哪些？现阶段做国际传播工作我们应选择怎样的策略？要坚持构建国际传播战略体系，服务强国建设、民族复兴；要把握好"有"和"无"的关系，真正的国际传播大道无形、润物无声；要寻求最大"公约数"、画出最大"同心圆"，增强国际传播中的宽容度、包容度；要坚持"多位一体"，即包括新闻传播、文化传播和人脉建设等。

四是优术。从"战术"层面多出妙招，灵活运用，不断创新转换话语叙事方式；积极使用、善用 AI 技术，制作更多适合传播的多语种外宣产品，让声音更迅速、更准确、更清晰抵达彼岸。

五是问效。坚持实践标准、效果导向，一切从效果出发，以终为始，精准聚焦国际传播"最后一公里"，不断提升国际传播效能。

六是固本。加强国际传播主体建设，包括媒体自身建设，也就是常说的苦练"内功"，建强主体，实现国际传播主体之间统筹协调、形成合力。这需要我们在保持政治定力、把准政治方向的基础上认真修炼"内功"，立足外宣定位，强化自身特色优势，打造具有较强国际影响力的旗舰媒体。

五　结语

面对国际传播新的形势和任务，习近平总书记强调，"必须加强顶层设计和研究布局，构建具有鲜明中国特色的战略传播体系"①。"问渠那得清如

---

① 《习近平谈治国理政》第四卷，外文出版社，2022，第 316 页。

许？为有源头活水来。"新时代、新征程，习近平总书记关于国际传播工作的重要论述，是我们行动的"源头"；深刻领会、学以致用，是我们更好地开展理论研究和国际传播实践的"活水"。中新社将以习近平总书记重要指示精神为指引，加强深化媒体融合，提高国际传播能力，秉承"新"的基因特质，以新理念产出优质内容，以新思维弘扬主流价值，以新技术促进媒体融合，以新叙事讲好中国故事①，为我国国际传播事业作出新的贡献。

---

① 俞岚：《奋楫时代变革潮头 致力国际传播创新——中国新闻网全媒体时代的奔跑影像》，《传媒》2022 年 10 月上，第 15～16 页。

B.20
当前我国自媒体国际传播的现状、问题及对策[*]

——以 YouTube 平台为例

张化冰[**]

摘　要： 自媒体蓬勃发展为国际传播提供了新的机遇，并且愈加占据重要的位置。本报告以 YouTube 平台为列，聚焦中国的个人自媒体账号在该平台的发展现状，以比较的视野全面审视其在城市形象、田园乡村、旅游、美食、音乐等内容主题上的传播力与影响力。随着国内自媒体视频平台发展逐渐饱和，自媒体运营者将目光转向海外，使得当前我国自媒体账号"出海"面临内容主题泛泛、创作动力不足、海外平台盈利匮乏、文化语境存在隔阂等问题，阻碍了以中华优秀传统文化传播为导向的优质视频产品进一步拓展海外生存以及对外交流的空间。针对上述问题，本报告提出创新传播内容、克服语言障碍以及进行深度文化传播等对策，将自媒体传播置于国际传播战略体系之中，并加强自媒体运营者对国家顶层设计的认识，密切联系我国国际传播战略需求，让海外用户通过我国自媒体的传播增进对中国人民、中国精神的认识，以更好地促进中国文化走向世界。

关键词： 自媒体　国际传播　文化传播

＊ 本报告系中国社会科学院 2024 年度重大经济社会调查项目"中国网络民意和舆情指数调查（2024—2026）"（项目编号：2024ZDDC006）前期成果。

＊＊ 张化冰，中国社会科学院新闻与传播研究所国际新闻与传播研究室副主任，副研究员，研究方向为媒介技术与社会发展。

自媒体（We Media）的概念最早由美国学者谢因·波曼（Shayne Bowman）与克里斯·威理斯（Chris Willis）于 2003 年提出。他们认为"自媒体是普通大众经由数字科技赋能、与全球知识体系相连后，提供并分享自身真实看法和新闻的途径"[①]。当前，自媒体参与国际传播的状况值得关注。本报告正是着眼于媒体机构、数字企业之外的个人自媒体，分析观察它们当前在国际传播中所起的作用、存在的问题并对未来的发展之路提出对策建议。

一　自媒体国际传播的现状

随着 YouTube 在世界的影响越来越大，以及国内抖音等短视频平台的崛起造就的媒体生态，越来越多的个人用户和 MCN 机构运营的账号登录 YouTube 平台。从主题到内容，涵盖中国社会生活的方方面面，对当前我国国际传播战略体系的构建起到了一定作用。

（一）城市形象

2018 年，西安因为自媒体者的发布，意外成为抖音上最网红的城市。之后，国内各大城市为了激发本地的旅游产业，纷纷在抖音进行宣传。这同时也打开了国内知名旅游城市通过国外社交媒体宣传自己的国际传播之路。比如北京、西安、青岛等。北京作为首都，同时也因为是国际化城市，受到 YouTube 上国内外机构账号的广泛宣传。比如"CCTV 记录"制作的"航拍中国"，"USA Today"制作的"Exploring the history, style, and taste similarities between NYC & Beijing"等。

青岛城市宣传的账号如"Meet Qingdao"，有近 10 万订阅者，画面拍摄质量较高，气势磅礴，应该是由某地方机构运营，但播放量少则几十次多则三四万次，基本没有评论互动，只是起到上传宣传片以供观看的作用。

与政府或媒体机构拍摄的宣传片相比，自媒体博主的城市形象传播反倒

---

① 邓新民：《自媒体：新媒体发展的最新阶段及其特点》，《探索》2006 年第 2 期，第 134 页。

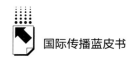

更受关注。博主既有中国人也有外国人。这些自媒体账号对城市的记录都是基于最真实的旅游、生活，视频内容缺少了高大上的摄制、配音、配乐等，但却增加了更多的真实感、接地气，这无疑是对一个城市形象最好的传播。

比如外国博主账号"Jay Palfrey"2024年6月制作的"24 Hours in Xi'an，CHINA"达到119万次播放量。而由一个北京VR制作团队开设的"实镜中国"账号刚刚在8月拍摄的"This is Xi'an！An Immersive VR Journey"，却只有300多次的播放量。

"ExploringChina漫步中国"主要介绍中国的集市与早市，从东北哈尔滨到重庆、西安遍布全国，这是一个把城市和社会生活主题集中在一起的账号。虽然订阅者只有5万人，但是每个视频的播放量少则三四万次，多则三四十万次，评论区不乏外国友人。

"上海王秋裤"的订阅者仅有6270人，但却是比较典型的个人自媒体账号，对上海的饮食、住宿、公园、工资、房价、社保医疗等信息进行介绍，同时还有一些对上海人的采访。所有的视频基本都是用自己的手机拍摄，画面质量一般是大多数国人在YouTube账号的平均水准。类似这样展示不同城市形象的自媒体号有很多。

（二）田园乡村

以李子柒为代表的中国田园式的乡村生活主题在自媒体国际传播中取得极好的效果。李子柒的YouTube账号目前是1980万订阅者。类似的云南"滇西小哥"的YouTube账号从2018年7月创办至今也有1110万订阅者，其视频几乎整合了云南日常饮食的所有品类和云南大部分地区的风土人情。这一类自媒体账号从乡村文化、田园文化方面与欧美世界的乡村、田园主题对接，非常容易引起外国受众的共鸣。还有二米炊烟、野小妹等账号均是这个主题的账号，其订阅数分别达到142万、85.5万。

这一类的自媒体一般拍摄画面比较精美，具有较高的专业素养和水准。不过可惜的是，李子柒的账号因为与MCN机构的官司纠纷，已经停更达3年之久。而一个达到如此订阅数量的账号，视频内容不过128条。由此可见，国际传播的效果有时候并不是由传播数量决定的，而是由传播质量和深度决定。

我们可以比对"cctv纪录"这个媒体机构账号，订阅数达到109万，但是上传的"美丽乡村"10集纪录片系列播放量只有2万~8万次不等。而"故山春"，一个只有6.2万订阅者的来自农村的小伙子注册的个人账号，只用中文甚至是方言传播，几部有关农村过年、上山摘果子的视频播放量竟然达到近百万次，其拍摄质量完全是业余的手机拍摄，有的镜头都是晃动的。在YouTube上，以"农村""乡村"为主题的个人账号非常多，但订阅数都不高，作品质量偏低，尤其都是用带有各地方言味道的中文制作，更是阻碍了海外传播的影响力。

（三）旅游

在YouTube上具有代表性的一类博主是旅游博主，他们通过记录在中国旅游的行程介绍中国乡村、城市的生活。比如"the real rual china"，一个海外华人的账号，其订阅数达到37万。她的行程从瑞士出发经过云南、西藏、新疆、福建、贵州等地，视频中既有沿途的风景人文，也有城市、乡村建设，还有对中国民众最本真、质朴一面的呈现。此外，还有一批喜欢自驾游的中国博主比如"流浪吧王温暖""小白的奇幻旅行""小明的流浪旅行"等，大多1万~6万订阅者，对到过的地方进行自拍记录。这一类博主的内容都是用中文制作，海外传播影响力不大。

相比中国博主的账号传播力，更具有影响力的旅游账号来自外国人。他们到达中国后，通过旅游自媒体的视角对中国进行记录。比如"Gone with the Wynns"2024年2月制作的"AMERICANS IN CHINA"播放量达到149万次，但该账号的订阅者只有68.5万，通过博主边走边解说以及自拍的较高质量的构图、画面取得极好的传播效果，甚至有中文在评论区留言"作为一个中国人我从来没去过丽江，你们的视频太美丽了，我也迷上了这个美丽的地方，谢谢你们的拍摄，祝福你们旅行一切顺利，享受生活吧！"还有大量的英文留言表达了对美丽中国的慨叹。

大量国外旅游自媒体账号的良好传播效果一方面来自流利、到位的英文

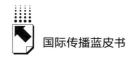
表达、解说，另一方面这些账号旅行了全世界众多国家，拍摄的视频内容已经形成系列。因此，对于旅游主题的自媒体，跳出自说自话的圈子，制作得越国际化越具有吸引力。比如有个印度小哥的自媒体"Travel with AK"，2024 年 2 月制作的"China Village Life Near India"播放量达到 346 万次，而且他是用印度语直接解说的。基于中国印度之间的地缘关系及冲突，该视频引发了较大关注。在下面评论区可以看到这样一条同样来自印度的评论"A normal village in china is better than our so many capital cities"。

（四）美食

美食类自媒体账号也是目前 YouTube 上中国人参与较多的一个主题领域。"办公室小野"有 1390 万 YouTube 粉丝。中国新年饭菜、成都下午茶、如何用中国电饼铛做一个栗子披萨、四川美食钵钵鸡、烧卖等等。该账号是由团队来运营，由于 2017 年较早进入 YouTube，因此很快在美食领域聚集起一大批订阅者，其标题、宣传都是用英文，但是剧本、台词都是中文，附有英文字幕。每部作品下面的评论以英语、韩语、日语等为主。

"阿星探店 Chinese Food Tour"有 83.5 万订阅者，主要对全国各地的美食进行介绍，在短短 5 年时间里凭借对中华美食的推介成为一个较有影响的账号。"天天相见厨房_阿见"有 26 万订阅者。这些都是用中文语言的视频账号，虽然 YouTube 准确率极高的各种语言翻译非常方便，但从评论区可以看出，中文语言的自媒体传播面向的还是华人群体。由于中西饮食习惯的不同，这一类个人账号目前尚不能起到太好的国际传播效果。

反倒是饮食比较单一的欧美的一些自媒体账号，通过把饮食和城市元素结合，大量吸粉，同时起到了介绍美食和宣传城市的效果。比如美国一个自媒体号"More Best Ever Food Review Show"制作的一期"New York City Food Truck Tour! Cheap Eats in USA's Expensivest City!"，播放量高达 462 万次。

（五）音乐

有一种不需要语言的传播就是音乐。音乐自媒体账号可以避开中国人英语不够地道的短板，通过内容创新取得不错的传播效果。比如"中国音乐"订阅者24.4万，用中国的古筝、琵琶、竹笛、二胡等乐器，对中国大量的经典古典音乐进行演奏。视频中没有任何解说和语言，表达的是纯粹的音乐之美。从2018年到现在一共制作了150个视频，播放量从几百次到一二百万次不等。

此类音乐自媒体传播是真正国际化的，是对中国传统音乐文化的全球输出，从不同视频下面的评论看，有来自不同国家的人对中国古典乐表达高度欣赏，并且有不少非英语语言的评论。

"自得琴社 Zi De Guqin Studio"聚焦于中国古琴的演奏传播，由中国一批青年演奏家自发组织在 YouTube 开设频道，从2017年到现在积累了69万粉丝。他们同步在中国哔哩哔哩、网易云音乐等传播古琴文化。该自媒体的作者都是专业的演奏家，经常在全球不同国家进行巡演，非常自然地将线下和线上传播结合，取得极好的传播效果，评论区中英日文等各种语言都有，受到全球音乐爱好者的欢迎。他们的作品还会邀请国外友人客串，比如老挝、埃及、蒙古国、泰国、越南、缅甸等，讲解古琴带出的中国传统文化比如绘画、古诗、服饰等，同时他们也演奏叙利亚民歌等外国作品。

"碰碰彭碰彭 Jingxuan"订阅者已有98.3万，这位音乐学院毕业的法国留学生彭静旋喜欢街头艺术，热爱民族文化，他的账号简介就是"民族的就是世界的"。每部作品都以极具中国元素的服饰和古筝在法国街头出现，音乐弹奏或气势磅礴或柔丽婉转，每次吸引大量外国友人围观，作品播放量少的十几万次，多的达三四百万次。同时在作品的制作中，越来越多的中国元素被融入，比如峨眉、中国功夫、花木兰、西游记、春节等，除了经典的古典乐，还有大量中国的流行音乐也被弹奏，均取得极好的传播效果。

（六）中国文化

直接以中国文化为主题的个人账号较少，目前尚在更新的传播力也都比较低。"China Culture"的自媒体账号主要介绍一些中国的文化元素，比如北京中轴线、京剧、端午节、湖笔等，拍摄一些中国文化相关的展览等。账

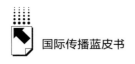

号注册地在香港，作者可能具有一些国际背景，因此也请一些国际人士做一些访谈，比如"Technology is key，but culture matters most"等。不过该账号自 2014 年注册以来也只有不到 3 万的订阅量。

"China Explore"的账号在简介中就称"这是一个聚焦国际文化传播的账号"，内容包括中国传统教育、中国哲学、中国地理等，但在制作 26 个视频后由于播放量太低而在几年前停更，订阅者也只有 3000 多。

目前关于中国文化传播效果不错的个人自媒体号主要来自国外。比如"Learn Chinese Now"，是两个美国人注册的账号，有 19 万订阅者，他们用英语介绍中国的一些文化，中国功夫、古代皇帝、少林寺、一些成语比如"水滴石穿"、济公、一些具体人物比如霍元甲等等。这个账号从 2012 年坚持做到现在一共 286 个视频，平均播放量在几千次到几十万次不等。

通过一些有关中国文化的内容比对看出，越是从较小的点出发对某一个文化元素进行阐释，越能得到较好的传播量，说教式以及宏大视角的往往没有太多吸引力。比如"World Friends"账号做的一期"中国、日本和韩国筷子的区别"播放量达到 918 万次。"FUNG BROS."由两个亚洲裔美国人注册，关注亚洲文化的主题，订阅者达到 219 万，他们会制作一些"中国人、韩国人和日本人的真正区别"等东亚文化的主题，传播效果整体还不错。

（七）动漫和电视剧

中国动漫的内容创新和制作水准近年来不断上升，因而这类账号在 YouTube 平台取得不错的传播效果。比如"七号动漫馆"自 2019 年注册以来已有近 60 万订阅者，上传了大量中国出品的原版动漫，内容数量达到 6000 多个。"动漫魔女"账号 76 万订阅者，内容数量 2300 多个视频。"次元动漫社"账号有 107 万订阅者，3600 多个视频。这类自媒体账号大都是 MCN 机构运营，内容点播量不一，少的只有几百次，多的达到几百万次。作品质量也参差不齐，只是起到动漫搬运工的作用。

电视剧也同样如此。由于中国电视剧在世界的口碑逊于日剧和韩剧，因

此中国电视剧在 YouTube 的自媒体账号从订阅数到播放量都处于较低迷的
状态。

（八）美妆

这一类账号更像是从国内抖音、小红书等转战海外自媒体平台，将内容
原封不动搬运过去。比如"文不叮"，17 万订阅者，关注美妆、恋爱、首饰
等，全部用中文制作视频。账号"仇仇 qiuqiu"有 54.4 万订阅者，408 个
视频都是关于化妆、口红、香水、购物等。与日韩相比，中国的美妆在东亚
和世界并没有太大优势，这类账号每个视频也只有几千到 10 万左右的点击
量，评论区以中文为主，偶尔有少量日韩网友进行评论。

二　自媒体国际传播的问题

（一）从"小船出海"到"百舸争流"

最为国内知晓的"李子柒"于 2017 年在 YouTube 注册账号，2019 年因
制作精良的中国田园风而在 YouTube 平台走红。看到海外自媒体传播的巨大
商机后，大量中国自媒体包括 MCN 机构开始在 YouTube 注册运营。当前，
YouTube 上的中国自媒体几乎包括了从旅游到饮食、家居、美妆、动漫、科
技、育儿等所有领域，一时间自媒体账号呈现百舸争流局面。

YouTube 中国自媒体账号剧增的原因主要是国内自媒体成为赚钱的风
口，以抖音、快手、小红书为主的短视频平台给予头部内容创作者优厚的分
成利润，刺激了自媒体运营者的营利之心。国内市场的视频平台竞争越来越
激烈，希望通过海外数字平台积累粉丝实现盈利成为很多自媒体作者和
MCN 机构的初衷。通过上述分析可以看到，大量的自媒体账号的确对传播
中国文化包括音乐、服饰、饮食、乐器、城市等起到了很好的传播效果。但
绝大多数自媒体账号终究归于沉寂，没有挺过艰难的粉丝成长期或内容不够
创新、拍摄不够精良以致传播力和影响力低下。

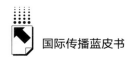

（二）从画面传播到多种元素

YouTube 自 2005 年创立以来，一直在全球数字平台不断呈上升趋势。2017 年，YouTube 上有 14 亿用户，之后仅用了 5 年时间用户基数就增加了 10 亿。其中增长最快的是 2018 年，仅这一年该平台就增加了 4 亿新用户，使其总用户数量增加了 24.9%，达到 18 亿。2020 年，因新冠疫情影响，许多人花费比平常更多时间在家中，因此观看 YouTube 的流量大增，造成网络壅塞。2024 年，YouTube 全球用户数已经超过 27 亿。一方面，用户和创作者不断增长；另一方面，YouTube 作者每年的收入都在下降，这也对上传的内容提出了更高的要求。凭借类似李子柒视频中的唯美画风就可以聚集千万粉丝的时代不再，大量的模仿者不断上线，同时全球化的加速使得文化碰撞的深度增加。视频传播不仅需要画面，还需要语言、互动、创新等多种元素，能引起观看者情感共鸣才可能起到异文化传播的效果。

（三）华人群体还是外国人群体？

根据维基百科数据，当今海外华人分布在世界 200 多个国家、地区，人数已达 6000 多万。其中，东南亚华人数量占海外华人总数的一半以上，其次是北美。YouTube 上中国人自媒体账号虽然涵盖内容广泛，其受众对象究竟抵达了海外华人还是外国人难以统计，但其中一个参考数据则是作品下面的回复语言。

由于当前中国人英语水平的限制，大部分自媒体通过中文制作内容上传，虽然可以通过外语字幕弥补这一缺憾，但英语在欧美的通用导致中文作品产生较大隔阂，除非视频内容为观看者非常感兴趣。否则，用户首先选择的必然是英语内容。而大量中国自媒体账号评论区的回复都是中文或以中文为主。很多来中国旅游的外国人直接拍摄见闻上传到 YouTube 自己的账号，浏览量反倒大大高于华人制作的类似内容。语言正是其中重要的影响因素之一。

有少量中国自媒体作者使用英语制作内容，一部分作者是移居海外的华人，英语很好；一部分是国内英语较好的作者。从评论区反馈看，用英语视频制作内容的评论区互动中外国人明显增加，而且亚洲、欧美甚至阿拉伯地区的评论也经常出现。

（四）文化传播才是深度传播

决定一个国家形象或形成一个国家标签的最终还是文化。同为东亚国家，日本和韩国在 YouTube 的传播力和影响力都高于中国。原因就在于日本早在多年前就以其茶道、花道、剑道、武士道等以及享誉全球的动漫文化制作了其文化标签，并被世界认可。韩国则以其"韩流"的流行文化元素在 2000 年初奠定了其在东亚文化圈的位置。YouTube 上的文化传播是旧媒体世界的延续和放大，却很难在短时间内创新。日韩同样不是英语国家，但最终以文化传播的利器跨过了语言障碍，形成了全球影响力，YouTube 的自媒体人也只是其文化传播的一分子而已。

反观中国，我们是 5000 年文明古国，蕴含的文化元素远超日韩。党和国家高度重视中华文明在世界的传播，习近平总书记指出："一个大国发展兴盛，必然要求文化影响力大幅提升"，"要更好推动中华文化走出去，以文载道、以文传声、以文化人，向世界阐释推介更多具有中国特色、体现中国国情、蕴藏中国智慧的优秀文化"。YouTube 的自媒体人在未来的发展中也必须以中华文化的传播为导向，进行更多的内容制作，才可能有生命力和生存空间。

三　对策建议

（一）创新传播内容

信息技术的飞速发展不断催化媒体平台和传播生态的改变，同时信息技术更在不断加速文化的融合、碰撞，地球村早就在物理上实现，但由互联网连接的地球村还在不断地变化，尤其是文明的互鉴、文化的融合。YouTube

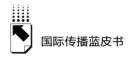

这样的数字平台给全球用户提供的内容空间最大的价值即在于我们对不同文化的了解。

因此，中国的自媒体账号必然需要在未来的发展阶段创新传播内容，跳出只是展示乡村、田园生活，跳出只是让他人了解城市面貌、民众日常这样的窠臼。只有把各种元素和文化输出、价值输出结合起来，才能让视频内容真正成为国际传播的符号。

（二）克服语言障碍

英语终究是助力海外内容输出最重要的一环。在自媒体初创阶段，通过字幕搭配或许可以让一个"小号"成长为"大号"。但只有用英语输出内容，才能让欧美世界的外国人从基础上对内容产生兴趣，进一步才可能产生交流和互动。也只有用英语输出内容才能让中国自媒体账号更加具有竞争力。中国人必须用英语走向世界而不是等待别人学习中文来了解你。这也是中国成为经济大国后需要增强软实力和文化影响力必须要迈出的一步。

（三）增强评论区互动

互联网带来传播方式的改变即是受者亦是传者，传者亦是受者。但由于语言的障碍或者急于变现追求订阅者数量而忽视评论区互动是当前中国自媒体号的通病。在海外传播中，自媒体号大部分被理解为一个个体（机构账号除外），外国人在评论区收获的任何作者回复都更加有助于他了解中国。

（四）把自媒体传播置于国际传播战略体系之中

目前除了政府、媒体的机构账号之外，其余的个人自媒体号和MCN机构运营的账号主要出于商业考虑，在积累一定粉丝后进行变现。当然其中也不乏将民族文化传播世界的自媒体号，并且取得较好的传播效果，尤其以音乐主题为代表。但总体来看，中国人的海外自媒体号尚处于各自为营、各自为战的状态，不能对中国的文化输出和国际传播形成合力。实际上，自媒体运营者们只要稍稍关注一下国家对国际传播的顶层设计和战略，就可以将自己的内容迅速升华，不仅与国家的国际传播战略需求紧密结合，同时在海外传播中也将变得更有影响力。

（五）让中国文化走向世界

中国文化和西方文化截然不同，中国文化在东亚文化圈中独树一帜，历史悠久而延绵不绝。不同既存在冲突，也存在包容。但在当前中西政治冲突、经济对抗的格局下，文化的互相包容和融合似乎成为一条更加有效的道路。让中华文化中仁义礼智信的道德准则通过视频、图像甚至音乐传播到西方，让中国人勤劳、朴实、奋斗不息的精神传播到西方，让中华民族几千年熠熠生辉的文化魅力传播到西方。每一个海外注册的自媒体账号都是中国文化走向世界的贡献者，只要牢牢将中华文化、中华文明的理念、信念与内容创新结合，中国的自媒体国际传播必将在未来阶段更上一个台阶。

B.21
基于全球数字基础设施的
信息流动与战略布局探析

向 芬 张帅康*

摘 要： 数字基础设施作为全球信息治理与信息流动的基础性工具，备受各个国家与地区关注。本文从当今数字基础设施建设的现状入手，梳理了以美国、中国、欧盟等国家地区的数字基础设施建设规划、行动与合作，并总结了全球数字背景下信息流动秩序与信息协同治理的变化。本文指出，当前的信息流动具有本地化、去透明化、人工智能化与垄断化的趋势。我国应警惕数字基础设施的信息流动新风险，不断推进国际合作，完善法律法规，并扎实推动数字基础设施建设步伐。

关键词： 数字基础设施 5G 云计算 信息流动 协同治理

数字基础设施（Digital Infrastructure）是一种计算和网络资源，它允许各利益相关方进入以协调其服务和内容需求。[①] 从技术层面上看，当前数字基础设施主要涉及5G、数据中心、云计算、人工智能、物联网、区块链等新一代信息技术。

近年来，数字基础设施的跨国发展与应用使得全球的信息流动与信息秩序发生了一定程度的变化。跨国数字基础设施所搜集的信息如何流动和共

---

* 向芬，博士，中国社会科学院新闻与传播研究所研究员，研究方向为媒介与社会变迁；张帅康，中国社会科学院大学硕士研究生。

[①] Constantinides. P&Henfridsson. O&Parker. GG，"Platforms and Infrastructures in the Digital Age," *Information Systems Research*，Vol. 29，no. 2，2018，pp. 381-400.

享？海量信息如何进行治理和保护？这些问题成为各个国家与地区之间进行政治博弈的重点。因此，研究数字基础设施的发展与全球信息的流动不仅要着眼于技术视角，更重要的是从政治视角分析技术变革的背景下全球信息秩序的变化，以提升我国在网络安全领域的防御能力和对信息孤立的应对能力。

一　全球数字基础设施建设现状

（一）全球数字基础设施建设规划与行动

2023 年 2 月，中共中央、国务院印发了《数字中国建设整体布局规划》（以下简称《规划》），《规划》中指出，打通数字基础设施大动脉的具体要求：加快 5G 网络与千兆光网协同建设，深入推进 IPv6 规模部署和应用，推进移动物联网全面发展，大力推进北斗规模应用；系统优化算力基础设施布局，促进东西部算力高效互补和协同联动，引导通用数据中心、超算中心、智能计算中心、边缘数据中心等合理梯次布局；整体提升应用基础设施水平，加强传统基础设施数字化、智能化改造。[①] 综合《规划》的要求与数字基础设施的实际应用情境，本文从技术角度出发，将数字基础设施分为"以 5G 技术为代表的信息通信基础设施"和"以数据中心、云计算、智能算力等技术为代表的算力基础设施"。

1. 以5G 技术为代表的信息通信基础设施

第五代移动通信技术（5th Generation Mobile Communication Technology，简称 5G）是一种具有高速率、低时延和大连接特点的新一代宽带移动通信技术，5G 通信设施是目前全球范围内广泛普及的新型通信基础设施。2013 年华为宣布将对 5G 的技术进行研发与创新，并预告在 2020 年用户会享受到 20Gbps 的商用 5G 移动网络。以此为节点，世界各国开启了对 5G 技术及

---

① 《中共中央国务院印发〈数字中国建设整体布局规划〉》，《人民日报》2023 年 2 月 28 日。

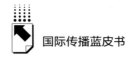
其商业化的"竞赛"。2023 年，全球 5G 基站部署总量超过 517 万个，中国基站数达 337.7 万个，预计 2024 年全球 5G 基站将突破 650 万个，中国 5G 基站达到 430 万个。① 可以说，中国市场成为全球 5G 市场发展的重要支撑，5G 成为各国展开激烈竞争的通信基础设施。

根据中国网络空间研究院编著的《世界互联网发展报告（2023 年）》②，全球目前通信基础设施得分排名前列的国家基本为面积较小、较容易获得 5G 国土全覆盖的国家，例如韩国通信基础设施得分位居全球第一。但仍旧有部分国土面积较大的国家依靠高水平的基建与资金技术条件建设了较为完备的 5G 通信基础设施网络，例如美国凭借 2021 年发布的《基础设施投资和就业法案》③，大力加强基础设施投资，促进了 5G 通信基础设施的发展，并在通信基础设施得分中位居全球第三。

韩国政府从国内国际两方面支持 5G 通信基础设施的建设。国内方面，通过成立论坛与机构助力 5G 发展。2013 年，韩国政府成立了 5G 论坛，旨在为 5G 愿景下的公私合作开展具体项目创造空间；2015 年，韩国政府还成立了 5G 战略促进委员会，定期讨论韩国 5G 的发展状况。在国际方面，韩国政府通过建立跨国合作、举办相关国际会议等方式，试图抢占全球 5G 建设高点。自 2014 年起，韩国主办了国际电联全权代表大会、首届 5G 全球峰会等国际会议，并与欧盟委员会签署相关协议，对 5G 的全球定义和相关标准进行合作。以上支持大大加快了韩国 5G 通信基础设施的建设和覆盖，根据韩国科技信息通信部公布的数据，截至 2022 年，韩国移动用户总数已达 7879 万，其中 5G 移动用户数达到 3002 万，占移动用户总数的 38.1%。④

---

① 《5G 的三个关键词向世界展现"中国方案"》，2024 年 6 月 20 日，https：//www. 163. com/dy/article/J54VID8L0511A72B. html。
② 中国网络空间研究院：《世界互联网发展报告（2023 年）》，商务印书馆，2023，第 16 页。
③ "Fact Sheet：The Bipartisan Infrastructure Deal"，https：//www. whitehouse. gov/briefing－room/statements－releases/2021/11/06/fact－sheet－the－bipartisan－infrastructure－deal/，访问时间：2024 年 6 月 23 日。
④ "S. Korea's 5G uers top 30 mil in April：data"，http：//en. yna. co. kr/view/AEN20230606001200320，访问时间：2024 年 6 月 23 日。

美国则以政策法案制定与合作的方式，助推本国通信基础设施的建设。2021 年美国相继通过了《未来网络法案》《了解移动网络的网络安全法案》《美国网络安全素养法案》①，旨在确保美国在下一代通信技术方面处于领先地位。同年，美国通过《基础设施投资和就业法案》，投资 650 亿美元用于促进高速宽带覆盖，并降低宽带互联网服务成本。此外，美国 Next G 联盟不断加强与日、韩等国家和地区的合作，在 2022 年先后与韩国 5G 论坛、日本 Beyond5G 推进联盟、欧洲 6G 智能网络和服务协会等组织达成合作。②

2. 以数据中心、云计算、智能算力等技术为代表的算力基础设施

随着 5G、人工智能等新技术应用的加速落地，全球数据规模呈指数级增长，越来越多的超大规模数据中心建设提速。据中国信息通信研究院测算，全球计算设备的算力总规模 2022 年已达到 906EFLOPS，增速达到 47%。③ 截至 2023 年底，中国在用数据中心标准机架超过 810 万架，算力总规模达到 230EFLOPS。④ 目前，美国在云计算、数据中心等方面依然保持领先地位。

在数据中心方面，美国占据全球市场份额首位。2022 年全球数据中心机架市场规模为 26.7 亿美元，全球数据中心机架的前五大制造商为艾默生、伊顿、施耐德、慧与、戴尔，这些制造商占据全球市场份额的一半以上，而美国数据中心机架的市场占有率超过 50%。2022 年全球数据中心服务器市场规模为 480.9 亿美元，其中美国市场占有率为 30%，仅次于中国。在超大规模数据中心分布上，美国依旧占据全球份额的 40%。在云计算方面，美国的市场份额占比保持大幅领先的发展态势。以亚马逊云科技、微软 Azure 为首的美国厂商市场份额占比达 72%，而以阿里云、腾讯云为首的中国厂

---

① "American Cybersecurity Literacy Act"，https：//www.congress.gov/bill/117th-congress/house-bill/4055，访问时间：2024 年 6 月 23 日。

② TD 产业联盟：《全球 5G/6G 产业发展报告》，2024 年 2 月，http：//221.179.172.81/images/20240326/76761711440751731.pdf。

③ 中国信息通信研究院：《中国算力发展指数白皮书（2023 年）》，2023，第 3 页。

④ 国家数据局：《数字中国发展报告（2023 年）》，2023，第 4 页。

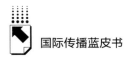

商市场份额为 9%，居世界第二位。① 同时，算力对经济的强大影响力也在不断推动着算力基础设施的建设。研究发现，当算力基础设施的数量规模提高 1%时，全要素生产率将提高约 3%；但是当算力基础设施的质量水平提高 1%时，全要素生产率却能够提高约 8%。② 因此，算力竞争尤其是算力基础设施的竞争已经成为世界主要大国的战略选择。

美国通过制定法案等方式扶持本国算力基础设施，以保持其在全球算力基础设施竞争中的领先地位。2022 年 8 月，美国总统拜登正式签署《芯片和科学法案》③，旨在增强美国在芯片领域的优势，提升其算力基础设施水平和创新能力，通过差异化产业扶持政策同包括中国在内的竞争对手在该领域展开不公平竞争。该法案本质上将加剧半导体产业的全球地缘政治竞争，对全球半导体供应链造成扭曲。

中国更多侧重建立上下联动、横向协同的全国数据工作体系，扩大算力基础设施覆盖面。根据《数字中国发展报告（2023 年）》④，中国持续扩容提速算力基础设施，算力总规模居全球第二位，存力总规模为 1.2ZB，高性能计算持续处于全球第一梯队。在全国范围数十个省份上线公共数据运营平台，二十多个省份成立了专门数据交易机构，在横向与纵向上推动算力基础设施发展与数据基础设施建设。

欧盟则通过开展合作，尝试抢占中美在全球算力市场中的份额。例如其推出《2023—2024 年数字欧洲工作计划》⑤，计划投入 1.13 亿欧元提升数据与计算能力。其中法国于 2022 年 9 月发布"国家云战略"实施方案，开展

① 中国网络空间研究院：《世界互联网发展报告（2023 年）》，商务印书馆，2023，第 79 页。
② 沈红兵、喻婧、夏森茂：《算力新质生产力对全要素生产率增长作用机制研究》，《重庆理工大学学报（社会科学版）》2024 年第 2 期。
③ "FACT SHEET：CHIPS and Science Act Will Lower Costs, Create Jobs, Strengthen Supply Chains, and Counter China"，https：//www. whitehouse. gov/briefing-room/statements-releases/2022/08/09/fact-sheet-chips-and-science-act-will-lower-costs-create-jobs-strengthen-supply-chains-and-counter-china/，访问时间：2024 年 6 月 23 日。
④ 国家数据局：《数字中国发展报告（2023 年）》，2023，摘要第 1~2 页。
⑤ "The Digital Europe Programme"，https：//digital-strategy. ec. europa. eu/en/activities/digital-programme，访问时间：2024 年 6 月 23 日。

与欧盟层面匹配的数字监管与技术研究，推动本国计算基础设施的发展；西班牙通过"量子西班牙"项目，尝试建立一个坚实的量子计算生态系统。[①]

（二）全球数字基础设施的战略布局与合作伙伴关系机制

在数字化转型的浪潮下，各国普遍认识到加强数字基础设施建设的紧迫性。一方面，以联合国为代表的国际组织积极发挥作用，通过建立合作组织、推动多边合作等形式，努力推动数字基础设施全球化的进程，为缩小全球数字鸿沟、实现全球经济的均衡发展提供有力支持；另一方面，一些国家如美国等出于政治和经济利益的考量，尝试通过建立利益联盟、扩张自身数字基础设施的全球化布局等方式，谋求在全球数字竞争中占据有利地位，并通过控制关键技术和资源，影响发展中国家的数字化进程，维护其全球霸权地位。

1. 以联合国为主的数字基础设施促进行动

联合国开发计划署致力于推动数字公共基础设施，即 DPI（Digital Public Infrastructure）在全球范围内的普及与发展。

在战略举措方面，联合国开发计划署通过联合各个国际组织及国家建立 DPI 保障组织，与国际电联合作推动全球开源生态发展，与挪威、新加坡等国家启动"50 in 5"运动等行动，推动数字公共基础设施的全球发展和全球数字化转型，并助力缩小全球数字鸿沟和消除不平等现象。

在全球合作方面，联合国开发计划署召集公共和私营部门、学术界和民间社会的参与者，推动数字公共基础设施方面的集体行动。例如 2021 年，联合国秘书长发布《我们的共同议程》报告[②]，提出在 2024 年 9 月的未来峰会上达成涉及政府、民间组织、私营部门等的全球数字契约，为所有人制定开放、自由和安全的数字未来共同原则；2023 年，联合国与国际电联发表了《联合国高影响力倡议：数字公共基础设施》，强调数字公共基础设施

---

① 中国网络空间研究院：《世界互联网发展报告（2023 年）》，商务印书馆，2023，第 46 页。
② "Our Common Agenda"，https：//www.un.org/en/common-agenda，访问时间：2024 年 6 月 23 日。

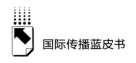
建设要以人为本、互联互通，反对各国之间"闭门造车"，相互孤立。①

2. 以美国为主的数字基础设施霸权行动

在全球互联网技术不断进步，数字资本主义不断发展，网络空间碎片化程度与网络空间大国博弈加剧的背景下，美国等国家通过构建小圈子、向欠发达地区进行数据殖民等方式尝试划分网络空间阵营，掠夺数据资源，实现全球数字时代的霸权。

2021 年 5 月，美国国际开发署发布了《数字战略（2020—2024 年）》（Digital Strategy 2020-2024）②，提出将通过数字支持计划，帮助伙伴国家提升数字自主，建立美国领导的数字生态系统，并最大限度地提高效益、管理数字技术带来的社会风险。2022 年 12 月，美国总统拜登启动"非洲数字化转型"（Digital Transformation with Africa）倡议，声称拟在整个非洲大陆扩大数字联网和扫盲，并加强数字赋能环境，以数字经济和基础设施建设、人力资本开发和数字化赋能环境三大支柱完成其目标。③ 但实质上该倡议使得部分非洲国家丧失了数据主权，形成了对非洲的数据殖民掠夺。2023 年 3 月，拜登政府颁布《国家网络安全战略》④，声称要建立所谓自由、民主、安全的网络空间，却利用网络武器对中国、英国、德国、法国、波兰、日本等全球 47 个国家及地区开展网络攻击，并联合盟友破坏其他国家网络设施建设，制裁网络科技企业创新发展，以此设法建立以美国为中心的全球网络霸权。这种行为不仅影响了其他国家的网络自主权，也体现出美国对全球网络空间安全的威胁。

---

① "Inspiring Collective Action on Digital：India Sets the Stage at the G20"，https：//www. undp. org/news/inspiring－collective－action－digital－india－sets－stage－g20，访问时间：2024 年 6 月 23 日。

② "Digital Strategy 2020－2024"，https：//www. usaid. gov/digital－development/digital－strategy#：~：text=USAID's%20first%20Digital%20Strategy%20charts，development%20and%20humanitarian%20assistance%20outcomes.，访问时间：2024 年 6 月 23 日。

③ 李圣达：《拜登政府对非科技援助探析》，《南开学报（哲学社会科学版）》2024 年第 3 期。

④ "The National Cybersecurity Strategy"，https：//www. whitehouse. gov/oncd/national－cybersecurity－strategy/，访问时间：2024 年 6 月 24 日。

二 数字背景下的信息流动与信息治理

随着全球数字基础设施的不断完善与合作伙伴关系的日益紧密，信息流动的总量和效率得到了显著提升，但同时也对传统信息治理机制和防御策略提出了严峻挑战。在这一背景下，各国纷纷寻求建立适应数字时代的信息流动秩序与治理机制，以确保信息安全、有序和高效流动。

（一）建立全球信息流动秩序

随着人工智能、数据中心、云计算等新型数字化技术的发展，跨国企业的数据不受国界限制在全球网络空间流动，从而与国家对本国境内数据资源的控制权产生碰撞，数据主权问题也由此浮现，海量数据如何进行有效且安全的流动也逐渐引起了各国互联网监管机构的注意。各个国家与区域之间尝试以合作的方式建立有利于本国的信息流动秩序。其中走在前列的是日本、美国与欧盟。

日本尝试以概念构建的方式，建立有利于自身的数据自由流动秩序。2019 年 1 月，在达沃斯世界经济论坛期间，日本提议建立"可信赖数据自由流动"，即 DFFT（Data Free Flow with Trust）国际秩序，旨在通过国际数据分发的自由化来解决与隐私、安全、知识产权和其他信任层面相关的问题。在同年举行的二十国集团大阪峰会上，DFFT 的概念被纳入领导人的宣言。2023 年七国集团广岛峰会建立"伙伴关系体制性安排"（IAP，Institutional Arrangement for Partnership），以实施 DFFT。目标是将各国政府和利益攸关方聚集在一起，通过多利益攸关方和跨部门的数据跨境流动，建立有利于日本与其他相关盟国的信息流动秩序与数据治理规则。[①]

美国则通过成立相关机构的方式，尝试建立以自身为中心的信息流动秩

---

① "Data Free Flow with Trust"，https：//www.digital.go.jp/en/dfft-en，访问时间：2024 年 6 月 24 日。

序。2021 年 5 月，发布《数字战略（2020—2024 年）》，试图建立美国领导的数字生态系统。2022 年 4 月，美国国务院宣布成立网络空间和数字政策局，负责统筹分散在各联邦机构内部的网络外交相关工作，制定保护互联网基础设施完整性和安全性的相关政策，应对与网络空间、数字技术和数字政策相关的挑战和影响。该机构成立不到一个月，就与 60 个国家和地区发布《未来互联网宣言》[①]，以期在全球互联网建立具有排他性的美国主导的"数字联盟"。近年来"美国优先"的单边保守主义理念已逐步渗透并主导其国家政策走向，形成了"宽进严出"的数据流动模式，这一模式既体现了美国对数据资源的重视和保护，也反映了其在国际数据治理格局中的强势地位。[②]

欧盟以"宽松"标准为指引，建立联盟内部信息自由流动秩序。2018 年颁布了具有里程碑意义的《非个人数据自由流动条例》[③]，该条例旨在欧盟内部实现非个人数据更为自由、无障碍地流动与广泛共享。通过这一举措，欧盟期望能够进一步推动欧洲数字产业和企业的发展，增强区域内数字经济的竞争力。为了进一步完善数据治理体系，欧盟通过实施相对较为严格的数据流出措施，确保欧盟境内的数据在向外传输时能够得到充分的保护，对内则消除各成员国之间存在的数据流动障碍，期望能够促进成员国间的数字经济合作与发展，进而提升整个欧盟数字市场的竞争力。[④]

此外，西方国家也在尝试通过制定政策，建立以西方为主导的信息流动秩序。2022 年 3 月，美国和欧盟发表联合声明，承诺建立一个新的跨大西洋数据隐私框架。同年，美国与加拿大、日本、韩国、菲律宾、新加坡及中

---

① "Declaration for the Future of the Internet"，https：//www.state.gov/declaration-for-the-future-of-the-internet，访问时间：2024 年 6 月 24 日。

② 贾赫：《数据跨境流动治理模式概览》，《人民法院报》2024 年 5 月 17 日。

③ "Regulation（EU）2018/1807 of the European Parliament and of the Council of 14 November 2018 on a framework for the free flow of non-personal data in the European Union"，https：//eur-lex.europa.eu/legal-content/EN/TXT/？uri＝CELEX%3A32018R1807，访问时间：2024 年 6 月 24 日。

④ 贾赫：《数据跨境流动治理模式概览》，《人民法院报》2024 年 5 月 17 日。

国台湾地区共同参与了 APEC 跨境隐私规则系统，并发表了《全球跨境隐私规则声明》，强调了跨境数据流动对于全球经济的重要性，并呼吁建立可信的数据流动体系。[①] 上述措施虽然在区域内打造了一种数据共享模式，一定程度上促进成员国间的数据流通与利用，然而在更大范围内却加深了全球的数字壁垒，对全球数据流动的自由度构成一定限制。

（二）形成全球信息协同治理模式

随着数字技术的迅猛进步，全球信息治理正逐步从传统的、以国家为主体的治理模式，向更加多元化、跨领域、跨国界的协同治理模式转变。以欧盟、东盟等为代表的国际联盟在全球信息安全和信息治理方面走在前列。

欧盟在信息治理上更加重视内部协同与内部治理。2022 年，欧盟相继通过了《网络弹性法案》和《数字运营弹性法案》[②]，旨在整合现有互联网安全监管框架，对信息产业与数字产品安全进行更加完备的保障。同年，欧盟理事会通过了《关于在欧洲全境实现高度统一网络安全措施的指令》（NIS2 指令）[③]，进一步提高了欧盟内部成员国之间信息流动与信息治理的协同能力，提升了欧盟的网络安全及危机事件应对能力。2022 年底，欧盟还公布《欧洲数字权利和原则宣言》[④]，重申了信息安全与公民信息权利、数字权利的重要性，进一步明确了个人信息与个人信息权利的治理原则和方向。

东盟在信息治理上更加侧重外部合作。东盟及其成员国十分重视与中国、欧盟等国家地区的数字合作。中国—东盟数字部长会议通过了《落实中国—东盟数字经济合作伙伴关系行动计划（2021—2025）》和《2022 年中国—东盟数字合作计划》，双方就加强数字政策对接、新兴技术、数字安

---

① 刘文杰：《美欧数据跨境流动的规则博弈及走向》，《国际问题研究》2022 年第 6 期。

② "Digital Operational Resilience Act"，https：//www.eiopa.europa.eu/digital－operational－resilience-act-dora_en，访问时间：2024 年 6 月 24 日。

③ "The NIS 2 Directive"，https：//www.nis-2-directive.com/，访问时间：2024 年 6 月 24 日。

④ "European Declaration on Digital Rights and Principles"，https：//digital-strategy.ec.europa.eu/en/library/european-declaration-digital-rights-and-principles，访问时间：2024 年 6 月 24 日。

全、数字能力建设合作等方面达成共识。在《东盟数字总体规划2025》①中，明确提到要加强与欧盟的数字互通，确保亚太经合组织的跨境隐私规则与欧盟《通用数据保护条例》达成标准的互通，确保两地区能够自由共享数据与信息。② 此外，中国还与印度尼西亚签署《关于发展网络安全能力建设和技术合作的谅解备忘录》、与泰国签署《关于网络安全合作的谅解备忘录》，积极探索有效的网络安全合作机制。③

三　数字基础设施的信息流动新特征及其风险分析

（一）数据本地化趋势加剧，跨境数据流动受限

随着数字基础设施在全球范围内不断扩散与发展，个人信息与数据资源成为竞争的热点，诸多国家地区纷纷出台数据本地化政策，要求跨国企业将收集的用户数据存储和处理在本国境内。例如2024年2月，拜登政府依据《国际紧急经济权力法》（IEEPA）④ 发布了一项保护美国个人敏感数据免遭"受关注国家"利用的行政命令，再次要求TikTok等跨国企业进行数据存储的本地化。

数据本地化政策的实施一方面有助于增强国家对数据的控制，但另一方面也限制了数据跨境流动，既会导致全球信息流动的碎片化，又会阻碍跨国企业的数据共享和合作。同时，逆全球化背景下数据孤岛的形成，在一定程度上会阻碍技术创新和全球数据资源的优化利用，不利于缩小全球数字鸿沟。

---

① "Master Plan on ASEAN Connectivity 2025", https：//policy. asiapacificenergy. org/node/4425，访问时间：2024年6月24日。
② 中国网络空间研究院：《世界互联网发展报告（2023年）》，商务印书馆，2023，第41页。
③ 杨慧芸：《老朋友，新合作，中国与东盟共享数字发展红利》，《中国日报》2023年1月13日。
④ "International Emergency Economic Powers Act", https：//www. congress. gov/congressional - report/110th-congress/senate-report/82，访问时间：2024年6月24日。

（二）数据隐私保护强化，信息透明度下降

随着公众对数据隐私保护的关注度提高，全球范围内的数据隐私保护法规逐渐严格。例如，欧洲数据保护委员会发布《个人数据泄露通知示例指南》；韩国通信委员会宣布制订手机数据泄露预防计划；美国联邦委员会更新《数据泄露报告要求》；中国颁布《个人信息保护法》等。这些法规旨在保护用户的隐私权，防止数据滥用。

严格的数据隐私保护法规虽然提高了用户的隐私保护水平，但也加大了信息流动的难度，同时增加了"黑箱"风险。信息流动依靠企业主导下的平台基础设施与政府主导下的数字基础设施进行沟通协作。当数据隐私保护不断强化，不同主体、不同平台、不同国家之间信息壁垒也逐渐增多，数字基础设施所承载的海量数据进行交换的成本增加，导致信息难以高效流动。同时，由于隐私保护的强化，企业需要投入大量资源进行合规管理，导致数据开放和共享受限，从而导致"信息黑箱"，影响数据驱动的决策和创新。[①]

（三）人工智能驱动信息流动，决策算法风险加大

近年来人工智能大模型 ChatGPT 的爆火，使得以人工智能驱动的智能算力受到越来越多国家和地区的重视。人工智能通过指数级别增长的智能算力，在信息过滤、推荐和传播方面大放异彩，大力推动数字基础设施的加速升级。

以 OpenAI 为主的人工智能大模型跨国企业通过智能算力与海量数据的输出，推动了全球信息高速流动。但是，AI 算法在信息流动中的广泛应用也带来了决策偏见和歧视风险。如果算法设计不当或训练数据存在偏见，就会在一定程度上导致信息传播的不公平和不准确。此外，AI 算法的黑箱特

[①] 刘河庆、梁玉成：《透视算法黑箱：数字平台的算法规制与信息推送异质性》，《社会学研究》2023 年第 2 期。

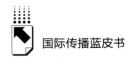
性使其决策过程难以解释，这将增加监管的难度。企业和监管机构需要共同努力，优化算法设计，确保 AI 在信息流动中的公正性和透明性。

（四）信息流动平台化，平台垄断风险显现

伴随数字经济的发展，信息流动越来越依赖于以平台为载体的基础设施，如谷歌、脸书、TikTok 等。这些跨国平台具有用户数量多、可替代性低等特点，控制着大量用户数据和信息传播渠道。但由于部分平台的资本化运营逻辑与跨国性质，政府较难对其实施监管，由此形成了平台对信息与数据的垄断。

平台垄断带来了信息流动的集中化风险，限制了信息的多样性和自由流动。平台通过算法控制用户接收的信息内容，影响用户的认知和行为，几乎不受限制地对用户形成网络操控。此外，平台垄断还可能导致市场竞争减弱，创新能力下降。反垄断监管机构已经深刻意识到需要加强对平台垄断行为采取措施，维护信息流动的多样性和公平性。[①]

四　讨论与建议

全球数字基础设施的建设近年来取得了显著进展，新一代信息技术如5G、数据中心、云计算、人工智能、物联网和区块链技术的快速发展，推动信息流动的效率和总量大幅提升。以联合国为主的国际组织和国家通过跨国合作与成立相关跨国组织的方式，积极推动数字基础设施全球化，努力缩小全球数字鸿沟，推动全球数字经济发展，全球数字基础设施发展已经进入一个新阶段。

中国凭借独特的制度优势与市场优势为世界互联网与数字经济发展贡献了中国智慧与中国力量。在发展方面，提出了构建网络空间命运共同体的理

---

①　王先林、方翔：《平台经济领域反垄断的趋势、挑战与应对》，《山东大学学报（哲学社会科学版）》2021 年第 2 期。

念主张，成为拉动全球数字化发展的重要引擎；在共享方面，中国致力于弥合数字鸿沟、分享数字红利，以共建"一带一路"等合作规划推动世界尤其是广大发展中国家的发展。

然而，数字基础设施的快速发展也面临着一系列新的挑战：信息流动的全球化带来了数据安全、隐私保护等问题；部分发达国家对发展中国家的数据殖民，使得一些发展中国家丧失了数据主权；人工智能技术与跨国平台基础设施的发展带来了算法驱动决策、数据资本主义等问题。中国对此保持高度警惕，在完善本国法律法规、构建完善的网络安全防御体系的同时，积极推进国际合作，促进全球数字化发展的进程。

（一）推进国际合作，深化网络安全合作伙伴关系

中国通过多边合作机制，积极参与全球数字基础设施的合作与治理，维护全球信息流动的公平、公正和高效。与共建"一带一路"国家加强合作，推动共建共享全球数字经济。在网络安全方面，中国目前与东盟联合建立网络安全交流培训中心。截至 2023 年 5 月，已经与 82 个国家和地区的 285 个计算机应急响应组织建立"CNCERT"合作关系。[1] 在人工智能方面，中国发起《全球人工智能发展倡议》，深化智能时代的国际合作。[2] 中国应继续坚持开放包容态度推动全球数据安全治理，推动开展平等互信网络空间国际交流，努力促进全球普惠包容发展，为世界互联网发展贡献中国方案和智慧。

（二）完善法规体系，积极参与国际相关规则制定

中国应持续建立健全适应数字时代的信息流动与数据安全的法律法规体系，确保数据主权和国家安全，加强个人信息保护，构建数据安全保障体系，确保在国际数据流动中维护国家利益。中国重视数据信息的安全与保

---

[1] 中国网络空间研究院：《世界互联网发展报告（2023 年）》，商务印书馆，2023，第 259 页。

[2] 国家数据局：《数字中国发展报告（2023 年）》，2023，第 42 页。

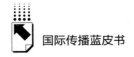
护，陆续制定了《个人信息保护法》《数据安全法》《网络安全法》等相关法律法规，推动我国网络治理与互联网生态向好向善发展。未来，中国仍应重视参与国际互联网与信息流动相关法律法规的制定，积极参与联合国《数字全球契约》磋商制定，在参与全球数字治理、推动数字合作方面发挥实质性作用，推进全球数字基础设施建设，构建平等互信的全球网络空间。

（三）推动数字基础设施建设，积极弥合全球数字鸿沟

中国坚持面向经济社会发展重大需求，以数字基础设施建设为契机，推动数字经济与实体经济深度融合，大力发展数字产业，培育新业态、新模式，形成新的经济增长点，提升国家竞争力。2023 年，中国举办第三届"一带一路"国际合作高峰论坛数字经济高级别论坛，与 14 个国家共同发布《"一带一路"数字经济国际合作北京倡议》，发起《全球人工智能治理倡议》。"丝路电商"伙伴国增加到 30 个，跨境电商进出口额 2.38 万亿元，同比增长 15.6%。跨境电商主体已超 10 万家，建设独立站已超 20 万个，参与跨境电商进口的消费者人数达到 1.63 亿。[①] 跨境物流、移动支付等领域实现快速发展，数字领域国际合作更加深入。未来，中国仍要继续加快数字基础设施建设步伐，不断增强自主创新能力，为网络强国、数字中国建设筑牢坚实基础，以信息化数字化驱动引领中国式现代化。分享数字减贫实践经验、深化数字减贫合作，让互联网发展成果更好惠及全球人民。

---

① 国家数据局：《数字中国发展报告（2023 年）》，2023，第 43 页。

B.22
2024年跨境电商的发展态势与国际传播实践

刘姿君　廖欣宇　孙　萍*

摘　要： 伴随全球经济一体化的加速发展，跨境电子商务（Cross-border E-commerce）作为连接不同国家和地区消费市场的重要纽带，正经历着前所未有的发展机遇。本报告以中国跨境电商"出海四小龙"（Temu、TikTok、SHEIN、速卖通）为典型案例，深入探讨了其发展战略和国际传播实践。报告指出，中国跨境电商平台通过本地化营销策略与社交媒体的创新应用，在美洲、欧洲、东南亚等地区有效提升了中国品牌在全球市场的认知度和竞争优势。然而，供应链稳定性风险、物流效率瓶颈和国际贸易合规性问题等挑战在这一过程中依然存在，对跨境电商的稳健发展构成了挑战。通过对行业数据的深入分析，本报告揭示了跨境电商在推动全球贸易发展中的关键作用，尤其是在技术创新、数字化转型以及国家形象与文化传播方面的显著影响。随着技术的不断进步和市场的持续开放，跨境电商有望在全球范围内实现更广泛的覆盖和更深入的融合。同时，报告提出了一系列策略建议，包括加强供应链管理、优化物流体系、提升品牌国际化能力等，以期共同推动中国跨境电商事业在全球范围内的可持续发展。

关键词： 跨境电商　电子商务　国际传播　平台出海

---

* 刘姿君，中国社会科学院大学新闻传播学院传播学硕士研究生，研究方向为平台数字劳动与媒介社会学；廖欣宇，中国社会科学院大学新闻传播学院传播学硕士研究生，研究方向为平台文化与数字劳动；孙萍，中国社会科学院新闻与传播研究所副研究员，中国社会科学院大学新闻传播学院副教授，研究方向为平台经济与数字劳动。

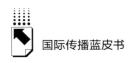

一 引言

全球化浪潮中，跨境电子商务（Cross-border E-commerce）已逐渐成为推动全球贸易发展的重要力量。自 2019 年以来，我国跨境电商在传统外贸遭遇冲击的同时迎来重大发展，在 2020 年实现跨境电商零售进出口额 174 亿元，同比增长 36.7%，展露出自身作为新业态、新模式的独特优势。① 本报告将从全球视角出发，概述我国跨境电商产业的发展现状，简要回顾其发展历程和区域市场概况，并主要从中国跨境"出海四小龙"领跑企业的营商模式分析，跨境电商的国际传播实践、策略及当前跨境电商的国际经营格局与态势分析三个层面展开分析和讨论。

（一）全球跨境电子商务的发展现状

1. 总体发展速度与规模

跨境电子商务的总体发展规模正以前所未有的速度在全球范围内扩张。以中国为例，2022 年我国跨境电商进出口规模达到 2.1 万亿元，占货物贸易进出口总值的 4.9%。② 仅在 2023 年上半年，这一数字激增至 1.7 万亿元，同比增长 14.4%，占比提升至 5.5%。③ 放眼全球，跨境电商交易额自 2016 年的 4000 亿美元飙升至 2021 年的 12500 亿美元，预计到 2029 年，中国跨境电商行业的交易规模将达到 31 万亿元左右。④ 这一跃升不仅标志着

---

① 经济日报：《跨境电商加速打造外贸新格局》，中国政府网，2020 年 4 月 13 日，https：//www. gov. cn/xinwen/2020-04/13/content_5501756. htm。

② 中国政府网：《中国跨境电商年进出口规模首次突破 2 万亿元》，新华社，2023 年 6 月 18 日，https：//www. gov. cn/lianbo/bumen/202306/content_6887007. htm。

③ 谢希瑶：《前 9 月跨境电商进出口额达 1.7 万亿元》，《人民日报》（海外版）2023 年 10 月 25 日，http：//paper. people. com. cn/rmrbhwb/html/2023-10/25/content_26023278. htm。

④ 麦肯锡：《中国跨境电商市场研究白皮书》，2020 年 8 月，https：//www. mckinsey. com. cn/%E4%B8%AD%E5%9B%BD%E8%B7%A8%E5%A2%83%E7%94%B5%E5%95%86%E5%B8%82%E5%9C%BA%E7%A0%94%E7%A9%B6%E7%99%BD%E7%9A%AE%E4%B9%A6/。

市场的成熟，也预示着未来跨境电商产业巨大的增长潜力。

跨境电子商务的市场规模在全球范围内持续扩大，已成为连接不同国家与地区消费市场的重要桥梁。伴随互联网技术的普及与国际物流体系的完善，越来越多的消费者和商家通过跨境电商平台消费与交易，跨境电商在全球经济中占据了举足轻重的位置。艾媒咨询数据显示，除去欧美地区，亚太、中东欧、拉丁美洲、中东与非洲地区的电子商务发展尤为迅速[①]，阿里巴巴国际站等企业也正借助自由贸易区与"一带一路"倡议等政策，推动着跨境电商的进一步发展。

2. 跨境电商在国际贸易与文化传播中的重要意义

在当前国际电子商务交易体系中，跨境电商平台为新兴市场提供了巨大的发展机遇。通过数字平台，中小企业能够以较低的成本进入国际市场，享受全球贸易的红利，新兴市场的消费者也能接触到更加多样化的商品和服务，满足其不断升级的消费需求。

一方面，技术创新与数字化转型是推动跨境电商发展的关键因素。数字化转型不仅提高了交易效率，降低了运营成本，还为商家提供了丰富的数据资源，帮助他们更好地理解市场需求和消费者行为。而跨境电商的发展促进了数字经济与实体经济的深度融合，线上交易与线下物流、服务的结合，也正为全球供应链的优化和创新提供着新的动力。

另一方面，在经济与文化交融的国家形象与意识建构层面，跨境电商也发挥着明显的推动作用。中国产业品牌与当代文化在实体产品的出口过程中共同走向实践，不仅在经济层面拉动了出口数额，更增强了文化产品的国际传播力，增强了我国的国家软实力与国际影响力。

本报告通过收集和分析各类统计数据、市场调研报告、行业白皮书以及企业公开财务报告，以确保研究结果的准确性和客观性。报告引用的数据来源包括但不限于国家统计局、国际电商组织、市场研究机构以及各大跨境电

---

① 艾媒新零售研究院：《2023-2024年全球及中国跨境电商运营数据及典型企业分析研究报告》，艾媒网，2023年12月18日，https：//www.iimedia.cn/c400/97633.html。

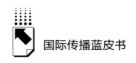

商平台的官方发布，以求客观翔实地探讨当下我国跨境电商的发展态势与国际传播实践。

（二）全球跨境电子商务的发展历程

1. 全球跨境电商的历时发展

跨境电商的起源可以追溯到 20 世纪 90 年代初，随着互联网的商业化，企业开始通过电子邮件和简单的在线表单进行国际贸易。进入 21 世纪，随着在线支付和物流等配套服务技术的成熟，跨境电商经历了从起步、发展到如今的繁荣阶段，获得了显著增长。

在跨境电商发展初期，智能手机的普及和移动互联网的发展为行业带来了新的增长动力。我国政府在 2013 年推出的跨境电商进口税收政策试点，进一步推动了行业的发展。2015 年，中国跨境电商交易规模达到 5.4 万亿元，显示出强劲的增长势头。[①] 2020 年新冠疫情的发生虽对全球经济造成了巨大冲击，但也加速了数字化转型，推动了跨境电商的快速发展。居家隔离和线上购物需求的增加，使得跨境电商成为连接全球消费者和商家的重要桥梁。

在全球跨境电商领域，发展于 20 世纪 90 年代的美国 Amazon、eBay、Walmart 电商等企业凭借其品牌影响力、成熟的运营模式与广泛的用户基础，长期以来占据市场的主导地位。而除去老牌企业，新兴的电商力量也在全球市场上崭露头角。例如，中国的跨境服装平台 SHEIN 在 2020 年前后以其快时尚模式迅速占领国际市场，特别是在年轻消费群体中极具影响力。以 Temu、TikTok、SHEIN 与速卖通（AliExpress）为代表的中国电商"出海四小龙"的崛起，在高效地满足不同国家市场消费者多样化需求的同时，有力推动了中国品牌走向世界，促进了国内经济的增长。

2. 全球跨境电商的区域概况

（1）美洲市场。北美市场以其高消费能力和成熟的电商环境而著称。

---

① 姚建莉：《2015 年中国跨境电商交易规模 5.4 万亿元》，21 世纪经济报道，2016 年 5 月 17 日，https://m.21jingji.com/article/20160517/herald/e29e0c3bce99137e8528dce9e8aaea4d.html。

美国作为全球最大的电商市场之一，对跨境电商的发展起到了关键作用。Amazon、eBay、Wish 等全球平台在北美市场占据重要地位，提供了丰富的商品选择和便捷的购物体验。而在巴西、墨西哥和阿根廷等拉美国家，Mercado Libre、Linio、Americanas、Extra 等跨国电商市场也随着网络基础设施的改善呈现出增长态势。

（2）欧洲市场。欧洲市场以其高人均收入和相对成熟的市场体系吸引着众多跨境电商企业。英国脱欧后，虽然面临贸易与监管上的挑战，欧洲电商市场仍然保持着稳定的增长。TikTok、SHEIN 等新兴跨国电商平台、Zalando、ASOS 等欧洲本土电商平台与国际巨头 Amazon 和 eBay 共同竞争，推动了欧洲市场的繁荣。

（3）东南亚市场。东南亚市场因其庞大的人口基数和快速增长的互联网普及率而成为新兴的电商热土，根据《2023 年东南亚互联网经济报告》（e-Conomy Sea 2023）的预测，2025 年东南亚电商市场规模将达到 2950 亿美元。[1] 而 Shopee 和 Lazada 等本土电商平台的兴起，也为东南亚地区的跨境电商提供了新的机遇。

（4）非洲与中东市场。非洲市场虽然起步较晚，但随着移动互联网的普及，仍展现出巨大的增长潜力。南非、尼日利亚和肯尼亚等国家的电商市场正在迅速发展，吸引了包括 Jumia、Konga、Kilimal 在内的多家跨境电商平台。

随着全球经济一体化的深入发展，跨境电商已成为连接不同国家和地区消费市场的重要纽带。不同区域市场的消费者需求、文化差异和市场特点，为跨境电商企业提供了多样化的发展机遇。未来，随着技术的不断进步和市场的持续开放，跨境电商有望在全球范围内实现更广泛的覆盖和更深入的融合。

---

[1] Bain & Company, Google, and Temasek. e-Conomy SEA 2023. November 01, 2023, https：//www. bain. com/insights/e-conomy-sea-2023/.

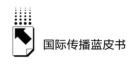

二 我国跨境电商领域的"出海四小龙"

2024 年，中国跨境电商领域主要由被称为"出海四小龙"的四家企业领跑市场，具体为 Temu、TikTok、SHEIN 与速卖通（AliExpress）。它们以其独特的商业模式、市场定位和经营创新，在全球范围内占据了重要地位。

（一）Temu

Temu 自 2022 年 9 月推出以来，以其低价策略和丰富的商品选择迅速在全球市场崛起，成为拼多多集团国际化战略的重要一环。在 2023 年，Temu 在美国市场展开激烈的获客竞争，实现独立访客数量 4.67 亿次与约 180 亿美元的年度销售总额。[①] 进入 2024 年，Temu 的全球化战略正从专注美国市场转向更加均衡的全球布局，将战略重心转向提升商品种类丰富度和改善用户体验，同时积极拓展欧洲、拉丁美洲等新兴市场。在 2024 年 5 月，Temu 在欧洲的月活跃用户数（MAU）已经超过亚马逊和速卖通，分别高出 38% 和 82%，显示出其强劲的增长势头。[②]

Temu 当前的运营模式包括商家供货，平台负责上架、运营、物流履约与售后的"全托管"模式与商家自主完成商品仓储物流环节的平台"半托管"模式，由供应链卖家、跨境商家与平台运营方共同参与，共同构成 Temu 的电商生态，推动了平台的快速增长。其主要经营特征如下。

1. 低价为王，供应链整合

依托拼多多在中国市场的成功经验，Temu 借助其强大的供应链与用户基础，迅速在海外市场开展业务。Temu 平台以提供高性价比的商品为核心竞争力，一方面，整合优化国内供应链，实现从生产到运输、销售的高效流

---

① Temu 全球化：《Temu 的全球化发展历程和市场规模》，AMZDH，2024 年 6 月 24 日，https：//www.amzdh.com/temushein/7731.html。

② 常嘉亦：《大摩测算 Temu 的全球扩张潜力：2030 年 GMV 达 1300 亿美元、欧洲和拉美将是主力》，华尔街见闻，2024 年 6 月 21 日，https：//wallstreetcn.com/articles/3717759。

转，降低成本并保障商品的快速更新与质量标准；另一方面，通过多种低价营销策略与优惠活动吸引海外消费者，完成获客积累，满足着海外 C 端消费者对低价商品的市场需求。

2. 本土洞察，全球化布局

Temu 在跨境经营过程中，深入洞察本土市场特性，实施本土化运营策略，并积极展开全球布局。基于数据分析与人工智能技术创新，Temu 打造了先出单、后发货的"JIT 预售模式"，以洞察海外市场消费者喜好与购物行为，辅助商家实现销售预测、个性化推荐与库存管理。同时，通过全托管与半托管模式的结合，Temu 为商家提供了零佣金入驻和"一站式"服务，降低了商家的出海门槛，也使其自身迅速扩张至全球超 70 个国家和地区，实现了平台出海的全球化布局。

3. 营销创新，品牌化提升

通过大规模的市场营销活动与高效的品牌运营策略，Temu 实现了对自身品牌知名度的迅速提升。除去移植拼多多在国内社交裂变的补贴策略以激发用户自传播，Temu 也积极发展 ASA、付费搜索广告与付费社交广告等数字营销策略，在社交媒体、短视频与线下赛事"超级碗"等多渠道投放广告。MediaRadar 数据显示，2023 年 Temu 广告投放支出超 5.17 亿美元，有效触达了美国广泛的用户群体，实现了自身品牌的快速建立与提升。①

（二）TikTok

TikTok 于 2017 年成立，作为字节跳动旗下的国际版抖音，最初定位为全球性的社交短视频平台，后逐渐涉足电商领域，通过平台内嵌的购物功能 TikTok Shop 销售商品。TikTok 电商业务的探索始于 2020 年，与 Shopify 的企业战略合作标志着其流量带货的开始，并在同年 12 月与沃尔玛合作尝试直播带货模式。2021 年，TikTok 正式在印尼开启直播电商业务，随后将跨

---

① 连线 Insight：《深度解析 Temu 狂飙突进：效率的战争，模式的胜利》，36Kr，2024 年 3 月 25 日，https://36kr.com/p/2704657008851075。

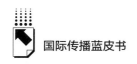

境电商业务逐步扩展至泰国、越南、马来西亚、菲律宾与新加坡等东南亚国家与英国、美国及拉美地区市场。2023 年，TikTok Shop 的电商业务在美国市场正式上线，美国地区商品交易总额（GMV）达 13.24 亿美元，单日GMV 峰值达 3500 万美元[1]，并实现了全球 GMV 从 2022 年 44 亿美元到 2023年 163 亿美元的显著增长。[2]

作为电商跨境出海的成功典范，TikTok Shop 的参与主体包括采用自运营模式的个体商家（品牌商家、本土商家、跨境商家）、全托管模式的供应链卖家、TikTok 平台与达人/内容创作者（Influencer）等多个群体。其主要经营特征如下。

1. 内容驱动，社交电商整合

TikTok 电商业务以内容为核心，通过短视频与直播形式吸引用户，促进商品销售。结合社交网络特性，TikTok 将电商功能集成到平台中，基于用户对内容的高参与度与即时性需求，使其可在观看直播、短视频的娱乐过程中完成消费行为。同时，品牌与卖家积极借助用户生成内容（UGC）与达人效应推动交易，通过标签与挑战活动鼓励消费者分享购买体验，增加品牌曝光度，发展社交电商。

2. 全球布局，青年人群消费

截至 2024 年，TikTok 电商已覆盖东南亚、北美、欧洲、拉美与沙特阿拉伯等地区，展现出强大的全球跨区域运营能力。2022 年，TikTok 以 6.72亿次下载量位居全球最受欢迎应用，并在 2023 年总用户数量达到 19.2 亿，吸引了大量社交活跃度高的年轻用户。[3] 其中，"Z 世代"与"千禧一代"的青年群体既是内容的消费者，也是积极的购物者，倾向于在社交媒体上进行产品搜索与购买，使 TikTok 实现了高效的用户转化。

---

① 西之羊：《TikTok 东南亚电商业务增长四倍至 163 亿美元》，DNY321，2024 年 7 月 16 日，https：//www.dny321.com/Main/ArticleDetails？id＝733389825578635264。

② Kalodata 研究院：《2024 年 TikTok 电商白皮书》，"Kalodata"微信公众号，2024 年 1 月 17日，https：//mp.weixin.qq.com/s/qx2tkPF1KtuGhas6HJ6CcA。

③ 莱特美特：《单日 GMV 有望冲刺 1 亿美金，跨境电商新贵 TikTok Shop 引领市场潮流》，2024 年 7 月 8 日，搜狐网，https：//www.sohu.com/a/791577867_121688580。

3. 技术赋能，个性算法支持

TikTok 依托算法推荐技术，根据用户行为数据进行内容个性化推送，提高商品曝光率和购买率。通过精准推送喜好商品、信息流广告与自动化增长服务等平台功能，TikTok 不仅为用户创造独特的购物体验，也为品牌与商家提供新的增长机会，与 Shopify 等电商平台的合作也进一步扩大了其电商服务的覆盖范围。

（三）SHEIN

自 2008 年成立以来，SHEIN 从 SheInside.com 起步，专注于跨境婚纱业务，后转型并深耕快时尚领域及其女装市场。凭借快速上新和高性价比，SHEIN 迅速在全球市场占据重要地位，业务覆盖美国、欧洲、中东、拉美、东南亚等市场，尤其在欧美市场取得显著成绩。2023 年，SHEIN 的年度销售总额（GMV）超过 300 亿美元，市值超过 660 亿美元，成为全球快时尚领域的主要参与者。[①]

截至 2024 年，SHEIN 的市场规模持续扩大，在全球范围内拥有 8880 万活跃用户。[②] 在美国市场，SHEIN 已成为第三大在线时尚零售商，仅次于亚马逊和沃尔玛，是前五大在线时尚零售商中唯一的中国企业。其主要经营特征如下。

1. 小单快返，高效供应生产

"小单快返"的生产模式作为 SHEIN 供应链管理的核心，极大地提高了其对市场需求变化的响应速度。这一模式允许 SHEIN 以较小的初始订单量测试市场反应，再根据消费者反馈与销售数据快速返单生产，在减少库存风险的同时捕捉、满足消费者的个性化需求。同时，SHEIN 通过整合高效的供应链，实现了从设计到生产的快速转换。

---

① 财经杂志：《出海电商三杰：核爆、进化与突围》，华尔街见闻，2023 年 12 月 30 日，https：//wallstreetcn.com/articles/3705336。

② 千流出海：《超快时尚 Shein 的上市迷局：高歌猛进的销售额与挥之不去的阴影》，搜狐网，2024 年 6 月 14 日，https：//www.sohu.com/a/785971637_121718165。

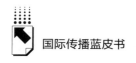

2. 社媒推广，品牌数字营销

在与 Instagram、TikTok 与 YouTube 等海外社交媒体时尚博主与网红的合作中，SHEIN 高度重视数字营销，进行了大规模品牌推广。SHEIN 通过与网红、意见领袖（KOLs）的合作提升自身的品牌曝光度，吸引了大量年轻消费者关注，促进了销售转化率。同时，SHEIN 也鼓励发展用户生成内容（UGC），通过标签挑战与用户分享购物体验，进一步增强品牌社交属性与用户黏性，塑造年轻、市场与亲民的品牌形象，完成有效的数字营销。

3. 数据驱动，自营平台直销

SHEIN 的整体商业模式高度依赖数据分析驱动。通过收集与分析用户行为数据，并利用数字化系统进行实时数据监控和管理，SHEIN 能够及时洞察市场趋势，预测潮流元素，并据此设计与推广产品，快速调整产品线与营销策略。同时，SHEIN 还通过自营电商平台直销，消除了传统零售的中间环节，进一步降低成本，增强了自身对产品整体销售过程的控制，成功实现了品牌增长与市场拓展，在全球快时尚市场中取得了优势地位。

（四）速卖通（AliExpress）

速卖通（AliExpress）作为阿里巴巴集团旗下的跨境电商平台，旨在连接中国卖家与全球消费者。自 2010 年成立以来，速卖通经历了多个发展阶段。从最初以小额批发业务为主，主要售卖无商标商品，到 2013 年后逐步转向 B2B 与 B2C 结合的平台模式，在重点国家进行本土化投入，加强物流与支付等电商基础设施建设。速卖通在 2022 年实现年销售总额 250 亿美元，经营范围覆盖全球 220 多个国家和地区，成为中国最大的跨境电商 B2C 平台之一。①

与其他跨境电商平台相比，速卖通的参与主体多为广大的中小企业商家。对中小企业出海经营而言，速卖通提供的商家与消费者直接连接的模式

---

① 葛佳明：《菜鸟给力，汇丰预计阿里 2027 年海外电商 GMV 超 1100 亿，实现五年翻倍》，华尔街见闻，2024 年 3 月 14 日，https：//wallstreetcn.com/articles/3710222。

降低了交易成本，为中小企业铺设了直通海外市场的高速路。其经营特征如下。

1. 品类全面，多元市场定位

速卖通的显著特征之一是其商品品类的全面性，覆盖从日常消费品到高端电子产品的各个领域。这种多元化的市场定位使得速卖通能够满足全球不同消费者群体的需求，从而在竞争激烈的跨境电商市场中占据一席之地。与专注于特定品类的跨境电商平台相比，速卖通的全面性给其带来了更广泛的客户基础和市场机会。此外，速卖通通过精细化的分类管理和个性化推荐算法，进一步提升了用户体验，增强了消费者的购物满意度和忠诚度。

2. 时效争先，全球物流构建

速卖通在物流领域的成功是其经营发展的另一关键因素。通过与菜鸟网络的紧密合作，速卖通在全球范围内建立了高效的物流配送体系，实现了包括"全球5日达"在内的快速配送服务。对时效性的重视大幅缩短了商品从中国卖家到全球消费者手中的时间，提升了消费者的购物体验。同时，速卖通不断优化的物流解决方案也为商家提供了更多的运营便利，降低了物流成本和风险，增强了速卖通在全球跨境电商市场中的竞争力。

3. 平台拼装，阿里生态支持

作为阿里巴巴集团的重要部分，速卖通得到了集团内部技术与市场资源的全面支持。这一"平台拼装"的模式使速卖通得以充分利用阿里巴巴生态系统中的各种工具和服务，如支付宝国际账户提供的支付解决方案、阿里云提供的数据处理能力等。对内部资源的整合不仅为速卖通的商家提供了"一站式"的服务体验，降低了运营复杂性和成本，也为消费者提供了更加安全、便捷的购物环境，为速卖通的国际化战略提供了有力支撑。

总体而言，中国"出海四小龙"企业通过不断地创新和优化，推动了中国跨境电商行业的发展，也在全球市场上展现了中国品牌的影响力和竞争力。而随着全球化趋势的深入发展，这些企业有望在未来获得更大的市场份额和更高的用户认可。

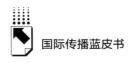

三　跨境电商的文化话语与实践

（一）国际传播中跨境电商的话语实践

1.平台国际化战略

跨境电商的平台国际化战略是指电商平台积极跨越国界，在国际市场上进行业务拓展和销售，实现市场份额的扩张、收入的增长以及品牌国际影响力的提升。这一战略的核心在于，利用互联网技术打破传统贸易壁垒，直接触达并服务于国际消费者。

当前，随着全球化的深入和互联网技术的快速发展，跨境电商平台的国际化进程不断加速。众多电商平台纷纷将视野拓展至海外，积极寻求业务增长点。例如，阿里巴巴集团通过其旗下的速卖通平台为全球消费者提供来自中国的优质商品，同时利用大数据和人工智能技术优化用户体验，实现业务的快速增长；亚马逊在美国、加拿大、墨西哥等多个国家和地区建立电商平台，通过语言本地化、商品本地化、支付和物流本地化等措施，满足不同国家和地区消费者的独特需求，巩固电商市场地位。

2.国际传播话语与跨境电商品牌塑造

国际传播话语通过讲述品牌故事、传达品牌理念和价值观，帮助消费者在全球范围内形成对品牌的统一认知和印象，不仅影响跨境电商品牌在国际市场上的认知度，还直接关系到品牌价值的提升和影响力的扩大。有效的国际传播话语能够跨越国界，将品牌信息传递给更广泛的受众群体，从而提高品牌的国际知名度和曝光率。通过使用符合目标市场文化背景、符合当地法规的传播话语，品牌能够更贴近当地消费者，增强品牌的亲和力和吸引力，提高消费者对品牌的信任。

在进行国际传播之前，跨境电商品牌需深入了解目标市场的文化背景、消费习惯、语言特点以及法规政策等关键信息。根据目标市场的特点，定制化传播内容和策略，通过简洁明了、易于传播的语言表达品牌的核心价值，使消费者能够快速理解和记住品牌的特点和优势，确保传播效果的最大化。

（二）话语体系构建和对外传播策略

1. 本地化营销

差异化的文化背景影响着当地消费者的思维方式和行为模式。实施本地化战略的核心在于深入理解并适应不同国家和地区的文化差异，并据此调整自身的产品设计与营销策略，构建与当地消费者产生共鸣的品牌形象，赢得消费者的信任和喜爱。

例如，SHEIN 重视社交渠道，巧妙运用视觉符号与社交标签，策划与当地文化紧密贴合的本地化营销策略。以墨西哥市场为例，SHEIN 深入分析了当地消费者的偏好与体型特征，并根据这些特点调整服装的款式、尺码和色彩搭配，确保产品更加贴近当地市场。在品牌宣传中，SHEIN 在 Instagram 主页中选择与墨西哥传统审美契合的深肤色模特与高饱和度的服饰风格，构建符合当地审美的品牌形象。针对墨西哥消费者对性价比的高度关注，SHEIN 引入了如#SaveInStyle（节约风）等消费标签，拉近品牌与消费者的距离。而 Temu 结合不同国家和地区的消费习惯，实施本土化策略。以美国市场为例，Temu 深入剖析消费者的需求与偏好，对产品进行定制化开发。根据美国消费者的身材特点和审美观念，调整服装、家居用品等产品的款式、尺码和色彩搭配，满足当地市场的需求。在营销中，Temu 在超级碗赛事期间投放广告，彰显品牌对当地市场的重视，与美国消费者建立了情感纽带，极大地提升了品牌的市场渗透力和亲和力。

2. 社交媒体与数字营销

据统计，2024 年 4 月，Facebook、Instagram、YouTube 等头部社交媒体月活跃用户数均超过 20 亿。[①] 这些大型平台正化身集信息获取、视频娱乐、

---

① Stacy Jo Dixon. 2024. "Most popular social networks worldwide as of April 2024, by number of monthly active users." Statista. https://www.statista.com/statistics/272014/global-social-networks-ranked-by-number-of-users/.

在线购物等功能于一体的"超级应用",满足用户日益多样化的需求。在此基础上,跨境电商可以利用社交媒体的用户基础,触达全球消费者,实现业务的快速拓展。更进一步地,跨境电商还可以与社交媒体上拥有广泛影响力的知名博主、网红建立合作关系,通过他们的影响力推广品牌产品或服务,提高品牌的知名度和曝光度。

在海外,SHEIN 与 Temu 通过与 YouTube、TikTok、Facebook、Twitter 等社媒平台上粉丝数量较少的中小博主合作,以较低的合作费用同时联动多个博主进行宣传,撬动海外社交电商。这些中小博主以其接地气、个性化的特质,为品牌商品带来了更为贴近消费者生活、更富亲和力的推广视角。他们的推广内容往往与商品属性高度契合,有效增强了信息传递的精准度与接受度,从而在目标受众中构建起更加真实可信的品牌形象与产品认知。2023年,拼多多集团的交易服务收入为 941 亿元,同比增长 241%,Temu 成为强劲的增长动能。2023 年底,Temu 的独立访客数量达到 4.67 亿,贡献拼多多集团总收入的 23%。①

随着小网红群体迅速崛起,他们对海外电商生态的影响力与日俱增。2023 年 8 月,TikTok 在美国市场正式全面重启其电商业务,以短视频带货为核心,在平台内构建从内容展示到交易完成的闭环生态系统。这一举措极大地简化了博主的变现路径,他们只需要在短视频下悬挂商品链接,就能拿到流量和佣金奖励。2023 年下半年以来,每月有超过 7000 名新晋达人加入 TikTok 短视频带货队伍,对其美区 GMV 增长的贡献超过 80%。②

四　跨境电商平台的国际经营格局与态势分析

跨境电商的国际合作通过制定统一的贸易规则和标准,降低了跨境电商

---

① 何玥阳:《Temu 狂飙,没有秘诀》,澎湃新闻,2024 年 3 月 25 日,https://www.thepaper.cn/newsDetail_forward_26779554。

② 洞见数据研究院:《拥抱 2000 万小网红,中国电商奇袭北美市场》,36Kr,2024 年 1 月 22 日,https://36kr.com/p/2614537561643400。

面临的关税和非关税壁垒，使得商品和服务能够更顺畅地在全球范围内流通。例如，我国加入的《区域全面经济伙伴关系协定》（RCEP）国际合作框架致力于推动贸易便利化政策的实施，包括货物快速放行、无纸化贸易等措施，为跨境电商创造了更加便捷、高效的贸易环境。

目前，我国主导的国际合作取得较好成效。各国消费者可以接触到不同国家的产品，增进各地的文化了解和友谊。2022年11月，习近平主席在第五届中国国际进口博览会开幕式上致辞时，提出了创建"丝路电商"合作先行区的倡议。该倡议旨在"一带一路"倡议的框架下，充分发挥中国在电子商务技术应用、模式创新和市场规模等方面的优势，为各国共享中国超大规模市场红利提供全新机遇。为此，我国还举办了一系列专项活动，如网上年货节、非洲好物网购节、买在金砖、网罗东盟好物等，进一步促进了跨境电商的发展。截至2024年1月19日，"丝路电商"伙伴国增加到30个。① 我国外贸"朋友圈"不断扩大。

跨境电商国际合作展示了我国在数字经济和跨境电商领域的实力和影响力。通过参与国际合作和竞争，我国在国际合作中的话语权和影响力也将逐步增强。这有助于我国在制定国际贸易规则和标准方面发挥更大的作用。

（一）跨境电商面临的风险和挑战

1. 供应链中断和物流瓶颈

跨境电商涉及跨国运输，途中可能面临海关检查、文档审核等延误因素，导致物流不稳定。在自然灾害、地缘冲突等突发事件的影响下，供应链中断与物流延迟的风险更加突出。全球供应链洞察和风险分析公司Everstream Analytics发布的《2024年风险报告》指出，大宗商品短缺、地缘政治不稳定、保护主义抬头、环境法规日益增多、极端天气事件频发将成为

---

① 商务部网站：《2023年全国网上零售额超15万亿元》，北京日报，2024年1月19日，https://xinwen.bjd.com.cn/content/s65a9e388e4b064178155a903.html。

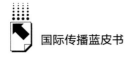
2024年最有可能发生的五大供应链风险。① 供应链中断往往导致产品和原材料的短缺，直接影响到跨境电商的库存和供货能力，损害消费者信任，导致客户流失，进而影响跨境电商的品牌形象。

同时，物流瓶颈下，国际长距离运输的成本增加。据 AMZ123 发布的调研报告，2024 年上半年，受全球经济动荡、地缘政治形势紧张、极端恶劣天气频发等诸多不确定性因素影响，全球供应链在世界各地受到冲击。② 2023 年末爆发的红海冲突更使得全球多家航运公司暂停红海航线，导致跨境物流运输时效与不确定性均有所增加。对跨境电商从业者而言，运输时效的不确定性意味着他们需要维持更高的库存水平以应对可能的延迟，进而增加运营成本。

2. 合规难题与优惠政策收紧

跨境电商需要遵守不同国家和地区的电商法及相关贸易法规，这些法规往往存在差异且不断更新。法律法规、政策上的差异给跨境电商企业的海外经营带来极大挑战，企业需要投入大量资源去研究和理解各国法律，确保经营活动符合当地要求。而各国政府可能根据国内经济发展和国际形势的变化，频繁调整电商法和相关贸易政策，增加了跨境电商企业经营的风险。

在欧洲 150 欧元免税门槛与美国"小额豁免"（800 美元以下）政策的利好影响下，SHEIN 与 Temu 等中国电商平台的产品大量进入美国市场。据美国国会众议院美中战略竞争特别委员会数据，2023 年有 10.5 亿批次的货物利用"小额豁免"机制免税入境美国，来自 SHEIN 和 Temu 的包裹可能占到 30% 以上。③ 2024 年 4 月 5 日，美国国土安全部宣布将对价值低于 800

---

① Everstream Analytics：《2024 年五大供应链风险》，DHL Delivered，2024 年 3 月 29 日，https：//lot.dhl.com/zh-hans/2024 年五大供应链风险/。

② 双木：《AMZ123 丨 2024 上半年度跨境电商调研报告》，"AMZ123 跨境电商"微信公众号，2024 年 7 月 24 日，https：//mp.weixin.qq.com/s/a_oizwSTRwyxlC1sB5FoFQ。

③ 胡依婷：《进口小包裹超 20 亿件，欧盟对 Temu、SHEIN "出重拳"丨焦点分析》，36Kr，2024 年 7 月 18 日，https：//36kr.com/p/2863392212880008。

美元的海外直接发送给美国消费者的包裹进行更严格的审查，① 要求 SHEIN 和 Temu 的卖家加强合规管理。同时，美国多家为中国电商平台服务的清关公司受到美国海关和边境保护局整顿，于 5 月 27 日起暂停"小额豁免"清关业务 90 天，② 导致国内卖家数千吨货物无法清关而滞留。

2024 年，全球多国开始收紧"小额豁免"政策。例如，2024 年 6 月起，巴西众议院通过了一项法案，将对 50 美元以下的跨境网上购物征收 20% 的进口税。③ 7 月，南非政府开始对 SHEIN 和 Temu 等外来的电商服装零售商征收 45% 的进口关税和 15% 增值税。④ 在南美地区，巴西众议院批准取消 50 美元小额包裹进口免税的规定，转而实施 20% 的进口关税。⑤ 欧盟也紧跟加征关税步伐。据媒体报道，欧盟委员会将建议取消目前 150 欧元的免税购物门槛。⑥ 新关税政策的影响下，众多采用直邮模式的跨境电商商家的商品价格优势将受到削弱。

（二）趋势预测与策略建议

1. 对2024年及未来跨境电商发展趋势的预测

中商产业研究院发布的《中国跨境电商市场前景及投资机会研究报告》指出，随着疫后经济恢复，全球零售电商规模也进一步增长。预计 2027 年，

---

① 参考消息：《美媒：美将严格审查"小额豁免"发货》，2024 年 4 月 7 日，腾讯网，https：//new. qq. com/rain/a/20240407A04NOR00/。

② 华夏时报：《多国收紧"小额豁免"政策，中国跨境电商平台极致价格机制失灵了?》，搜狐新闻，2024 年 7 月 11 日，https：//gov. sohu. com/a/792424983_116062。

③ 王婷婷：《巴西将对小额跨境网购征税》，中国税务报网络报，2024 年 6 月 24 日，http：//www. ctaxnews. net. cn/paper/pad/con/202406/24/content_212721. html。

④ Anya：《跨境电商本周资讯 ┃ 亚马逊推出新功能为解卖家退货难题，TikTok Shop 美区更新招商入驻政策》，2024 年 6 月 17 日，Moco Marketing，https：//www. mocomarketing. com/blog/news/154。

⑤ 电商报：《巴西众议院批准跨境电商平台购物税收提案》，2024 年 6 月 12 日，中华人民共和国国家邮政局，https：//www. spb. gov. cn/gjyzj/c200007/202406/fdc63277b41848468a582f1715e875a6. shtml。

⑥ 齐倩：《欧盟被曝计划取消廉价商品免税门槛"针对 Shein、Temu 等中国电商"》，2024 年 7 月 3 日，观察者网，https：//baijiahao. baidu. com/s? id = 18035573314955135684&wfr = spider&for = pc。

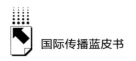
海外全球零售电商将达 4 万亿美元。① 我国制造业产品性价比高、产业链完善、供应链成本优势大，海外市场空间广阔，对跨境电商发展有利。

但是，聚焦 2024 年上半年，海外消费者购物支出依然趋于保守。根据 AMZ123 的调查报告，2024 年前 5 个月，近 60%的卖家营收同比下降。近 40%卖家营收同比下降 30%以上。② 这意味着跨境电商发展存在诸多不确定性。品牌出海将成为重要趋势。在从业者数量增多，小商品竞争激烈的条件下，品牌化和差异化竞争将成为跨境电商领域的核心策略。

未来，跨境电商市场将进一步细分。为了更好地适应不同市场的消费习惯和文化背景，跨境电商将更加注重本地化服务。这包括语言本地化、支付方式本地化、物流配送本地化等。模式创新上，半托管、全托管等新型业务模式在跨境电商中兴起。Temu 于 2024 年开通半托管全品类招商，SHEIN 和阿里国际站两大平台也纷纷宣布上线半托管服务。这些模式有助于降低运营成本，提高运营效率，同时满足不同卖家的需求。

技术应用层面，新一代人工智能、区块链、大数据、5G 等数字技术迅猛发展。例如，智能客服机器人的应用使得跨境电商企业能够 24 小时不间断地为用户提供高效、专业的服务，解决了跨国语言障碍和时差问题。区块链技术通过其去中心化、不可篡改的特性，为跨境电商交易提供了更高的安全性和透明度。智能推荐系统利用深度学习技术，精准捕捉消费者的购物行为和偏好，为每位用户提供量身定制的商品推荐，从而显著提高了购买转化率和用户满意度。而 5G 技术的高速和低延迟特性，则给跨境电商的物流仓储、虚拟现实购物体验等带来了全新的可能性。这些新技术的应用将显著提升跨境电商的运营效率和用户体验，增强了交易的透明度、安全性，为行业的持续繁荣与创新发展注入强劲动力。

---

① 中商情报网：《2024 年中国跨境电商行业市场前景预测研究报告》，2024 年 1 月 6 日，https：//baijiahao. baidu. com/s？id=1787294333077168188&wfr=spider&for=pc。
② 双木：《AMZ123 ┃ 2024 上半年度跨境电商调研报告》，"AMZ123 跨境电商" 微信公众号，2024 年 7 月 24 日，https：//mp. weixin. qq. com/s/a_oizwSTRwyxlC1sB5FoFQ。

2. 针对政府、企业的策略建议

政府应在宏观布局上持续发力，优化政策环境，通过出台具体的税收优惠、资金补贴及简化审批流程等政策，为跨境电商企业提供更多便利和支持。随着跨境购物需求的持续增长，政府还需进一步优化货物出口流程，提高通关效率，并积极推动跨境电商海外仓的发展，优化海外仓布局，进而提升跨境电商的物流效率和海外服务能力。同时，政府应推动跨境电商标准建设，鼓励地方和行业组织积极参与标准的制定与推广，为行业健康发展提供有力支撑。为更好地服务跨境电商企业，政府可共同建立"一站式"服务平台，该平台将集政策咨询、市场分析、技术支持、物流跟踪、金融服务等多种功能于一体，为跨境电商企业提供全面辅助。

跨境电商企业应积极适应全球市场需求变化，不断提升产品质量和竞争力，以增强其在国际市场的竞争力。同时，合规运营应成为企业出海的重要前提，企业需深入了解并严格遵守目标市场的法律法规，避免违规操作。在销售方式上，企业应积极关注新兴市场的需求和趋势，通过市场调研、参加国际展会、与当地合作伙伴建立联系等方式，精准定位目标客户群体，调整产品结构和市场策略，以拓展新的增长点。此外，跨境电商企业还应充分利用社交媒体、搜索引擎等网络营销工具，提升品牌曝光度和用户黏性，进一步巩固和扩大市场份额。

B.23
2024年我国商业平台出海发展报告

陈欣欣　刘瑞生　王从健　梁慧博*

摘　要： 近年来，随着全球化进程的加速和国际市场需求的不断增长，我国商业平台在巩固国内市场优势的基础上，积极向海外市场拓展。本报告通过收集和分析统计数据、市场调研报告、行业白皮书及企业公开财务报告等资料，探讨我国生活服务、电子商务、社交媒体、游戏产业、网络文学领域商业平台出海的现状、特征与发展态势。研究发现，我国商业平台出海呈现多行业并行发展、商业模式创新与全球品牌升级、布局地区与策略优化的现状。在出海过程中，政策细化、本土化战略和人工智能技术赋能成为推动平台国际化的典型特征，并为平台提升全球市场竞争力奠定坚实基础。未来，我国商业平台出海将面临更激烈的地缘政治博弈与国际市场份额挤压的挑战，跨境数据将成为平台出海争夺的关键点。基于以上分析，报告提出以下对策建议：首先，平台出海应做到多地区、多行业的"量身定制化"，制定符合目标市场文化背景、消费习惯、法律法规的出海策略；其次，在保证数据安全的基础上，积极推动平台出海"国际规范"的建立；最后，应注重技术创新，坚持自主研发，增强我国商业平台的全球竞争力和运营效率，实现可持续发展。

关键词： 商业平台　出海　本地化策略　地缘政治　跨境数据

---

* 陈欣欣、王从健、梁慧博，中国社会科学院大学新闻传播学院硕士研究生，研究方向为国际传播、数字劳动；刘瑞生，中国社会科学院新闻与传播研究所副研究员、中国社会科学院大学新闻传播学院副教授，主要研究方向为国际传播、网络舆情。

近年来，随着全球化进程的加速和国际市场需求的不断增长，我国商业平台积极探索海外市场。通过收集和梳理各类统计数据、市场调研报告、行业白皮书、企业公开财务报告等资料，本报告分析当下我国商业平台出海的现状、特征，研判未来商业平台出海的发展态势，并尝试提供相关对策建议。

一 我国商业平台出海现状：多行业、新模式、广布局

近年来，我国商业平台出海在生活服务、电子商务、社交媒体、游戏产业、网络文学等多行业展现出强劲势头，并积极进行"中国模式"的海外再造与全球化品牌的战略升级，在全球扩展布局的同时加大对基础设施的投资力度。

（一）样态：多行业全球扩展

1.生活服务领域

美团、滴滴出行、饿了么、飞猪、携程、大众点评等平台，凭借高效的配送服务、优质的售后保障、精准的市场定位和丰富的服务种类，成功进军东南亚、拉美、欧洲、北美等国际市场。例如，2024 年 4 月 24 日，美团在 LinkedIn 和中东招聘平台 Baye. com 发布招聘信息，旗下海外外卖平台 KeeTa 在利雅得开放多个岗位招聘，这意味着美团将正式出海。[①]

2.电子商务领域

当前，我国电商平台出海已经在多渠道推广、全托管和半托管的运营、集中化运输的物流、全链路的企业与品牌扶持方面进行了整合，保证商业链条的完整性，进而实现产销快速匹配。[②] 迄今，4 家中国平台被欧盟指定为超大型在线平台，包括阿里巴巴旗下的速卖通、抖音集团旗下的 TikTok、

---

① 顺势咨询：《美团出海第一站，远征沙特利雅得》，36 氪出海，2024 年 4 月 27 日，https://mp. weixin. qq. com/s/rwKyOvtm2tWyPVs6HtnYfg。

② 刘昊、门俊帅、徐芳汇：《跨境电商企业出海运营策略研究——以 Temu 平台为例》，《老字号品牌营销》2024 年第 14 期。

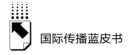
SHEIN 和拼多多旗下的 Temu。① 阿里巴巴、拼多多、京东等国内领先平台通过创新的商业模式和强大的供应链管理，迅速拓展国际市场。2022 年 9 月 1 日，拼多多集团跨境电商平台 Temu 在海外市场美国正式上线。据 SimilarWeb 的数据，2023 年 12 月，Temu 的独立访客数量达 4.67 亿，与 AliExpress 持平，排名全球第二。②

3. 社交媒体领域

《2024 年中国社交娱乐出海发展趋势洞察报告》显示，全球社交应用市场规模将超过 3103.7 亿美元，社交网络用户数量已达到 48 亿。③ 从产品上看，社交媒体极注重品牌的本土化运作。例如 TikTok 在美国运营的过程中，不仅为用户提供娱乐内容，也与当地的运营团队合作，深入了解市场和用户的文化背景、喜好和需求，推出了本地化的特效、滤镜和音乐库，并为当地用户提供生活、就业等全方面的内容制作。从技术上看，社交媒体平台不断完善算法系统，确保内容精准化推送。在文化层面，平台提倡的参与式文化满足了用户自主创作的需求，提升用户内容生产的积极性和创造力，再借由模因赋能、分类标签、内容排名等促进特定类型爆火产品的广泛传播。④

4. 游戏产业领域

游戏产业领域正在蓬勃发展，同时也面临较大增长压力。第一，我国网游平台正占据更大市场。《2023 年中国游戏出海研究报告》显示，2023 年中国移动游戏的出海在美国、日本、韩国、英国、德国 5 个重要移动游戏市场流水 Top 100 产品中国产移动游戏数量均增至 30%及以上。⑤ 例如，《崩坏：星穹铁道》拿下 App Store 和 Google Play 年度游戏之后，又摘得 TGA 年

---

① 根据欧盟《数字服务法》规定，拥有超过 4500 万用户的公司被指定为超大型在线平台。

② Miranda Jarrett：*Temu becomes world's second most visited retail site*，Dao Insights，2024 年 1 月 11 日，https://daoinsights.com/news/temu-becomes-worlds-second-most-visited-retail-site/.

③ 霞光智库：《2024 年中国社交娱乐出海发展趋势洞察报告》，Digitown 数字重阵，2024 年 2 月 28 日，https://mp.weixin.qq.com/s/zlJDEtBwX6MxArkd_Ik-Qg。

④ 马靓辉：《中国社交媒体平台国际化路径研究》，中国传媒大学硕士学位论文，2022 年。

⑤ 中国音数协游戏工委、中国游戏产业研究院、伽马数据（CNG）：《2023 年中国游戏出海研究报告》，中国网，2023 年 12 月 15 日，https://baijiahao.baidu.com/s?id=1785335703051090376&wfr=spider&for=pc。

度最佳移动游戏奖。第二，我国游戏平台采取分布式创新策略积极变现，在游戏中添加社交系统，在游戏外通过与大型社交媒体合作进行广告变现和品牌推广。[①] 第三，中东和拉美市场成为游戏产业的重要阵地。《2023 年中国游戏出海研究报告》显示，2023 年中东、非洲和拉丁美洲游戏玩家增长显著，中东、非洲的玩家数量同比增长 12.3%，新兴市场获客量已是五大成熟市场的 4 倍。值得注意的是，我国自主研发游戏的增长势头放缓，面临增长压力。2023 年全球游戏市场规模为 11773.79 亿元，同比增长 6.00%，但中国自主研发游戏在海外市场的实际销售收入为 163.66 亿美元，同比下降 5.65%，继 2022 年后再次出现下降，且下降幅度扩大，游戏出海具有较大增长压力。[②]

5. 网络文学领域

网络文学领域商业平台出海势头强劲，呈现出三个显著特征。第一，多语种与多策略性。仅在 2020 年内，无限进制推出了 6 个网文出海应用平台，覆盖东南亚、中东、拉美和东欧等市场，逐步扩大其多语言市场份额。掌阅科技在 2020 年推出 4 款多语种网络文学平台，2021 年又推出 Storyaholic 主打短篇小说。字节跳动推出的 Fizzo Novel 以免费阅读和离线观看为特色，在东南亚尤其印尼表现出色。[③] 第二，"Z 世代"用户在生产和消费端同步崛起，《2023 中国网络文学出海趋势报告》显示，出海网文平台的访问用户中，"Z 世代"用户占比近 8 成，并且海外"00 后"作家崛起，占比已超 4成；[④] 第三，AI 为网文出海行业赋能。截至 2023 年，在 WebNovel 畅销榜排名前 100 的作品中，AI 翻译作品占 21 部。[⑤]

① 易靖韬、何金秋：《基于生态系统竞争优势的平台出海战略研究：基于猎豹移动轻游戏平台国际化的案例分析》，《中国软科学》2023 年第 5 期。

② 中国音数协游戏工委、中国游戏产业研究院、伽马数据（CNG）：《2023 年中国游戏出海研究报告》，中国网，2023 年 12 月 15 日，https://baijiahao.baidu.com/s? id = 1785335703051090376&wfr=spider&for=pc。

③ 李丹丹、李玮：《文化数字化战略下多语种网文平台出海路径》，《出版广角》2024 年第 11 期。

④ 裴晋奕：《〈2023 中国网络文学出海趋势报告〉发布：海外 00 后作家崛起，占比已超 4 成》，上游新闻，2023 年 12 月 5 日，https://www.163.com/dy/article/IL7NA9KC053469M5.html。

⑤ 中文在线：《IP 出海，拐点还是泡沫？》，新立场 NewPosition，2024 年 3 月 20 日，https://new.qq.com/rain/a/20240320A090YF00。

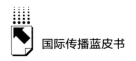
（二）模式：海外再造与全球化品牌升级

1."中国模式"的海外再造

面对局势的新变化，中国出海平台采取对国内成熟模式的海外再复制的策略，将经过国内市场验证过的成熟商业模式输出至海外市场。中国商业平台在过去数年间积累的关于商业与服务模式经验，成为在海外市场竞争中的重要优势。虎牙旗下的海外直播平台 Nimo，整合线上线下合作资源，通过社交宣发与直播互动双重引擎，目前已经搭建了覆盖东南亚各国 Top100 的头部媒体资源、100 多个游戏媒体矩阵以及 70 多个社交媒体矩阵，会聚了来自东南亚、中东等国家和地区的顶尖 KOL，[①] 激发公众讨论热潮，成功在多个平台上构建起高曝光度与高关注度的舆论环境。

2. 全球化品牌的战略升级

中国平台出海过程中的全球化品牌升级是"走出去"的一大重要实践。中国平台的全球化战略涉及技术合作、品牌建设和社会责任等多个方面，表现出全面而细致的全球布局和发展策略。在技术合作方面，中国平台通过技术输出和创新推动全球业务发展。华为 2023 年在全球 30 多个国家建立了数据中心，其云计算业务显示出强大的国际市场竞争力。[②] 在品牌建设方面，中国平台注重全球市场的品牌推广。速卖通 AliExpress 持续加大服饰出海投入力度，开启全球红人直播大赛，合作时尚媒体《Vogue Business》以及超模奥利维亚-阿特伍德（Olivia Attwood），扩大品牌在全球市场的曝光量。[③] 在社会责任方面，中国平台表现出积极的国际公益参与。京东物流《2023年环境、社会及治理报告》显示，2023 年京东物流通过绿色包装减碳实现

---

① 10%公司：《直播平台 Nimo 在 ChinaJoy 官宣全新品牌理念 一站式服务助力游戏扬帆出海》，澎湃新闻，2024 年 7 月 26 日，https：//baijiahao. baidu. com/s？id = 1805634175830095058&wfr = spider&for = pc。

② 华为投资控股有限公司：《华为投资控股有限公司 2023 年年度报告》，搜狐网，2024 年 4 月 12 日，http：//news. sohu. com/a/771184216_121838592。

③ 金融界 AI 电报：《速卖通进军服饰赛道，联合 Vogue 启动全球直播大赛》，搜狐网，2024年 3 月 21 日，https：//www. sohu. com/a/765747857_114984。

碳减排近7万吨。[①] 阿里巴巴在全球扶贫项目中的贡献同样显著，2023年帮助超过50万贫困人口提高收入，目前，有超过250家非洲企业上线阿里巴巴国际站。[②]

（三）布局：传统出海区域依然主导，新兴区域强势追赶

1. 布局地区：扩展东南亚、中东等新兴地区

新兴市场快速发展，逐渐成为越来越多平台的出海目的地。《2023—2024年中国企业出海发展研究报告》指出，北美、西欧、南美作为传统出海的地区，是平台选择最多的出海地区，分别有30.97%、27.65%、27.58%的平台布局，但正在被东南亚、中东等新兴区域追赶，[③] 越来越多平台选择将新兴区域作为出海目的地。东南亚地区快速增长的数字经济、庞大的年轻消费群体和便利的地理位置为中国企业与平台出海奠定了基础，而中东地区的人均收入水平高、经济结构单一等因素为中国企业与平台出海提供了机遇。总体来看，选择新兴市场作为出海目的地，不仅可以帮助平台获得更广阔的发展空间，还能在一定程度上分散市场风险，实现全球业务的多元化布局。例如，TikTok在东南亚快速扩展，凭借其短视频平台在印尼、泰国、越南等地迅速积累了大量用户，成为当地最受欢迎的社交媒体之一；阿里巴巴通过Lazada和Daraz进入东南亚和南亚市场，成功占据了电商领域的领先地位。

2. 布局策略：基础设施投资加大

我国平台在基础设施建设的基础上出海。在国家"一带一路"倡议的

---

① 金融界AI电报：《速卖通进军服饰赛道，联合Vogue启动全球直播大赛》，搜狐网，2024年3月21日，https://www.sohu.com/a/765747857_114984；金融界资讯：《京东物流发布2023ESG报告：持续建设绿色供应链，绿色包装减碳近7万吨》，金融界，2024年4月27日，https://baijiahao.baidu.com/s? id=1797449367020996108&wfr=spider&for=pc。

② 刘昊：《阿里巴巴数字乡村：以中国经验助力非洲数字减贫》，光明网，2023年11月7日，https://politics.gmw.cn/2023-11/07/content_36949916.htm。

③ 36氪研究院：《2023-2024年中国企业出海发展研究报告》，36氪，2024年1月30日，https://mp.weixin.qq.com/s/c6rqqQQ_w_G_OiM4J5-lpA。

引领下，我国与共建国家进出口总额累计超过 21 万亿美元，对共建国家直接投资累计超过 2700 亿美元，涵盖基建、通信、制造业、贸易、金融、互联网等多个领域。[①] 其中东南亚和拉丁美洲地区市场开拓空间较大，成为出海基础设施投资的重要部署阵地。例如，在拉美地区，政府推动中拉贸易额突破 5000 亿美元大关，助力企业平台与拉美 30 个国家运营商的深度合作，实现在多个国家市场份额超过 20% 的显著成效。[②] 不仅如此，在面临极大出海压力的北美和欧洲地区，政府部门也积极推动双方建立产业链的良性互动，帮助中国企业平台参与到社会民生、环境保护、消费者权益、社会平等与多样性、劳动保障等层面，在提升企业平台形象的同时，也为欧美地区就业环境与社会发展创造新动能。

二 特征：政策细化、结合本土与技术赋能

当前，中国商业平台出海在宏观层面存在以下显著特征：一是政府正广泛参与并助推平台出海，二是中西商业平台的竞争加剧，三是技术正在赋能平台，在需求预测、库存管理、支付等流程已然展现出强大动能。

（一）政府的广泛参与：政策细化与落实、国家战略支撑

1. 规范化：平台出海政策的细化与落实

近来，中国政府在商业平台出海方面的政策细化，表现出高度重视数字化转型、提供金融支持、落实合规保障等特征。这些政策的具体实施细则和效果有待进一步观察，但总体方向明确——有利于企业在全球市场上的可持续发展。2022 年 1 月 19 日，国家发展改革委等部门发布《关于推动平台经济规范健康持续发展的若干意见》，明确指出支持平台企业推动数字产品与

---

① 王莉：《十年来中国对共建"一带一路"国家直接投资累计超 2700 亿美元》，《羊城晚报》2023 年 11 月 24 日。
② 陈一鸣等：《携手构建中拉命运共同体》，《人民日报》2024 年 1 月 26 日。

服务"走出去"，增强国际化发展能力，提升国际竞争力。[1] 2024 年，加快平台出海的政策更加细致全面。包括商务部在内的 9 部门发布了《关于拓展跨境电商出口推进海外仓建设的意见》，在完善税收政策法规、电商人才培养、物流基础设施建设、企业合规经营标准等方面做出明确指示，为有效解决数字平台运作过程中的各种难题提供政策保障。[2] 2024 年 4 月 26 日，商务部关于印发《数字商务三年行动计划（2024—2026 年）》的通知，要求各地方商务部门扩大数字领域对外投资合作，[3] 做好数字企业"走出去"服务保障，编制年度《对外投资合作国别（地区）指南》等公共服务产品，积极做好数字领域贸易摩擦应对，维护企业合法权益。

2. 乘"东风"：与国家发展战略紧密相伴

中国商业平台的出海战略与"一带一路"倡议之间关系密切且相互促进。首先，"一带一路"倡议旨在推动共建国家的经济合作与发展，这些市场成为中国平台全球化的重点区域，如阿里巴巴的速卖通（AliExpress）在东南亚和中东市场的扩展与"一带一路"倡议相符。其次，倡议中的基础设施建设，包括港口和铁路，为商业平台提供了高效的物流支持，中欧班列的开通显著提升了跨境电商的物流效率。此外，中国企业在共建国家的投资合作也助力商业平台的市场进入，通过与当地企业建立合作关系，平台能够更好地融入新市场。同时，政府的政策支持，如出口信贷和对外投资保险，为平台的国际扩展提供了保障。最后，倡议中的国际合作为商业平台提供了更多资源整合的机会，例如华为在共建国家的技术合作，推动了当地的信息化建设。总体而言，中国商业平台利用"一带一路"倡议带来的机遇，优化市场布局、降低运营风险，并在全球市场中奠定了更加稳固的业务基础。

① 国家发改委：《关于推动平台经济规范健康持续发展的若干意见》，中国经济信息网，2021年 12 月 24 日，https://zfxxgk.ndrc.gov.cn/web/iteminfo.jsp?id=18628。
② 商务部等：《关于拓展跨境电商出口推进海外仓建设的意见》，中国政府网，2024 年 6 月 12日，https://www.gov.cn/zhengce/zhengceku/202406/content_6956847.htm。
③ 商务部：《商务部关于印发〈数字商务三年行动计划（2024-2026 年）〉的通知》，中国政府网，2024 年 4 月 26 日，https://www.gov.cn/zhengce/zhengceku/202404/content_6948104.htm。

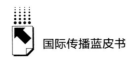

（二）出海策略：标准化与本土化结合

1. 技术出海+本土运营

商业平台将自身的标准化模式与当地的本土元素相结合，融入当地民众的日常生活。第一，采取"技术出海+本地运营"的策略。以 TikTok 的布局为例，字节跳动创始人张一鸣曾表示，其全球化战略是通过结合"标准化元素"（如字节跳动的技术中台和算法推荐系统）与"本地化元素"（如本地化运营内容和用户）进入海外市场。标准化元素确保了平台的核心技术和用户体验的一致性，而本地化元素则使平台能够适应不同市场的文化和用户需求。第二，技术出海输出平台的底层框架。阿里巴巴通过阿里云在全球市场的布局，实现了技术的全球化应用。截至 2024 年 3 月，阿里云在全球 30 个地域运营 89 个可用区；[①] 并在 2023 年全球市场份额达到 7.9%，成为全球第四大云服务提供商。[②] 阿里云这种技术输出不仅帮助各国企业实现数字化转型，也在潜移默化中影响全球商业生态。

2. 与本土合作而非对抗

在当地布局平台基础设施，与本土电商平台合作而非对抗扩大市场。以 TikTok 在印尼市场的开拓为例，2023 年 9 月，印尼贸易部出台新规，要求 TikTok 将电商业务与社交媒体剥离，这在实质上禁止了 TikTok 的电商业务。两个月后，TikTok 宣布，其印尼电商业务将与 GoTo 集团旗下电商平台 Tokopedia 合并，合并后的 Tokopedia 由 TikTok 控股，双方将共同推动印尼数字经济发展并支持中小企业。[③] 此外，京东通过与谷歌合作，在北美市场推出京东全球购，利用谷歌的技术和市场资源，将中国的优质商品和消费理念带到北美市场。在推进全球供应链网络建设上，京东物流已拥有近 90 个

---

① 阿里云开发社区：《阿里云全球基础设施展示，公共云地域、边缘节点、超级数据中心分布图》，阿里云，2024 年 4 月 23 日，https://developer.aliyun.com/article/1489684。

② 根据 Gartner 的统计，亚马逊以 546 亿美元的收入和 39% 的市场份额继续领跑全球 IaaS 市场，微软以 23% 的市场份额紧随其后。谷歌在 2023 年增长了 26.3%，以 8.2% 的市场份额排在第三位。阿里巴巴以 7.9% 的市场份额稳居第四；华为市场份额 4.3% 居第五。

③ 李子晨：《本地化：中国电商平台出海可行模式》，《国际商报》2023 年 12 月 15 日。

海外仓库、保税仓库和直邮仓库，为全球客户提供优质高效的一体化供应链物流服务，以海外仓为核心推动了欧美及东南亚等多个地区快递物流大提速，本土快递最快可实现"1日达"。[1]

（三）AI技术助力中国平台出海

1. AI技术提升出海平台适应能力

AI技术的应用大大提升了中国出海平台的在地化适应能力，通过智能算法及时将用户数据反馈为智能服务。利用自然语言处理（NLP）技术提供多语言支持和自动翻译服务，跨境电商平台帮助用户跨越语言障碍，顺利完成购物过程。在客户服务方面，这些平台采用了AI驱动的智能客服系统，如京东的智能客服"JIMI"，可以快速响应用户查询并解决常见问题，极大地提高了客服效率并降低了人工成本。此外，在人工智能的助力下，网文的翻译效率提升近百倍，成本降低超九成，AI翻译助力下翻译效率提高3600倍，成本降到人工翻译的1%。截至2023年10月，阅文集团旗下海外门户起点国际已上线约3600部翻译作品，同比3年前增长110%。AI正推动网文规模化，让"一键出海""全球追更"成为可能。[2] 在跨境支付和风控领域，AI技术也发挥了重要作用。支付宝和微信支付等平台采用AI进行风险控制和防欺诈检测，通过实时分析交易数据和用户行为，快速识别异常交易，保障用户资金安全。[3]

2. AI技术优化平台供应链管理效能

供应链管理方面，AI技术的应用优化了需求预测和库存管理。京东利用AI分析历史销售数据和市场趋势，优化库存配置，减少库存积压和缺货现象。阿里巴巴和京东的仓储系统通过AI和机器人技术实现了高度自动化，

---

① 金融界咨询：《京东2023年四季度用户数实现加速增长 把用户体验放在首位驶入良性增长通道》，金融界，https：//baijiahao.baidu.com/s？id=1792773306580407822&wfr=spider&for=pc。

② 刘江伟：《人工智能翻译助力网文"一键出海"》，《光明日报》2024年1月7日。

③ 阿里云开发者：《支付宝第五代风控引擎AlphaRisk模型解析》，知乎，2018年5月7日，https：//zhuanlan.zhihu.com/p/36530032。

提高了物流效率，缩短了配送时间。基于此，新兴平台集体奔向全托管和半托管：全托管模式下，平台承担起从原材料采购、生产监控、库存管理到物流配送的全过程，为商家提供"一站式"解决方案，极大减轻了企业的运营负担，尤其适合资源有限或寻求快速市场扩张的中小企业。而半托管模式则给予企业更多自主权，平台主要聚焦于核心环节的支持与优化，如上架销售、流量支持，帮助卖家经营减负，同时借助卖家海外备货优势实现双赢。这个过程中平台凭借强大的 AI 算法实现了对于生产与销售端的极速对接，大大提高了供应链的管理能力，使得像 TEMU 这样的后发出海平台可以通过供应链成本的优势迅速拓展自己的海外市场，构建自己的品牌竞争力。

三　商业平台出海的态势：趋势预测与对策建议

近年来，互联网平台的基础设施权力伴随平台的全球化扩张而延伸到本国以外，平台正在将互联网划分为事实上封闭的统治领域，并使用类似国家的机制来规制平台场域：它们惩罚和奖励市场行为、裁决交易争议、承担监管职能，甚至为数字空间的社会秩序提供制度基础。[①]

（一）我国平台出海的未来趋势

1. 地缘政治博弈加剧

平台出海问题已经上升到国家发展与政治战略的高度。第一，地缘政治博弈影响商业平台出海的地域布局。西方国家对俄罗斯的经济制裁和数字封锁，使得中国平台在国际市场上面临更多的不确定性和压力。同时，乌克兰危机促使中国企业加速全球化布局，寻找多元化市场以降低地缘政治风险，阿里巴巴、腾讯等企业在东南亚、非洲等新兴市场的投资和合作不断增加，

---

① 唐庆鹏：《互联网平台的地缘政治影响及战略应对》，《当代世界与社会主义》2023 年第 6 期。

以此来分散风险，提升在全球市场的竞争力。第二，瞬息万变的国际局势也导致了平台出海环境的复杂多变。例如，从 2017 年 12 月到 2020 年 5 月，TikTok 在印度出海过程中并未遇到太大阻隔，在印度月活数量达 1.5 亿，存量用户约 2 亿。然而随着中印冲突爆发，2020 年 6 月，印度就宣布全面封禁包括 TikTok 在内的 59 款中国 App，掠夺了我国商业平台在印度的广阔市场。① 不仅如此，美西方国家的政党斗争也使平台出海政策限制表现出时而加紧时而放宽的摇摆状态。例如，尽管美国政府在 2024 年 4 月通过《保护美国人免受外国对手控制应用程序侵害法》，并要求字节跳动剥离 TikTok，但是拜登所签署的真正成文的法律实际上对众议院初提法案版本中的封禁期限进行了延期，要求字节跳动对 TikTok 在 2025 年 1 月 19 日前实现剥离，而美国重要的大选月在 2024 年 11 月，可见这一社交平台对两党拉选票起着十分重要的作用。②

2. 平台克隆挤压出海空间，市场开拓难度加大

当前，美西方国家为抢夺市场，不断在技术、内容和运营上做出优化，利用其技术优势增强自身的市场竞争力。出于国家利益考量，部分国家致力于开发敌对国家平台的克隆版，从而挤压原版平台的出海空间。例如，脸书和 Snapchat 为抵制 TikTok 的发展已经推出了 TikTok 克隆版本。俄罗斯为摆脱西方国家社交媒体对本国重要账号的禁限，也正在推广自己的 YouTube 克隆版本 RuTube，并可能在未来一年推出自己的 Telegram 版本。③ 根据 meet intelligence 发布的《2024 年度全球跨境电商平台深度解析：新模式下的新格局》，亚马逊仍然是美国最大的电商平台，市场占比高达 36%，而中国的

① 李焕宇：《印媒：印度宣布将永久禁止 59 款中国 App，包括百度、UC 浏览器等》，观察者网，2021 年 1 月 26 日，https：//baijiahao.baidu.com/s？id = 1689927368045662703&wfr = spider&for = pc。

② Rebecca Schneid：《Donald Trump Joins TikTok After Trying to Ban the App as President》，TIME，2024 年 6 月 2 日，https：//time.com/6984861/donald - trump - joins - tiktok - after - trying - to - ban - app - as - president/。

③ Mansoor Iqbal：《TikTok Revenue and Usage Statistics》，Business of Apps，2024 年 7 月 8 日，https：//www.businessofapps.com/data/tik - tok - statistics/。

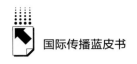

Temu 和 SHEIN 在美国的市场占比仅仅约有 2%。[①] 不仅如此，在"第二市场"的东南亚地区，我国商业平台也未能展现出较强的影响力。根据乘驿发布的《2023 年澳大利亚主要平台流量报告》，亚马逊和 eBayAU 仍然高居前两位，而中国的 AliExpress、SHEIN 和 Temu 分别位居第 93 位、第 19 位和第 69 位。[②]

3. 争夺关键点：数据安全成为平台出海"卡脖子"要素

随着平台在海外的规模迅速扩张，数据安全问题已然成为平台跨境发展过程中面临的核心议题。当前各国都已经制定了与平台跨境发展相关的法律文件，确保数据主权掌握在自己手中。例如，我国出台的《个人信息保护法》《数据安全法》，欧盟出台的《通用数据保护条例》，美国联邦政府的《澄清境外数据的合法使用法案》《外国情报监视法》及其各州隐私信息法案如加州的《加州隐私权法案》，加拿大的《个人信息保护和电子文件法》，俄罗斯的《个人数据法》以及韩国、日本、澳大利亚、印度、南非等国家对于本地用户隐私数据及重要行业数据的保护法规。[③] 由此可见，国家相关部门对重要数据跨境流动的评估与限制更加周密，从而确保个人隐私数据和国家重要机密数据不被他国窃取。

（二）相关对策建议

第一，平台出海应做到多地区、多行业"量身定制化"。在选择出海路径和模式时应充分考虑目标市场的需求和竞争环境，确保与目标市场的契合度和可持续性。应深入研究目标市场的文化背景、消费习惯、法律法规等，避免文化差异或法规冲突导致的市场进入障碍。在网文平台出海过程中，平台未充分考虑文化禁忌、民族冲突等问题，对部分翻译内容的监管不严，致

---

① 飞书深诺：《2024 年度全球跨境电商平台深度解析：新模式下的新格局》，搜狐网，2024 年 7 月 2 日，https://www.sohu.com/a/790046052_121758897。
② Ricky Chen：《出海跨境电商观察 2024：这个市场中国出海四小龙流量份额占比最大？》，乘驿轻咨询，2024 年 3 月 13 日，http://www.omniehub.com/h-nd-46.html。
③ 郝志强：《主要国家和地区数据跨境流动制度规则》，《中国网信》2024 年第 5 期。

使平台的用户大量流失。[1]

第二，在保证数据安全的基础上要积极建立平台出海的"国际规范"。数据成为各国争夺的关键点，各国试图占据数据高地建立国际规范。以美国为例，美国通过与欧盟、日本等达成跨境数据流动协议，签订美欧《隐私盾协议》和美日数字贸易协定，旨在确保美国企业在跨境数据流动中的优势地位，主导全球数据流动的规则。数据安全与合规管理将成为中国平台在全球化扩展过程中不可忽视的重要因素，我国需要与各国政府的积极对话与合作，推动建立国际数据流动规范，建立更加公平、合理的数据国际规范。

第三，注重技术创新，坚持自主研发，提升我国商业平台的全球竞争力。在智能媒体时代，平台需打造"云计算+大数据+数据库+人工智能"等基础平台产品，通过多元化产品组合满足不同地区、行业的需求，提供灵活的技术方案，为平台数字化出海提供稳固的技术支撑。在未来的发展中，中国平台需继续推动"技术出海"战略，提升平台的市场竞争力与用户黏性，从而在全球市场中占据优势地位。

---

[1] 何怡婷：《中国网络文学"走出去"路径研究》，四川大学硕士学位论文，2021年。

比较与借鉴篇

B.24
中国建筑与 AECOM 的国际
传播效能比较报告[*]

曾庆香　杨雨曦　索　雅[**]

摘　要：　中国建筑作为中国企业"出海"的先锋，在国际传播领域取得了显著成效。本报告针对中国建筑的国际传播现状分析发现，中国建筑以顶层设计为指导，构建了多元化的传播主体网络，整合了多样传播渠道，展示了丰富的传播话语。同时，本报告通过对 2023 年中国建筑与 AECOM 公司在 X 平台发布的推文进行对比发现，在整体上，AECOM 的推文发布频率更高，中国建筑的传播效果更好。在内容上，中国建筑和 AECOM 关于国际项目的推文的传播效果都弱于关于国内项目的推文；对节日和纪念日的报道，

*　本报告系中国社会科学院 2024 年度重大经济社会调查项目"中国网络民意和舆情指数调查（2024—2026）"（项目编号：2024ZDDC006）前期成果。

**　曾庆香，中国社会科学院新闻与传播研究所研究员、国际新闻与传播研究室主任，中国社会科学院大学博士生导师，主要研究方向为国际传播、新闻叙事、传播符号、舆论战；杨雨曦，中国社会科学院大学硕士研究生，主要研究方向为国际传播；索雅，中国社会科学院大学硕士研究生，主要研究方向为国际传播。

中国建筑和 AECOM 都获得了较好的传播效果；中国建筑的员工故事注重友情，但 AECOM 的员工故事注重专业。总之，中国建筑注重展示项目本身，内容具体，AECOM 注重展示观点，内容抽象。在符号使用上，中国建筑和 AECOM 都偏爱图片，视频具有提升传播效果的功效；在话语类型上，中国建筑和 AECOM 为了吸引用户交流互动，都采纳了召唤用户交流的话语，但 AECOM 的召唤话语比例更高。总之，中国建筑通过国际传播成功塑造了一个国际化、业务卓越、富有人文关怀和社会责任的企业形象，而且展现了可信、可爱、可敬的中国形象。为了更好地提升国际传播效能，中国建筑在社交媒体上，可以考虑通过增加视频内容的比重、提高召唤话语的使用频率、引入国际社会广泛认同的理念等手段进一步提升传播效果。

关键词： 中国建筑　AECOM　国际传播　社交媒体　召唤话语

　　构建多主体、多渠道、立体式的对外传播格局，展现可信、可爱、可敬的中国形象，是近年来中央在国际传播领域的重要指示与重要战略方向。"走出去"的中国企业能有效促进当地发展，带动当地就业，惠及当地民众，是海外受众直接感知中国形象的重要窗口，其产品、服务、项目、员工都是国家形象最直接、最有效的传播工具，也是国家形象实实在在的支撑，甚至成为中国形象最活跃、最典型的代言人。中国企业是我国国际传播的重要主体。

　　2023 年被视作中国企业新出海元年。澎湃研究所对中国企业出海的全球舆论分析结果显示，2023 年"中企出海"全球舆论关注度上升，整体态度转暖；海外舆论主体对"中企出海"的关注点更多在中国企业对本地的影响上，而不是在产品端；"中国企业"与"中国"的舆论态度相关性达到 0.25。[①] 这说明中国企业的国际传播对构建中国形象具有极端重要性。

[①]　谢秋伊：《从海外舆论看中企出海："产品"和"中国"，哪个更受关注？》，澎湃新闻，2024 年 5 月 13 日，https：//m.thepaper.cn/newsDetail_ forward_ 27310520。

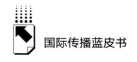

经过 40 多年的改革开放，在"走出去"战略的助推下，中国企业日益走向世界舞台，迫切需要对外讲好中国企业故事，展现真实、立体、全面的中国企业形象。因此，在经营的推动下，中国企业高度重视国际传播工作，纷纷制定了国际传播制度，建立了国际传播机制，取得了较好的国际传播效能。其中，中国建筑集团有限公司（以下简称"中国建筑"）的国际传播效能提升尤为显著，2019～2023 年连续五年位列英国 Brand Finance "全球品牌价值 500 强"行业首位，获得中国企业海外形象建设年度十大优秀案例。本研究选取中国建筑的国际传播作为案例，探讨其国际传播的经验，并将其推特账号运营与同样属于世界 500 强的 AECOM 推特账号运营进行对比，希冀为中国企业的国际传播提供借鉴。

一 中国建筑的国际传播现状

中国建筑是我国首批"走出去"的企业之一，目前是全球最大投资建设集团之一，有 43 家驻外机构，遍及亚太、欧非和拉美地区。在深耕海外、扎根当地的长期实践中，中国建筑探索出独特的企业海外形象建设模式，从"完善体系机制、夯实工作基础、建强传播矩阵、加强人脉建设、开展文化融合、提升品牌形象"等 6 个方面下功夫，形成了一系列有效的经验做法，不断提升国际传播整体效能，助力建设世界一流企业品牌，以企业形象展现可信、可爱、可敬的中国形象。

（一）清晰的国际传播顶层设计

中国建筑根据自身长期的对外传播工作经验，确定了"通盘谋划、试点先行、分批推进、全面提升"的国际传播策略，构建了"113"海外传播工作框架体系。国际传播首先是跨文化传播，为使国际传播开展顺畅，中国建筑编制了《跨文化交流指导手册》和 20 个国别的《跨文化交流执行手册》。

（二）多元的国际传播主体

对于"出海"的中国企业来说，海外经营即为海外传播，海外传播也即为海外经营。一切活动皆为国际传播。从层次来说，企业的国际传播者既包括领导层，也包括普通员工；从内外来说，企业的国际传播者既包括企业内部人员，也包括外部社会人员；从岗位来说，有专职的国际传播者，也有兼职的国际传播者。中国建筑充分调用各种公司内外、国内外的主体进行国际传播，构建了一个多元化的主体网络。

1.海外传播专员

中国建筑持续实施"三年百人"培训计划，历时五年举办海外传播人才培训班，选拔培养 340 名海外传播工作骨干，覆盖 33 个国别（地区）。2023 年 1 ~ 11 月，中国建筑埃及分公司的海外传播团队在 Facebook、Twitter、Instagram、YouTube 四个海外平台粉丝约 130 万。其间四个平台累计发帖 633 篇，帖文阅读总量达 4282.9 万，互动量 205.2 万，四大平台总传播量 7041.2 万。埃及小伙 Diaa 策划推出"有趣的中国成语故事"系列专题视频 24 期，总阅读量达 210 万，总互动量达 12 万。新加坡安全员安东尼积极参与"我和我的外国朋友"主题海外传播，收获近 200 条海外网友留言。

2.公司管理层

在全球化时代，公司的所有公务活动都在构建与传播企业形象，尤其在与他国政要的会谈、对当地企业家的拜会、与当地合作伙伴的交流、对当地所建项目的视察等公务活动中。中国建筑管理层不仅非常注重国际传播效能建设，而且以身作则积极参与国际传播活动，主动担纲企业国际形象的构建。

3.海外员工

因为驻外员工周围围绕着属地员工和当地民众，其日常言行举止和在社交账号的展示都在有意无意地形塑着企业形象；而属地员工在亲朋好友间、在社交媒体账号上对日常工作的讲述、对工作单位的评价，都是对企业形象

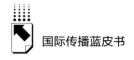

的塑造。属地员工作为传播者，既具有外表、心理等接近性，又具有广泛的人脉圈和语言表达优势，是理想的企业形象塑造者。如中国建筑埃及分公司的《走进 CBD——中埃师徒情》vlog 由埃及员工拍摄，发布于海外各大社交平台，反响非常好，截至 2023 年 11 月底，阅读量 254 万。中建埃及分公司拍摄的《我们在中国企业》专题片和中阿语书籍《大漠情深》讲述了参与建设埃及新首都 CBD 项目的中埃员工结缘后的日常工作与生活故事。

（三）多样的国际传播渠道

中国建筑通过整合网站、社交媒体、专业媒体、行业论坛以及专题活动等多维渠道，针对不同需求的受众开展差异化叙事，从而构建一个全面的国际传播矩阵。

1. 官方网站

中国建筑专门开设了官方外文网站，主要面向投资者，采用新闻发布、专题报道等形式，客观、及时地对外发布重点工程项目进展、公司荣誉、经营情况、重要会议、财务指标及科技创新等关键信息，重点阐释"人文关怀""社会责任""安全生产""绿色建筑""智慧建筑""环境保护"等议题。语言表达以客观陈述为主，简洁明了，通常用一句话揭示项目亮点与潜在价值。不同语言版本的官网针对不同市场进行定制化策划，策划选题时也会考虑当地热点。

2. 社交媒体

社交媒体因其庞大的受众体量，已成为国际传播中的关键阵地。中国建筑融媒体中心协同海外分中心，在 Facebook、X、YouTube、Instagram 及 TikTok 等主流社交媒体平台上开通账号，有效聚合超过 190 万的海外粉丝。如中建埃及公司依托中国建筑融媒体中心，基于埃及分中心，面向北非、中东等地区受众，入驻七大全球性社交平台，打造了一个海外品牌传播新平台、新阵地、新模式。

3. 专业媒体

中国建筑积极整合专业媒体资源，2024 年，中国建筑与 CGTN 共同制作的纪录片《智慧建造》正式推出，该片聚焦"科技、创新和可持续发展"，记录了迪拜辛达加大桥、柬埔寨国家体育场、深湾汇云中心等 9 个海内外重点工程项目，展示了在建筑过程中使用的高新技术。该片在 CGTN 等多个海内外平台播放量达 8800 万次，并在对象国和地区落地传播。此外，中国建筑在尼泊尔快速路项目中为当地 200 余名居民、学生开展爱心义诊活动，这一善举被哈尔巴新闻社、凯迪恩达普电视台等 10 余家当地主流媒体报道。

4. 行业会议

行业论坛及国际会议主要面向行业领袖、政府官员、供应链伙伴等专业人员，重点关注行业发展的新形式、新技术及新理念。梳理 2023 年中国建筑举办及参与的行业论坛，关键议题包括"贯彻新发展理念，助力碳达峰碳中和""践行社会责任，推动品牌高质量发展""土木工程绿色低碳高质量发展""'一带一路'国际合作""以科技创新推动产业创新"等，主要围绕技术创新、绿色发展、数字化转型、国际合作等国际社会关注的可持续发展问题展开。在阿联酋举办的《联合国气候变化框架公约》第二十八次缔约方大会上，中国建筑以"绿色建造赋能可持续发展"为题，与来自世界 198 个国家的政府部门、国际组织、学术机构等各界代表共商气候变化、粮食安全等议题，集团分享了伊提哈德铁路项目二期 A 标项目在节能减排、修复沙漠腹地生态、保护珍稀动物等领域的经验。[①]

5. 专题活动

为打造品牌，扩大影响，中国建筑结合各个国家和地区的发展愿景与战略，开展多种专题活动，如 2021 年，中国建筑在亚、欧、非、美、大洋洲的近百座城市，举办 260 多场"建证幸福"开放日，触达受众 5.6 亿次，被 350 余家海内外媒体报道。2022 年，中国建筑开展"建筑在说话"（Building Lives）活动，覆盖海外受众约 1.6 亿，系列回访视频在海外社交

---

① 中国建筑:《绿色建造，"碳"寻未来 | 中国建筑"绿色赋能"主题展在阿联酋举办》，2024 年 1 月 9 日，澎湃新闻，https://www.thepaper.cn/newsDetail_forward_25959194。

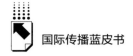
媒体账号发布后收到海外网友跟评留言、点赞 7.3 万次。中国建筑最具创新性的活动是以职业技能培训为核心、辅以企业形象与品牌传播的"鲁班工匠计划"。自 2020 年在埃及开设境外首家鲁班学院以来，中国建筑累计为 3800 余名埃及工程师、技术人员及工程专业学生提供培训、交流、实习。秉持"赋能人才创新成长，共建共赢建筑未来"的项目愿景，以"拓展幸福空间"为使命，集团在新加坡、马来西亚、斯里兰卡等 10 个国家陆续开设鲁班学院，为中建员工及所在国建筑工程领域青年学子提供学习、交流、成长的可持续发展视野平台。

（四）丰富的国际传播话语

中国建筑经营业绩遍布国内及海外 140 多个国家和地区，其国际传播根据不同国家或地区、不同受众、不同渠道进行精准传播，构建了丰富的国际传播话语。中国建筑围绕行业、民生、员工成长、文化与情感等内容，挖掘实践中的故事，在国际传播中构建事实与情感并重的话语体系。

1. 行业话语

中国建筑重视对全球讲述科技创新引领高质量发展的行业话语。策划制作《动臂式塔吊首次顶升》等短视频，展示中国建筑关键技术研发成果，获新华社 Global Link 等媒体关注，播放总量达 50 万次。与环球网联合制作多语种故事片《十城记》，从埃及开罗到新加坡，讲述中国建筑承建的城市更新项目为 10 个沿线城市带来的改变，展示新时代中国建造水平。随着科技创新成果不断涌现，中国建筑逐渐成为全球行业模板与标准制定的合作者。历经五年研发、三年申报，联合中国物品编码中心，中建集团主导的首个 ISO 国际标准《工业化建造 AIDC 技术应用标准》，为全球建筑业数字化转型在国家标准化领域贡献了中国方案和中国智慧。[1]

2. 民生话语

中国建筑始终关切环境保护和社会责任等议题，力图讲好民生话语。由

---

[1] 中国建筑：《中建集团主导的首个 ISO 国际标准被正式立项》，中国建筑，2021 年 9 月 26 日，https：//www.cscec.com.cn/zgjz_ new/xwzx_ new/zqydt_ new/202109/3403746.html。

中国建筑承建的伊提哈德铁路途经多个阿联酋国家级生态保护区，集团在征求了当地政府、阿布扎比环境署等多方的意见后，最终确定在保护区南边规划出一片与原生态环境相似的区域，作为动植物的新栖息地。此外，项目采取就地取材建造人工泻湖以节约水资源、合理循环使用废集料等一系列环境保护措施，深受业主和当地政府认可。① 同样，中国建筑积极回应当地议题，定期发布中国建筑在地企业的社会责任报告，如针对埃及的"建证友谊""建证融通"，针对新加坡的"建证美好"，针对海湾国家的"建证幸福"，针对马来西亚的"建证繁荣"等。

3. 文化话语

中国建筑传承弘扬中华优秀传统文化，讲述底蕴深厚的文化话语。遵循时令更迭，中国建筑定期在 X 平台发布"节气"推文，不仅解析中国节气的历史渊源、传统习俗与文化内涵，还融入了对国内外标志性建筑的介绍。此外，中国建筑推出"古'建'奇'谈'"主题策划，将参与建设的仿古建筑项目制成精美画卷，并添加"找不同""拼图"等互动方式，将"建筑"打造为承载中华文化的亮丽名片。《我在新首都学汉语》系列视频，通过中埃员工钟翔、依琳等人，为阿拉伯国家受众教授汉语、展示汉字文化，共发布 35 期，总阅读量 1095.72 万，互动量 145 万，点赞量 1.3 万。② 同样，中国建筑也会在项目属地节日期间注重讲述当代文化习俗，如中建埃及分公司的"走进 CBD——斋月特别篇视频""开斋节动态海报视频"。

4. 成长话语

中国建筑深入挖掘项目见证者的个人故事，讲述员工成长话语。例如，在 X 平台发布中国建筑尼泊尔公司员工 Anisha 的故事，叙述从大学毕业加入中国建筑以来，Anisha 如何成长为一名行政专员，并发布员工故事系列之"女性为何从事建筑行业"，讲述女性员工共同成长的故事。又如，中国建

---

① 中国建筑：《阿联酋伊提哈德铁路二期 A 标项目竣工交付｜建证海外高质量发展》，澎湃新闻，2023 年 8 月 1 日，https：//www.thepaper.cn/newsDetail_ forward_ 24079532。

② 中建八局：《中建埃及脸书（Facebook）账号粉丝数破百万！》，澎湃新闻，2024 年 1 月 5 日，https：//www.thepaper.cn/newsDetail_ forward_ 25928174。

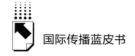

筑以埃及女工程师玛丽为主人公制作的微电影《我的故事》，通过玛丽的视角讲述她与中国的情缘，在 Facebook 平台获得 33.7 万次阅读量以及 1.2 万次互动。

5. 情感话语

中国建筑在展示实践成果的同时，也注重通过情感话语打动人心。集团制作的短视频《希望》，以承建的海外经援项目自由埃及语言实验学校学生哈兰为主人公，讲述这所"中国学校"给她生活带来的巨大变化。校长扎赫兰·巴塞姆（Ahran Barseem）表示，这是埃及最好的学校之一。① 埃及网友留言表示，中国建筑不仅为孩子们带来了美丽的校园，更带来了希望与梦想。在视频《回家的路》中，斯里兰卡员工讲述从小到大回家的乡村小路，因"一带一路"项目建设变为高速公路，展现了该项目为当地民众生活带来的变化。在"一带一路"百国印迹短视频大赛获奖后，《回家的路》入选新华社"一带一路"在地生活微视频展映式。

二　中国建筑与 AECOM 的推文传播效能对比

在国际传播效能方面，与"走出去"的中国企业相比，中国建筑无疑是翘楚。而与全球企业相比，其国际传播效能如何？为此，笔者选取了 X 平台（即推特平台），选择了国际建筑设计企业的 AECOM 公司作为对比样本。AECOM 是一家全球性的建筑设计咨询公司，其业务范围广泛，提供涵盖建筑、城市、交通、水、新能源和环境等领域的专业服务。AECOM 的业务遍及全球，2023 财年的收入为 144 亿美元，是 2023 年《财富》500 强公司之一。总之，AECOM 公司的业务与中国建筑具有类似性，涵盖了从建筑设计到基础设施建设的全过程，其在建筑行业具有广泛影响力。同时，该公司 2023 年在 X 平台的官方账号运营持续且稳定，具备和中国建筑旗鼓相当

---

① 景玥:《中国不仅为我们带来美丽校园，更带来希望与梦想》，人民网，2019 年 9 月 29 日，http://world.people.com.cn/n1/2019/0929/c1002-31380146.html。

的运营实力。

中国建筑（China State Construction，@ CSCECNEWS，中国建筑的不少海外二级机构注册了 X 账号，笔者只选择集团总账号）2019 年 12 月注册 X 账号，关注了 232 个账号，共计 133.8K 粉丝，总发布 1973 条推文。AECOM（@ AECOM）2009 年 1 月推出 X 账号，关注了 617 个账号，共计 83.9K 粉丝，总发布 12700 条推文。笔者利用软件和人工相结合的方法抓取中国建筑与 AECOM 的 X 平台官方账号在 2023 年发布的推文，其中中国建筑共发布 264 条，AECOM 共发布 295 条。2023 年，两家企业发布的推文在数量上大致相当。从粉丝数来看，中国建筑尽管 2019 年才开通账号，比 AECOM 晚了近 11 年，但其粉丝数却比后者多。

（一）推文数量与传播效果对比

中国建筑在 2023 年每个月的发文数量都比 AECOM 少，它们 12 个月的具体发文数量分别如下：

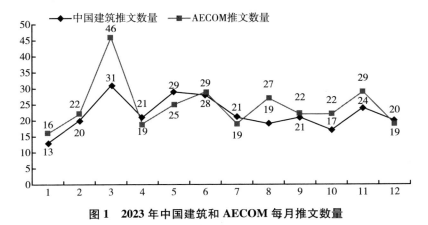

图 1　2023 年中国建筑和 AECOM 每月推文数量

注：本报告的图表全部是作者根据在推特上抓取的中国建筑和 AECOM 的数据进行处理绘制的。

在 X 平台，传播效果直接体现在浏览、点赞、转发与评论等数据上。同时，为了将浏览、点赞、转发与评论转换为一个传播效果值，笔者依据用户完成每个动作所涉及的复杂程度与主观意愿程度，赋予每一项加权系数，分别是：评论＊0.4，转发＊0.3，点赞＊0.2，浏览量＊0.1。2023年，在这五个数据上，无论是从平均数（见图2），还是从中位数（见图3）来看，中国建筑都比AECOM的数据要好，尤其是浏览量，这说明中国建筑在X平台上的贴文传播效果好于AECOM。

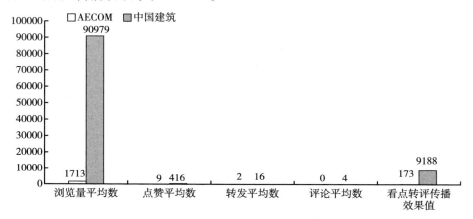

图2　中国建筑与AECOM传播效果平均数对比

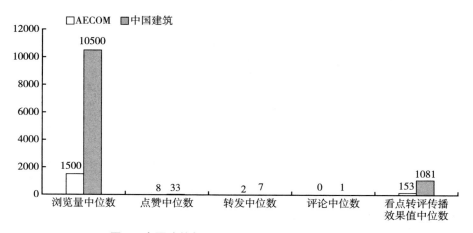

图3　中国建筑与AECOM传播效果中位数对比

总体而言，虽然在发布推文的频率上，AECOM更高；但在传播效果上，中国建筑显著优于AECOM。

（二）推文内容对比

1. 国际化程度

从推文内容来看，有些是对国内事项的报道，包括国内建筑项目，也包括国内节日等；有些是对国际事项的报道，包括国际建筑项目，也包括企业的国际荣誉等，具体统计结果见表1。

表1　2023年中国建筑与 AECOM 推文内容的国际化与传播效果

推文内容范围	中国建筑			AECOM		
	推文数量（条）	占比（%）	传播效果均值	推文数量（条）	占比（%）	传播效果均值
国内	57	22	10901	138	47	177
国际	207	78	8715	157	53	169

表1显示，从国际化程度来看，虽然两家公司的推文对国际内容的报道都多于对国内内容的报道，即二者都更注重国际化内容，但中国建筑的推文国际化程度远高于 AECOM。同时，两家公司的国际化内容的传播效果都略低于国内内容。

2. 推文主题对比

为进一步考察两家企业的推文内容差异，笔者对两家公司账号所有推文的主题进行分类，并根据上文的加权标准对各种主题的传播效果进行考察，统计结果如表2所示：

表2　2023年中国建筑与 AECOM 推文各主题占比与传播效果

推文主题	中国建筑			AECOM		
	数量（条）	占比（%）	传播效果均值	数量（条）	占比（%）	传播效果均值
项目	144	54.55	10422	90	30.51	181
节日与纪念日	52	19.70	10348	7	2.37	206
荣誉	20	7.58	4838	11	3.73	190
员工故事	14	5.30	10579	88	29.83	149
公益	14	5.30	1336	1	0.34	294

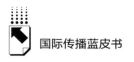
推文主题	中国建筑			AECOM		
	数量(条)	占比(%)	传播效果均值	数量(条)	占比(%)	传播效果均值
财务	12	4.55	6972	8	2.71	334
社会影响	5	1.89	7837	8	2.71	145
报告与观点	2	0.76	71	75	25.42	163
人事与管理	1	0.38	96	7	2.37	246

表2显示，对中国建筑来说，国内外各种项目是其最主要的关注点，且传播效果较好，排名第二；节日与纪念日是其第二大关注点，传播效果排名第三；员工故事的内容占比第四，但传播效果排名第一。即在中国建筑所发布的推文中，员工故事最受用户欢迎。不过，总体而言，关于项目、节日与纪念日和员工故事这三者的推文的传播效果大致相当。而AECOM报道数量排名前三的分别是项目、员工故事、报告与观点（指推文主要是关于公司的报告或专家、领导、员工、合作伙伴的观点），但效果反而欠佳；其推文效果最好的是财务，其次是公益、人事与管理、节日与纪念日，这估计与推文数量较少有关。

从传播效果来说，对节日和纪念日的报道，中国建筑和AECOM都收获了较好的传播效果，这说明节日和纪念日较为容易引发共鸣。

同样的员工故事，中国建筑的员工故事是温情的，注重友情，如讲述员工之间的跨国友谊、员工的成长经历或员工的贡献，如2023年5月4日的推文：# WitnessABetterWorld # PalOnRoad Mohamed was a rebar worker at CSCEC in #Egypt. His master Song Guoshuai is also his friend, have built a deep friendship together as they witnessed and worked on the development and changes of New Alamein City. （#见证美好世界#PalOnRoad Mohamed 是中国建筑在埃及的一名钢筋工人。他的师父宋国帅也是他的朋友，他们共同见证并致力于新阿拉曼市的发展变化，建立了深厚的友谊。）而AECOM的员工故事讲述的是员工业务，注重专业能力，如2023年12月15日的推文：Today's # PeopleSpotlight is on Adelin Oles, a hydrogen mobility lead from @ AECOMEnergy. Leading the delivery of hydrogen refilling stations across Europe,

Adelin is paving the way for transport decarbonization. Explore his work. （今天的#PeopleSpotlight 聚焦的是来自@ AECOMEnergy 的 Adelin Oles，他领导了整个欧洲氢气加气站的建设，为交通脱碳铺平了道路。探索他的工作。）

在内容上，中国建筑和 AECOM 有很大区别，前者很少在推文中邀请专家、企业领导或员工、合作伙伴对项目进行点评，或对项目解决现实问题等进行介绍，也很少推介自己的研究报告，但 AECOM 不仅"报告与观点"是这类内容，其中部分员工故事的内容也属此类，即讲述员工解决项目问题的策略或技术等。

总之，在内容上，中国建筑注重展示项目本身，内容具体，如 2023 年 12 月 31 日的推文：Recently, the truss bridge of the Novi Sad–Subotica section of the Budapest–Belgrade railway, constructed by CSCEC and other companies, has been successfully completed. The railway spans from Budapest, to Belgradewith a length of 341.7 km. （最近，由 CSCEC 和其他公司承建的布达佩斯至贝尔格莱德铁路诺维萨德至苏博蒂察段的桁架桥顺利完工。该铁路从布达佩斯到贝尔格莱德，全长 341.7 公里。）

而 AECOM 注重展示观点，包括对项目的评价和如何完成项目等，内容抽象，如 2023 年 12 月 12 日的推文：Our latest podcast episode explores one of the rail industry's most successful partnerships：the South Rail Systems Alliance（SRSA）. Tune in to hear insights on collaboration from members of each partner organization. #TalkingInfrastructure. ［我们最新的播客节目探讨了铁路行业最成功的合作伙伴之一：南方铁路系统联盟（SRSA）。收听以了解每个合作伙伴组织成员对合作的见解。］

总之，相比中国建筑直接陈述或直观展示项目，AECOM 展示抽象的观点，且将观点隐藏在超链接或播客中。

（三）推文符号运用对比

两家企业在 X 平台上的推文运用的符号有：文字、图片、链接（包括图片、文字、音频、视频超链接）、视频、音频五项，具体推文是这五种符号的组合，具体包括：纯文字、文字+图片、文字+视频、文字+音频、文字+链接、文字+图片+链接、文字+视频+链接、文字+音频+链接，具体统计结果如下：

表3　2023年中国建筑与AECOM推文的符号组合

推文形式	中国建筑			AECOM		
	数量(条)	占比(%)	传播效果均值	数量(条)	占比(%)	传播效果均值
纯文字	8	3.03	64	0	0	0
文字+图片	89	33.71	11297	14	4.75	221
文字+视频	61	23.11	15124	30	10.17	158
文字+音频	0	0	0	3	1.02	119
文字+链接	5	1.89	62	8	2.71	192
文字+图片+链接	91	34.47	4068	228	77.29	171
文字+视频+链接	10	3.79	12649	10	3.39	196
文字+音频+链接	0	0	0	2	0.68	218

　　表3显示，中国建筑特别偏爱图片这一符号形式，"文字+图片"和"文字+图片+链接"在推文中占比68%；从传播效果来说，"文字+视频"最好，其次是"文字+视频+链接"，第三是"文字+图片"，即视频有助于提升传播效果。对比传播效果发现，"文字+图片"大于"文字+图片+链接"，"文字+视频"又大于"文字+视频+链接"，"纯文字"同样大于"文字+链接"，这说明，链接并不能提升传播效果。

　　AECOM对图片的偏爱甚于中国建筑，"文字+图片+链接"和"文字+图片"在推文中占比82%。从传播效果来说，排除只有两条推文的"文字+音频+链接"和只有三条推文的"文字+音频"，其他符号组合形式的效果区别并不很大，且视频并未成为提升AECOM推文传播效果的要素，可能是其推文注重问题的解决，内容比较抽象，导致用户兴趣寥寥。

　　同时，同样是图片与视频，中国建筑的图片比AECOM更有美感，更有意境，且更彰显项目作为建筑的美与特点。AECOM的图片更多是链接封面，导读文字占据很大比例。

（四）推文召唤话语对比

召唤话语是指邀请受众点击阅读、参与活动的话语技巧，它是一种交流的语体，符合社交媒体的这一场景，中国建筑的话题"#WitnessABetterWorld"下的不少推文是采取召唤语体，如 2023 年 3 月 14 日的推文："#WitnessABetterWorld Let's witness a better world with CSCECer Demiana Tadrous through Egypt's the new capital CBD project by CSCEC. More：https：//bit. ly/3J7H91C."（#WitnessABetterWorld 让我们与中国建筑员工 Demiana Tadrous 一起通过中国建筑承建的埃及新首都 CBD 项目见证一个更美好的世界。更多信息：https：//bit. ly/3J7H91C。）未使用召唤话语的推文是一种宣告话语，或者说是一种报告、通知话语，意在告知受众信息，而非吸引用户参与或进行对话。如 2023 年 12 月 25 日的推文："The China-Thailand High-Speed Rail Project tunnels past the halfway mark. With the deployment of all four #bridge erection #machines, the project has achieved the installation of over 100 beam segments."（中泰高铁项目隧道施工已过半。随着四台架桥机的全部投入使用，该项目已完成 100 多个梁段的架设。）

为适配作为用户社交的 X 平台，中国建筑和 AECOM 为了吸引用户交流互动，都采纳了召唤用户交流的话语，具体统计如表 4。

表 4　2023 年中国建筑和 AECOM 推文的召唤话语

推文结构	中国建筑			AECOM		
	数量（条）	占比（%）	传播效果均值	数量（条）	占比（%）	传播效果均值
召唤话语	106	40. 15	13487	258	87. 46	171
宣告话语	158	59. 85	9048	37	12. 54	186

表 4 显示，中国建筑更倾向宣告话语，但使用召唤话语的推文的传播效果显著高于使用宣告话语的推文。而 AECOM 则更倾向于召唤话语，但它使用宣告话语的推文的传播效果稍高于使用召唤话语的推文。这可能是因为其

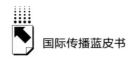

推文主要是解决问题和展示观点，使用了召唤话语的推文还需受众点击链接或音视频才能找到答案和了解观点，如 2023 年 11 月 20 日的推文："What excites you most about the future of #hydrogen? Hear experts at the forefront of the hydrogen economy answer this question on the latest episode of the Talking Infrastructure podcast. Listen wherever you get your podcasts. # TalkingInfrastructureS3."（您对#hydrogen 的未来最兴奋的是什么？在 Talking Infrastructure 播客的最新一集中，听听氢经济前沿专家如何回答这个问题。无论您在哪里收听播客，都可以收听。）这种召唤受众倾听专家谈话寻找答案的推文显然不适配受众碎片化、快餐式的新闻消费习惯。

同时，中国建筑的传播效果排名前十的推文中有 8 条是召唤话语型，而 AECOM 的传播效果排名前十的推文中有 6 条是召唤话语型。

（五）推文价值观念对比

中国建筑和 AECOM 在贴文中不仅介绍了自己在全球的各种项目，而且部分推文倡导了一些价值观念和理念，其中有些价值观是两家企业共同倡导，如发展（包括绿色发展、可持续发展）、关爱员工和他人、文化传承、生态保护、环境保护；有些价值观则是两家企业分别倡导的，如中国建筑倡导跨国友谊、和谐友好，而 AECOM 倡导公平、平等、包容、多样。

三 中国建筑提升国际传播效能的经验与建议

中国建筑作为世界一流企业，已构建其独具特色的国际传播成功路径："12345"国际传播工作模型，"1 个体系、2 支队伍、3 类渠道、4 个创新、5 类故事"，积极探索构建世界一流企业品牌形象国际传播路径。"1 个体系"，即前述的"113"海外传播工作框架体系；"2 支队伍"，即海外传播人才队伍和海外网红队伍；"3 类渠道"，即自有社交媒体账号矩阵、协同的专业媒体和国际朋友圈；"4 个创新"指"鲁班工匠计划""建筑在说话""建证幸福 全球行动""建证幸福书屋"；"5 类故事"指海外"Z 世代"故事、人物暖心故事、科技创新故事、海外社会责任故事、中华文化故事。

在"12345"国际传播工作模型的助推下，中国建筑不仅在 X 平台上成功塑造了一个国际化、业务卓越、富有人文关怀和社会责任的企业形象，而且展现了可信、可爱、可敬的中国形象。推文中对国内外各种项目的详细报道，让全球用户见证了中国建筑的一流企业实力与中国工程的卓越实力。中国建筑通过对节日与纪念日的推介，巧妙地将企业形象与中国文化的魅力相结合，让世界感受到了中国建筑的文化底蕴与中国的文化自信。推文中温情的员工故事，如中埃员工间的友谊，更是展现了中国企业的人文关怀和中国人民的友好形象。不仅如此，中国建筑的推文展现出对跨国友谊、生态保护和可持续发展等方面的重视，传递了中国建筑合作共赢、富有担当的企业形象，同时塑造了中国积极参与国际合作和谋求共同发展的大国形象。

中国建筑在推文的国际传播实践中积累了丰富经验。从推文主题的选择来看，中国建筑将业务的理性呈现与员工的温情故事以及温馨的节日祝福相穿插，在用户心中植入一个立体生动的强大又有温度的企业形象。在介绍业务的推文中，中国建筑运用图片、数字、细节对项目进行具象的呈现，用事实说话，让用户能够更加直观地感受到项目的过硬技术和宏大规模。在节日与纪念日的推介中，中国建筑巧妙运用召唤话语，为推文注入吸引力与感召力，获得较好的传播效果。在推文的形式构成上，中国建筑广泛运用图像与视频元素，极大地提升了推文的视觉魅力和易读性。此外，中国建筑在推文中倡导的价值观念，包括可持续发展、绿色建设、生态保护，与国际社会的主流价值观紧密相连，展现了企业的履责决心和对时代脉搏的把握，获得国际受众的认同和响应。这些精心策划的传播内容构成了中国建筑取得卓越传播成效的基石。

为追求更理想的国际传播效能，中国建筑在国际传播技能上还应精益求精，尤其在社交媒体上，可以提高召唤话语的使用频率，增加用户的参与积极性；避免加入过多链接导致用户注意力分散，影响传播效果。在推文形式上，中国建筑还可考虑增加视频内容的比重，适配图像时代的消费习惯。在让外国员工讲述故事时，避免固定的故事模式。虽然 AECOM 传播效果欠

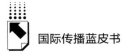
佳，但有些传播技巧仍可借鉴。第一，AECOM 通过问句指出生活中的困境，然后通过报告或人物指出公司的解决方案。这种推文既彰显了企业的专业能力，又展现了为社会服务的初衷。第二，在推文内容中融入价值观念时，引入如公平、平等、包容及多样性等国际社会广泛认同的理念，将有助于全球用户产生共鸣共情。第三，尽量让第三方或用户发声，如专家、学者，增加推文的可信度和内容的多样化。第四，多结合国际性节日或项目所在国的节日发布推文，增加文化与内容的多样性，提升用户的共鸣与共情。

B . 25
国际非政府组织的话语
传播特性与实践路径

姬德强*

摘 要： 作为中国国际传播新兴主体之一，非政府组织正在大众和专业国际舆论场扮演着越来越重要的角色，其在话语方面拥有公共性、知识性、多主体动员性等特征，致力于搭建一个全球共在共通的话语平台。基于全球能源互联网发展合作组织等中国发起成立的国际非政府组织传播案例，本文分析发现，可从话语内容、对象、合作方式、渠道等方面入手，开展具有针对性的对外传播实践，立体化提升理念引领力与规则话语权，贡献具有中国特色和全球价值的解决方案。

关键词： 国际传播 国际非政府组织 组织传播 话语权

一 引言

伴随着全球交往的深入和媒介技术的变革，跨国话语网络中的参与主体呈现出多样化、个体化、非结构化等特征。区别于政府外交部门、全球媒体集团，国际非政府组织在话语传播网络中扮演着新兴"行动者"角色，而话语实践对其开展跨国协同治理、社会监督、冲突缓和等行动亦发挥着关键的助推作用。

---

* 姬德强，中国传媒大学教授，教育部国际传播联合研究院副院长，人类命运共同体研究院副院长，媒体融合与传播国家重点实验室研究员，区域国别传播研究院研究员。

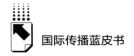

　　程曼丽认为，国际性的非政府组织属于一般社会组织的一类，是指为实现某一目标、某一宗旨或为了进行某种合作，在世界范围内建立的、有多个国家或地区成员参与的非营利性组织，在其建立国际网络、扩大国际影响的过程中，传播媒体功不可没。① 美国学者莱斯特·M. 萨拉蒙主导的"约翰·霍普金斯非营利部门比较项目"是较早针对国际非政府组织进行的一项系统化实证研究，根据其"分类法"，国际非营利组织分为具有服务性（教育、研究、社区发展、住房、健康、社会服务等）和表达功能（公民和倡导，工商、劳动力和行业代表，艺术、文化和娱乐等）两大类，"表达功能"提供了载体，帮助人们就社会、政治、环境、民族、社区的利益和关注畅所欲言。②

　　相较美、英等西方发达国家，拥有中国背景的国际非政府组织无论从数量还是规模上，都仍处于初级发展阶段，相关理论与实践多处于"舶来"状态。"全国社会组织信用信息公示平台"相关信息显示，大多数组织成立于 2000 年以后，从事国际业务的相关组织多属于行业协会（商会）、慈善机构等类型。近年来，中国发起的一些国际非政府组织获得了联合国咨商地位，通过参与国际会议、引导国际议题、开展国际合作等方式走上世界舞台，在经济、民生、科技、文化、健康等领域展示了中国行动力。根据吴飞等学者的研究，国内学界已充分认识到非政府组织的重要作用，无论是其介于政府与个人之间的中介地位，还是其非政治化、非营利的独立性特点，但同时考察非政府组织作为国际传播主体之一的研究并不多。③

　　为落实习近平主席在 2015 年联合国成立 70 周年发展峰会上提出的"探讨构建全球能源互联网，推动以清洁和绿色方式满足全球电力需求"重要讲话精神，由中国发起成立的首个能源领域国际非政府组织——全球能源互

① 程曼丽：《国际传播学教程》，北京大学出版社，2006，第 70~71、160~161 页。
② 〔美〕莱斯特·M. 萨拉蒙、S. 沃加斯·索可洛斯基：《全球公民社会：非营利部门国际指数》，陈一梅等译，北京大学出版社，2007，第 15、27 页。
③ 吴飞、傅丽英：《非政府组织及其国际传播分析——以环境非政府组织绿色和平组织为例》，《中国媒体发展研究报告》2011 年第 1 期。

联网发展合作组织（Global Energy Interconnection Development & Cooperation Organization，GEIDCO），在理念宣介、话语建构、媒体网络等方面进行了有益探索，国际传播能力不断增强，推动"全球能源互联网"中国倡议走向世界、成为共识。本文以 GEIDCO 作为案例，采用文献分析、深度访谈及参与式观察等研究方法，于 2023 年 5~8 月对 GEIDCO 工作人员（受访者 A、B、C、D、E、F），以及与 GEIDCO 有工作往来的媒体、企业及国际组织工作人员（受访者 G、H、I、J），围绕海外传播实践、全媒体矩阵建设、对外话语框架及传播机制等话题进行半结构式访谈，挖掘国际非政府组织话语传播的突出特点、面临挑战及实践路径，为中国非政府组织发展与国际传播提供参考借鉴。

二　公共话语平台：国际非政府组织传播的突出特性

话语是一种基于文本与语境的传播实践，话语传播不仅可以作为国际非政府组织的行动保障，也是其生存发展的必备要件。话语传播通过界定概念、阐明关系、表述和传播规则来构建治理正当性，帮助国际非政府组织主动设置议程，促使各国（地区）降低政策差异、与之接轨。[①] 因此，不同于大众传播时代常态化的"一对多"模式，国际非政府组织的传播基础架构是搭建一个全球共通话语平台，借由会议、宣传、培训、广告等传播实践，引发包括政府、企业、研究机构及高校等方面的关注、讨论和参与。该平台可被理解为叠加在相关行业和专业领域行动平台上的一种虚拟化、网络化的组织形式，平台上所讨论的很可能是被当前国际社会忽视或漠视的议题，讨论与传播的最终目的是形成一种相对稳定的舆论气候，从而影响决策者的行动，甚至代行实体行动平台的一部分功能。具体而言，国际非政府组织话语具有公共性、知识性和多主体动员性三个显著特点。

---

① 李婧、施旭：《国际组织治理正当性的话语传播——以亚洲基础设施投资银行为例》，《中南民族大学学报（人文社会科学版）》2018 年第 6 期。

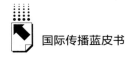
其一，国际非政府组织的传播议题往往具有明确的公共指向，这既与它们的非政府、非营利属性深度关联，也与它们需要解决的实际问题高度绑定。在医疗卫生、教育服务、环境保护、减贫减灾、技术分享、就业支撑等各个公共领域，非政府组织努力跨越国界与政策障碍，汇集力量、促成合作，而传播的作用正是促使这些建设性行为被认知和彰显，同时为非政府组织下一步工作铺平道路。相关研究指出，社会组织的国际传播具有公共问题导向，并且紧密地嵌入社会实践，"嵌入"为传播与话语的再生产提供了鲜活的实践动力，传播的影响也随之进入多重社会领域与社会关系。①

其二，国际非政府组织的传播内容主要以专业知识的形式出现。与大众媒体不同，非政府组织并不具备完善的宣发渠道，也没有横跨多部门的信息资源，而是深植于某一行业领域，利用充足的专家库或智囊团储备，生产高度专业化的知识型传播产品，并作为媒体的信息源和援引对象。将信息转化为知识是国际非政府组织在自身领域确认权威性的一种手段，从这一角度来看，"国际非政府组织不仅仅控制信息，还分析和解释信息，并赋予信息确定的含义"②。

其三，国际非政府组织具有对多元、多层传播主体的组织动员能力。这一点在气候传播方面表现得尤为突出。当前，气候变化已成为各国普遍关心的一项话题，"国际气候传播也由传统的政府传播模式逐渐拓展为政府主导，媒体、社会组织、企业、公众和智库多元参与的复合传播模式"③。作为一种典型的组织传播形态，非政府组织在气候变化等相关领域的传播作用越来越不可忽视，由其编织的话语网络很大程度吸纳了来自世界上的不同主体，在诸如控制温室气体排放的大框架下，发挥各主体贡献作用，深化全球公众对气候变化等世界性议题的认识。理想状态下的多元话语网络中，国际

---

① 宋奇、李智：《人类命运共同体视域下社会组织的国际公共传播研究》，《现代传播》2022年第12期。

② 王梦：《微观权力说视角下国际非政府组织的兴起及其权力来源》，《文化学刊》2015年第2期。

③ 李强：《构建中国的全球气候治理话语权的三重向度》，《当代世界社会主义问题》2023年第2期。

非政府组织处于中立和超然位置，不代表任何一方利益，也不有意构造"中心—边缘"秩序，而是通过信息的充分交换、共享、传播，呈现与转述各方诉求，客观上起到融通组织内外、弥合理念差异、形成公平合理规则的作用。

2016年成立以来，GEIDCO在实践中逐步搭建了具有中国特色的国际非政府组织话语传播体系。面对居高不下的化石能源消耗、全球7亿多无电人口、跨国电力互联缺乏等现实挑战，基于世界领先的特高压技术，中国提出的"全球能源互联网"倡议为解决能源转型和环境问题提供了颇具前景的解决方案。在具体传播过程中，GEIDCO一方面注重解释好"我是谁""我要做什么""我为什么这样做"这些初始问题，向海外受众说明组织所倡议和号召的事项的实际意义，以及对经济、社会、环境所产生的现实影响；另一方面使用了自塑与他塑相结合的多元主体叙事方式，在"中国方案—全球贡献"的主导报道框架下，积极采用国际知名政要、专家学者转述观点，营造了正面的舆论氛围和建设性语境，也提升了自身在国际能源场域中的话语权与影响力。

当然，国际非政府组织的话语传播不是在真空中进行，不可避免地面临地缘政治、经济形势、文化背景等因素影响。非政府组织虽不属于任一国家，却不得不进入具体国家疆域开展传播活动。与所谓"东道国"之间信任关系的建立，决定了非政府组织是否能够突破"外来者劣势"制约，进入"东道国"信息网络，实现维系自身生存资源的自给自足。[①] 而结合中国的非政府组织语境，浓厚的官方属性、政府支持也是经常被西方国家诟病的原因之一。[②] "NGO（非政府组织）对我们而言还是一个相对陌生的主题、全新的领域，跟国外怎么交流、打交道，实际上我们还在摸索。"（受访者D）

---

① 谢舜、李岚睿：《INGO参与东南亚区域治理的"本土化"路径——基于资源依赖理论视角》，《广西大学学报（哲学社会科学版）》2021年第3期。

② 徐丹：《人类命运共同体视阈下中国社会组织的国际化研究》，《学会》2021年第4期。

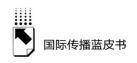

三 国际非政府组织话语传播路径与对策

在国际传播领域，非政府组织的重要性逐步攀升，话语传播效果不仅成为衡量其"软实力"的关键指标，能够帮助其营造良好的外部发展环境。同时，提升非政府组织话语传播能力，亦成为发展中国家与发达国家之间争夺话语权、引导国际舆论风向的重要选项。大量事实证明，一些国际非政府组织与欧美国家政府之间存在以资助为主要形式的软性连接，发挥着西方意识形态传声筒的作用。它们将经过巧妙包装的内容潜移默化地向本已处于话语权弱势地位的发展中国家渗透，从而进一步巩固发达国家在国际公共领域传播中的霸权地位。从"新疆棉花"事件中良好棉花发展协会（BCI，Better Cotton Initiative）的所作所为就可以看出，在日趋成熟的国际舆情制造链中，非政府组织已被推上前台、卷入体系。[①] 因此，我们需要在认清非政府组织国际传播特性的基础上，全面梳理和分析已有资源，从话语内容、话语对象、话语合作、话语平台等几个方面有针对性地开展传播实践，立体化提升国际非政府组织的理念引领力和规则话语权。

（一）话语内容：瞄准西方视野盲区，提供可替代性公共产品

当前的国际舆论环境，是由美国为代表的西方发达国家精心锻造并细心培育起来的，它们利用资本、技术、规则、语言等方面优势，积极宣扬西方价值观与自由民主逻辑，形成了具有新殖民色彩的话语霸权体系。然而，国际传播绝非铁板一块，在全球地缘政治的格局演变中，以新自由主义为核心的西方话语在近年来遭遇了来自内外的解释力危机，民粹主义、单边主义、孤立主义等声音甚嚣尘上，不仅消解了西方话语一直以来致力营造的美好社会愿景，也进一步凸显出全球传播在声量、质量、范围、强度上的不平等与

---

① 张超义：《全球多元主体传播格局下非政府组织的话语建构》，《青年记者》2022 年第 10 期。

不均衡。当多极化与文明互鉴成为 21 世纪不可阻挡的大趋势，"全球南方"的话语崛起展示出亚非拉等发展中国家对更加公平合理的世界传播秩序的呼唤。

在此背景下，国际非政府组织传播话语为解构西方中心主义提供了"替代性叙事"，为世界传播秩序革新贡献了"武器和弹药"。有研究认为，逆全球化浪潮下西方发达国家的"退出行为"是一次制度性话语权再分配的宝贵机会，中国作为世界大国，应积极参与国际组织活动、发挥稳定国际组织重要作用，合理填补制度性话语权的真空地带。[①] 以 GEIDCO 为例，成立前在国际能源领域并无可供中国传播自身观点的组织化平台，GEIDCO 通过与联合国等有关机构的对接与合作，在能源转型、气候环境治理、生物多样性保护等方面设置议程、贡献方案，建构性地补充了话语缺漏与盲区，提升了我国在全球能源治理中的话语权，也丰富了全球能源治理话语的多样性。

当然，国际非政府组织应避免在话语传播中体现某一国家或区域立场，或为某一种意识形态"站脚助威"，而应在服务全人类公共利益的基础上，搭建更为普惠共享的话语框架，推出价值观层面更具统摄力和引领力的公共产品，保证话语体系在更广尺度、更大平台上的有效传播。这一点对于由中国主导的国际非政府组织而言尤为重要，在实践中也极易被忽视。如果不从根本上把稳话语立场，就极易陷入西方对抗式解读与"刺激—反应"的怪圈，降低了话语的公共属性，也无法利用好非政府组织这一独特的发声载体。

国际非政府组织还需结合行业发展、外部环境变化对话语作出调整。能源宪章组织在冷战后成立的初衷是，在拥有资金技术、缺少能源资源的欧洲与缺乏资金技术、能源丰富的俄罗斯等前苏联加盟共和国之间建立能源合作关系，但是随着近些年能源行业格局的转变，亚太等新兴能源市场需求量显著攀升，能源宪章组织开始尝试打破地域局限，一个突出表现即是修改了自

---

① 王倩：《逆全球化浪潮下中国制度性话语权建构研究》，《西部学刊》2020 年第 24 期。

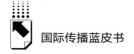

1991 年形成的能源宪章宣言，摆脱欧洲烙印、体现今天的能源局势。[①] "GEIDCO 最早从特高压技术推动全球能源互联网建设入手，逐步摸索定位于以全球能源互联网促进可持续发展，目前我们认为，能源是解决全球可持续发展难题的一个很好的手段。"（受访者 A）

（二）话语对象：挖掘意见领袖，有效集聚海外受众注意力

非政府组织话语的传播对象存在两个明显特征：一是它们处于靠近"决策层"的重要位置，一般为政府官员、行业领袖或专家学者；为了推广某种理念或开展某项行动，非政府组织寄希望于自己的话语能够影响到更高"层级"的人，从而形成一种"对上传播"态势。二是由于非政府组织"业务赛道"相对较窄，话语之间存在天然壁垒，无论是环保、健康还是文化、教育，不同团体在自身领域内已形成既有话语体系，破圈难度较大；比如，一个行业组织对本行业内的从业者传播知识，几乎没有什么障碍，双方拥有"高语境"基础，但如果对象扩展至行业外则沟通难度较大。因此，基于传播对象的差异性和特殊性，非政府组织需要锚定目标，发挥意见领袖的作用，以集聚海外受众的注意力。

卡茨、拉扎斯菲尔德在著名的迪凯特调查中重新发现了"首属群体"的关键性作用，提出大众媒介信息只有当从一个人那里传递到另一个人那里的时候，才会作为"个人影响"被激发，形成决定或采取行动。[②] 通过分析大量现实事例发现，国际非政府组织传播亦具有显著的两级传播特征，非政府组织首先需要争取"首属群体"或"意见领袖"的支持，这是由"决策层"社会经济地位、人脉资本、声誉等复合因素决定的，他们的态度与观点直接左右着话语传播的顺畅性、可见性和吸纳性。

为了最大限度挖掘意见领袖作用，国际非政府组织可从两个方面入手：

---

① 程春华：《能源宪章转型与全球能源治理：历程、原因及影响》，《社会科学》2015 年第 11 期。
② 〔美〕E. M. 罗杰斯：《传播学史：一种传记式的方法》，殷晓蓉译，上海译文出版社，2012，第 307 页。

一是在其他相关交叉领域中寻找传播人才，跳出本领域观念窠臼，借助他者视角塑造更为生动真实的内容，引发海外传播对象共鸣，并推动科普化、人格化传播和IP塑造。交叉领域的意见领袖，不仅应拥有本专业背景，还应积累了一定的其他专业知识，具备跨界传播的意愿和能力。通过鼓励其在活动、期刊、媒体、社交平台等渠道发声，可扩大话语传播覆盖面，与非政府组织自身话语形成互补。二是从高等院校、研究机构中寻找青年意见领袖，依托其亲和力、动员力、"网感"强的优势，邀请其参与国际非政府组织有关活动，鼓励他们发表建设性见解，传播更加丰富、年轻化的故事，激发国际"Z世代"群体的关注与参与热情。"我们一定要多元地去影响决策者，选择受众范围广、政治影响力强的跨界领域去推动方案落地……要用国际范儿的话语体系，先听懂对方的诉求，再让人家听懂你的价值，最终培养自己的话语体系。"（受访者B）

（三）话语合作：拓宽"朋友圈"，立足实际形成多元架构

话语传播绝非一方之力，发展和扩宽合作网络同样重要，特别是对于中国主导建立的国际非政府组织而言，仅靠"单打独斗"很难形成话语合力，无法与西方长期固有的表达惯性和思维定式相抗衡。提升合作传播能力，应成为"外围"话语摆脱对"中心"话语依附的一种手段。那么，合作对象选择和合作框架搭建就显得尤为关键。研究发现，国际非政府组织话语合作主要有两条途径——与主流媒体合作、与其他国际组织合作，本文尝试结合中国具体情况分而论之。

国际非政府组织是主流媒体常用的信息源之一，主要是因为其视角较为客观，又在相关领域有着多年积淀，能够提供富有价值的专业建议。从另一个方面看，国际非政府组织也将主流媒体视为传播观点、展示形象的绝佳载体，有的组织甚至不惜花重金在媒体上打广告、做品牌营销。但作为国际话语合作对象而言，非政府组织对不同媒体又确实需要细致甄别：一些国际上的媒体要求采访、索要素材等"抛橄榄枝"式的行动并不总是善意的，记者有可能戴着"有色眼镜"组织报道、刊发负面新闻。此外，很多海外媒

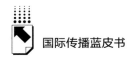
体资源实际上被大型跨国公关公司把持，跑口记者更愿意与它们合作，而不是名不见经传的非政府组织。总体上看，受意识形态、市场、历史等因素影响，西方主流媒体的报道角度和立场在相当长时间内不会有特别大的改变，而发展中国家媒体、海外华文媒体、专业领域媒体等则更有可能成为中国背景的非政府组织开展话语传播合作的对象。

英国学者安吉拉·克拉克在其著作《全球传播与跨国公共空间》中指出，在全球治理模式中，非政府组织的作用主要集中在两个方面：对政治变化施加影响，与政府及国际组织合作推广政策。① 本文发现，除媒体以外，国际非政府组织真正有可能落地的话语传播合作对象不是政府，也不是企业，而是其他的国际组织（这里包括政府性的，也包括非政府性的）。因为与政府期待的决策支撑、企业渴求的产品宣传不同，国际组织之间更容易找到共同的愿景、使命与目标，从而建立较为稳定的传播合作关系。例如GEIDCO，一方面在既有国际组织"朋友圈"基础上发力，通过签署合作协议的方式在联合知识生产、业务培训、员工交流等方面开展国际传播，互为补益、互相调动；另一方面利用好与其他国际组织合办重要国际会议的机会，明确宣传目标与预期效果，加大多渠道、多方式传播力度，让国际会议通过宣传"出圈"、延发出新的生态。"我印象特别深的是GEIDCO能够和联合国这样的政府间国际组织开展直接的合作，保持非常紧密的联系互动，将自己的能力范围扩大到能源电力以外，产生'1+1大于N'的效果。"（受访者I）

相关研究也表明，非政府组织之间的传播合作不仅是立足实际的，也是分类别、分区域、多条线的复合化合作。例如，与智库类国际组织的合作，首先需要熟悉和对接智库知识管理战略，了解研究动向、热点和优先议题，通过传统出版物、合作产生新知识产品、数字化平台等"知识分享"途径展开。②

---

① 〔英〕安吉拉·克拉克：《全球传播与跨国公共空间》，金然译，浙江大学出版社，2015，第125~126页。
② 王永洁：《新时代讲好中国故事的多边主义路径研究——基于智库与国际组织合作开展知识分享的分析》，《北京工业大学学报（社会科学版）》2023年第5期。

中国与非洲非政府组织之间的合作则偏向于技术援助和资金帮助，涉及医疗卫生、粮食生产、环境保护、小水利建设等，再者就是邀请非洲 NGO 代表来华交流、访问、参会、培训，加深直观感受与共情。① "非洲很多国家以前是西方的殖民地，我们接触的很多非洲人都在国外留过学，学的都是英美的东西，让他们接受我们其实挺难的。但 2019 年我们通过开会的机会，请他们来中国参观电力发展情况，带他们去三峡，他们大为震撼，增进了对我们的理解和认识。"（受访者 E）

（四）话语平台：摆脱渠道之困，打造自主可控的数字产品

社交媒体是当前非政府组织话语传播的一个重要渠道，国际上现有推特、脸书、油管、领英等较为成熟的社交媒体平台，通过在这些平台上开通官方账号，及时发布组织信息、会议动态、宣介成果等已成为许多非政府组织的选择，也取得了较好的传播效果。然而，本研究在访谈中发现，对于非西方环境下诞生的国际非政府组织而言，使用国际主流社交媒体平台作话语传播亦面临着一些被动处境。"有时候我们只能依靠'借嘴说话'增加可信度，找基辛格来中国的平台上说的传播效果，可能还不如让我们一个普通人去 CNN 上说。"（受访者 G）与此同时，近年来国际社交媒体平台发展也充满变数，推特完成管理层更迭后更名为"X"，脸书年轻用户流失明显，社交机器人的出现更是导致大量虚假信息充斥，在某种程度上造成了混淆视听、带偏舆论的消极效果。那么，是否有新的路径突破既有平台之困？包括 GEIDCO 在内的一些国际非政府组织开始推动自主可控的媒体平台建设，在思路方式、内容优化、技术运营等方面进行新的探索，以应对以上局面。

以能源领域话语为例，美国舆论普遍将中国视为"后来竞争者"，对美国能源安全与利益构成威胁和挑战。作为国际能源署（International Energy Agency，IEA）的创始会员国之一和主导者，美国基本设定了 IEA 的研究议

---

① 龙小农、陈阅：《NGO 与中国在非洲国际影响力及话语权的建构》，《现代传播（中国传媒大学学报）》2013 年第 7 期。

程，"中国缺乏一个能够代表中国对话国家能源机构的非政府平台"[1]。GEIDCO 的出现为提升中国在世界能源舆论中的对话地位发挥了积极作用，在媒体平台建设方面，GEIDCO 不仅入驻推特、脸书等既有平台，而且着力研发推出了一款自主可控的数字化平台——"能联全球"。该平台面向全球政府、企业及机构开放，集能源项目推动、交流合作、数据服务等功能于一体，用户不仅可在平台上展示自身成果，也可寻找潜在合作方。以"互联网+"平台的形式，"能联全球"打破了传统社交媒体在结构、功能、内容承载、数据安全上的桎梏，成功打造出一个由中国非政府组织开辟、推动促成国际能源合作的网络化、平台化窗口，已入选 2022 年世界互联网大会乌镇峰会"携手构建网络空间命运共同体精品案例"。

四　结语

总体来看，非政府组织传播并不是一个主流研究方向，它在强大的效果研究或媒介研究面前呈现边缘状态。然而，我们又不可否认这样一个事实：组织传播拥有介于人际传播与大众传播之间的"中观视角"，将"传播"置于组织生存发展的关键地位，超越了管理学层面对组织手段、运行效率、人力资源等方面的关注。非政府组织国际传播能够突破国界、文化、意识形态樊篱，对于处在"众声喧哗"与"文化霸权"双重压力下的中国国际传播而言，又具有独特的研究价值和现实面向。

国际传播学者达雅·屠苏曾指出，国际非政府组织在国际互动、政策影响和媒体话语方面变得越来越重要，但同时他也清醒地认识到，"尽管他们声称自己是国际性的组织，但许多组织代表并反映了西方对全球问题的看法，有些人甚至沉浸在殖民主义思想中"[2]。面对当前复杂而尖锐的国际舆论斗争，国际非政府组织一方面应坚持自身不偏不倚的话语主体认知，从提

---

① 翟石磊：《国际涉华能源话语与中国话语体系构建》，《对外传播》2014 年第 1 期。
② 〔英〕达雅·基山·屠苏：《国际传播：沿袭与流变》（第 3 版），胡春阳、姚朵仪译，复旦大学出版社，2022，第 254 页。

供建设性解决方案、满足时代需求与公众福祉的角度开展传播活动；另一方面也要寻找可供交流、可实现融通的意义空间，塑造推动跨国合作与可持续发展的负责任形象，使得话语权成为影响力、行动力的有效延伸。

尚处于摸索阶段的中国背景的国际非政府组织，话语传播工作实际上已经在逐步开展，但仍存在不系统、欠规划、缺少针对性等问题，究其原因是没有专业深入的研究和理论指导，也没有将话语传播贯穿于组织发展各个阶段和业务链条。因此，深化对非政府组织话语特性的把握，增强对国际传播重要性的认识，合理判断话语生产质量与传播效果，对于解构全球话语议程框架、构建更加公平合理的国际传播秩序具有重要的战略意义。

Abstract

Annual Report on the Development of China's International Communication (2024) is the latest annual report on the development of international communication compiled by the Institute of Journalism and Communication of the Chinese Academy of Social Sciences. It is divided into six parts: general report, artificial intelligence, communication subjects, communication content, media and platforms, and comparison and reference. It comprehensively analyzes the development of China's international communication, interprets the development trend of international communication, summarizes the laws of international communication development, and helps to build a more effective international communication system under the new situation.

From a macro and micro perspective, this book comprehensively examines the latest developments in China's international communication field. Through data analysis, case studies and other methods, it demonstrates the innovative practices, achievements, challenges and opportunities faced by different international communication subjects in China in "telling Chinese stories well, spreading Chinese voices well, and showing a real, three-dimensional and comprehensive China" by using cutting-edge artificial intelligence technology and China's innovative practices, achievements, challenges and opportunities, and provides theoretical support and practical guidance for building a more efficient, diverse and harmonious international communication system.

With the widespread application of emerging technologies such as artificial intelligence, the international communication landscape is undergoing a profound reconstruction. This book focuses on the cutting-edge issue of international communication, and opens up special topics to explore the various applications, impacts and challenges of artificial intelligence such as AI big models and deep fake technology in international communication, to help the international communication of Chinese civilization. At the level of communication subjects, this report presents that various Chinese government international communication centers, state-owned enterprises, university think tanks and other diverse subjects have played their strengths and formed synergies in international communication, and the symphony of international communication has already sounded. This report also deeply analyzes the problems and challenges faced by various international communication subjects and puts forward countermeasures and suggestions. At the level of communication content, this book focuses on the international communication stage and international communication path of TV series, and the reasons for the successful overseas expansion of short dramas. At the same time, it also deeply analyzes the difficulties and directions of efforts encountered by the two to further improve their international effectiveness. In the media and platform chapter, this book explains the international communication practices and innovations of China Daily, China News Service, mainstream media in border areas, and self-media, and also analyzes the development trend of international communication of Chinese commercial platforms and e-commerce. In the comparison and reference section, this book compares the international communication characteristics and effectiveness of Chinese architecture and AECOM in the United States, and analyzes the discourse communication characteristics and practical paths of international non-governmental organizations.

In short, this book uses the 5W model of communication as a framework to investigate and sort out China's international communication situation, enriching the theoretical system and practical experience of international communication, and helping to comprehensively improve the effectiveness of international communication in a multi-subject, multi-channel, and three-dimensional external communication pattern.

Keywords: Artificial Intelligence; International Communication System; Communication Strategy; Multiple Subjects; Innovative Practice

Contents

I General Report

B . 1   Reconstitution, Reshaping, and Reorganization: New Trends
in China's International Communication in the Intelligent Era
Hu Zhengrong, Yan Jiaqi / 001

Abstract: Artificial intelligence, as a pivotal variable in global communication,
propels the distinctive characteristics of China's international dissemination in the
age of intelligence: Guided by the innovation of concepts such as a community
with a shared future for mankind, deepened exchanges and mutual learning with
other civilizations, Chinese path to modernization, new quality productive
forces, solidifies the strategic initiative of international communication. Powered by
diverse agents, synchronized, regionalized, and globalized roles composes a
polyphonic concerto of communication. Anchored in a discourse system, the
narrative shift and iterative patterns of practical logic enhance the value-driven
leadership of Chinese discourse. Breaking through with content going global, the
cultural formats of entertainment, e-commerce, and integrated elements deepen
the fusion-driven development of digital and intelligent Chinese trends. Through
media platforms and channels, the innovative linkage of media matrices,
technological means, and relational networks extends the reach and appeal of
Chinese civilization. Grasping the new dynamics of China's international
communication in the intelligent era aids in constructing a more effective

international communication system under new circumstances.

Keywords: Artificial Intelligence; Multiple Subjects; Discourse System; Content Going Abroad; Platform Channel

II Artificial Intelligence Articles

B.2 The Application and Challenges of GANs-Based Deepfake Technology in International Communication

Zhang Meng, *Gao Genmao* / 028

Abstract: As a significant algorithm in deep learning, Generative Adversarial Networks (GANs) have propelled the development of deepfake technology. Deepfake enables the synthesis of highly realistic audio and video, making false content appear real. Initially used for entertainment and film production, this technology has quickly shown potential in news media, social networks, and political propaganda. However, it has also introduced risks such as fake news, misleading propaganda, and privacy violations, challenging the authenticity of information and public trust. Deepfake technology can generate highly deceptive content, affecting the efficiency of international information dissemination and undermining the trust foundation of public discourse, leading to a decline in news credibility. Its application in the age of social media highlights a new form of information warfare, significantly enhancing the capability to spread false information, posing challenges to the global information ecosystem and international relations. To address the complex issues brought by deepfake technology, governments and international organizations must strengthen technology regulation, legislate, and simultaneously enhance the media's and public's information literacy and discernment abilities.

Keywords: GANs; Deepfake Technology; International Communication; News Credibility

387

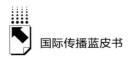

B.3　New Generation Artificial Intelligence Promotes the International Communication of Chinese Civilization

Liu Jiaqi, Jiang Wenyu / 042

Abstract: Over billions of years, technology has accompanied human growth, gradually moving from barbarism to civilization. Entering the era of digital intelligence, the rapid iteration of generative artificial intelligence technology has triggered disruptive changes in multiple fields, including international communication. This report analyzes the challenges and opportunities faced by Chinese civilization in the process of international communication, and identifies the main problems of shallow cultural connotations, stereotypical impressions of China, and one-way cultural exchanges in the current international communication of Chinese civilization. On this basis, the report deeply analyzes the application advantages of the new generation of artificial intelligence in empowering the international communication of Chinese civilization. Analysis has found that the current new generation of artificial intelligence possesses technological capabilities such as intelligent emergence, contextual relevance, multi-modal creation, cross scenario delivery, and emotional computing, which greatly enrich the content and forms of international communication of Chinese civilization. It has the advantages and potential of cognitive boundary breaking, contextual expansion, ancient and modern boundaryless, layout demarcation, and emotional cross-border, breaking down global language and cultural barriers. Based on the technological characteristics of artificial intelligence, this report looks forward to the future trends of artificial intelligence technology in helping China's international communication from multiple perspectives, including predicting and evaluating international communication effectiveness, classifying and connecting overseas audiences, and inheriting and sharing civilization resources.

Keywords: Chinese Civilization; International Communication; Artificial Intelligence

B.4   The Impact of the Development of AI Large Models
in 2023–2024 on International Communication

Xia Yining , Ren Wujiong and Zhang Hongzhong / 056

Abstract: AI-based communication technologies are profoundly transforming the international communication ecosystem, and the introduction and application of large model technologies have further enriched the forms of international communication. Large models serve as content-generating communication entities, directly participating in the international communication process, or indirectly engaging by being integrated into two intelligent communication technology forms—social robots and intelligent fake. This paper first analyzes the new changes brought by large model technology to international communication in terms of multi-modal performance and human-computer collaboration models from 2023 to 2024. It then outlines the application status of large models in the fields of news, audiovisual media, marketing, as well as the representative technologies of social robots and deep fakes after the integration of large models. Additionally, it discusses the new phenomena and characteristics that social robots and deep fake technologies based on large models have introduced to international communication. Finally, the paper reflects on the potential issues that large model technologies might cause in international communication, such as social trust crises, biases and discrimination, and the exacerbation of global digital inequality.

Keywords: Large Model; Social Robot; Deep Forgery; International Communication; Artificial Intelligence

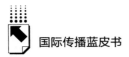

III Communication Subject Articles

B.5 Explorations and Breakthroughs in International

Communication by Western International

Communication Center   *Hu Zhengrong*, *Wang Fengxiang* / 074

Abstract：Chongqing Municipality has responded positively to the call of the CPC Central Committee to strengthen international communication capacity building and established the first regional international communication center in China. The center has formed a new strategy of regional international communication, created a new vision of international first-class media, formed a new layout of "1331" functional clusters, constructed a new system of overseas communication, and realized a new breakthrough in business products. At the same time, the center focuses on city narratives and land and sea narratives, publicizes the style of leaders of big countries, accurately communicates to meet the aesthetic demands of overseas Generation Z, and creates key brand IP. In the future, it should adhere to the party principle of big country media, promote the systematic construction of the platform, follow the trend of mobility and digitization, and create a platform for training international communication talents.

Keywords：Western International Communication Center; International Communication; Urban Narrative; Land and Sea Narrative; International First-class Media

B.6 Provincial International Communication Center Innovation

and Development Report in 2024

Wang Fengxiang, *Zhang Mengting* / 089

Abstract：In 2023, the provincial international communication centers have made innovative progress in the three core dimensions of mining local characteristics, expanding international perspectives and building global resonance. Based on the resources of each city, the three main paths are through the industrialized communication of urban development, the communication of urban regional culture, and the development of urban digital features. At the level of expanding international vision, provincial international communication centers have improved their international influence and participation by perfecting their international matrix, deepening international project cooperation, and cultivating international communication talents. Provincial international communication centers are shaping new geo-cultural narratives from the perspective of the " Global South", and realizing global resonance through the construction of a sense of community and participatory communication through co-creation and sharing.

Keywords: Provincial International Communication Centers; Urban Communication; International Communication; Global; New Geo-cultural Narratives

B.7 Annual Report on the Development of Urban International Communication: Progress, Characteristics, and Prospects

Ji Fangfang, Wang Xinlu / 100

Abstract: Cities serve as key carriers of local narratives and are also important participants in the international discursive field. This report summarizes the annual progress in the field of urban international communication, highlights its significant characteristics, and provides an outlook on the paths that cities can take to further develop international communication. The report points out that as regions increasingly value international communication, various regions are demonstrating a proactive approach in engaging with international communication; the trend of collaboration and joint innovation among multiple entities is continuously strengthening; and supporting international communication through effective governance is becoming more evident. The characteristics include: using video

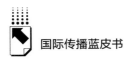

social platforms to create multimodal content, seizing key influencers to promote the city, adopting micro-narrative techniques that are close to life, and strengthening the roles of service providers. The report also points out that efforts are still needed in utilizing new technologies, exploring local unique resources, and adopting diversified communication channels so the cities could reach a wider audience.

Keywords: Urban Communication; Urban International Communication; International Image

B.8　Pioneering Exploration in County-Level International Communication Practice Mechanism Development

Han Yan / 114

Abstract: This report takes Juungar Banner in Ordos City, Inner Mongolia Autonomous Region, as a case study to explore innovative practice and experience in county-level international communication. Over the past year, Juungar Banner has actively pursued strategic pathways for international communication, positioning the county as both the main platform and carrier. By constructing an integrated, platform-based and internationalized content production and communication mechanism for all forms of media, rooted in the development logic of "grounded in the county, connecting to the world", the region has successfully activated cultural momentum, enhanced China's county-level international communication capacity, and contributed to local development. Against the broader backdrop of flourishing local international communication bases, this case provides a vivid grassroots example for other county-level places.

Keywords: County-Level International Communication; Content Production and Communication Mechanisms for All Forms of Media; Grassroots Practice

B.9　Research on the Vitality of China's Cultural Tourism

　　Communication in the International Social Media Scene

Yang Binyan,*Liu Xiaopeng*,*Cai Xintong and Zhang Sanming* / 125

Abstract：Cultural tourism，characterized by its ability to foster international group interactions，serves as a pivotal arena for the dynamic practice of cross-border communication. This paper evaluates the impact and effectiveness of international cultural and tourism dissemination in representative domestic cities through the form of big data extraction from the internet and the construction of an indicator system (January to June 2024) and outline the current communication vitality of China's cultural tourism international social platform，with a view to Provide reference for the international communication of cultural tourism and provide countermeasures and suggestions for optimizing the international communication of cultural tourism. This research takes cultural tourism communication as the entry point to construct an evaluation system for the vitality of China's cultural tourism communication based on the international social media scene. The research selected 11 representative cities as samples，took provincial and municipal cultural tourism communication accounts as the main observation objects，and constructed an evaluation index system for the communication vitality of four international social platforms：Facebook，X (Twitter)，Instagram，and YouTube. And calculate its vitality index. The paper selects Harbin Cultural Tourism (2024 Ice and Snow Festival) as a typical case，analyzes the reasons for its international communication vitality，and explores the factors that contribute to its continued international communication vitality. The research found that：1. The vitality of international communication in different cities varies greatly；2. The communication vitality of international social platforms is not necessarily directly proportional to the strength of cultural tourism；3. Good event design needs to incorporate values，and this value needs to be recognized by the international community ；4. Pay attention to the design of cultural tourism activities，and actively trigger the hot spots of spontaneous communication by foreign media and foreigners in the international communication field；5. Use cultural tourism

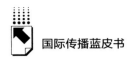

communication to actively promote the international communication of urban communication, Chinese culture communication, and Chinese values and concepts.

Keywords: Chinese Cultural Tourism; International Communication; Social Media; Communication Effect

B. 10　From "Hard Connectivity" to "Heart Connectivity":
　　　　The Current Situation, Pathways, and Vision of Overseas
　　　　Chinese Enterprises' International Communication
　　　　Capability Building in Belt and Road Countries

Zhang Dan / 150

Abstract: Overseas Chinese enterprises are an important platform for the dissemination and influence of Chinese civilization. As one of the key subjects of China's international communication, overseas Chinese enterprises urgently need to strengthen their international communication capabilities to match China's economic status, so as to deepen the Belt and Road Initiative and achieve high-quality development. The international communication pathways of overseas Chinese enterprises present diverse characteristics: actively deploying overseas social media, expanding digital media platform communication channels; innovating communication forms and content to enhance communication experience; building a diversified communication ecosystem to create a positive interactive communication environment; and establishing a sound talent cultivation system to cultivate internationalized communication talents for overseas enterprises.

Keywords: Overseas Chinese Enterprises; International Communication; Belt and Road

Abstract: Telling a good corporate story is an important part of telling a good Chinese story, and enhancing corporate image is one of the most important ways to shape China's national image. With the deepening of economic globalization and the "Belt and Road" initiative, central enterprises, represented by Sinopec, are deeply involved in the global industrial division of labor and cooperation, providing high-quality products and services, actively fulfilling their social responsibilities, and spreading Chinese culture and Chinese voices. From the perspective of humanistic economics, this study focuses on the relationship between "people", "culture" and "economy" in the construction of overseas image of enterprises and analyses the overseas image construction of Sinopec through field research and in-depth interviews. Through field research and in-depth interviews, the study analyses Sinopec's overseas image construction, and points out that Sinopec has built a communication system combining a three-dimensional communication matrix and a spokesperson system, and a communication strategy combining "self-narrative" and "other-narrative" through activating the brand's sense of humanity with the excellent traditional Chinese culture and stimulating the subjectivity of overseas employees with the spirit of humanism. The study concludes that in the overseas image of Chinese enterprises, it is a useful attempt to improve the image of Chinese enterprises. The study concludes that in the construction of Chinese enterprises' overseas image, the "humanistic return" of enterprise development should be promoted by stimulating the subjectivity of employees, the "humanistic gene" of enterprise development should be deepened by activating the humanistic sense of communication content, and the "humanistic gene" of enterprise development should be strengthened by constructing a systematic corporate image communication mechanism.

Keywords: Corporate Image; Humanistic Economics; Sinopec

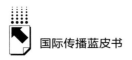

B.12 Practical Problems and Practical Approaches to International Communication Capacity Building of University Think Tanks

Li Quan, Li Runze and Li Muyun / 175

Abstract: As the backbone of new-type think tanks with Chinese characteristics, university think tanks not only serve national decision-making but also shoulder the important task of carrying out strategic international communication. This paper takes university think tanks as the research object and deeply explores the practical problems and challenges existing in the construction of international communication capabilities of university think tanks through the use of case analysis and other research methods. The study finds that university think tanks face many challenges in the construction of international communication capabilities, such as weak awareness of international communication, limitations of communication platforms and channels, insufficient international talent teams, and institutional barriers to international cooperation and exchange. In response to the above problems, this paper puts forward specific countermeasures and suggestions: firstly, attention should be paid to the cultivation of interdisciplinary talents to enhance the competitiveness of university think tanks on the international stage; secondly, through brand building and multi-channel communication strategies, the international influence of university think tanks should be expanded; thirdly, international cooperation and exchange should be strengthened to build an open and inclusive international cooperation network; finally, the talent incentive mechanism and evaluation system of university think tanks should be improved to provide institutional guarantees for the sustainable and healthy development of university think tanks.

Keywords: University Think Tanks; International Communication; New Types of Think Tanks with Chinese Characteristics

Ⅳ   Content Dissemination Articles

B.13   The Main Challenges and Countermeasures for the
High-quality Development of International
Communication at This Stage   *Li Yu* / 192

Abstract: At present, International Communication in high-quality faces
some challenges in both the external environment and internal development mode,
and measures need to be taken from the aspects of top-level design and institutional
mechanisms: improving top-level design and optimizing the main structure,
innovating institutional mechanisms and enhancing content supply capacity,
promoting industrial upgrading and enhancing service supply capacity, strengthening
effectiveness investigation and research, and strengthening theoretical support.

Keywords: International Communication; Institutional Discounts; Cultural
Discounts; Communication Effectiveness

B.14   Forty Years of Upheaval: The International Dissemination
Path and Structural Changes of Chinese Television Dramas
Zhang Yanhui, *Jing Jiayi* / 207

Abstract: As a concrete medium for narrating Chinese stories and spreading
the Chinese voice, domestic Chinese television dramas have gradually expanded
their audience from the Chinese diaspora and Asia to a more diverse global
audience, becoming an important tool for promoting Chinese culture abroad and
fostering mutual understanding between China and other countries. The
international dissemination of Chinese TV dramas has gone through three stages of
development: the 1980s and 1990s, the early 21st century, and the period from
2010 to the present. It has undergone profound changes in terms of the scale,

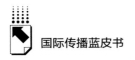
channels, methods, and subjects of dissemination. In this process, Chinese film and television enterprises have been influenced by transformations in media technology, dissemination forms, and content production. They have made innovative explorations in localization, digitalization, and platformization while expanding their international communication business, but have also encountered a series of challenges. At present, the international communication of Chinese TV dramas is in the ascendant and has formed a good development trend in terms of communication scale, distribution scope, and popular themes. However, due to differences in regional culture, production mode, and other factors, the external communication of domestic audio-visual products has not yet achieved a leap from "quantity" to "quality" breakthrough. It is still weak in terms of international market competitiveness, national social influence, and international value guidance. It is urgent to do a good job in communication path and audience research, improve international marketing capabilities from the aspects of channels and content, and use multi-platform, multi-network, and multimedia to enhance cultural confidence in Chinese culture.

Keywords: International Communication; Film and Television Communication; Streaming Media Platforms

B.15 Report on the Development of Overseas Communication of Micro-short Dramas

Meng Wei, An Jinchen / 222

Abstract: Since 2022, as the industrialization and standardization of micro-series have been accelerating, some enterprises have chosen to "Going global" to seek development opportunities. As an important form of online audio-visual content, micro-series are flourishing and developing rapidly under the triple support of policy support and guidance, the audio-visual habits cultivated by short videos for users, and the initial establishment of the audience base on online literature. However, they also face problems such as stereotyped content, lack of culture, and chaotic industrial patterns. If micro-series enterprises want to embrace new development and enter a new stage when going global, they need to cultivate their own "New quality productive forces" from aspects such as improving content quality, building cultural identity, strengthening talent cooperation, leveraging intelligent technologies, and integrating industrial resources, to promote the healthy and long-term development of micro-series and achieve their global dissemination.

Keywords: Micro-series; Overseas Dissemination; New Quality Productive Forces; International Comunication

V   Media and Platform Articles

B.16   The Practice and Innovation of China Daily's International

Communication   *Sun Shangwu* / 235

Abstract: As the main media of the central government, the national English daily, and the main force of international communication, China Daily actively fulfills its responsibility of " connecting China and the world, and communicating with the world" . It earnestly studies, promotes, and implements Xi Jinping Thought on Socialism with Chinese Characteristics for a New Era, especially Xi Jinping Thought on Culture. Around the reform requirements put forward by the Third Plenary Session of the 20th Central Committee of the Communist Party of China, it carefully promotes the external publicity of General Secretary Xi Jinping Thought on Socialism with Chinese Characteristics for a New Era, accelerates the construction of Chinese discourse and narrative system, vigorously promotes the implementation of the "Five Major Projects", namely the Leading Project, Exploring the "Yuan" Project, Strong Voice Project, Future Project, and International Exchange Project, focuses on strengthening international communication capacity building, promoting cultural exchanges and mutual learning, telling China's story well to the outside world, spreading China's voice well, and presenting a credible, lovely, and respectable, Efforts should be

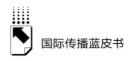
made to create a favorable international public opinion environment, enhance the dissemination and influence of Chinese civilization, and promote the construction of a community with a shared future for mankind.

Keywords: China Daily; International Communication; Public Opinion Environment

B.17 The Current Situation and Development Path of Exchanges and Cooperation Between Chinese and Foreign Media

Ye Jun, Wang Han / 249

Abstract: As an important part of cultural undertakings, journalism and communication has irreplaceable value in serving national diplomacy. The exchange and cooperation between Chinese and foreign media will not only help enhance China's international discourse power in the midst of major changes unseen in a century, but also promote people-to-people ties between Chinese and foreign peoples, and promote the construction and development of a community with a shared future for all mankind. This paper describes the current situation of Chinese and foreign media exchanges and cooperation from four aspects: personnel exchange, content cooperation, platform linkage, and mutual benefit of capital, and expounds the thinking on the future development of Chinese and foreign media cooperation from the aspects of systematic cooperation mechanism, innovative cooperation methods, bridging the digital divide, and improving the public opinion environment.

Keywords: Media Cooperation; Media Communications; International Communication

Abstract: The border regions of our country, connected with other nations, have been a confluence point for the exchange and mutual learning of civilizations from ancient times until now. International communication and cultural exchange and mutual learning, based on the special geographical location of the border areas to surrounding countries, have different characteristics and development trends compared with international communication and cultural exchange and mutual learning from the national level or generalized international communication and cultural exchange and mutual learning. Therefore, this article mainly focuses on the international communication practice of mainstream media in border areas of our country, which are adjacent to neighboring countries or separated by a strip of water. Through literature materials and field visits and research, it reviews the development of international communication of mainstream media in border areas. It is concluded that in recent years, with the increased emphasis on international communication in our country, mainstream media in border areas of our country have changed their international communication concepts, developed international communication institutions, and cooperated with universities to cultivate international communication talents to promote the improvement of international communication capabilities of mainstream media in border areas. At the current stage, the content focuses on local history and culture, local specialty products, and the common life struggles and challenges of mankind as the main content of international communication. In terms of channels, it has developed various presentation channels, used overseas social media for communication, opened up channels through various cooperations, precisely selected presentation methods, and created multi-functional platforms to expand the communication and influence of international communication of mainstream media in border areas. Based on the above research and analysis, it is concluded that mainstream media in border areas need to promote the future development of international

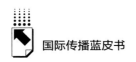
communication of mainstream media in border areas from aspects such as content production process, communication content and presentation, and institutional cooperation.

Keywords: Border Areas; Mainstream Media; International Communication

B.19 Exploration and Practice of China News Service International Communication in the New Era

Yu Jingbo, Wu Xu and Zheng Yuanyuan / 276

Abstract: Based on the development trend of international communication in the new era, as well as CNS' exploration and practice in this field, this report analyzes and evaluates the risks and challenges in carrying out international communication, focuses on solving the pain points that the existing communication model can hardly effectively meet the needs of cutting-edge development in the field, deepens theoretical innovation and practical exploration, so as to seek for new ways and provide references for promoting the high-quality development of international communication cause in the new era. With a historical perspective and international vision, this report focuses on CNS' effective and successful innovative practices as well as theoretical researches in carrying out international communication under the guidance of upholding fundamental principles and breaking new ground, by adopting methodologies of overseas communication data evaluation and discourse content analysis. Adhering to the problem-oriented approach, this article conducts an in-depth analysis of the specific problems, difficulties and development obstacles faced by international communication practices under the new situation, and illustrates the path of improving China's international communication cause from such dimensions as keeping keen insight into international developments, clarifying good values, being skilled at selecting strategies and techniques, emphasizing effectiveness, and stepping up individual capacity building, with a view to deepening the understanding of the regularity of international communication cause in the new era.

Keywords: China News Service (CNS) ; International Communication ; Narrative Style with CNS Characteristics ; News +; News Agency for Communications Across All Forms of Media.

B.20　Current Status, Problems and Countermeasures of
　　　International Communication of Chinese Self-media
　　　—*Taking YouTube as an Example*　　*Zhang Huabing* / 292

Abstract: The booming development of self-media provides new opportunities for international communication and increasingly occupies an important position. Taking YouTube as an example, this report focuses on the current development of China's self-media accounts on the platform, and takes a comparative view to comprehensively examine their communication capacity and influence in content topics such as city image, rural and countryside, tourism, food, music, and so on. However, with the saturation of the development of domestic self-media video platforms, self-media operators have turned their attention overseas, which makes China's self-media accounts 'going to sea' face problems such as general content themes, insufficient creative motivation, lack of profitability on overseas platforms, and the existence of a gap in cultural contexts, which impedes the dissemination of excellent traditional Chinese culture-oriented quality video products to expand their overseas survival and foreign exchange further. To address the above problems, this report proposes countermeasures such as innovating communication content, overcoming language barriers, and deep cultural communication, placing self-media communication in the system of international communication strategy, strengthening self-media operators' understanding of the top-level design of the country, and closely connect with China's needs for international communication strategy, to allow overseas users to enhance their understanding of the Chinese people and the spirit of China through

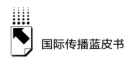

the dissemination of China's self-media to better promote the development of Chinese culture to the world.

Keywords: Self-Media; International Communication; Cultural Communication

B. 21 Analysis of Information Flow and Strategic Layout Based on Global Digital Infrastructure　*Xiang Fen*, *Zhang Shuaikang* / 304

Abstract: Digital infrastructure as a fundamental tool for global information governance and flow, has garnered significant attention from various countries and regions. This report commences with an analysis of the current status of digital infrastructure construction, outlining the planning and initiatives undertaken by countries and regions such as the United States, China, and the European Union in developing their digital infrastructure. Furthermore, it summarizes the information flow order and collaborative governance mechanisms within the global digital context. The report indicates that current information flow exhibits trends towards localization, de-transparency, artificial intelligence integration, and monopolization. China should be vigilant against emerging risks associated with information flow within digital infrastructure, continuously promote international cooperation, improve legal regulations, and steadfastly accelerate the pace of digital infrastructure development.

Keywords: Digital Infrastructure; 5G; Cloud Computing; Information Flow; Collaborative Governance

B.22   Development Trends and International Communication

Practices of Cross-Border E-Commerce in 2024

Liu Zijun, Liao Xinyu and Sun Ping / 319

Abstract: With the accelerated development of global economic integration, cross-border e-commerce has become a crucial link connecting consumer markets across different countries and regions, experiencing unprecedented opportunities for growth. This report takes the "Four Little Dragons" of China's cross-border e-commerce (Temu, TikTok, SHEIN, and AliExpress) as typical cases, delving into their development strategies and international communication practices. The report indicates that Chinese cross-border e-commerce platforms, through localized marketing strategies and innovative applications of social media, have effectively enhanced the global market recognition and competitive advantage of Chinese brands in regions such as the Americas, Europe, and Southeast Asia. However, challenges such as supply chain stability risks, logistics efficiency bottlenecks, and international trade compliance issues persist, posing threats to the robust development of cross-border e-commerce. Through in-depth analysis of industry data, the report reveals the key role of cross-border e-commerce in promoting global trade development, especially its significant impact on technological innovation, digital transformation, and the dissemination of national image and culture. As technology continues to advance and markets remain open, cross-border e-commerce is expected to achieve broader coverage and deeper integration on a global scale. Meanwhile, the report puts forward a series of strategic recommendations, including strengthening supply chain management, optimizing logistics systems, and enhancing the internationalization of brands, in order to jointly promote the sustainable development of China's cross-border e-commerce worldwide.

Keywords: Cross-border E-commerce; E-commerce; International Communication; Platform Globalization

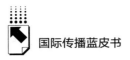
B.23 2024 Report on the Global Expansion of Chinese
Commercial Platforms

Chen Xinxin，Liu Ruisheng，Wang Congjian and Liang Huibo / 338

Abstract：In recent years，the acceleration of globalization and the growing demand of the international market have prompted China's commercial platforms to actively expand into overseas markets，aiming to consolidate their domestic market advantages. This report employs a multi-method approach to investigate the current situation，characteristics，and development trends of China's commercial platforms operating abroad. Drawing on a diverse range of data sources，including statistical data，market research reports，industry white papers，and publicly available financial reports，the analysis focuses on five key sectors：life services，e-commerce，social media，gaming，and online literature. The study reveals that China's commercial platforms overseas are characterized by parallel development across multiple industries，business model innovation，global brand upgrading，and the optimization of regional distribution strategies. During the internationalization process，policy refinement，localization strategies，and the empowerment of artificial intelligence （AI） technologies have emerged as typical features，facilitating the expansion of platforms and enhancing their competitiveness in the global market. Policy refinement involves detailed governmental support and regulatory frameworks that enable smoother market entry and operational sustainability. Localization strategies emphasize adapting services and products to align with the cultural，consumer behavior，and legal requirements of target markets. Concurrently，the integration of AI technologies enhances operational efficiency，personalized user experiences，and scalable business processes. Anticipating future developments，Chinese commercial platforms will be subjected to more intense geopolitical competition and augmented challenges to their international market shares. Cross-border data management will become a critical factor in their overseas competitiveness，with data security and compliance being paramount. To address these challenges，the report proposes several strategic recommendations：firstly，platforms should develop multi-region and multi-industry tailored strategies that account for the unique cultural backgrounds, consumer habits, and legal regulations of each target market to ensure successful and sustainable market entry. Secondly, while ensuring data security, platforms must actively participate in establishing international data norms, fostering collaborations with global governments and enterprises to promote fair and efficient data flow. Lastly, an emphasis on technological innovation and independent research and development (R&D) is essential. Platforms should prioritize technological advancements and autonomous R&D to bolster their global competitiveness and enhance operational efficiencies, thereby achieving sustainable growth. By implementing these strategies, Chinese commercial platforms can better navigate the complexities of international markets, strengthen their global presence, and achieve sustainable development.

Keywords: Commercial Platforms; Global Expansion; Localization Strategy; Geopolitics; Cross-border Data

Ⅵ Comparison and Reference Articles

B.24 Comparative Analysis of the International Communication

Effectiveness of CSCEC and AECOM

Zeng Qingxiang, Yang Yuxi and Suo Ya / 352

Abstract: As a pioneer of Chinese enterprises "going global", China Construction has achieved remarkable results in the field of international communication. This report analyzes the current status of China Construction's international communication and finds that China Construction, guided by top-level design, has built a diversified network of communication subjects, integrated various communication channels, and demonstrated rich communication discourse. At the same time, this report compares the tweets released by China Construction and AECOM on the X platform in 2023 and finds that, on the whole, AECOM's tweets are released more frequently and China Construction's

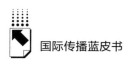
communication effect is better. In terms of content, the communication effects of China Construction and AECOM's tweets about international projects are weaker than those about domestic projects. China Construction and AECOM both achieved good communication effects in reporting on festivals and anniversaries. China Construction's employee stories focus on friendship, but AECOM's employee stories focus on professionalism. In short, China Construction focuses on presenting the project itself, with specific content, while AECOM focuses on presenting opinions, with abstract content. In terms of symbol use, China Construction and AECOM both prefer pictures, and videos have the effect of improving communication effects; in terms of discourse type, China Construction and AECOM both adopt discourses that call for user communication in order to attract users to communicate and interact, but AECOM has a higher proportion of calling discourses. In short, China Construction has successfully created an international, business-excellent, humanistic and socially responsible corporate image through international communication, and has also demonstrated a credible, lovable and respectable Chinese image. In order to better improve the effectiveness of international communication, China Construction can consider further improving the communication effect on social media by increasing the proportion of video content, increasing the frequency of using calling words, and introducing concepts widely recognized by the international community.

Keywords: CSCEC; AECOM; International Communication; Social Media; Summoning Discourse

B.25 Characteristics and Practice Path of Discourse Communication of International Non-governmental Organizations

Ji Deqiang / 371

Abstract: As one of the emerging subjects of international communication in China, non-governmental organizations are playing an increasingly important role in the public and professional international public opinion field. They have the characteristics of publicity, knowledge and multi-agent mobilization in discourse, and are committed to building a global common discourse platform. Based on the communication cases of international non-governmental organizations initiated by China, such as the Global Energy Internet Development Cooperation Organization, this paper analyzes and finds that targeted external communication practice can be carried out from the aspects of discourse content, objects, cooperation methods and channels, so as to enhance the leading power of ideas and the right to speak rules in a three-dimensional way and contribute solutions with China characteristics and global value.

Keywords: International Communication; International Non-governmental Organizations; Organize Communication; Right of Speech

社会科学文献出版社

皮 书

智库成果出版与传播平台

❖ 皮书定义 ❖

皮书是对中国与世界发展状况和热点问题进行年度监测，以专业的角度、专家的视野和实证研究方法，针对某一领域或区域现状与发展态势展开分析和预测，具备前沿性、原创性、实证性、连续性、时效性等特点的公开出版物，由一系列权威研究报告组成。

❖ 皮书作者 ❖

皮书系列报告作者以国内外一流研究机构、知名高校等重点智库的研究人员为主，多为相关领域一流专家学者，他们的观点代表了当下学界对中国与世界的现实和未来最高水平的解读与分析。

❖ 皮书荣誉 ❖

皮书作为中国社会科学院基础理论研究与应用对策研究融合发展的代表性成果，不仅是哲学社会科学工作者服务中国特色社会主义现代化建设的重要成果，更是助力中国特色新型智库建设、构建中国特色哲学社会科学"三大体系"的重要平台。皮书系列先后被列入"十二五""十三五""十四五"时期国家重点出版物出版专项规划项目；自2013年起，重点皮书被列入中国社会科学院国家哲学社会科学创新工程项目。

皮书网

（网址：www.pishu.cn）

发布皮书研创资讯，传播皮书精彩内容
引领皮书出版潮流，打造皮书服务平台

栏目设置

◆ **关于皮书**
何谓皮书、皮书分类、皮书大事记、
皮书荣誉、皮书出版第一人、皮书编辑部

◆ **最新资讯**
通知公告、新闻动态、媒体聚焦、
网站专题、视频直播、下载专区

◆ **皮书研创**
皮书规范、皮书出版、
皮书研究、研创团队

◆ **皮书评奖评价**
指标体系、皮书评价、皮书评奖

所获荣誉

◆ 2008 年、2011 年、2014 年，皮书网均
在全国新闻出版业网站荣誉评选中获得
"最具商业价值网站"称号；
◆ 2012 年，获得"出版业网站百强"称号。

网库合一

2014 年，皮书网与皮书数据库端口合
一，实现资源共享，搭建智库成果融合创
新平台。

皮书网

"皮书说"
微信公众号

权威报告·连续出版·独家资源

皮书数据库
ANNUAL REPORT(YEARBOOK)
DATABASE

分析解读当下中国发展变迁的高端智库平台

所获荣誉

- 2022年，入选技术赋能"新闻+"推荐案例
- 2020年，入选全国新闻出版深度融合发展创新案例
- 2019年，入选国家新闻出版署数字出版精品遴选推荐计划
- 2016年，入选"十三五"国家重点电子出版物出版规划骨干工程
- 2013年，荣获"中国出版政府奖·网络出版物奖"提名奖

皮书数据库

"社科数托邦"
微信公众号

成为用户

　　登录网址www.pishu.com.cn访问皮书数据库网站或下载皮书数据库APP，通过手机号码验证或邮箱验证即可成为皮书数据库用户。

用户福利

- 已注册用户购书后可免费获赠100元皮书数据库充值卡。刮开充值卡涂层获取充值密码，登录并进入"会员中心"—"在线充值"—"充值卡充值"，充值成功即可购买和查看数据库内容。
- 用户福利最终解释权归社会科学文献出版社所有。

社会科学文献出版社 皮书系列
SOCIAL SCIENCES ACADEMIC PRESS (CHINA)
卡号：448441381576
密码：

数据库服务热线：010-59367265
数据库服务QQ：2475522410
数据库服务邮箱：database@ssap.cn
图书销售热线：010-59367070/7028
图书服务QQ：1265056568
图书服务邮箱：duzhe@ssap.cn

基本子库
SUB DATABASE

中国社会发展数据库（下设 12 个专题子库）

紧扣人口、政治、外交、法律、教育、医疗卫生、资源环境等 12 个社会发展领域的前沿和热点，全面整合专业著作、智库报告、学术资讯、调研数据等类型资源，帮助用户追踪中国社会发展动态、研究社会发展战略与政策、了解社会热点问题、分析社会发展趋势。

中国经济发展数据库（下设 12 专题子库）

内容涵盖宏观经济、产业经济、工业经济、农业经济、财政金融、房地产经济、城市经济、商业贸易等 12 个重点经济领域，为把握经济运行态势、洞察经济发展规律、研判经济发展趋势、进行经济调控决策提供参考和依据。

中国行业发展数据库（下设 17 个专题子库）

以中国国民经济行业分类为依据，覆盖金融业、旅游业、交通运输业、能源矿产业、制造业等 100 多个行业，跟踪分析国民经济相关行业市场运行状况和政策导向，汇集行业发展前沿资讯，为投资、从业及各种经济决策提供理论支撑和实践指导。

中国区域发展数据库（下设 4 个专题子库）

对中国特定区域内的经济、社会、文化等领域现状与发展情况进行深度分析和预测，涉及省级行政区、城市群、城市、农村等不同维度，研究层级至县及县以下行政区，为学者研究地方经济社会宏观态势、经验模式、发展案例提供支撑，为地方政府决策提供参考。

中国文化传媒数据库（下设 18 个专题子库）

内容覆盖文化产业、新闻传播、电影娱乐、文学艺术、群众文化、图书情报等 18 个重点研究领域，聚焦文化传媒领域发展前沿、热点话题、行业实践，服务用户的教学科研、文化投资、企业规划等需要。

世界经济与国际关系数据库（下设 6 个专题子库）

整合世界经济、国际政治、世界文化与科技、全球性问题、国际组织与国际法、区域研究 6 大领域研究成果，对世界经济形势、国际形势进行连续性深度分析，对年度热点问题进行专题解读，为研判全球发展趋势提供事实和数据支持。

法律声明

　　"皮书系列"（含蓝皮书、绿皮书、黄皮书）之品牌由社会科学文献出版社最早使用并持续至今，现已被中国图书行业所熟知。"皮书系列"的相关商标已在国家商标管理部门商标局注册，包括但不限于 LOGO（▨）、皮书、Pishu、经济蓝皮书、社会蓝皮书等。"皮书系列"图书的注册商标专用权及封面设计、版式设计的著作权均为社会科学文献出版社所有。未经社会科学文献出版社书面授权许可，任何使用与"皮书系列"图书注册商标、封面设计、版式设计相同或者近似的文字、图形或其组合的行为均系侵权行为。

　　经作者授权，本书的专有出版权及信息网络传播权等为社会科学文献出版社享有。未经社会科学文献出版社书面授权许可，任何就本书内容的复制、发行或以数字形式进行网络传播的行为均系侵权行为。

　　社会科学文献出版社将通过法律途径追究上述侵权行为的法律责任，维护自身合法权益。

　　欢迎社会各界人士对侵犯社会科学文献出版社上述权利的侵权行为进行举报。电话：010-59367121，电子邮箱：fawubu@ssap.cn。

社会科学文献出版社